KB266279

초등학생을 위한 거의 모든

한국사 개념어

지은이 김문영

초등학교에서 15년 간 아이들을 가르쳤어요. 현재는 '더채움교육연구소'를 운영하며 〈달콤쌤 인문학〉 정규 수업과 여러 특별 프로젝트를 통해 많은 아이들과 만나고 있지요. 특히 정규 수업 프로그램은 대기가 1,500명에 육박할 정도로 최고의 인기를 자랑하고 있어요. 정규 수업 외에도 〈고전독서클럽〉, 〈중등독서클럽〉, 〈비문학 독해 프로젝트〉, 〈세계역사이야기〉, 〈조선왕조실록 왕톡클럽〉, 〈그리스로마신화 파헤치기〉 등 다양한 프로젝트를 운영하고 있어요. 기본에 충실한 문해력 쌓기를 위해서 교과서와 배경 지식에 충실한 프로그램을 연구, 진행 중이에요. 저서로는 『교과서가 쉬워지는 초등 역사 신문』이 있어요.

인스타그램 lymk79
네이버 카페 '더채움 교육연구소' https://cafe.naver.com/thechaeumedu

초등학생을 위한 거의 모든

한국사 개념어

초판 1쇄 인쇄 | 2026년 4월 15일
초판 1쇄 발행 | 2026년 4월 24일

지은이 | 김문영

발행인 | 박효상
편집장 | 김현
기획·편집 | 장경희

교정·교열 진행 | 김주은
표지·내지 디자인 | MOON-C design
삽화 | 배지은

마케팅 | 이태호, 이전희
관리 | 김태욱

종이 | 월드페이퍼   인쇄·제본 | 예림인쇄·바인딩

발행처 | 사람in   출판등록 | 제10-1835호

주소 | 04034 서울시 마포구 양화로 11길 14-10 (서교동) 3F
전화 | 02) 338-3555(代)   팩스 | 02) 338-3545
E-mail | saramin@netsgo.com   Website | www.saramin.com
인스타그램 | www.instagram.com/saramin_books   블로그 | blog.naver.com/saramcom

ⓒ 김문영 2026
ISBN 979-11-7101-241-1 64370
     979-11-7101-153-7 (set)

책값은 뒤표지에 있습니다.
파본은 바꾸어 드립니다.

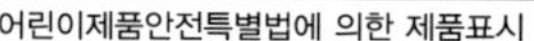
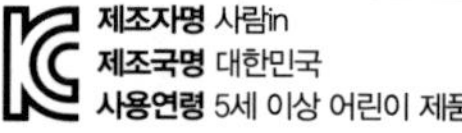

어린이제품안전특별법에 의한 제품표시			
KC	제조자명 사람in	전화번호	02-338-3555
	제조국명 대한민국	주 소	서울시 마포구 양화로
	사용연령 5세 이상 어린이 제품		11길 14-10 3층

초등학생을 위한 거의 모든
한국사 개념어

김문영 지음

머리말

여러분은 '역사'라는 말을 들으면 어떤 생각이 떠오르나요? 아주 오래전에 일어난 일? 외워야 할 것들이 많은 과목?

역사는 사실 우리보다 먼저 이 땅에서 살아간 사람들의 이야기예요. 기쁨과 슬픔, 도전과 실패, 꿈과 희망이 담긴 생생한 삶의 기록이지요. 그래서 역사를 배운다는 건 수많은 사람의 이야기를 듣는 것과 같아요.

그렇다면 우리가 한국사를 배우는 이유는 무엇일까요? 그건 바로 '나'를 알기 위해서예요. 내가 살고 있는 이 땅, 내가 쓰는 말과 글, 내가 즐기는 음식과 문화는 모두 오랜 시간에 걸쳐 만들어진 것이에요. 역사를 알면 지금의 내가 어떻게 만들어졌는지 이해할 수 있고, 앞으로 어떤 사람이 되고 싶은지도 그려 볼 수 있답니다.

이 책은 여러분이 우리 역사를 이해하는 데 꼭 알아야 할 개념들을 쉽게 알려 주는 책이에요. 선사 시대부터 현대까지, 시대의 흐름에 따라 중요한 개념들을 정리했어요. 처음 보는 낯선 용어도 걱정하지 마세요. 쉽게 풀어 쓴 설명과 재미있는 이야기, 꼬리에 꼬리를 무는 궁금증과 답변을 따라가다 보면 어느새 한국사가 친근하게 느껴질 거예요.

이 책에서 배운 개념들을 주변에서 찾아보세요. 명절에 먹는 음식, 동네에 있는 오래된 건물, 뉴스에서 들리는 이야기 속에서 우리 역사의 흔적을 발견할 수 있을 거예요. 아는 만큼 보인다는 말처럼, 개념을 알고 나면 같은 것을 보아도 더 많은 것이 보이기 시작한답니다.

이제 시간 여행을 떠나볼까요? 이 책과 함께라면 먼 과거도 낯설지 않을 거예요. 역사 속 사람들의 이야기에 귀 기울이며, 여러분만의 멋진 이야기를 만들어 가길 응원합니다.

김문영

이 책의 구성

개념어 이해 셀프 체크

해당 개념어는 한 번 읽고 넘어가는 것이 아닙니다. 학습자 본인이 모를 때마다 찾아 읽어본 횟수를 표시하며 자주 잊거나 헷갈리는 개념어가 무엇인지 스스로 확인해 더 꼼꼼히 학습하도록 합니다.

개념어 제시

꼭 알아야 할 핵심 개념 단어를 제시해 줍니다.

- 한자어로 풀이가 필요한 경우 한자 뜻풀이를 해 줍니다.
- 앞뒤에 나오는 상위어와 하위어, 또는 비교 단어나 관련 단어를 제시해 줍니다.

개념어 설명

- 개념어를 한 문장으로 정의한 후, 보다 자세히 설명해 쉽게 이해하도록 해 줍니다.
- 해당 개념어와 초등학교 과정에서 꼭 알아야 할 내용들을 정리해 줍니다.

함께 기억해요

해당 개념어와 관련해서 기억해 두어야 할 용어나 인물, 기록 등 다양한 정보를 간단히 정리해 줍니다.

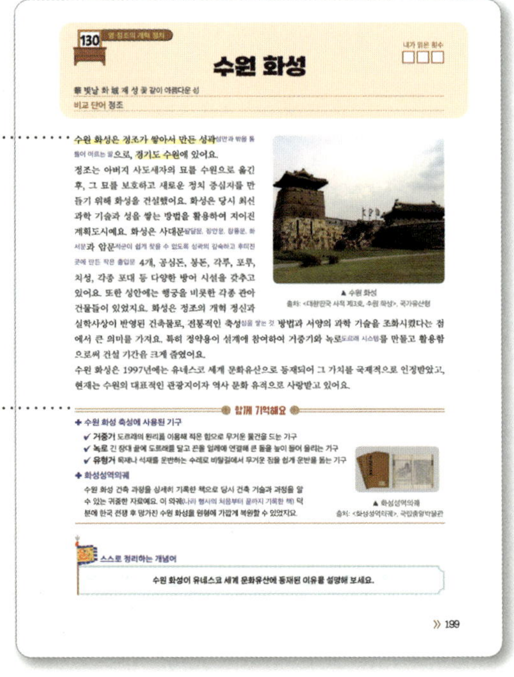

『초등학생을 위한 거의 모든 한국사 개념어』를 통해 교과서에 나오는 우리나라 역사 개념어를 잘 이해해 수업에서 재미를 찾고 학업 성취도도 올려 보세요. 재미있는 수업은 한국사에 관한 호기심을 키우는 큰 힘이 됩니다.

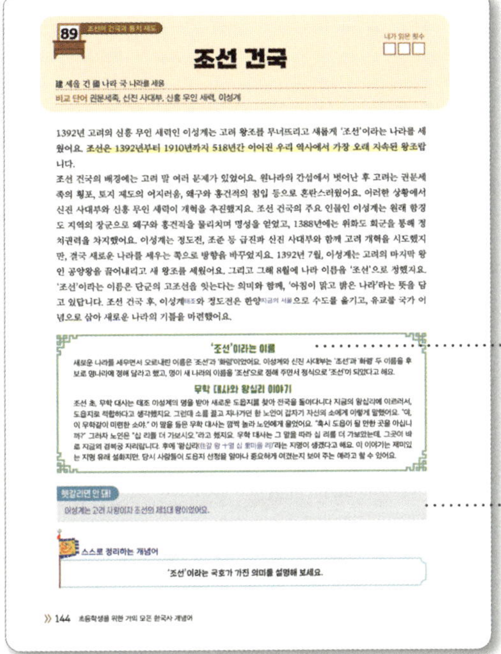

관련 이야기 소개

해당 개념어에 얽힌 흥미로운 이야기를 추가로 알려 줍니다.

헷갈리면 안 돼!

해당 개념어에 관해서 헷갈릴 수 있는 것을 다시 한번 짚어 줍니다.

스스로 정리하는 개념어

학습자가 개념어를 제대로 이해했는지 자신의 말로 설명해 보게 합니다.

차 례

차 례

1장

선사 시대~
삼국 시대

선사 시대

내가 읽은 횟수
☐ ☐ ☐

先 먼저 선 **史** 역사 사
비교 단어 역사 시대*

선사 시대는 글자가 발명되기 전 시대를 말해요. 그런데 우리는 글로 남아 있지도 않은 옛날 시대를 어떻게 구분하고 공부할 수 있는 걸까요?

글자로 기록이 남아 있지 않기 때문에 이때의 **유물***과 **유적***이 중요해요. 어떤 도구들을 주로 사용했느냐에 따라 생활 모습이 달라지고, 그것에 따라 시기를 나누기 때문이지요.

글로 남겨진 자료가 없는 만큼 어느 시대까지 선사 시대로 볼지 정확하게 나누는 것은 힘들지만, 선사 시대에는 보통 구석기 시대, 신석기 시대, 청동기 시대가 포함돼요.

	구석기 시대	신석기 시대	청동기 시대
시기	약 70만 년 전~	약 1만 년 전~	기원전 2000~1500년 경
주요 유물	뗀석기(돌을 깨서 만든 도구)	- 간석기(돌의 날카로운 부분이나 면을 갈아 만든 도구) - 빗살무늬 토기	- 비파형 동검(악기인 비파 모양의 청동으로 만든, 양날이 있는 검) - 고인돌
머무는 곳, 생활	- 사냥, 채집(열매나 채소 따기) - 이동(옮겨 다니며) 생활 - 동굴, 막집(평평한 땅에 기둥과 지붕을 대충 얹은 집) 거주	- 농경, 목축 시작 - 정착(한곳에 머물며) 생활 - 움집(땅을 파서 기둥을 세우고 지붕을 덮은 집) 거주	- 사유 재산(개인이 자기 의지로 관리·처리할 수 있는 재산) - 계급 발생

▲ 선사 문화의 발전

❀ 함께 기억해요 ❀

* **역사 시대** 문자가 발명되어 문자로 쓰인 기록으로 과거를 알 수 있는 시대를 말해요.

* **유물** 옛날 사람들이 쓰던 도자기, 무기, 장신구, 옷 등 조상들이 후대에 남긴 물건들을 말해요.

* **유적** 건축물, 싸움터, 역사적인 사건이 벌어졌던 곳이나 고분 등 형태가 크고 옮기기 어려운 것을 말해요.

스스로 정리하는 개념어

'선사 시대'에는 어떤 시대들이 포함되는지 설명해 보세요.

구석기 시대

舊 옛 구 石 돌 석 器 그릇 기

비교 단어 신석기 시대

구석기 시대는 돌로 도구를 만들던 시대 중 뗀석기를 이용하던 때를 말해요. 뗀석기는 돌을 깨뜨리고 떼어 내서 만든 것으로 찍개, 찌르개, 긁개, 주먹도끼 등이 있어요. 구석기인들은 불을 이용했고, 주로 열매나 채소를 따서^{채집} 먹거나 사냥을 해서^{수렵} 먹고살았어요. 또 동물의 가죽이나 나뭇잎으로 옷을 만들어 입었고, 먹을 것이 풍부한 곳을 찾아 이동 생활을 했어요. 옮겨 다녔기 때문에 집을 지을 필요가 없어서 동굴이나 바위 그늘에서 생활했지요. 동굴 벽이나 큰 바위에 그림을 그려 놓기도 했어요.

❄ 함께 기억해요 ❄

✦ 구석기 시대 대표 유물

주먹도끼	찌르개 중 슴베찌르개
 끝은 뾰족하지만 손으로 쥐는 부분은 뭉툭해서 손에 쥐고 사용할 수 있도록 만든 도끼 형태의 뗀석기로 구석기 시대의 만능 도구였어요. 출처: <주먹도끼>, 국립중앙박물관	 '슴베'는 툭 튀어나온 아랫부분을 이르는 말로 손잡이와 연결해서 사용했어요. 주로 사냥 도구로 사용되었어요. 출처: <슴베찌르개>, 국립중앙박물관

헷갈리면 안 돼!

슴베찌르개는 정교한 느낌이 나서 신석기 시대 유물인 간석기로 착각하기 쉽지만, 구석기 시대 유물이에요.

스스로 정리하는 개념어

구석기 시대의 생활을 '의·식·주'로 나누어 정리해 보세요.

신석기 시대

新 새로운 신 石 돌 석 器 그릇 기

비교 단어 구석기 시대

신석기 시대는 돌을 갈아 만든 간석기와 흙을 빚어 구운 토기±흙 토 器그릇 기를 사용하던 때를 말해요. 이 시기에 나타난 가장 큰 변화는 농사를 짓고 가축을 기르게 된 것이에요. 농사를 시작하면서 사람들은 강가나 바닷가에 움집을 짓고 살았고, 실을 뽑아 옷을 만들어 입었어요. 그물을 만들어서 물고기를 잡기도 했지요. 그리고 같은 조상을 가진 사람들이 모여 살게 되었는데 이를 '씨족 사회'라고 해요.

함께 기억해요

✚ 신석기 시대 대표 유물

갈돌과 갈판

출처: <갈돌과 갈판>, 국립중앙박물관

곡식의 껍질을 벗기거나 가루로 만들 때 사용하던 도구로 농사를 시작했음을 알려 주는 유물이에요.

빗살무늬 토기

음식을 모아 두었거나 요리를 했다는 사실을 알 수 있게 해 줘요. 밑이 뾰족한 것은 그릇을 모래나 땅에 박아 사용하기 위해서였어요. 신석기 시대 사람들이 주로 살았던 강가의 흙은 부드러워서 토기를 땅에 쉽게 꽂을 수 있었어요.

출처: <빗살무늬 토기>, 국립중앙박물관

가락바퀴

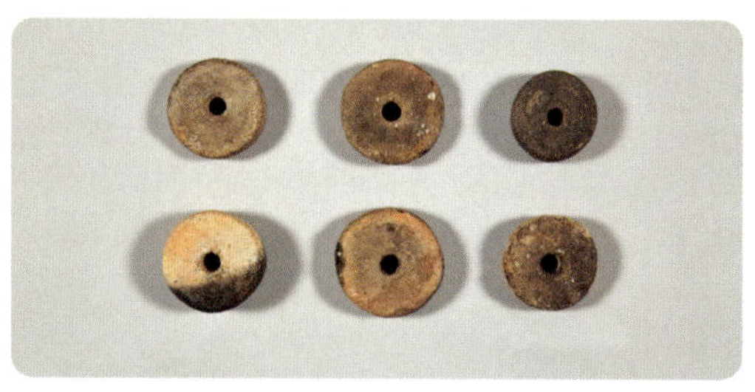

출처: <가락바퀴>, 국립중앙박물관

실을 만들 때 사용했던 것으로 둥근 모양 중앙에 구멍이 뚫려 있어요. 이 구멍에 막대처럼 생긴 꼬챙이를 끼우고 실의 재료가 되는 것을 막대에 이은 뒤 가락바퀴를 돌리면, 꼬임이 생기면서 실이 만들어져요.

돌그물추

출처: <서울 암사동 유적 유구 토추>, 한국민족문화대백과사전

그물로 고기를 잡을 때, 그물이 물 아래로 가라앉도록 하기 위해 매달았던 돌이에요. 그물에 묶을 때 흘러내리지 않도록 돌 양쪽에 홈이 파여 있는 것이 특징이에요.

사람들이 사냥, 채집, 고기잡이 생활을 하다가 점차 농사를 짓고 가축을 기르게 되면서 인류는 필요한 식량을 스스로 생산하는 단계에 이르렀고, 정착 생활을 하게 되었어요. 이를 인류의 생활에 혁명적인 변화가 일어났음을 강조하는 의미에서 '신석기 혁명'이라고 불러요.

반구대 암각화 이야기

동국대학교 박물관 조사단이 울산 천전리 암각화(巖바위 암 刻새길 각 畵그림 화. 바위나 동굴 벽에 그린 그림) 조사를 하던 때, "동네 절벽에 호랑이가 새겨져 있다."라는 대곡리 주민의 제보를 받고 배 한 척을 빌려 울산 울주군 대곡천 암벽으로 향했다고 해요. 거기서 고래, 호랑이, 사슴, 멧돼지 등 동물 문양은 물론이고 고래를 잡는 사람들의 모습 등 문양 300여 점이 새겨져 있는 것을 발견했고, 이것은 국보로 지정되었어요. 그러나 울산의 물을 책임지고 있는 사연댐으로 인해 60년 가까이 침수와 물 빠짐이 반복되면서 훼손되어 보존 대책을 논의하고 있어요.

헷갈리면 안 돼!

신석기 시대에 농사를 짓기 시작했지만, 벼농사가 시작된 것은 청동기 시대예요. 신석기 시대에는 조, 피 등을 재배했다는 사실을 기억하세요.

스스로 정리하는 개념어

신석기 시대의 생활을 '의·식·주'로 나누어 정리해 보세요.

청동기 시대

靑 푸를 청 銅 구리 동 器 그릇 기

비교 단어 구석기 시대, 신석기 시대

내가 읽은 횟수 ☐ ☐ ☐

청동기 시대는 청동구리와 주석이 섞인 금속으로 주요 도구를 만들어 사용하던 때를 말해요.

청동기 시대에 처음으로 벼농사가 시작되었어요. 벼농사가 퍼지면서 곡식을 전보다 더 많이 거둘 수 있게 되었지요. 그래서 먹을거리가 늘어나고 사람 수도 점점 많아졌어요. 또 사람들이 먹고도 남는 곡식이 생겼는데, 이런 것을 '잉여 생산물필요 이상으로 생산된 것'이라고 해요. 그러자 개인이 갖는 재산이 생기고 부자와 가난한 사람들의 차이가 벌어지면서 사람 간에 계급도 생기게 돼요. 권력을 가진 족장군장이 등장한 것이에요.

청동은 구리와 주석을 섞어 만들었는데 재료가 귀하고 만들기가 어려워서 아무나 사용할 수 없었어요. 그래서 주로 지배 계급의 무기나 장신구, 제사용 도구를 만들 때 사용되었죠. 농기구나 일상생활 도구는 여전히 단단한 돌이나 나무로 만들었어요.

족장은 자신의 힘을 과시하거나 더 많은 생산물을 얻기 위해 이웃 부족을 정복하는 전쟁을 벌이기도 했어요. 그래서 사람들은 농사와 방어에 유리한 곳에 살았는데, 바로 산과 평지의 중간 정도 높이가 되는 곳이에요. 또 족장은 농사가 잘 되게 하고, 전쟁에 이기게 해 달라고 하늘에 제사를 지냈지요. 이렇게 족장이 부족을 이끄는 역할과 제사를 지내는 역할을 모두 하는 사회를 '제정일치제사를 지내는 일과 나라를 다스리는 일이 하나로 이어진 정치 형태 사회'라고 해요.

❀ 함께 기억해요 ❀

✚ 청동기 시대 대표 유물

비파형 동검	거친무늬 거울과 청동 방울
	 출처: <거친무늬 거울>, <청동 방울>, 국립중앙박물관

비파형 동검: 청동으로 만든 검으로 모양이 중국 악기인 비파를 닮았다고 해서 붙여진 이름이에요.

출처: <요령식 동검>, 국립중앙박물관

거친무늬 거울과 청동 방울: 둘 다 제사에 쓰이던 도구예요. 거친무늬 거울의 거울 면은 매끄럽고 뒷면에는 잔무늬가 있어요. 구멍에 끈을 매달아 걸고 거울 면에 햇빛을 반사하는 용도이지요.

미송리식 토기	반달 돌칼
 출처: 우리역사넷 밑바닥이 납작하고 무늬가 없는 토기로 손잡이가 있는 것이 특징이에요.	 출처: <반달 돌칼>, 국립중앙박물관 곡식의 낟알을 거두어들이는 데 쓰던 도구로, 전체 모양이 반달처럼 생겼고, 돌로 만들었다고 해서 '반달 돌칼'이라 불러요. 가운데 구멍에 끈을 연결하여 묶은 뒤 손가락을 넣어 한쪽 면으로 식물의 줄기를 잘랐어요.

헷갈리면 안 돼!

청동으로 도구를 만든 시대이지만, 농사 도구는 여전히 돌로 만들었어요. 특히 반달 돌칼은 신석기 시대에도 사용되었지만 주로 청동기 시대에 사용해서 청동기 시대의 대표 유물로 꼽아요.

 스스로 정리하는 개념어

청동기 시대에 처음 시작된 것이 무엇인지 설명해 보세요.

고인돌

상위어 청동기 시대

고인돌은 큰 돌을 고여(괴어) 놓았다는 뜻으로 청동기 시대 지배층의 무덤을 말해요. 덮개돌이 수십 톤인 것도 있을 정도로 규모가 커요. 이렇게 거대한 무덤의 주인은 사람들을 많이 동원할 수 있는 권력자였음을 알 수 있지요. 고인돌 아래에는 청동검이나 청동 거울 등도 함께 묻었어요. 우리나라에는 전 세계 고인돌의 약 40%가 있을 정도로 많은 고인돌이 있어요. 인천 강화, 전라북도 고창, 전라남도 화순 지역에 남아 있는 고인돌 유적지는 2000년에 유네스코 세계 문화유산으로 지정됐어요.

▲ 고인돌

❀ 함께 기억해요 ❀

➕ 고인돌 만드는 방법

❶ 바위에 40~50cm 정도의 간격으로 구멍을 뚫고, 그 구멍에 뾰족한 모양의 나무쐐기를 박아 넣어요. 여기에 물을 부어 두면 나무쐐기가 물을 머금은 채 낮과 밤의 온도 차이를 겪으며 팽창과 수축을 반복하고, 그 힘으로 바위가 쪼개져요.

❷ 바닥에 통나무를 깔고 쪼개진 바위를 줄에 엮어서 원하는 곳으로 끌고 가요. 많은 인원이 함께 끌어야 했어요.

❸ 돌을 세우고 돌 사이에 흙을 채운 후에 그 흙 위로 덮개돌을 끌어 올려요.

❹ 돌 사이의 흙을 제거하면 고인돌이 완성되지요.

고인돌을, 권력을 가진 계급이 높은 사람의 무덤으로 보는 이유를 설명해 보세요.

고조선

古 옛 고 朝 아침 조 鮮 고울 선

상의어 청동기 시대   비교 단어 위만 조선

청동기 문화가 발전하면서 세력이 강한 부족이 생겨났어요. 그 부족은 주변의 부족들을 통합하면서 커지다가 드디어 우리나라 최초의 국가 고조선을 세웠어요.

단군 건국 신화

옛날에 환인의 아들 환웅이 하늘에서 인간 세상에 관심을 두다가 3,000명의 무리와 바람, 비, 구름을 다스리는 신을 거느리고 땅으로 내려와 인간 세상을 다스리게 되었어요. 어느 날 사람이 되고 싶었던 곰과 호랑이는 환웅을 찾아가 사람이 되게 해 달라고 빌었고, 환웅은 쑥과 마늘을 먹고 100일을 견디면 사람으로 변할 수 있다고 했지요. 호랑이는 견디지 못하고 동굴을 나갔고, 쑥과 마늘을 먹으며 견딘 곰은 여자로 변해 웅녀가 되었어요. 환웅은 웅녀와 결혼하여 아들을 낳았는데 그 아들이 바로 단군왕검이에요. 단군왕검은 '널리 인간을 이롭게 한다.'라는 홍익인간의 이념을 내세워 아사달에 도읍을 정하고 '조선'이라는 나라를 세웠답니다.

▲ 단군왕검

출처: <단군 영정>, 한국민족문화대백과사전

▲ 기원전 108년 고조선

➕ 단군 신화의 숨은 뜻

고조선의 건국 신화를 통해 우리는 고조선 사회의 특징들을 알 수 있어요.

신화 내용	고조선 특징
환웅이 하늘에서 내려왔다.	새로운 환웅 부족이 기존 부족보다 우월한 점이 많았다.
바람, 비, 구름의 신을 데리고 왔다.	당시는 농경 사회였다(바람, 비, 구름의 신이 날씨와 관련이 있고, 농사를 지을 때 날씨가 영향을 많이 끼치기 때문).
호랑이와 곰이 사람이 되고 싶어 했다.	특정 동물을 숭배하는 부족들(호랑이를 믿는 부족, 곰을 믿는 부족)이 있었다.
환웅이 웅녀와 결혼해서 단군왕검이 태어났다.	새로운 세력(환웅 부족)과 토착 세력(곰 부족)이 동맹을 맺어 나라를 세웠다.
단군왕검이 나라를 다스렸다.	지배자가 정치와 제사를 모두 담당했다.

헷갈리면 안 돼!

단군왕검은 사람 이름이 아니에요. '단군'은 제사장(신에게 기도하며 제사를 지내는 특별한 사람)을 의미하고 '왕검'은 정치적 지배자를 의미하지요. 단군왕검이 한 단어처럼 사용되는 것으로 보아 당시 고조선은 지배자가 제사장과 왕의 두 가지 역할을 모두 했던 '제정일치' 사회였음을 알 수 있어요.

스스로 정리하는 개념어

우리나라 최초의 국가 이름은 무엇이고, 누가 세웠는지 설명해 보세요.

8조법

상위어 고조선

고조선은 점점 발전하면서 사회 질서를 유지하기 위해 율령*을 만들었어요. 8개 조항으로 되어 있어서 '8조법'이라는 이름이 붙었지만, 지금은 3개 조항만 전해지고 있지요.

8조법을 통해서 당시 고조선의 생활 모습을 알 수 있어요.

전해지는 3개 조항	고조선의 생활 모습
남을 죽인 사람은 사형에 처한다.	고조선은 생명을 소중히 여기는 사회였다.
남을 때려 다치게 한 사람은 곡식으로 보상한다.	고조선은 농경 사회이며 사유(개인 소유) 재산이 존재했다.
남의 물건을 훔친 사람은 그 물건 주인집의 노예가 되어야 한다. 만약 풀려나려면 50만 전을 내야 한다.	고조선은 노예가 존재하는 계급 사회였다. '50만 전'이라는 돈으로 보아 화폐가 있었다.

이러한 법률을 통해 당시 고조선 사회의 질서와 가치관을 엿볼 수 있지요.

 **함께 기억해요**

* **율령** 고대 국가의 법률을 말해요. 법률을 통해 나라를 다스리면 왕권이 강화되고 사회를 안정되게 발전시키는 데 도움이 되었어요.

 **스스로 정리하는 개념어**

> 8조법의 조항 중에서 사람을 죽인 자에게 사형을 선고한 이유는 무엇일지 설명해 보세요.

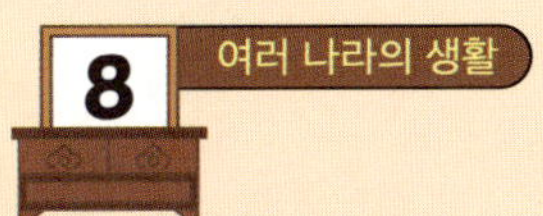

군장 국가

君 임금 군 **長** 어른 장

비교 단어 연맹 왕국

군장 국가는 초기 고대 사회에서 지역이나 부족을 다스리던 군장이 다스리는 나라 형태를 말해요. 군장은 부족 내에서 존경받는 인물로, 중요한 결정을 내리며 부족 사회의 질서를 유지했어요. 군사적 지도자 역할을 하며 부족을 이끌고 종교적 지도자의 역할도 하며 제사와 같은 의식을 주관하기도 했죠. 대표적인 군장 국가로 옥저와 동예가 있는데, 옥저와 동예는 연맹 왕국서로 돕고 함께 행동하는 국가들처럼 왕을 세우지 못하고 군장 국가로 있다가 고구려에 정복되었어요.

▲ 고대의 여러 국가

🔔 옥저

땅이 기름지고 바닷가와도 가까워서 쌀, 소금, 생선 등 먹을 것이 풍부했어요. 식량이 부족했던 고구려는 옥저에 곡식을 요구했고, 왕이 없어 힘이 약했던 옥저는 곡식은 물론 삼베, 소금, 생선 등의 특산물까지 바쳐야 했지요. 옥저에는 며느리가 될 여자아이를 데려다가 키우는 '민며느리제'가 있었고, 가족이 죽으면 시체를 땅에 얕게 묻었다가 다 썩으면 뼈만 추려 다시 땅에 묻는 가족 공동묘 관습이 있었어요.

🔔 동예

왕이 없고 군장들이 각 부족을 다스렸기 때문에 고구려의 간섭을 많이 받았어요. 살인자는 사형에 처하는 등의 엄한 법률 때문에 도둑질하는 사람도 적었죠. 함부로 남의 땅에 들어가지 못하게 하는 법인 '책화'도 있었어요. 이를 어기면 노비와 소, 말 등으로 갚아야 했어요. 또 같은 씨족의 사람끼리는 결혼하지 않는 '족외혼'이 있었고, 10월에는 '무천'이라는 제천하늘에 제사를 지냄 행사를 열었지요. 과하마작은 말와 단궁박달나무로 만든 짧은 활, 반어피바다표범의 가죽 등이 유명했는데, 이것을 때마다 고구려에 바쳤어요.

<hr>

◈ 함께 기억해요 ◈

✚ 고구려의 '서옥제'

서옥제는 고구려의 혼인 제도로 옥저의 민며느리제와 반대로 여성의 집에 서옥(사위의 집)을 짓고 이곳에 사위를 머무르게 하는 제도예요. 일명 데릴사위제이지요. 이는 부족한 노동력을 확보하기 위한 혼인 제도였어요.

<hr>

스스로 정리하는 개념어

군장 국가에서 군장의 역할은 무엇인지 설명해 보세요.

연맹 왕국

비교 단어 군장 국가, 중앙 집권

연맹 왕국은 여러 개의 작은 **부족**들이 서로 **연맹**공동의 목적으로 국가들이 서로 돕고 행동하는 것을 약속함.**을 맺어 형성한 국가 형태**를 말해요. 표면적으로는 왕이 다스리는 국가이지만 부족 세력들의 힘이 세고 왕의 힘이 약했어요. 부족은 독립성을 유지하면서도 상호 협력하여 외부의 침입에 대응하거나 내부 질서를 유지했어요. 그래서 각 부족의 군장들이 협의를 통해 중요한 결정을 내리는 정치적 구조를 가졌지요. 이런 연맹 구조는 이후 중앙 집권적 국가나라의 모든 권력을 왕과 중앙 정부가 가지는 것으로 발전하는 기초가 되었답니다.

부여는 대표적인 연맹 왕국으로 다섯 개의 부족으로 이루어져 있었어요. 가장 큰 부족에서 왕이 나오고, 나머지 네 부족에는 각각 부족을 다스리는 통치자가 따로 있었지요. 각 부족장을 '마가, 우가, 저가, 구가'라고 불렀는데, 각각 말·소·돼지·개를 의미하는 명칭이에요. 부여의 이런 제도를 '사출도'라고 불렀어요.

◆ 함께 기억해요 ◆

✚ 삼한

마한, 진한, 변한이 합쳐진 삼한도 연맹 왕국의 형태를 띠었어요. 삼한은 저수지가 있어 벼농사가 활발했고, 공동 노동(두레)을 했어요. 누에를 길러 비단옷을 만들었고, 삼한 중 변한에서는 철이 많이 생산되어 낙랑과 왜에 수출도 했지요. 정치와 제사가 분리된 제정 분리 사회였기 때문에 군장 이외에 제사장인 '천군'이 있었고, 제사를 지내는 신성 지역인 '소도'가 있었어요. 이곳은 군장도 함부로 할 수 없는 곳이기 때문에 범죄자가 소도에 들어오면 잡아갈 수가 없었답니다.

사출도와 윷놀이

사출도의 마가, 저가, 우가, 구가의 흔적이 윷놀이에 남아 있어요. 바로 윷을 던져서 나오는 도, 개, 걸, 윷, 모예요. 도는 '돼지', 개는 '개', 걸은 '양', 윷은 '소', 모는 '말'을 상징한답니다.

헷갈리면 안 돼!

연맹 왕국은 각 부족이 독립적으로 존재하면서도 협력 관계를 맺는 형태이고, 중앙 집권 국가는 한 명의 왕이 모든 권력을 집중하여 통치하는 국가 형태예요. 나중에는 중앙 집권 국가들만 살아남았어요.

 스스로 정리하는 개념어

연맹 왕국이 형성된 이유를 설명해 보세요.

주몽과 고구려 건국

비교 단어 백제, 신라

고구려는 부여에서 내려온 주몽이 기원전 37년 졸본에 세운 나라예요. 주몽은 '활을 잘 쏘는 사람'이라는 뜻으로, 주몽이 어렸을 때부터 활을 잘 쏘았기 때문에 붙여진 이름이죠.

주몽 설화

부여의 금와왕은 아버지에게서 쫓겨난 물의 신 하백의 딸 유화를 불쌍히 여겨 궁으로 데려왔어요. 유화는 부모의 허락 없이 하늘 신의 아들인 해모수와 혼인을 했기 때문에 쫓겨난 것이었죠. 어느 날 유화는 알을 하나 낳았는데 거기에서 나온 아이가 바로 주몽이에요. 금와왕은 무예가 뛰어난 주몽을 예뻐했고, 주몽은 이 때문에 금와왕의 일곱 왕자에게 미움을 사서 남쪽으로 도망쳐야 했어요. 도망치다 강을 만난 주몽은 강물에 "나는 하늘 신의 아들이자 강의 신의 손자이다. 오늘 도망하여 여기까지 왔으나 추격병이 쫓아오고 있다. 어떻게 하면 좋겠는가."라고 외쳤어요. 그러자 물고기와 자라가 떠올라 다리를 만들어 주었고 주몽은 무사히 강을 건널 수 있었어요. 그렇게 주몽은 졸본에 도착했고, 고구려를 세웠죠.

고구려의 지배층은 대부분 부여 계통이었어요. 초기에는 5개 부족이 연합한 연맹 왕국 형태였다가 주변의 여러 나라들을 정복하면서 성장했지요. 고구려는 무예를 중시하고, 10월에는 '동맹'이라는 제천 행사를 열었어요.

✻ 함께 기억해요 ✻

✚ 부여와 고구려의 공통점

장례를 후하게 치르는 '후장' 풍습과 남의 물건을 훔쳤을 때 12배로 배상한다는 '1책 12법', 지배층의 재산 보호 목적으로 형이 죽은 뒤에 동생이 형수와 같이 사는 제도인 '형사취수제'가 두 나라에 공통으로 있었어요.

주몽과 명마 이야기

주몽이 부여에 있을 때 낮은 지위로 내려간 적이 있었어요. 이때 목장을 맡게 되었는데, 어머니인 유화 부인이 잘 달리는 말을 골라 혓바닥에 바늘을 꽂아놓아요. 말은 빼빼 말라 주몽에게 하사되었는데, 그 뒤 주몽은 그 말을 다시 명마로 만들어 부여를 탈출할 때 타고 갔어요.

스스로 정리하는 개념어

고구려를 건국한 사람의 이름을 써 보세요.

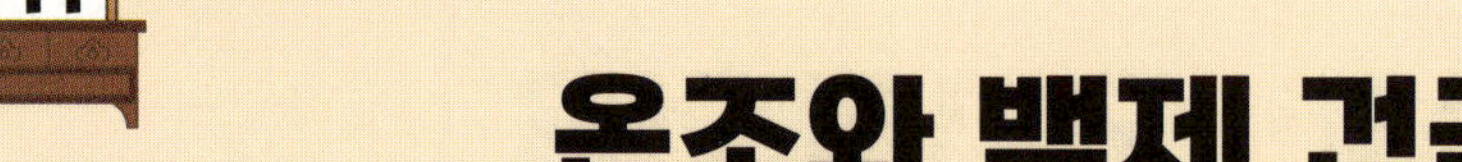

온조와 백제 건국

비교 단어 고구려, 신라

백제는 주몽의 아들인 온조가 위례성을 도읍^{나라의 수도}으로 삼고 세운 나라예요.

주몽이 졸본에 와서 두 아들을 얻었는데 바로 비류와 온조예요. 그런데 어느 날 주몽이 부여에 있을 때 낳은 아들 유리가 찾아왔고, 유리는 태자^{임금의 자리를 이을 임금의 아들}가 되지요. 이에 비류와 온조는 유리에게서 피해를 볼까 두려워 그들을 따르는 무리를 이끌고 남쪽으로 내려갔어요. 비류는 바닷가에 살기를 고집해서 그를 따르는 무리와 함께 미추홀^{지금의 인천}에 자리를 잡았어요. 온조는 한강과 평야가 있어 농사짓기에 유리하고 바다와도 이어진 위례성이 도읍으로 좋다고 생각하여 그를 따르는 무리와 함께 한강 남쪽의 위례성에 도읍을 정했어요. 처음에 온조는 열 명의 신하와 함께 나라를 세웠다고 해서 나라 이름을 '십제十濟'라고 했어요. 그런데 비류가 죽은 후 비류를 따르던 무리가 모두 위례성으로 찾아왔어요. 비류가 자리 잡은 미추홀은 땅이 습하고 물이 짜서 농사짓기가 어렵고 편안히 살 수가 없었기 때문이죠. 온조는 이후 나라의 이름을 '백제'라고 고쳤어요.

위의 건국 이야기를 통해 백제 건국의 주도 세력이 고구려와 부여 쪽 사람들이라는 것을 알 수 있어요. 실제로 백제의 유적인 서울 석촌동 고분^{옛날에 만들어진 무덤}은 고구려 초기의 돌무지무덤과 형태가 비슷하답니다.

유리 이야기

주몽이 부여를 떠나기 전, 예씨 부인은 아이를 가진 상태였어요. 주몽은 예씨 부인에게 "일곱 모(귀퉁이)가 난 바위 위 소나무 아래 증표를 숨겨 둘 테니 아이를 낳거든 그걸 찾아 내게 보내시오."라는 말을 남기고 부여를 떠났어요. 이후 예씨 부인은 시어머니인 유화 부인과 함께 유리를 길렀지요. 유리가 장성하자 예씨 부인은 아들에게 아버지가 남긴 증표에 대해 말해 주었어요. 유리는 모든 일을 제쳐 두고 증표를 찾으러 다녔지만 쉽게 찾을 수가 없었죠. 그러던 어느 날, 마루에 앉아 있던 유리는 지붕을 받치고 있던 주춧돌을 보고 깨달았어요. 주춧돌은 일곱 모가 나 있었고, 주춧돌이 받치고 있는 기둥은 소나무로 만들어졌거든요. 주춧돌 소나무 기둥 아래에서 녹이 슨 칼 반쪽이 나왔어요. 그 길로 유리는 아버지를 찾아 고구려에 갔고, 고구려의 주몽에게 증표인 반쪽 칼을 보여 줬어요. 유리가 자기 아들임을 확인한 주몽은 유리를 태자로 삼았고, 유리는 주몽에 이어 고구려의 2대 왕이 되었답니다.

스스로 정리하는 개념어

온조가 위례성에 도읍을 정한 이유를 설명해 보세요.

박혁거세와 신라 건국

12

내가 읽은 횟수

비교 단어 고구려, 백제

신라는 박혁거세가 지금의 경주 지역을 중심으로 세운 나라예요.

박혁거세 탄생 설화

옛날 한반도 남동쪽에 여러 부족 국가들이 모여서 진한을 만들었어요. 진한 땅 중에는 사로국이 있었는데, 이 사로국에는 여섯 마을 사람이 서로 힘을 합쳐 살고 있었어요. 여섯 마을을 대표하는 왕이 없었기 때문에 마을을 대표하는 여섯 촌장은 "덕이 있는 사람이 있으면 그를 왕으로 삼아 나라를 세우자."라고 약속했지요. 어느 날, 한 마을 촌장이 우물 옆 숲 사이에서 흰말이 무릎을 꿇고 울고 있는 것을 발견했어요. 이상히 여겨 가 보니 말은 보이지 않고 자줏빛 커다란 알만 놓여 있었죠. 알에서는 사내아이가 나왔어요. 여섯 촌장은 아이의 이름을 '혁거세'로 지었는데, 이는 '세상을 밝게 다스린다'라는 뜻이에요. 박처럼 둥근 알에서 나왔다고 하여 아이 성은 '박'으로 정했어요. 아이는 점점 성장해 늠름한 젊은이가 되었고, 혁거세가 13세가 되자 촌장들은 그를 왕으로 세웠어요.

위 설화는 신라가 박혁거세와 6개 촌의 촌장이 서로 연합해 세운 나라라는 사실을 보여줘요. 초반 신라의 왕위는 박, 석, 김의 세 성씨 집단에서 번갈아 차지했어요. 이때 왕을 '이사금'이라고 했는데, 이는 '이가 많은 사람'이라는 뜻이에요. 연장자가 지혜로운 사람이라고 생각했기 때문이죠. 이사금 시기에는 비슷한 힘을 가진 세 성씨가 연합해 나라를 이끌었고 왕의 권력은 그리 강하지 않았어요. 신라는 한반도 동남쪽에 위치하고 큰 산맥들로 가려져 있어 다른 나라에 비해 발전한 문화의 수용이 어려웠어요. 그래서 고구려와 백제보다 정치적 발전이 늦었지요. 하지만 나중에 삼국을 통일하며 뒷심을 보여 주었답니다.

함께 기억해요

✚ 알 탄생 설화를 만든 이유

옛날 사람들은 하늘과 땅을 자유롭게 오가는 새를 '하늘의 뜻을 전하는 동물'이라고 여기며 신비한 존재로 생각했어요. 그런 새가 낳은 알도 신비롭게 여겼어요. 나라를 세울 정도로 특별한 사람은 보통 사람들과는 달리 '하늘이 미리 정해 준 인물'이라는 의미로 알에서 태어난 설화를 만든 것이지요. 알은 '태양'을 의미하기도 했어요. 즉, 알에서 태어난 인물이 건국한 나라는 태양의 후손이라는 뜻을 갖기도 해요.

스스로 정리하는 개념어

신라를 건국한 사람의 이름과 신라의 중심이 된 지역을 써 보세요.

김수로왕과 가야 연맹

비교 단어 연맹 왕국

가야는 신라 유리왕 19년 때 낙동강 아래쪽에 김수로왕과 다섯 형제가 세운 연맹 왕국이에요. 낙동강 주변 평야 지대에는 왕 없이 아홉 명의 촌장이 각각 부족을 다스리고 있었어요. 어느 날, 하늘에서 신의 목소리가 들려와서 촌장들과 마을 사람들이 구지봉이란 봉우리에 올라갔어요. 하늘에서는 〈구지가〉라는 노래가 들려왔어요. 노래는 왕을 맞이하라는 내용을 담고 있었지요.

"거북아, 거북아. 머리를 내어라. (만약에 머리를) 내밀지 않으면 구워 먹으리."

그러자 하늘에서 붉은 보자기로 싼 금빛 상자가 내려왔고, 그 안에는 여섯 개의 황금알이 있었어요. 알에서는 각각 사내아이가 나왔는데 가장 먼저 태어난 아이를 '수로'라고 했어요. 촌장들은 그를 왕으로 추대했고, '김수로'는 나라 이름을 '가락국'이라고 했어요. 나머지 다섯 아이도 각각 왕이 되면서 모두 여섯 가야가 탄생했고, 김수로는 그 중 금관가야의 왕이 되어 김해 김씨의 시조가 되었지요. 즉, 가야는 연맹 왕국 형태였어요. 처음에는 금관가야가 가야 연맹의 우두머리였어요. 질 좋은 철을 생산해 중국과 왜에 수출하며 막대한 부를 쌓았고, 벼농사도 발달했죠. 그런데 4세기 말 가야와 왜 연합군이 신라를 쳐들어갔고, 위기에 빠진 신라는 고구려에 도움을 요청했어요. 고구려군이 신라를 도와주면서 왜를 격퇴했지만 그들이 김해 지역까지 침입하면서 금관가야는 쇠퇴했고, 532년 신라 법흥왕 때 신라에 합쳐졌어요.

▲ 가야 연맹

이후 가야는 대가야가 중심이 되어 발전했는데, 6세기 초반 신라와 백제의 압박으로 성장이 약화되었고 562년 신라 진흥왕 때 가야 전체가 신라에 합쳐졌어요.

<hr>

◈ 함께 기억해요 ◈

✚ '사국 시대'가 아니고 '삼국 시대'라고 하는 이유

가야는 여섯 가야가 모인 연맹 왕국 형태였다가 제대로 고대 국가의 모습을 갖추기 전에 신라에 정복당했기 때문에 '사국 시대'라고 부르지 않아요.

✚ 가야의 문화재

철 갑옷	가야금
 가야의 갑옷은 판갑옷(넓은 쇠붙이 조각으로 만든 갑옷) 형태로 넓은 철판을 통째로 이어 사람의 몸에 맞게 만든 갑옷이에요.	 출처: <가야금>, 귀족호도박물관 음악을 무척 좋아했던 가실왕이 음악을 통해 여섯 가야의 마음을 하나로 모으자는 생각으로 만든 악기예요. 중국의 현악기 '쟁(箏)'을 본떠 만든 악기로 12줄로 이루어져 있어요.
출처: <판갑옷>, 국립중앙박물관	

가야금과 거문고 이야기

가야의 궁중 악사였던 우륵은 가야가 약해지자 신라로 가서 살고 있었어요. 신라 진흥왕은 가야금용 음악 12곡을 작곡할 정도로 실력자였던 우륵의 연주를 듣고 싶어 했죠. 가야는 망한 나라이기 때문에 그 나라의 음악을 들어서는 안 된다는 신하들의 만류에도 불구하고 진흥왕은 음악 자체가 가치 있다고 말하며 우륵이 만든 음악을 신라의 궁중 음악으로 삼았어요. 우륵은 그 뒤로도 185곡이나 되는 가야금 곡을 만들었지요.

거문고는 중국의 칠현금(일곱 줄로 된 현악기)을 개량해 6줄로 만든 악기로 고구려 왕산악이 연주를 잘하기로 유명했어요. 왕산악이 거문고를 연주하면 검은 학이 와서 춤을 추었다고 해서 악기 이름을 '현학금(玄검을 현 鶴학 학 琴거문고 금)'이라고 했는데, 이것이 '현금(玄琴)'이 되었다가 우리말로 '검은고 → 거문고'가 되었다고 해요.

🐉 스스로 정리하는 개념어

가야가 신라에 합쳐진 이유를 설명해 보세요.

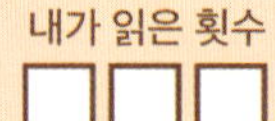

삼국의 전성기

全 온전할 전 **盛** 성할 성 **期** 기약할 기 일이 가장 잘 되어가고 힘이 넘치는 때

비교 단어 고구려, 백제, 신라

삼국의 전성기는 한반도에서 고구려, 백제, 신라가 각각 강력한 국가로 성장하여 정치적·군사적·문화적으로 전성기를 누렸던 때를 말해요. 이때 삼국은 모두 한강 주변 땅을 차지하고 싶어 했고, 한강을 차지한 순서대로 전성기를 맞이해요.

왜 삼국은 한강 주변을 모두 차지하고 싶어 했을까요? 바로 경제적·지리적으로 유리했기 때문이에요. 한강 주변에는 평야가 있어서 농사짓기 좋았고, 강을 이용해서 바다로 나가 이웃 나라와 교류하기도 좋았어요. 먼저 한강 지역에 자리를 잡았던 백제가 4세기*, 근초고왕 때 먼저 전성기를 맞이했어요. 이때 백제는 영토를 넓히고 해상 교역_{배로 물건을 실어 다른 나라와 주고받는 것}을 통해 발전해 나갔어요. 고구려는 5세기 광개토 대왕과 장수왕 시기에 영토를 크게 확장했고, 신라는 6세기에 내물 마립간_{신라 제17대 왕}과 법흥왕, 진흥왕 시기에 중앙 집권을 강화하고 영토를 확장하며 전성기를 맞이했어요.

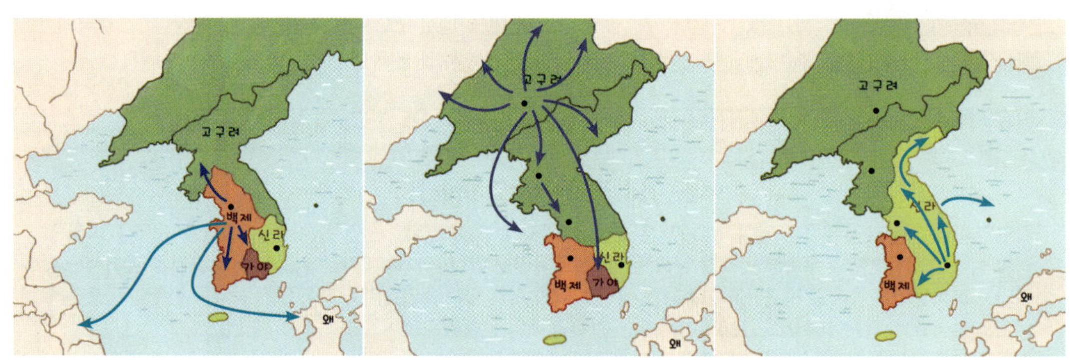

▲ 백제, 고구려, 신라가 각각 전성기일 때의 지도

🏵 함께 기억해요 🏵

* **세기** 100년 동안을 세는 단위로 1세기는 서기 1년~100년, 2세기는 101년~200년까지를 말해요. 보통 백제는 4세기, 고구려는 5세기, 신라는 6세기에 전성기를 맞았다고 말해요.

헷갈리면 안 돼!

각국의 전성기는 다른 나라와 비교했을 때 잘 살았던 시기가 아니라 각 나라가 가장 발전했던 시기를 말해요.

스스로 정리하는 개념어

삼국이 모두 차지하고 싶어 했던 장소를 설명해 보세요.

근초고왕

비교 단어 백제, 삼국의 전성기　**하위어** 칠지도

근초고왕은 백제의 제13대 왕으로, 4세기 후반 백제의 전성기를 이끈 인물이에요. 그가 임금 자리에 있던 기간346~375년 동안 백제는 정치적·군사적·문화적으로 크게 발전하며 '해상 왕국海바다 해 商장사 상'으로 이름을 드높였어요.

근초고왕은 활발한 영토 확장을 위해 많은 전쟁을 치렀어요. 고구려의 고국원왕이 먼저 백제를 공격하자 태자 수와 함께 3만 명의 군사들을 이끌고 고구려의 평양성을 공격하기도 했어요. 이 전쟁에서 고구려의 고국원왕이 화살에 맞아 전사하며 백제는 큰 승리를 거두었어요. 이후 서해를 손에 쥐면서 백제를 강국으로 성장시켰지요. 또 마한을 정복하고, 백제의 영토를 한강 지역과 전라남도 일대까지 넓혀서 이 시기에 백제는 역사상 가장 넓은 영토를 차지했어요.

근초고왕은 바다 건너 여러 나라들과 활발히 소통했는데 중국동진으로부터 발전된 문화와 기술을 받아들이고 일본왜에 선진 문화를 전파했어요. 백제의 우수한 제철 기술철을 만드는 기술로 칠지도를 만들어 일본의 왕왜왕에게 보내 주기도 했지요.

또 근초고왕은 백제의 역사를 상세히 기록한 역사서가 필요하다고 생각해 고흥 박사에게 역사서 집필을 명했어요. 고흥은 『서기』라는 역사책을 썼는데 아쉽게도 지금은 남아 있지 않아요.

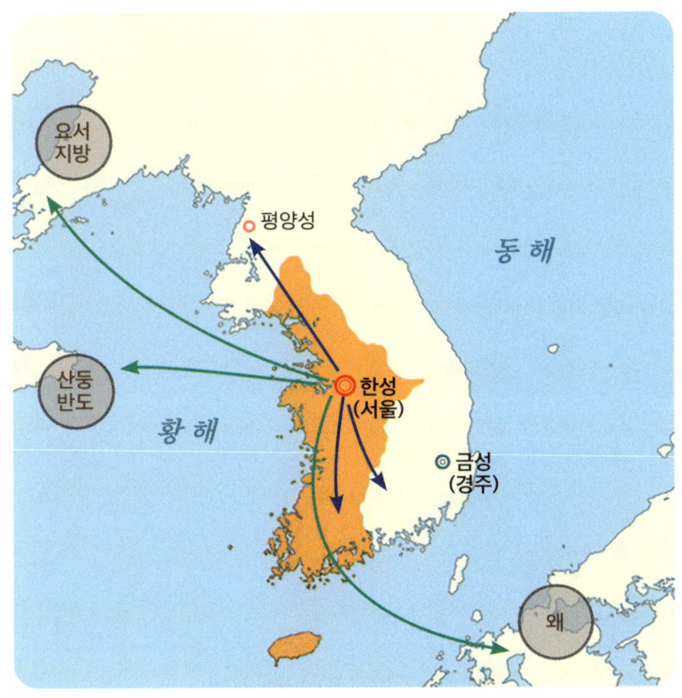

▲ 근초고왕 때 백제의 세력 확장

➕ 백제의 여러 왕

✔ 고이왕

백제의 발전에 있어 나라의 기틀을 마련한 왕으로, 신하들의 관직을 개편하여 백제의 정치 제도를 정비하고자 했어요.

✔ 침류왕

백제에 불교를 받아들인 왕이에요.

✔ 개로왕

고구려가 전성기를 맞이했을 때 집권했어요. 이 시기에는 고구려의 남하정책(북쪽에 있는 나라가 남쪽으로 세력을 넓혀 나가는 정책)에 밀려 국력이 약해지고, 귀족들의 힘이 강해져서 왕권이 흔들렸어요.

근초고왕과 고국원왕 이야기

369년 백제가 마한을 공격하러 간 사이, 고구려 고국원왕은 2만 명의 군사를 이끌고 백제로 쳐들어왔어요. 근초고왕도 근구수 태자(제14대 근구수왕)를 앞세워 이 공격에 맞섰어요. 처음에는 우열을 가리기 힘든 전투였어요. 그러나 옛 백제의 신하였다가 죄를 짓고 도망쳐 고구려로 달아난 '사기'라는 사람이 다시 백제에 투항하며 "고구려의 군사가 많긴 하지만 날래고 용감한 자들은 붉은 깃발 아래 모인 자들뿐이고, 나머지는 허울뿐이다."라고 알려 주었어요. 태자는 그 말을 듣고 고구려의 주력 부대를 공격했지요. 고국원왕은 백제에 수곡성 영토를 내주고 후퇴할 수밖에 없었어요. 371년 고구려의 고국원왕은 복수를 하기 위해 다시 백제를 쳐들어왔어요. 하지만 숨어 있던 백제의 근초고왕은 고구려군을 기습적으로 공격해 크게 승리했고, 고국원왕은 화살에 맞아 전사하고 말아요. 그로 인해 고구려는 한강 이북 지역과 황해도 대부분을 백제에 내줘야 했어요.

🐉 스스로 정리하는 개념어

근초고왕의 업적을 설명해 보세요.

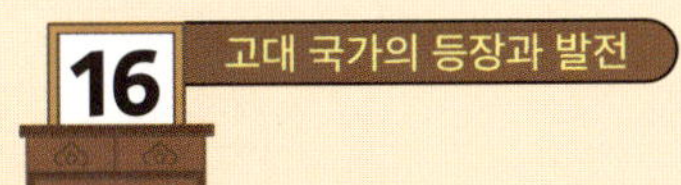

내가 읽은 횟수

칠지도

七 일곱 칠 支 지탱할 지 刀 칼 도

상위어 근초고왕 **비교 단어** 백제, 삼국의 전성기

▲ 칠지도
출처: <백제 칠지도 모조품>,
국립중앙박물관

==칠지도는 백제 근초고왕이 일본의 왕에게 선물로 보냈다고 전해지는 칼이에요.== 중심이 되는 칼날 한 개와 좌우로 3개씩 뻗어 있는 다리를 합치면 총 7개의 가지가 되기 때문에 '일곱 개의 가지가 있는 칼'이라는 뜻이에요. 칠지도는 쇠로 만든 무기로, 장식성과 상징성이 매우 크며 실제 싸움에서 사용하는 군사적 목적보다는 외교적 선물이나 성스러운 의식에 사용되는 칼이에요.

칠지도에는 100번 담금질쇠를 불에 데웠다 물에 담가 식혀 단단히 만드는 일한 후 칼의 양쪽 면에 금으로 글자를 새겨 넣었는데, 이는 백제의 우수한 기술들을 보여 주기도 해요. 칼날에는 백제가 일본에 이 칼을 선물한 사실과, 백제와 일본 사이의 우호 관계를 나타내는 문장이 새겨져 있어요. 칠지도는 한반도와 일본 간의 외교와 문물 교류를 상징하는 중요한 유물이지요.

🔹 함께 기억해요 🔹

✚ 일본의 역사 왜곡

칠지도에는 우리말로 풀이하자면 "태○ 4년 5월 16일은 병오인데 이날 한낮에 백번이나 단련한 강철로 칠지도를 만들었다. 이 칼은 온갖 병화를 물리칠 수 있으니, 마땅히 제후국의 왕에게 줄 만하다. ○○○○가 만들었다. 지금까지 이러한 칼은 없었다. 백제 왕의 명을 받들어 일부러 왜왕 지(旨)를 위해 만들었으니 후세에 전하여 보이라."라는 내용이 새겨져 있어요. 이는 백제의 왕이 왜왕에게 칼을 하사(윗사람이 아랫사람에게 물건을 줌.)한다는 내용인데, 어떤 일본 학자들은 이 내용을 두고 일본의 속국(법적으로 독립되었지만 실제로는 지배당하는 나라)이었던 백제가 왜왕에게 바친 물건이라고 해석하기도 해요. 하지만 당시 나라의 국력이나 기술은 백제가 일본보다 월등히 앞서 있었어요. 게다가 내용 마지막에 '후세에 길이 보전하라.'라는 명령조의 말투를 사용하고 있으니 당연히 백제가 왜왕에게 내려준 칼이라는 것을 알 수 있겠죠.

✚ 일본의 국보가 된 신검 칠지도

현재 칠지도는 일본 이소노카미신궁에 있으며, 일본의 국보로 지정되어 있어요.

스스로 정리하는 개념어

백제가 일본에 칠지도를 보낸 이유를 설명해 보세요.

소수림왕

상위어 고구려

비교 단어 삼국의 전성기

고구려의 제17대 왕인 소수림왕은 고구려의 국가 틀을 제대로 정리하고 불교를 인정하며 왕권을 강화했어요. 소수림왕은 즉위 초부터 북중국의 전진과 관계를 좋게 만들고 선진 문물과 제도를 적극적으로 받아들였어요. 고구려의 정치적·문화적 발전을 위해 여러 개혁을 시행했지요. 전진에서 보낸 승려스님를 받아들여 사찰을 세우고, 불교를 통해 백성들의 마음을 하나로 모아 국가의 이념적 기초를 다졌어요. 또 인재를 키우기 위해 교육 기관인 '태학'을 설립하고, 국가 운영의 규범이 되는 율령도 제정했죠. 이렇게 소수림왕의 개혁은 고구려가 강력한 중앙 집권 국가로 발전하는 데 중요한 기초가 되었어요.

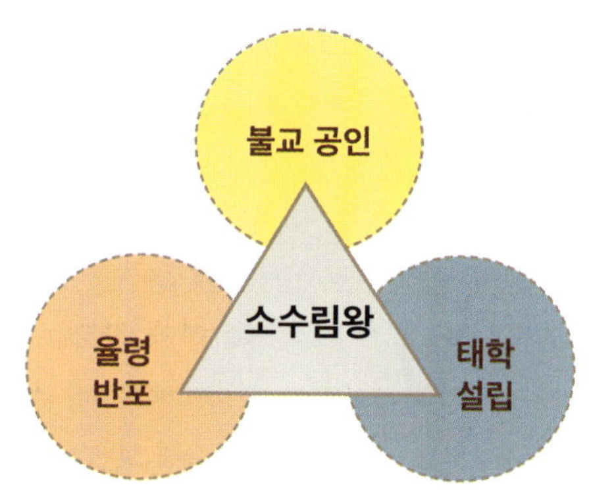

함께 기억해요

✚ 고구려의 교육 기관

✔ 태학

소수림왕이 설립한 고구려의 엘리트 교육 기관으로 귀족의 자제들을 교육하였고 중앙 집권적 정치 제도에 적합한 관리를 키웠어요. 이렇게 키운 관리와 지식인들은 국가 운영의 기초가 되었지요.

✔ 경당

고구려의 민간(정부가 속하지 않은 것) 교육 기관으로 평민층의 결혼하지 않은 남자들에게 글과 활쏘기를 가르쳤어요. 정확한 설립 시기는 알 수 없지만 태학이 설립된 이후 만들어졌을 거라 예상해요.

✚ 소수림왕과 광개토 대왕

소수림왕이 불교 공인(국가가 인정)과 율령 반포(세상에 널리 퍼뜨려 모두 알게 함.) 등으로 국가의 틀을 다졌기 때문에 다음으로 왕위에 오른 광개토 대왕은 대외 정복 활동에 집중할 수 있었어요. 흔히 고구려의 전성기를 광개토 대왕과 장수왕이 이루었다고 생각하는데 그 전에 소수림왕이 내부 틀을 튼튼히 한 덕분이라는 것을 기억해요.

스스로 정리하는 개념어

소수림왕이 불교를 국가 차원에서 인정하고 율령을 널리 알림으로써 얻고자 한 것을 설명해 보세요.

광개토 대왕

상위어 고구려

장수왕

고구려의 제19대 왕, 최고의 정복 군주였던 광개토 대왕은 '넓은 영토를 개척한 왕'이라는 뜻에 맞게 한반도와 만주 일대의 넓은 영토를 차지하고 고구려의 전성기를 이끌었어요.

광개토 대왕은 18세에 즉위한 후 군사력을 강화했어요. 특히 이때에는 고구려에 철갑 기병갑옷을 입고 말을 타고 싸우는 병사이 있었어요. 쇠로 만든 투구를 쓰고, 신발 바닥에는 날카로운 쇠못을 붙이고 창과 활을 자유자재로 다뤘지요. 또 말에도 투구와 갑옷을 입혀 상처가 나지 않도록 했답니다.

북쪽으로 영토를 넓히고자 했던 광개토 대왕은 우선 남쪽의 백제와 전쟁을 벌였어요. 북쪽을 공격할 때 백제가 뒤에서 공격하지 못하도록 하기 위함이었지요.

『삼국사기』에는 "391년 7월, 광개토 대왕이 백제를 공격해 10개의 성을 빼앗았고 그해 10월엔 관미성을 함락했다."라고 적혀 있어요. 그 후에 북쪽의 거란과 말갈을 공격하고 400년에는 신라를 침입한 왜구일본 해적를 격퇴한 뒤 가야까지 정벌적을 무력으로 침.했어요. 이렇게 남쪽으로도 세력을 펼치면서 백제와 신라에 고구려의 성 쌓는 법, 토기 제작법, 무덤의 형태, 건축술, 무기와 갑옷 등의 고구려 문화가 퍼졌고, 삼국은 문화적으로 서로 비슷한 느낌이 들게 되었답니다.

또 광개토 대왕은 '영락永길 영 樂즐길 락'이라는 독자 연호임금 자리에 올라 나라를 다스린 연도의 순서를 말하는 이름를 사용하기도 했어요. 당시 연호는 중국의 황제만 사용할 수 있었기 때문에 광개토 대왕이 독자 연호를 사용했다는 것은 고구려의 힘이 중국만큼 셌다는 의미이기도 해요.

고구려를 동북아시아 최강의 군사 강국으로 만든 광개토 대왕이 죽고 2년 뒤, 아들 장수왕은 아버지의 업적을 기리기 위해 광개토 대왕릉비를 세웠어요.

▲ 광개토 대왕릉비
출처: <중국길림 광개토대왕릉비 서면>,
국립중앙박물관

✚ 광개토 대왕릉비

고구려의 두 번째 수도였던 국내성에는 광개토 대왕릉비가 세워져 있어요. 광개토 대왕릉비는 광개토 대왕의 아들이자 고구려의 제20대 왕인 장수왕이 아버지의 업적을 기리며 세운 비석이에요. 광개토 대왕릉비에는 고구려를 세운 주몽의 출생부터 광개토 대왕의 여러 업적이 자세히 적혀 있고, 고구려가 주변 국가들과 어떻게 싸워 이겼는지도 나와 있어 역사적 가치가 있어요.

✚ 호우명 그릇

1949년 경주시 노서동 고분에서 발견된 그릇이에요. 그릇 바닥에 새겨진 글자를 통해 고구려에서 만든 그릇이며 신라에 전해졌음을 알 수 있어요. 신라와 고구려가 밀접한 관계를 맺고 있었음을 보여 주는 유물이에요.

호우명 그릇 ▶
출처: <호우총 청동그릇>, 국립중앙박물관

광개토 대왕릉비 발견 이야기

1880년 청나라 지린성에서 한 농부가 이끼와 덩굴에 덮여 있는 거대한 돌덩어리를 발견했어요. 높이는 6.39m, 무게 37t이나 되는 엄청나게 큰 크기에 중요한 유물일 것이라고 생각한 농부는 지방 정부에 비석을 발견했다고 알렸어요. 이후 청나라 지방 관리들이 찾아와 비석에 끼어 있는 이끼를 없애기 위해 비석에 쇠똥을 바르고 불을 질렀다고 해요. 크기가 너무 커서 비석의 꼭대기까지 타는 데 무려 한나절이나 걸렸다고 하지요. 그런데 이끼를 너무 험하게 걷어 내다 보니 비석에 균열이 생기고 글자가 훼손됐어요. 그냥 눈으로 확인할 수는 없고, 비석 위에 먹을 발라서 종이에 찍어 내는 '탁본'을 해야만 내용을 읽을 수 있었지요. 비석에 새겨진 글자는 무려 1,775자나 됐는데 그중 '국강상 광개토경 평안 호태왕'이라는 글자가 적혀 있었어요. 호태왕은 광개토 대왕을 의미하고, 나머지를 풀이하면 '국강상 지역의 무덤에 있으며 넓은 영토를 개척하고 나라를 평안하게 했던 자랑스러운 왕 중의 왕'이란 뜻이에요. 이 비석이 바로 광개토 대왕릉비였던 거죠.

헷갈리면 안 돼!

광개토 대왕릉비는 이름에 '광개토 대왕'이 들어가지만 장수왕이 세운 것이에요.

스스로 정리하는 개념어

광개토 대왕의 주요 업적을 설명해 보세요.

장수왕

상위어 고구려

비교 단어 광개토 대왕

장수왕은 고구려 제20대 왕으로 이름처럼 장수했고^{98세} 고구려 역사상 가장 오랫 동안 임금의 자리에 있던 왕이에요.

아버지 광개토 대왕의 영토 확장 정책을 이어받아 고구려의 국력을 강화하는 한편, 427년에 수도를 평양으로 옮겼어요. 평양은 국내성보다 남쪽에 있어서 날씨가 따뜻하고 대동강이 근처에 있어서 곡식이 풍부했어요. 또 기존 도읍지인 국내성을 바탕으로 한 귀족들의 힘을 약화시킬 수 있어서 왕권을 강화하는 효과도 있었지요.

장수왕은 또 남진^{남쪽으로 나아감.} 정책을 추진했어요. 고구려는 백제의 수도 한성을 무너뜨리고 한강 지역을 차지하면서, 충북 충주에 '충주 고구려비'를 세웠어요. 그렇게 해상권^{바다를 지배하고 다스리는 힘}까지 차지하고, 광개토 대왕이 넓혀 놓은 북쪽 땅을 지키기 위해 중국의 북위 등 주변 나라와 좋은 관계를 맺으며 외교적으로도 유연한 정책을 펼쳐 고구려의 안정과 번영을 오랫동안 지속했어요.

▲ 충주 고구려비
출처: <충주 고구려비>, 국가유산청

✚ 백제의 웅진 천도(수도를 옮김)

고구려 장수왕의 남진 정책으로 당시 백제의 왕이었던 개로왕은 죽임을 당하고 백제는 한성을 빼앗겼어요. 태자였던 문주왕은 백제의 수도를 웅진으로 옮겨야 했지요. 웅진은 지금의 공주로 한성에 비해 좁지만, 주변에 금강이 있고 높은 산으로 둘러싸여 있어서 적의 침입을 막기에 좋은 지리적 특징을 가지고 있어요. 문주왕은 웅진에 새 궁궐을 짓고 성을 쌓았는데, 그 성이 바로 공산성이에요.

고구려의 첩자 도림 스님 이야기

백제와 정면충돌하면 고구려의 군사도 큰 피해를 볼 것으로 생각한 장수왕은 승려 도림을 백제에 첩자(간첩, 스파이)로 보냈어요. 도림은 백제 개로왕이 바둑을 좋아한다는 사실을 이용해 개로왕의 마음을 사로잡았어요. 그렇게 도림은 왕의 신뢰를 얻은 후에 성곽과 왕궁을 수리할 것을 제안했어요.

"폐하, 지금의 궁궐은 왕께서 머물기에 너무 작습니다. 궁궐을 크게 지어 폐하와 나라의 위엄을 보이소서."

개로왕은 도림의 말에 넘어가 왕권을 강화한다는 명목으로 성곽과 왕궁의 공사를 시작했어요. 그로 인해 나랏돈은 바닥났고 백성들의 불만이 쌓이며 안정됐던 국력이 약해지기 시작했어요. 이때를 노린 장수왕이 백제를 공격했고, 결국 개로왕은 고구려군에 붙잡혀 목숨을 잃었어요.

헷갈리면 안 돼!

광개토 대왕릉비도 장수왕이 세웠고, 충주의 고구려비도 장수왕이 세웠어요.

스스로 정리하는 개념어

장수왕이 수도를 평양으로 옮긴 이유를 설명해 보세요.

살수 대첩

상위어 고구려

비교 단어 안시성 전투

살수 대첩은 고구려 영양왕 때 고구려군이 수나라군을 살수^{청천강의 옛 이름}에서 크게 이긴 전투예요. 612년, 수나라의 2대 황제인 양제는 113만의 군사를 이끌고 직접 고구려를 침략했어요. 그러나 고구려의 요동성은 쉽게 무너지지 않았어요. 성벽이 견고하고, 고구려군의 작전과 전술도 뛰어났기 때문이에요. 그러자 수 양제는 요동성을 포기하고, 30만 5,000명의 군사를 보내 평양성을 공격하기로 마음먹었지요. 수의 군대가 요동성을 돌아 압록강에 이르렀을 때, 고구려의 장수 을지문덕은 이들의 작전을 눈치채고 거짓으로 항복을 한 뒤 적진으로 들어갔어요. 수나라군의 상황을 직접 엿보기 위해서였지요. 수나라군은 무리한 행군으로 몹시 지쳐 있었고 식량이 모자라 병사들 대부분이 굶주려 있었어요. 이를 알아차린 을지문덕의 고구려군은 일곱 번이나 지는 척하며 평양성으로 달아났고, 자신들이 이기고 있는 줄 알던 수나라 군대는 계속 평양성까지 쫓아왔어요. 잡힐 듯 잡히지 않는 고구려군에 수나라 군사들은 더 지쳐갔지요. 이때, 을지문덕이 수나라 진영에 한 통의 편지를 보냈어요.

> *"그대의 신묘한 작전은 하늘의 이치를 다 하였고, 그대의 기묘한 계산은 땅의 이치를 다 하였네.*
> *이미 이겨서 공이 높으니 그만 만족하고 돌아감이 어떤가."*

편지를 받은 수나라 장군은 후퇴 명령을 내렸지만 사실 을지문덕은 수나라 군대를 그냥 보낼 생각이 없었어요. 고구려군은 수나라군을 살수라는 강 쪽으로 몰았어요. 을지문덕이 미리 살수의 상류에 둑을 쌓아 물길을 막아 놓았거든요. 수나라군이 살수에 들어섰을 때, 을지문덕은 둑을 터트렸고 고구려군은 총공격을 했어요. 결국 수나라 30만 5,000명의 군사 중에서 살아 돌아간 병사는 2,700명에 불과했어요. 이 전투가 바로 고구려를 동아시아의 전설로 만든 살수 대첩이에요.

✦ 함께 기억해요 ✦

✚ 수나라의 멸망

수나라는 패배를 회복하기 위해 613년과 614년, 다시 고구려로 쳐들어왔지만 모두 실패했어요. 계속된 고구려 원정(먼 곳으로 싸우러 나감.) 실패는 수나라의 멸망 원인 중 하나가 되었지요. 결국 수나라는 멸망하고, 중국에는 당나라가 들어섰어요.

헷갈리면 안 돼!

살수 대첩은 수나라와의 전투로, 을지문덕이 지휘했어요. 안시성 전투는 그 이후에 고구려와 당나라 간의 전투지요.

스스로 정리하는 개념어

을지문덕이 수나라 대군을 상대로 승리할 수 있었던 중요한 전략을 설명해 보세요.

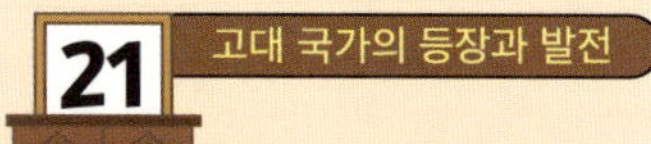

안시성 전투

21

상위어 고구려

비교 단어 살수 대첩

645년 고구려와 당나라 간에 벌어진 전투로, 고구려가 당나라의 대규모 침공을 막아 낸 대표적인 전투예요.

당나라 2대 황제 태종은 고구려를 칠 기회를 계속 엿보고 있었어요. 당시 고구려 27대 왕이었던 영류왕은 연개소문에게 천리장성을 쌓게 했어요. 이후 연개소문은 영류왕을 살해한 뒤 왕의 조카 보장왕을 허수아비 왕으로 앉히고 스스로 최고 벼슬자리인 대막리지에 올랐어요. 그러자 당나라 태종은 이를 핑계로 20만 대군많은 병사가 있는 군대을 이끌고 고구려를 공격했지요. 그들은 고구려의 여러 성을 무너뜨리고 수나라와의 전쟁 때도 무너지지 않았던 요동성마저 차지했어요. 남은 것은 안시성뿐이었어요.

안시성은 평양성으로 향하는 길목으로 해안과 바다 모두로 진출할 수 있는 중요한 곳이었어요. 높은 곳에 있는 안시성은 죽을 각오를 하고 지키는 고구려 병사들의 방어로 강력한 무기를 가진 당나라 공격에도 흔들리지 않았어요.

그러자 당나라 태종은 최후의 방법을 선택했어요. 바로 안시성 앞에 안시성보다 높은 흙으로 이루어진 산을 쌓고 안시성을 내려다보며 공격하는 것이었지요. 하지만 흙으로 만든 산 일부가 무너져 내렸고, 고구려군이 그 산을 점령해 버렸어요. 그렇게 겨울이 왔고, 추위와 배고픔에 사기가 떨어진 당나라 군대는 후퇴할 수밖에 없었어요. 당나라 태종의 천하 제패의 꿈도 결국엔 고구려 안시성 앞에서 무너진 것이에요. 후에 당나라 태종은 아들에게 다시는 고구려를 치지 말라는 유언을 남겼다고 해요.

◈ 함께 기억해요 ◈

✚ 고구려의 '청야 전술'

고구려는 외적이 침입해 오면 청야(淸맑을 청 野들 야) 전술을 택했어요. 청야 전술은 곡식들을 치우고 들판을 불태워서 외적들이 식량을 공급받지 못하게 하고, 고구려 백성들은 성 안쪽으로 들어가 문을 걸어 잠그는 전술을 말해요. 고구려는 만주 벌판이 있는 북쪽이기 때문에 10월만 돼도 기온이 많이 내려가 전투를 제대로 하기 어려웠어요. 제대로 먹지 못한 당나라 군사들은 힘을 쓸 수가 없었죠. 수나라, 당나라 등 여러 중국 군대가 고구려를 뚫지 못한 것은 이 전술 때문이었어요.

스스로 정리하는 개념어

안시성 전투를 승리로 이끈 주요 전략을 설명해 보세요.

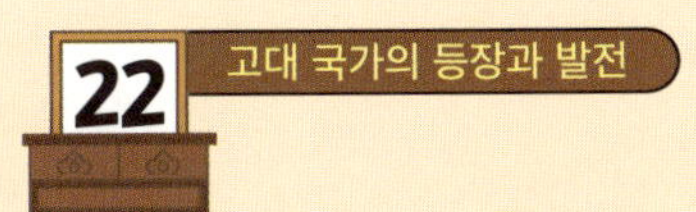

지증왕

상위어 신라

지증왕은 신라의 제22대 왕으로, 신라의 국호^{나라 이름}와 왕호^{왕의 이름}를 처음으로 정비한 왕이에요. '왕의 덕업이 날로 새로워져서 사방을 망라한다'라는 뜻을 가진 국호 '신라'를 처음 사용했고, 그 전에 거서간, 차차웅, 이사금, 마립간으로 불리던 왕의 호칭을 '왕'으로 단일화하여 왕권과 중앙 집권 체제를 강화했어요.

또 지방 행정 체제를 고치고 군주^{지방을 다스리는 벼슬}를 파견했는데, 이는 지방을 직접적으로 지배하게 되었다는 것을 의미해요. 그리고 우경소^{를 이용한 농업}의 도입으로 농업 생산성을 크게 높여 백성들의 생활 수준을 향상하는 데 기여했어요. 512년에는 이사부 장군으로 하여금 우산국을 정복하게 하며 신라 안팎의 발전을 이끌었어요.

◈ 함께 기억해요 ◈

✦ 신라의 명칭

'신라'라는 국호를 사용하기 전에 신라는 '사로국(서라벌)', '사로', '사라', '계림' 등으로 불렸어요.

이사부의 우산국 정벌 이야기

이사부는 512년 아슬라주(지금의 강원도 강릉) 군주 자리에 오른 뒤 우산국 정벌에 나섰어요. 우산국은 지금의 울릉도와 그 부속 섬을 다스리던 고대 국가였어요.

『삼국사기』에는 "우산국 사람들이 미련하고 사나워서 힘으로 굴복시키기 어려워, 이사부가 꾀를 내어 나무로 커다랗고 무시무시하게 생긴 사자를 조각해 배에 나누어 싣고 우산국 사람들을 겁주며 항복을 받아 냈다."라고 나와 있어요.

스스로 정리하는 개념어

지증왕이 '신라'라는 국호와 '왕'이라는 칭호를 도입한 이유를 설명해 보세요.

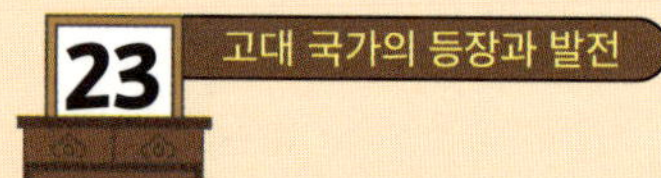

법흥왕

상위어 신라

비교 단어 지증왕, 진흥왕

법흥왕은 신라 제23대 왕으로, 신라의 중앙 집권 체제를 강화하고 불교를 공식적으로 인정한 왕이에요.

법흥왕은 신라의 정치·사회·문화 전반에 걸쳐 큰 변화를 일으켰으며, 법률 제정과 관리 제도 정비를 통해 신라를 체계적인 국가로 발전시켰어요. 특히 520년에 율령을 반포하여 신라의 법과 질서를 확립하고, 국가 운영을 체계화했어요. 또 527년에 승려 이차돈의 순교^{자신의 신앙을 지키기 위해 목숨을 바침.}를 계기로 불교를 공식 인정했어요. 불교는 왕권을 강화하고, 신라의 정신적 통일을 이루는 데 중요한 역할을 했답니다.

법흥왕은 군사 조직을 개편하고, 군사에 관한 일을 맡아보는 곳인 병부를 설치하여 군사력도 강화했어요. 이는 신라가 외세와의 전쟁에서 강력한 군사력을 바탕으로 성장하는 데 기여했지요. 이렇게 법흥왕이 신라의 기반을 잘 닦아 놓았기 때문에 진흥왕 때 신라가 전성기를 맞이할 수 있었어요.

🏵 함께 기억해요 🏵

+ 신라의 왕들

✓ 법흥왕
신라의 내부 틀을 제대로 갖추고 불교를 공식적으로 인정한 왕으로, 신라의 중앙 집권화를 이끌었어요.

✓ 진흥왕
법흥왕의 뒤를 이어 신라의 영토를 확장하고, 삼국 간의 경쟁에서 신라의 우위를 굳힌 왕이에요. 법흥왕이 국내 정치에 집중했다면, 진흥왕은 외교와 영토 확장에 주력했어요.

헷갈리면 안 돼!

신라에 불교가 전해진 것은 눌지왕 때이고, 법흥왕 때 국교(국가에서 법으로 정하여 온 국민이 믿도록 하는 종교)로 인정되었어요.

스스로 정리하는 개념어

법흥왕이 불교를 인정하고 율령을 반포한 이유를 설명해 보세요.

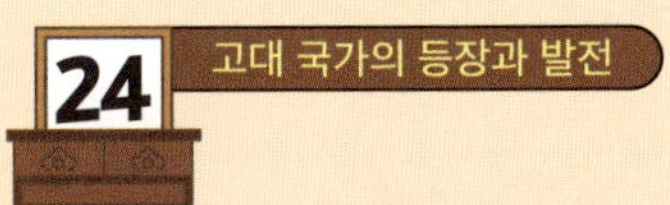

진흥왕

상위어 신라

비교 단어 법흥왕, 화랑도

신라의 제24대 왕인 진흥왕은 신라를 전성기로 이끈 왕이에요. 법흥왕의 조카로 7세의 나이에 왕이 되었지만, 너무 어려 어머니가 대신 나라를 다스렸어요. 그러다 19세 때 '개국開열 개 國나라 국'이란 연호를 사용하면서 직접 나라를 다스리기 시작했지요.

진흥왕은 신라의 영토를 넓히고 삼국 간의 경쟁에서도 앞섰어요. 외교와 군사적 능력을 바탕으로 한강 지역을 차지하고, 가야를 정복해 신라의 국력을 높게 성장시켰지요. 또 화랑도신라 화랑의 무리를 조직하여 신라의 젊은 귀족들을 군사적·정신적으로 훈련시키고, 국가 통합을 위한 계획을 세웠어요.

특히 진흥왕 12년, 고구려가 돌궐의 침입으로 북방에 신경을 쓰고 있을 때 백제와 함께 고구려가 차지하고 있던 한강 유역을 빼앗았어요. 그리고 신라는 한강 상류, 백제는 한강 하류를 차지했지요. 하지만 한강 하류 지역을 갖고 싶던 진흥왕은 오랫동안 유지했던 백제와의 동맹같은 편 관계를 깨고 백제를 공격하여 한강 하류 지역을 빼앗았어요. 이에 화가 난 백제 성왕이 두 나라 사이를 오가는 길목에 있는 관산성충북 옥천을 공격하면서 양국 간에 전투가 벌어졌는데, 성왕은 이때 전사하고 말아요. 관산성 전투의 승리로 신라는 한강 유역 전체를 차지하게 되었어요. 그리고 함경남도 안변 근처까지 진출해서 진흥왕 순수비를 세웠지요.

❀ 함께 기억해요 ❀

✚ 진흥왕 순수비와 적성비

◀ 진흥왕 순수비
출처: <북한산 신라 진흥왕 순수비>, 국립중앙박물관

진흥왕 순수비(왕이 나라를 두루 살핀 기념으로 세운 비석)는 진흥왕 때 세운 4개의 비석이에요. 영토를 대거 확장한 기념으로 진흥왕이 손수 곳곳에 세웠어요. 가야의 영토였던 경남 창녕, 한강 유역, 함경남도 함흥, 함경남도 이원군과 단천군 경계의 마운령에 세웠지요. 그래서 순수비에는 주로 임금의 업적을 알리는 내용이 담겨 있고, 당시 왕을 수행했던 신하의 이름과 관직 등도 나와 있어서 신라의 신분제와 국가 행정 조직, 권한을 정하는 법규인 관제 등을 파악하는 데도 도움이 돼요.

진흥왕은 단양에 '적성비'도 세웠어요. 적성비는 왕의 업적을 알리는 것보다 적국이 차지하던 성을 공략한 신하의 공을 칭찬하고, 그 지역에 살던 백성을 위로하기 위한 것이었어요. 그래서 고구려가 차지하고 있던 성을 빼앗은 이사부와 여러 신라 장군, 또 이들을 도와 공을 세운 사람들을 칭찬하고 이 지역에 살던 백성을 위로하는 내용이 담겨 있지요.

헷갈리면 안 돼!

진흥왕이 성왕과 함께 한강 지역을 되찾으러 가기 전부터 신라와 백제는 동맹을 맺은 상태였어요. 고구려가 전성기에 남쪽으로 세력을 넓히는 것을 막기 위해 100년 넘게 '나제(신라와 백제) 동맹'이 지속되고 있었지요.

스스로 정리하는 개념어

진흥왕이 백제와의 동맹을 깨고 공격한 이유를 설명해 보세요.

골품 제도

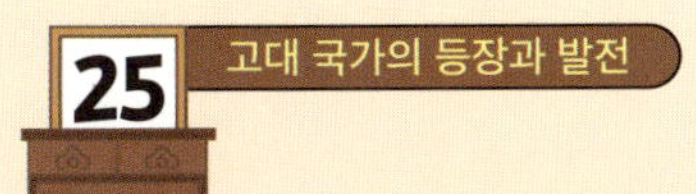

상위어 신라

비교 단어 화랑도

신라는 중앙 집권 국가로 성장하면서 각 지방의 부족장들을 중앙 귀족에 편입시켰는데, 이때 부족장의 세력에 따라 등급과 서열을 정해 '골품제'라는 신분 제도를 만들었어요.

혈통에 따라 나눈 신분 제도인 골품제에서는 왕족을 '성골'과 '진골'로 나누고, 왕족이 아닌 자를 여섯 등급으로 나눴어요. 이 등급을 '두품'이라고 했는데요. 6두품이 가장 높은 신분이고 숫자가 낮아질수록 신분이 낮은 계급이었죠. 일반 귀족들은 6두품 이하의 각 두품에 속하였으며, 3두품 이하는 평민 신분이었어요.

신라인은 골품제에 따라 정치·사회 활동과 일상생활까지 제한을 받았어요. 성골만 왕이 될 수 있었는데 진덕 여왕을 끝으로 성골은 소멸했어요. 이후 태종 무열왕 때부터 최고 귀족인 진골이 왕위를 계승하게 되었고 중요 관직을 독점했지요. 6두품 이하 일반 귀족은 관직 승진에 제한이 있었어요. 6두품은 6등급 아찬까지의 벼슬만 할 수 있었으므로 정치보다는 학문과 종교 쪽에서 많은 활동을 하였지요. 또 집의 규모나 수레의 크기, 옷의 색깔 등도 골품제에 따라 결정되었어요.

초창기의 골품제는 나라를 다스리는 데 큰 역할을 했지만, 후대에 와서는 신분을 바꿀 수 없다는 점과 상위 계층의 횡포 때문에 하위 계층의 많은 반발을 사게 되는 등 문제점이 많기도 했어요.

❋ 함께 기억해요 ❋

✚ 신라의 폐쇄성

신라에는 선덕 여왕, 진덕 여왕 등 고대 다른 나라에서 볼 수 없는 '여왕'이 존재했어요. 그래서 남녀 차별이 없었던 개방적인 사회였다고 생각하기 쉬우나 오히려 신분 제도를 엄격하게 지켰던 나라였어요. 성골 출신 남자가 없어졌음에도 성골만 왕위에 오를 수 있었기 때문에 여자가 왕이 되었던 것이에요. 선덕 여왕, 진덕 여왕, 진성 여왕 이후에 성골은 없어졌고, 태종 무열왕부터 진골 출신이 왕이 되기 시작했어요.

관등		골품				복색
등급	관등 이름	진골	6두품	5두품	4두품	
1	이벌찬					자색
2	이찬					
3	잡찬					
4	파진찬					
5	대아찬					
6	아찬					비색
7	일길찬					
8	사찬					
9	급벌찬					
10	대나마					청색
11	나마					
12	대사					황색
13	사지					
14	갈사					
15	대오					
16	소오					
17	조위					

성골	진골	6두품	5두품	4두품	3~1두품
← 왕족 →		← 귀족 →			← 평민 →

▲ 골품제에 따른 관직과 복색

스스로 정리하는 개념어

골품 제도가 신라의 정치와 사회에 미친 영향을 설명해 보세요.

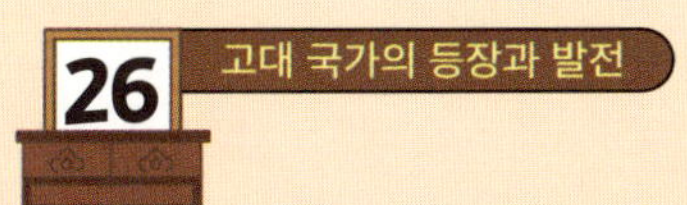

화랑도

상위어 신라

비교 단어 진흥왕, 골품 제도

화랑도는 신라의 청소년 귀족들로 이루어진 군사적·정신적 수련 단체로, 신라의 통일과 국력 강화에 중요한 역할을 했어요. '꽃처럼 아름다운 청년들'이라는 뜻의 화랑은 진흥왕이 전쟁에 필요한 군사를 키우기 위해 유능한 인재들을 모아 조직했어요. 주로 외모, 품성, 행동 등이 단정한 15~18세 정도의 청소년들이었는데, 이들은 산 높고 물 맑은 곳을 돌아다니며 몸과 마음을 닦았어요. 화랑 중 진골 귀족이면서 무예 실력이 출중한 이를 '국선國나라 국 仙신선 선. 화랑의 지도자'으로 삼아 전체 화랑도를 이끌게 했어요. 그 아래에 3~8명의 화랑이 있고, 각 화랑은 수백 명에서 천 명 정도 되는 낭도화랑의 무리들을 이끌었어요. 화랑은 진골 귀족만 될 수 있었고, 낭도는 귀족이나 평민 누구나 될 수 있었지요. 화랑은 곱게 화장했는데 이것은 예뻐 보이기 위해서가 아니라 정의가 아닌 것을 바로잡기 위해서는 목숨도 버릴 수 있다는 의지를 드러내는 것이었어요. 화랑들은 조국을 지키기 위해 목숨을 바치는 것이 화랑으로서 최고의 명예라고 생각했어요. 그래서 전쟁이 일어나면 나라를 위해 스스로 전투에 나가 목숨 바쳐 싸웠답니다.

◈ 함께 기억해요 ◈

✦ 세속 오계

'세속 오계'는 화랑들이 교훈으로 삼고 지키려고 노력한 규칙으로 사군이충(事君以忠·충성으로 임금을 섬긴다), 사친이효(事親以孝·효도로 어버이를 섬긴다), 교우이신(交友以信·믿음으로 벗을 사귄다), 임전무퇴(臨戰無退·싸움에 임해서는 물러남이 없다), 살생유택(殺生有擇·산 것을 함부로 죽이지 않는다)의 5개 규칙을 말해요.

✦ 향가

많은 화랑이 당시 신라 사람들이 즐겨 불렀던 노래인 '향가'를 짓고 부르는 음악인이기도 했어요. 대표적인 향가로 화랑 죽지랑의 낭도인 득오가 지은 <모죽지랑가>, 승려 충담이 화랑 기파랑을 추모하며 지은 <찬기파랑가>가 있어요.

관창 이야기

660년, 김유신이 이끄는 신라군과 계백이 이끄는 백제군이 황산벌 전투를 벌이고 있을 때 백제가 계속 승리하자 화랑 관창이 홀로 말을 타고 백제 병사들이 모여 있는 곳으로 달려갔어요. 백제군들은 관창을 붙잡아 계백 앞에 끌고 갔는데 계백은 나이가 어리다는 이유로 관창을 말에 태워 돌려보냈어요. 그러나 관창은 다시 백제군들을 향해 달려왔지요. 계백이 이번에는 관창의 목을 벤 뒤 말안장에 매달아 신라군에게 돌려보냈어요. 죽어서 돌아온 관창의 모습을 본 신라군들은 그의 죽음을 헛되이 하지 않으려고 백제를 향해 공격을 퍼부었지요. 결국 전투는 신라의 승리로 끝이 났어요.

스스로 정리하는 개념어

화랑도가 신라 사회에서 중요한 역할을 했던 이유를 설명해 보세요.

27. 삼국의 불교

상위어 고구려, 백제, 신라

불교는 인도에서 석가모니가 만든 종교인데 우리나라에는 중국을 통해 전해졌어요. 삼국이 불교를 받아들이기 전, 사람들은 모두 각자 다른 신을 섬기고 있었어요. 그러다 삼국의 왕실에서 불교를 받아들이고 백성들로 하여금 불교를 믿게 하여 백성들의 마음을 하나로 모았어요.

그 후에 왕을 부처처럼 섬기게 하며 왕권을 강화하려고 했지요. 이는 중국이 먼저 행했던 방식으로 지금 왕과 백성들의 신분 차이는 전생의 선행과 악행 때문이라고 인지하게 만듦으로써 백성들이 신분제에 대해 받아들이게 만들어서 통치를 쉽게 하기 위함이었어요. 그래서 삼국에는 유독 불교와 관련된 유적지와 문화재가 많이 남아 있어요.

❀ 함께 기억해요 ❀

✚ 삼국이 불교를 받아들인 순서

고구려 ⇒ 백제 ⇒ 신라

✚ 삼국이 불교를 받아들인 경로

중국 ⇒ 고구려 ⇒ 신라　　　중국 ⇒ 백제

✚ 불교를 받아들인 왕

✔ **고구려** 소수림왕　　　✔ **백제** 침류왕　　　✔ **신라** 법흥왕

이차돈 순교 이야기

당시 신라의 귀족들은 조상신을 숭배하고 있었기 때문에 왕이 불교를 퍼뜨리고 싶어 하자 이런저런 이유를 대며 반대했어요. 이때 남몰래 불교를 믿고 있던 이차돈이 왕을 찾아왔어요.

"저는 부처님을 믿사옵니다. 전하가 절을 지으려고 한다는 뜻을 전할 때 제가 반대하는 척할 테니 제 목을 베십시오."

"아무리 임금이어도 어찌 죄 없는 너의 목숨을 빼앗겠느냐?"

이차돈이 뜻을 굽히지 않자, 결국 왕은 이차돈의 말을 따르기로 했지요. 법흥왕은 신하들을 불러 모아 호통을 쳤어요.

"그대들은 내가 절을 지으려 하는데도 어찌 따르려고 하지 않는가?"

왕은 어찌할 바 모르는 신하들 앞으로 이차돈을 끌어내며 말했어요.

"너도 나의 뜻을 거스르는 게냐? 당장 저놈의 목을 베어라!"

그런데 이차돈의 목이 잘려 나가는 순간 그의 목에서 하얀 피가 높이 솟아올랐어요. 그리고 사방이 캄캄해지고 땅이 흔들리더니 하늘에서 꽃비가 내리기 시작했어요. 이차돈의 순교(모든 어려움을 물리치고 신앙을 지키기 위해 목숨을 바치는 일)로 신라의 귀족들은 불교를 인정하게 되었지요. 이차돈의 죽음을 기리기 위해 경주의 금강산 자락에 '자추사'라는 절이 세워졌답니다.

스스로 정리하는 개념어

삼국 시대에 불교의 역할을 설명해 보세요.

고분

古 옛 고 **墳** 무덤 분 고대에 만들어진 무덤

상위어 고구려, 백제, 신라

고분은 '옛 무덤'이란 뜻이지만, 학자들이 말하는 고분은 역사적인 자료가 되는 무덤을 말해요.
고분은 묻힌 사람이나 발견된 유물에 따라 이름이 붙여져요. '~능[릉]'은 무덤의 주인이 누구인지 알고 그 주인이 왕이나 왕비면 붙이고, '~총'은 주인을 알 수 없어서 땅속에서 발견된 유물로 이름을 짓고, '~묘'는 주인을 알 수는 있으나 왕족이 아닌 경우 붙여요. 예를 들어 무령왕의 무덤은 '무령왕릉', 무덤 주인이 누구인지 모르지만 말의 안장 양쪽에 달아 늘어뜨리는 가죽에 그려진 말천마 그림이 출토된 무덤은 '천마총', 왕이 아닌 장군의 무덤인 '김유신 장군 묘' 등이 있지요.

무덤의 형식으로는 돌무지무덤, 굴식 돌방무덤, 돌무지덧널무덤이 있어요. 돌무지무덤은 돌을 쌓아 올려 만드는 무덤으로 고구려와 백제의 초기 무덤 형식이에요. 굴식 돌방무덤은 집처럼 사람이 들어가는 입구문와 방이 있는 형태로, 방에는 시체를 넣은 널관이 있어요. 입구와 널방이 있으니 도난당하기 쉬웠죠. 널방의 천장과 벽에는 벽화를 그려 장식하기도 했어요. 대표적인 굴식 돌방무덤으로는 사신도가 그려진 고구려의 강서 고분·무용총·쌍용총, 백제의 송산리 고분군·능산리 고분군, 발해의 정혜 공주 묘 등이 있어요.

돌무지덧널무덤은 통일 이전 신라 무덤의 특징을 가장 잘 보여 주는 무덤으로 다른 나라에서는 볼 수 없는, 이 시기 신라만의 독특한 무덤 형태예요. 큰 나무 덧널관을 넣기 위해 짜 맞춰 파낸 시설을 만들어 그 속에 시신이 든 널을 넣은 뒤, 무덤 주인공의 물건을 함께 넣고 뚜껑을 덮은 다음, 위에 돌을 쌓아 올린 후 그 바깥쪽에 흙을 쌓아 올리는 형식으로 만들었어요. 이 무덤은 규모가 크고 구조가 복잡해서 도굴허가 없이 고분이나 묘를 파내는 것이 어려웠어요. 대표적인 돌무지덧널무덤으로는 천마총과 황남대총이 있어요.

▲ 무령왕릉

출처: <공주송산리고분군 무령왕릉>, 국가유산청

▲ 천마총

✚ 삼국의 무덤 형태

	무덤 형태	
고구려	돌무지무덤	굴식 돌방무덤
백제	돌무지무덤	벽돌무덤 굴식 돌방무덤
신라	돌무지덧널무덤	굴식 돌방무덤

백제 벽돌무덤의 대표적인 예는 무령왕릉이에요. 무덤 내부를 일정한 크기의 벽돌로 쌓아 올려 만든 형태지요.

송파구 석촌동에는 백제 시대의 돌을 쌓아 올린 큰 무덤이 두 개 있는데 바로 돌무지무덤 형식이에요. 국내성에 있는 장군총을 비롯한 고구려 초기 고분들과 많이 닮아 있는데, 이는 '백제는 고구려에서 온 사람들이 세운 나라'임을 말해 주고 있어요.

무령왕릉 속의 방 ▶
출처: <무령왕릉 현실>, 한국민족문화대백과사전

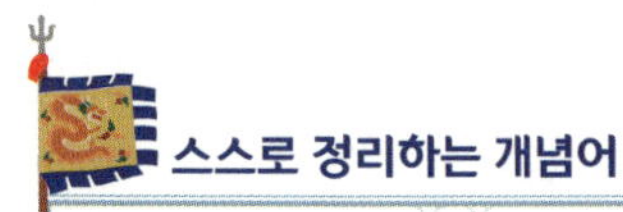

스스로 정리하는 개념어

고분이란 무엇인지 설명해 보세요.

고구려 고분 벽화

상위어 고구려, 고분

고구려 고분 벽화는 고구려 시대에 만들어진 무덤 내부의 천장이나 벽에 그려진 그림을 말해요. 이 벽화를 보면 그 당시 고구려 사람들이 어떻게 생활했는지, 어떤 생각을 했는지를 알 수 있어요.

🔔 무용총 무용도와 수렵도

무용하는 모습의 벽화가 그려져 있어서 '무용 총'이라는 이름이 붙여진 고구려 시대의 고분 에는 〈무용도〉 외에 사냥하는 그림인 〈수렵도〉 도 유명해요. 이를 통해 고구려 사람들이 어떤 옷을 입었는지, 어떻게 사냥했는지 등을 알 수 있어요.

▲ 무용총 수렵도

🔔 안악 3호분의 부엌

고구려 귀족 집의 부엌이 어떤 구조로 되어 있 었는지, 고구려 사람들은 무엇을 즐겨 먹었는 지 알 수 있어요. 부뚜막 아궁이 앞에 쭈그리고 앉아 불을 지피는 여인, 둥근 모양의 시루 앞에 서서 음식을 하는 여인, 옆에서 부지런히 상을 차리는 여인도 볼 수 있어요. 부엌 뒤에 있는 고 기 창고에는 지금의 정육점처럼 여러 종류의 고기가 통째로 갈고리 줄에 걸려 있어요. 또 고구 려의 기와집과 수레의 모양 등도 알 수 있지요.

🔔 무용총 접객도

손님을 접대하는 모습을 그린 그림으로, 사람의 크기를 다르게 그려서 귀족과 평민의 신분적 차 이를 표시했어요.

🔔 강서대묘의 사신도

고구려 사람 중 자연을 숭배하고 늙지 않고 오래오래 사는 것을 추구한 종교인 도교를 믿는 사 람들도 있었는데, 그들은 고분에 네 가지 방위동, 서, 남, 북를 상징하는 신을 그려 넣었어요. 그 신 들이 무덤의 주인을 지켜 준다고 믿었지요.

◇ **현무** 북쪽을 지키는 상상의 동물로 색깔로는 검은색을 의미하며 거북과 뱀을 합한 모습이에요.

　　지혜를 상징하는 뱀이 북쪽을 상징하는 거북의 몸을 휘감은 채 북쪽의 방위를 지키는 모습이지요.

◇ **주작** 남쪽을 지키는 동물로 색깔로는 붉은색을 의미하며 죽지 않는 새, 불사조라는 이야기도 전해져요.

◇ **백호** 서쪽을 지키는 동물로 색깔로는 하얀색을 의미하며 고구려의 용맹함을 상징해요.

◇ **청룡** 동쪽을 지키는 동물로 색깔로는 푸른색을 의미하며 봄을 상징해요.

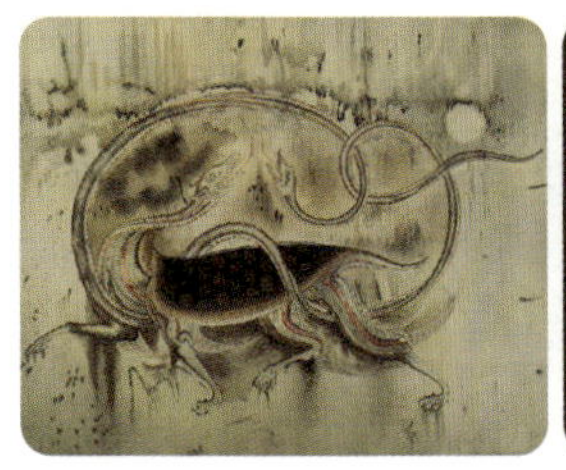
▲ 현무도

▲ 주작도

▲ 백호도

▲ 청룡도

고구려 벽화는 외국 벽화와 다른 점이 있어요. 바로 벽에 석회를 바르고 석회가 완전히 마른 다음에 색칠했을 가능성이 높다는 점이에요. 석회가 마른 다음에 색을 칠하면 물감의 흡수가 잘 되고 색감도 좋아질 뿐만 아니라, 갈라짐이 적어서 더 오래 보관할 수 있지요.

고구려 후기에는 벽면에 직접 물감을 찍어 누르는 방법을 사용했는데 이 점 때문에 오랜 시간이 지난 뒤에도 벽화가 생생하게 남아 있어요. 이와 같이 뛰어난 색감과 완성도를 자랑하는 고구려 고분 벽화는 그 우수성을 인정받아 2004년에 유네스코 세계 유산에 등재되었어요.

❖ 함께 기억해요 ❖

✚ 고구려 고분 벽화와 일본 고분 벽화

고구려 수산리 고분 벽화(5세기)와 일본 다카마쓰 고분 벽화(7세기)는 화풍이나 옷, 장신구 등이 매우 유사해요. 고구려가 일본에 문화적으로 큰 영향을 줬다는 것을 알 수 있어요.

고구려 수산리 고분 벽화	일본 다카마쓰 고분 벽화
 출처: 〈남포 수산리 벽화 고분/부인상〉, 한국민족문화대백과사전	

스스로 정리하는 개념어

고구려 고분 벽화에서 '사신도'가 상징하는 것을 설명해 보세요.

30 무령왕릉

상위어 백제, 고분

무령왕릉은 백제 제25대 왕인 무령왕과 왕비의 무덤으로, 1971년에 충청남도 공주시 송산리 고분 군에서 발굴되었어요. 연꽃무늬 벽돌을 이용해 가로 쌓기와 세로 쌓기를 반복하여 벽을 쌓아 만든 벽돌무덤으로, 중국 남조의 영향을 받은 독특한 벽돌무덤 양식을 보이지요.

무령왕릉은 백제 왕릉 중 유일하게 왕의 신분이 명확하게 확인된 고분으로, 도굴되지 않아서 왕과 왕비의 금관, 금목걸이와 귀걸이, 청동 거울 등 백제의 뛰어난 유물뿐만 아니라 중국 남조 시대의 도자기, 고대 유럽의 벽돌 문양, 인도식 유리구슬 등 당시 세계 곳곳의 문화를 알 수 있는 다양한 유물이 함께 나왔어요. 이 중에서 국보로 지정된 것만 해도 12점에 이를 정도죠. 다른 나라의 유물들이 있다는 것은 당시 백제가 다른 나라와 활발히 교류했다는 점을 알려 줘요.

▲ 왕릉 입구

▲ 왕릉 내부

🏵 함께 기억해요 🏵

✚ 무령왕릉에서 출토된 유물

진묘수	묘지석
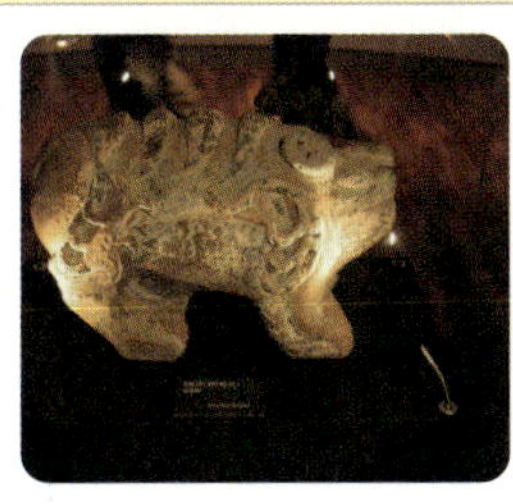 무덤을 지키는 수호신이면서 죽은 사람의 영혼을 안내하는 역할을 하는 상상의 동물이에요. 돌로 만들어져서 '석수'라고도 해요.	 왕과 왕비의 이름, 나이, 무덤이 쌓아진 시기 등을 돌에 기록한 지석이 발견되었어요. 이를 통해 무덤의 주인공이 무령왕임이 확실히 밝혀졌어요. 출처: <무령왕릉 지석>, 국가유산청

오수전	왕과 왕비의 관
출처: <오수전>, 국립중앙박물관 중국 돈을 말해요.	 관이 일본 소나무로 만들어진 것이 밝혀져서 백제가 중국, 일본 등 주변 나라들과 활발하게 교류했다는 사실도 확인할 수 있어요.

✚ 무령왕의 업적

무령왕은 백제가 다시 번성하는데 기여한 왕으로, 지방 세력 통합과 중앙 집권화, 외교 정책 강화를 통해 백제의 국력을 높이는 데 큰 역할을 했어요. 특히, 중국 남조와 일본과의 외교 관계를 강화해 백제의 국제적 위상을 높였지요.

무령왕릉 발굴 이야기

1971년 7월, 긴 장마가 계속되었고 송산리 고분군 중 6호분에 비가 많이 새어 들어갔어요. 비가 잠시 그치고 잠잠할 때, 국립공주박물관에서는 물이 잘 빠져나갈 수 있도록 배수로 작업에 착수했어요. 인부들이 빠르게 흙을 파내고 있는데, 한 인부의 삽에 "쨍!" 하고 단단한 물체가 부딪혔어요. 혹시나 하는 마음에 작업 속도를 높인 결과 벽돌로 만든 아치형(∩) 출입구가 나타났어요. 7월 8일, 발굴단은 무덤 입구의 벽돌과 틈새의 단단한 석회를 걷어 내고 무덤 주인을 위한 위령제를 지낸 후 무덤 안으로 들어갔어요. '무령왕릉'이 모습을 드러내는 역사적인 순간이었지요.

무령왕릉을 발견한 것은 100년에 한 번 나올까 말까 한 행운이라는 말이 있을 정도로 위대한 사건이었지만, 무령왕릉을 발굴했던 현장은 고고학계의 '잊고 싶은 과거'로 남아 있기도 해요. 경험이 많지 않았던 탓에 무령왕릉 발굴 현장은 구경 나온 사람들로 발 디딜 틈도 없었고, 기자들도 서로 사진을 찍겠다고 내부로 몰려들다가 청동 숟가락이 부러지는 불상사가 일어나기도 했어요. 유물이 훼손될까 봐 걱정되었던 발굴단은 조급해져서 수년, 또는 수십 년이 걸려 천천히 진행되었어야 하는 발굴을 17시간 만에 마무리하고 말았어요. 너무 서둘러 유물들을 밖으로 옮겨 버려서 유물들이 원래 어디에 놓여 있었는지도 알 수 없게 되었지요. 이 당시 무령왕릉 발굴 단장이었던 김원룡 박사는 당시를 회고하면서 있어서는 안 되는 일이었다고 스스로를 자책하기도 했어요.

스스로 정리하는 개념어

무령왕릉이 백제 왕릉 중에서도 특별한 이유를 설명해 보세요.

성왕

상위어 백제

아버지 무령왕이 세상을 떠나자, 성왕이 백제의 제26대 왕이 되었어요. "지혜와 식견이 뛰어나고, 결단력이 있었다.", "천도와 지리에 통달해 그 이름이 사방에 퍼졌다."라는 기록이 있는 성왕은 백제의 도읍지를 사비(오늘날 충남 부여)로 옮기고 나라 이름을 '남부여'로 바꾸었어요.

사비는 교통의 요충지로, 성왕은 이곳에서 중앙 집권을 강화하고 백제를 다시 일으켜 세우려고 했어요. 백제가 부여의 후손임을 밝히며 반드시 고구려를 물리쳐 부여의 땅과 영광을 되찾겠다는 뜻을 확실히 했지요.

성왕은 사비에 왕궁을 짓고 도읍지를 방어할 성을 고쳐 쌓았는데, 그것이 바로 부소산성이에요. 현재 왕궁은 사라졌지만 그 터는 관북리 유적으로 남았고, 도성 안에 세워졌던 정림사지 5층 석탑은 아직 있어요.

성왕은 신라와 동맹을 맺고 고구려로부터 한강 지역을 되찾았는데, 신라 진흥왕의 배신으로 되찾아 왔던 한강 중·하류 지역을 신라에 빼앗겨요. 이에 성왕은 직접 군대를 이끌고 신라와 전투를 벌였지만(관산성 전투) 안타깝게도 신라군에게 기습 공격을 당해 목숨을 잃고 말았어요. 이때 3만 명이나 되는 백제군도 몰살을 당했지요. 관산성 전투의 패배로 백제는 가야 지역을 잃었고 왕권이 위축되었어요.

▲ 정림사지 5층 석탑
출처: <정림사지 오층 석탑>, 국가유산청

스스로 정리하는 개념어

성왕이 수도를 웅진에서 사비로 옮긴 이유를 설명해 보세요.

금동 대향로

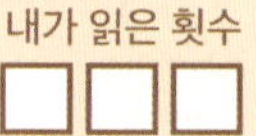

상위어 백제

1993년, 백제의 도읍이 사비이던 시절 왕실 무덤을 지키고 제사를 지냈던 능산리 절터 근처 능산리 고분군 옆에서 백제를 대표할 만한 위대한 유물이 발견되었어요. 바로 백제 금동 대향로예요. 향로란, 불전(부처 앞)에 향을 피울 때 쓰는 도구예요. 높이가 약 62cm, 무게가 11.8kg인 백제 금동 대향로는 전체적으로 청동으로 이뤄졌으며 그 겉면에는 금이 칠해져 있어요.

금동 대향로는 뚜껑 위 장식, 뚜껑, 뚜껑 아래쪽으로 크게 세 부분으로 나눌 수 있어요. 맨 위 장식 부분에는 봉황이 턱에 여의주를 끼고 날개를 힘껏 펴고 있어요. 뚜껑에는 산이 첩첩이 솟아 있고, 몸통에는 연꽃과 다양한 동물들이 표현되어 있지요. 그리고 아래쪽에는 용이 하늘을 보며 향로를 받치고 있어요. 봉황은 하늘에 있는 세계를 상징하고, 뚜껑의 산은 땅을 의미해요. 몸통에 새겨진 연꽃은 물을 상징하며, 그 밑의 용은 파도치는 바다 위에 있어 지하를 뜻한다고 해요. 즉, 향로 하나에 세상이 담겨 있는 셈이지요.

백제 금동 대향로는 향로 자체도 아름답지만 인물과 동물, 풍경 등 향로 전체에 정교하게 새겨진 조각 하나하나가 마치 화폭 위에 손으로 그림을 그린 것처럼 생생해 고대 동아시아의 금속 공예를 대표하는 걸작으로 인정받고 있어요.

몸체에 26마리의 동물이, 뚜껑에는 겹쳐진 산과 나무, 바위, 산길, 시냇물, 폭포 등과 함께 여러 인물이 조각돼 있어요. 동물 조각 중에는 코끼리와 원숭이, 악어, 사자 등 삼국 시대 한반도에 살지 않았던 동물들도 있어요. 이것은 백제가 다른 나라와 교류했다는 사실을 설명해 준답니다. 즉, 백제 금동 대향로를 통해 백제의 시대상, 백제인들의 정신세계를 알 수 있어요.

▲ 금동대향로
출처: <백제 금동대향로>, 국립부여박물관

✚ 백제 금동 대향로의 장식

봉황	산악
왕의 권위를 나타냄.	자연과 하나가 되는 도교의 이상향을 표현함.
연꽃	용
연꽃에서 만물이 생겨난다는 불교의 사상을 나타냄.	농경과 물을 다스리는 것을 중요시하던 고대 사회에서 왕권을 상징함.

백제 금동 대향로를 발견하던 날

사적 제14호로 지정된 '부여 능산리 고분군'에는 백제의 마지막 왕이었던 의자왕을 비롯한 7기(무덤)의 왕릉이 있어요. 이곳이 백제 후기 역사의 중요한 유적지로 알려지며 찾는 사람들이 늘어나자, 관람객들의 편의를 위해 주차장 확장 공사를 하게 되었어요. 그런데 공사를 진행하던 중 기와 조각 등 유물이 발견되었어요. 발굴단은 즉각 공사를 중단시켰고 이듬해 본격적인 발굴이 시작되었지요.

발굴 작업이 거의 끝나갈 무렵인 1993년 12월 12일 저녁, 발굴지의 가장자리에서 반짝거리는 것이 발견되었어요. 신광섭 국립부여박물관장은 직감적으로 무언가 중요한 것임을 알아차리고 현장의 인부들을 모두 퇴근시켰어요. 소문이라도 나서 유물이 도굴당하면 낭패를 보기 때문이었지요. 사람들의 눈을 피해 박물관 실장과 학예 연구사 등 다섯 사람이 직접 발굴에 나섰어요. 한겨울 한밤중에 불을 밝히고 언 손으로 물구덩이를 더듬어 가며 야간작업을 진행했지요. 차가운 논바닥에 엎드려 일회용 종이컵으로 물을 퍼내고 스펀지로 물을 훔쳐 가며 진흙 구덩이 속에서 작업한 결과 밤 9시가 넘어서 백제 금동 대향로를 발견하게 되었어요. 1,400여 년이나 어둠 속에 묻혀 있던 금동 대향로는 온전한 모습으로 발굴되었는데 진흙 속에 묻혀 있어 공기가 차단되었기 때문이라고 보고 있어요.

스스로 정리하는 개념어

백제 금동 대향로를 통해 알 수 있는 것을 설명해 보세요.

백제 역사 유적 지구

地 땅 지 區 구분할 구 일정한 기준에 따라 여럿으로 나눈 땅의 한 구역

상위어 백제

백제의 도읍지들과 관련 있는 공주시, 부여군, 익산시의 유적지들을 묶어 '백제 역사 유적 지구'라고 해요. 백제 역사 유적 지구는 5~7세기 한국, 중국, 일본의 고대 동아시아 왕국들 사이의 교류와 그 결과로 나타난 건축 기술의 발전과 불교의 확산을 보여 주고 있어요. 유네스코는 이곳의 문화유산이 종교, 건축, 기술, 예술적인 아름다움 등 백제의 문화적 특징뿐만 아니라 삼국 시대 우리나라가 일본, 중국과 서로 교류한 모습을 잘 보여 준다는 점을 인정해 백제 역사 유적 지구를 세계 유산으로 선정했답니다.

🔔 공산성

금강이 흐르는 해발 110m 능선과 계곡을 따라 흙으로 쌓은 백제의 대표적인 성곽이에요. 백제 당시에는 '웅진성'이라고 불렸고, 고려 시대 이후에 '공산성'이라 불렸어요. 백제가 멸망한 직후에는 의자왕이 잠시 머물렀고, 이곳을 중요 지점으로 나당신라와 당나라 연합군에 대항하는 백제 부흥 운동다시 일으켜 세우려는 운동이 벌어지기도 했어요.

🔔 미륵사지

미륵사는 백제 무왕 때 지은 절로 백제에서 규모가 가장 컸다고 전해져요. 현재 익산 미륵사지에는 익산 미륵사지 석탑과 건물의 터만이 남아 있어요. 기록에 따르면 미륵사는 고려 시대까지만 해도 크게 번성하였으나 임진왜란을 기점으로 점차 쇠락한 것으로 추정하고 있어요. 최초에는 목탑 1개와 석탑 2개가 세워졌으나, 목탑은 불에 타 없어지고 동쪽에 있던 동탑은 1993년 복원되었어요. 남아 있던 미륵사지 석탑도 현재 복원을 마쳤어요.

미륵사지 석탑은 현존하는 석탑 중 최대 규모의 석탑이면서 백제 목조 건축 기법이 반영된 독특한 형태였는데, 1천 년이 넘도록 유지되면서 절

▲ 공산성

▲ 미륵사지 석탑
출처: <익산 미륵사지 석탑(2019년) 전경>, 국가유산청

반 가까이 허물어져 6층까지만 남은 모습이 1910년 사진 자료로 기록되어 있어요. 일제 강점기에 일본인들이 붕괴된 부분을 콘크리트로 보강하여 다소 흉측한 모습으로 남아 있다가 2001년부터 18년 동안 보수와 정비를 했지요. 보수와 정비 과정에서 중점을 둔 것은 역사적 가치 보존이에요. 과도한 복원을 지양하고 원래 재료를 최대한 재사용하기로 했지요. 따라서 최종적으로 기록에 남아 있는 6층까지만 복원을 했어요.

◈ 함께 기억해요 ◈

✚ 사리 봉안기 발견

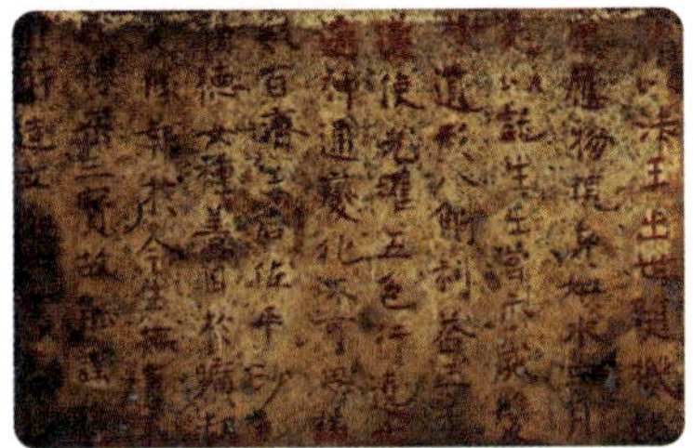

『삼국사기』에는 백제 제30대 왕 무왕이 신라 선화 공주와 결혼한 뒤에 미륵사를 지었다고 적혀 있어요. 그러나 2009년 미륵사지 석탑 해체 보수 과정에서 절의 유래가 적힌 금제 사리 봉안기가 출토되었는데, 선화 공주가 아닌 백제 왕후 좌평 사택적덕의 딸에 의해 미륵사가 창건됐다는 사실이 기록되어 있어 학계를 놀라게 했어요.

◀ 사리 봉안기와 함께 있던 기록

서동과 선화 공주 이야기

서동은 백제에서 마를 파는 소년이었어요. 서동은 결혼할 나이가 되자 예쁘다고 소문이 난 신라의 선화 공주를 만나고 싶었어요. 그래서 거짓으로 노래를 만들었어요. 이것이 〈서동요〉예요.

선화 공주님은 / 남몰래 사귀어 두고 / 서동방을 / 밤에 몰래 안고 간다

서동이 아이들에게 마를 공짜로 주면서 이 노래를 부르라고 시킨 덕에 서동요는 순식간에 신라에 퍼졌어요. 결국 그 노래는 선화 공주의 아버지인 진평왕의 귀에까지 들어갔고, 선화 공주는 귀양을 가게 되었어요.

선화 공주를 기다리고 있던 서동은 자신을 소개하며 함께 살자고 했고, 공주는 서동을 따라 백제로 가게 되었어요. 어느 날 선화 공주가 황금을 꺼내며 말했어요.

"우리 이걸 팔아서 먹고살아요."

"이게 그리 귀한 것이오? 산에 가면 이런 게 산더미처럼 쌓여 있는데……."

"정말이에요? 신라에 계신 부모님에게 보내 드려요."

서동은 지명 법사에게 금을 신라로 보내 달라고 부탁했고, 그 후 진평왕은 서동을 사위로 인정했어요. 그리고 서동은 백제의 제30대 왕인 무왕이 되었어요.

스스로 정리하는 개념어

백제 역사 유적 지구가 유네스코 세계 유산으로 등재된 이유를 설명해 보세요.

첨성대

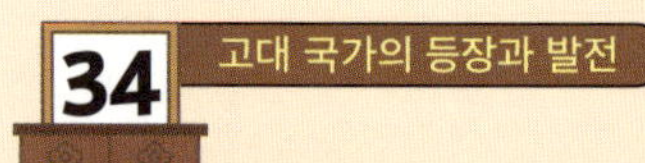

상위어 신라

비교 단어 불국사, 석굴암

▲ 첨성대

첨성대는 신라에서 별과 천문 현상을 관측하기 위해 세워진 천문대예요. 세계에서 가장 오래된 천문대 중 하나로, 신라 제27대 왕인 선덕 여왕 때 경주에 세워졌다고 알려졌지요.

첨성대는 돌로 된 원통형 구조물로, 높이는 약 9.17m예요. 첨성대를 짓는 데 사용된 돌의 개수는 362개로, 1년의 날 수인 365와 비슷해요. 그리고 총 28단을 쌓아 올렸는데, 이는 기본 별자리 28수를 상징하지요. 몸통 가운데 네모난 창이 있는데 창을 기준으로 아랫부분과 윗부분은 각각 12단씩으로 이루어져 있어요. 이는 1년의 12달과 24절기계절의 표준이 되는, 한 해를 24개로 나눈 것를 의미해요. 이 창을 통해 들어오는 빛의 양으로 절기를 측정했죠. 또 이 창에는 사다리를 걸친 흔적이 남아 있는데 이 사다리를 이용해 첨성대 안으로 들어간 다음, 다시 첨성대 안에 놓인 사다리를 타고 꼭대기로 올라가 하늘을 관측했을 거라고 추측하고 있어요. 천체 관측은 농업과 국가의 중요한 행사를 결정하는 데 사용되었어요. 고대에는 농업이 국가 경제의 근본이었기 때문에 하늘, 천체의 움직임을 살펴서 계절의 변화나 날씨를 예측하는 일이 무척 중요했지요. 그래서 천문대와 같은 관측 기관은 왕실에서 직접 관리했답니다.

🏵 함께 기억해요 🏵

✚ 첨성대에 대한 의견

현재 첨성대를 무엇으로 볼 것인가에 대한 의견은 세 가지 정도로 나뉘어요. 첫 번째는 4계절과 24절기를 측정하기 위해 세운 천문대라는 의견이지요. 두 번째는 국가에서 나라의 앞날을 점치며 제사를 지내던 제단이라는 의견이에요. 세 번째는 선덕 여왕의 권위를 보여주기 위한 상징물이라는 의견이 있어요. 여러 의견이 있지만, 현재까지 첨성대는 하늘의 움직임을 살피고 별자리를 관측하기 위해 만들어진 천문대라는 의견이 더 힘을 얻고 있어요.

✚ 지진도 견딘 첨성대

2016년 경주에 규모 5.8의 강진이 발생했어요. 생각보다 피해가 커서 여러 문화유산도 훼손되었는데, 첨성대는 2cm 정도 기울어지고 돌 틈이 약간 벌어진 정도로 피해가 크지 않았어요. 첨성대에 내진 설계가 되어 있었던 거예요. 첨성대는 받침대를 만들기 전에 땅을 깊게 파고 흙과 돌을 번갈아 넣어 땅을 단단히 다졌어요. 원형의 몸체를 만들기 위해 돌을 안쪽으로 조금씩 규칙적으로 들여쌓아 균형감을 갖게 했지요. 꼭대기의 돌이 서로 맞물려 지진으로 인한 흔들림을 막아 주었고, 몸통 부분에 툭 튀어나온 비녀돌도 몸체를 잡아 주어 안정적으로 지탱할 수 있었답니다.

스스로 정리하는 개념어

첨성대가 세워진 이유를 설명해 보세요.

35

황룡사 9층 목탑

상위어 신라

황룡사는 경주에서 가장 규모가 컸던 사찰로 현재는 터만 남아 있어요. 황룡사에는 황룡사 9층 목탑이 있었어요. 이는 신라의 승려인 자장 율사가 불법을 배우러 당나라에 갔다가 황룡사 9층 목탑을 세우면 이웃 나라들이 신라에 항복하여 나라가 평안할 것이라는 이야기를 듣고 선덕 여왕에게 건의해 세워진 것이지요. 당시 신라에는 9층 목탑을 세울 만한 사람이 없었던 터라 백제에서 탑의 장인을 모셔 왔는데 그가 바로 아비지예요. 아비지는 부처님의 뜻을 받들어 3년 만에 9층 목탑을 완성했어요.

탑의 각층은 신라를 위협하는 9개의 나라들을 상징하고 있는데중국, 고구려, 백제, 말갈, 왜 등, 신라가 이들 나라를 평정하고 불교의 가르침을 전파할 것이라는 불교적 이상을 나타냈어요. 기록에 따르면 황룡사 9층 목탑의 높이는 약 80m에 달했으며, 이는 현재 아파트 25층 정도의 높이에 해당해요. 당시로서는 동아시아 최대의 건축물이었고, 신라 3대 보물 중 하나였지요. 이런 웅장한 크기와 모양은 신라의 국제적 위상을 높이기 위한 정치적 상징이기도 했어요.

황룡사는 신라의 전성기였던 삼국 통일 이전과 이후에 걸쳐 국가의 안녕과 번영을 기원하는 중심 사찰이었고, 황룡사 9층 목탑은 신라의 국력과 불교 신앙을 상징하는 중요한 건축물이었어요.

안타깝게도 13세기 몽골의 침략으로 황룡사와 9층 목탑은 불타 소실되었어요. 현재 남아 있는 것은 터와 일부 유물뿐이지만, 그 역사적 의미와 위상은 여전히 크다고 할 수 있어요.

▲ 황룡사 9층 목탑지
출처: <경주 황룡사지 중 구층목탑지>, 한국민족문화대백과사전

✚ 신라의 세 가지 보물

✔ 황룡사 장륙삼존불상

진흥왕은 경주 월성의 동쪽에 새 궁궐을 세우려고 했어요. 하지만 크고 신령스러운 황룡이 나타나는 기이한 일이 일어나자 곧 생각을 바꾸어 그 자리에 절을 짓기로 했지요. 그곳이 바로 17년에 걸려 지은 황룡사예요.

이 절은 규모가 어마어마하게 클 뿐 아니라 인도의 아육왕이 보낸 황금과 황철로 만든 거대한 장륙삼존불 때문에 더욱 유명한 절이 되었어요. 인도의 아육왕이 불상을 조성하려 했으나 실패하고, 인연이 있는 땅에 가서 이루어질 것을 기원하며 금과 구리와 모형 석가삼존상을 배에 띄워 보냈는데, 그것이 신라 땅에 닿아 진흥왕 35년 신라 땅에서 불상이 조성되었다고 전해지고 있어요. 그것이 바로 장륙삼존불이지요. 진흥왕이 세상을 떠날 때 불상이 눈물을 흘렸다는 일화도 전해져요.

✔ 천사옥대

『삼국유사』에 의하면 579년, 신라 진평왕이 왕의 자리에 오르던 해에 궁전 뜰을 걷다가 천사를 만나게 되었다고 해요. 그 천사는 진평왕에게 옥대(임금의 옷에 두르던 옥으로 장식한 띠)를 주었는데, 그 후 진평왕은 하늘과 땅에 제사를 지내거나 종묘 행사를 할 때처럼 국가에 중대한 일이 있을 때 이 옥대를 늘 둘렀다고 해요.

✔ 황룡사 9층 목탑

세 번째 보물은 바로 황룡사 9층 목탑이에요. 9층 목탑을 세운 이후로 신라에는 이웃 나라의 침입이 잦아들었고, 이후 신라는 고구려와 백제를 무너뜨리고 통일을 이루게 되었어요.

헷갈리면 안 돼!

황룡사는 진흥왕 때 짓기 시작해 선덕 여왕 때 완공되었어요. 그리고 고려 고종 25년에 몽골 침입으로 불타 없어졌지요.

 **스스로 정리하는 개념어**

> 황룡사 9층 목탑이 세워진 목적을 설명해 보세요.

36 불국사

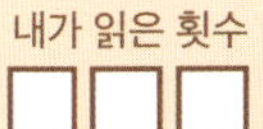

상위어 신라

비교 단어 첨성대, 석굴암

불국사는 경상북도 경주시 토함산 기슭에 있는 통일 신라의 대표적 사찰로 이름 그대로 '부처님이 사는 나라를 현실 세계에 옮겨 놓은 절'이란 뜻이에요. 신라 경덕왕 10년^{751년}에 당시 재상^{모든 관원을 지휘·감독하는 관리}이었던 김대성이 짓기 시작하여, 혜공왕 10년^{774년}에 완성했지요. 통일 신라 사람들은 괴로움이 없고 즐거움만 있는 극락정토^{괴로움이 없으며 지극히 안락하고 자유로운 세상}가 저 멀리 있는 것이 아니라 바로 자신이 살고 있는 신라 땅이라고 생각했어요. 그래서 신라가 '불국', 즉 부처님의 나라라는 것을 보여 주기 위해 불국사를 지었어요.

조선 선조 26년^{1593년}에 왜의 침입으로 대부분의 건물이 불타버렸고 이후 극락전, 자하문, 범영루 등 일부 건물만이 그 명맥을 이어 오다가 발굴 조사 뒤 복원해 현재의 모습을 갖추게 되었어요.

다보탑과 석가탑으로 불리는 3층 석탑, 자하문으로 오르는 청운교와 백운교, 극락전으로 오르는 연화교와 칠보교가 국보로 지정되었고, 1995년에는 유네스코 세계 문화유산으로 등재되어 통일 신라 시대의 불교 미술과 건축의 걸작으로 평가받고 있어요.

▲ 불국사

출처: <경주 불국사 청운교, 백운교 정면(고도보존육성과, 2017)>, 국가유산청

❀ 함께 기억해요 ❀

✚ 불국사의 불교 문화유산

청운교와 백운교	다보탑
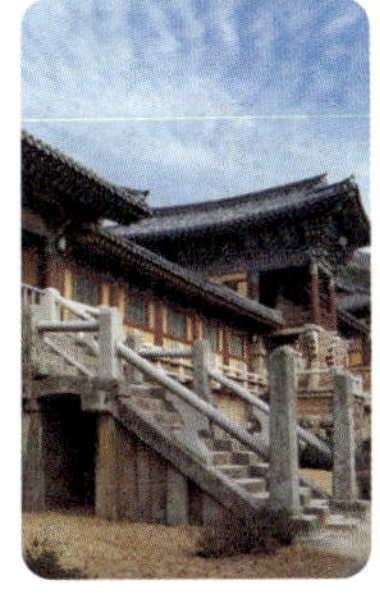 청운교와 백운교는 대웅전을 향하는 자하문과 연결된 다리를 말하는데, 다리 아래 일반인의 세계와 다리 위 부처의 세계를 이어 주는 상징적인 의미를 지니고 있어요. 부처님 나라로 가기 위해서는 청운교와 백운교라는 계단을 올라야 해요. 계단이지만 원래 그 밑으로 물이 흘렀기 때문에 다리라는 뜻의 '교'자를 붙였어요.	 섬세하고 복잡한 구조로 신라의 불교적 미학을 잘 보여 주는 탑이에요. 일제 강점기에 사리(석가모니나 성자의 유골. 후세에는 화장한 뒤에 나오는 구슬 모양의 것)와 사리 장치가 사라졌고, 기단 돌계단 위에 있던 돌사자도 넷 중 하나만 남은 상태예요. 출처: <경주 불국사 다보탑>, 국가유산청

석가탑	무구정광대다라니경
 출처: <경주 불국사 삼층 석탑 좌측면>, 한국민족문화대백과사전	다보탑과 마주 보는 석탑으로 2단의 기단 위에 3층의 탑신을 세운 신라 시대의 전형적인 3층 석탑 구조로 되어 있어요. '무영탑'이라고도 불리지요. 탑 주위로 둘러놓은 주춧돌 모양의 돌에는 연꽃무늬를 새겼는데, 이를 부처님의 사리를 두는 깨끗한 곳이라는 뜻으로 해석하기도 해요.

1966년 9월에 도굴꾼들에 의해 석가탑이 손상되는 일이 있어서 그해 12월 탑을 수리하다가 2층 탑신의 몸돌 앞면에서 부처님의 사리를 모시던 사각형의 공간을 발견하게 되었어요. 여기서 <무구정광대다라니경>을 발견했는데, 이것은 세계에서 가장 오래된 목판 인쇄물이에요. 닥나무 종이로 만들어졌지요.

그림자가 없는 석가탑(= 무영탑)

불국사를 만들던 김대성은 백제 출신 석공(돌로 물건을 만드는 사람)인 아사달의 기술이 뛰어나다는 소문을 들었어요. 아사달은 아내인 아사녀를 고향에 남겨 두고 경주로 가게 되었어요. 아사달이 석가탑을 짓느라 몇 해가 지나도 돌아오지 않자 아사녀는 남편을 찾아 경주로 갔지만 만날 수가 없었어요. 불국사의 스님은 아사녀에게 탑 공사가 끝나면 연못에 탑의 그림자가 비칠 것이니 그때 남편을 만날 수 있다고 말해 주었지요. 아사녀는 슬픔에 젖어 연못에 석가탑의 그림자가 비치기만을 기다렸지만 한 달이 지나도 그림자가 나타나지 않자 연못에 뛰어들어 죽고 말았어요. 아사달은 탑을 완성하고 달려갔지만 아내를 만날 수 없었지요. 이후 아사달이 만든 석가탑을 그림자가 없다는 뜻의 '무영탑'이라고 부른답니다.

헷갈리면 안 돼!

불국사는 다양한 건축물과 탑이 있는 신라의 불교 사찰이에요. 주로 건축물의 아름다움과 상징성으로 유명해요. 석굴암은 불국사와 달리 인공 석굴에 불상을 모신 석굴 사원으로, 석굴 내부에 있는 본존불과 조각 미술로 유명해요.

스스로 정리하는 개념어

불국사가 세워진 목적을 설명해 보세요.

37

석굴암

상위어 신라

비교 단어 첨성대, 불국사

석굴암은 경주 토함산 산기슭에 돌로 만든 석굴 사원이에요.

석굴암은 김대성이 불국사를 지을 때 함께 지었다고 해요. 『삼국유사』의 기록에 의하면 "신라 경덕왕 10년에 김대성이 현생의 부모를 위해서는 불국사를 짓고 전생의 부모를 위해서는 석불사를 짓기 시작했는데, 그가 완성하지 못하고 죽자 혜공왕 10년에 나라가 주관하여 완성하였다."라고 전해져요. 즉, 불국사와 석굴암은 김대성에서 시작되었지만 결국에는 국가적인 사업으로 발전해 완성되었지요.

당시 절은 대개 나무로 지었는데, 석굴암은 돌을 쌓아서 만들었어요. 수많은 돌을 차곡차곡 쌓아 돌집을 만들고 인공적으로 만든 석굴^{바위에 뚫린 굴} 안에 불상과 불교 관련 조각들을 배치한 것이 특징이에요. 석굴암 석굴의 구조는 입구인 직사각형의 전실^{전체 앞쪽에 있는 방}과 원형의 주실^{건물의 주된 방}이 복도 역할을 하는 통로로 연결되어 있으며, 360여 개의 넓적한 돌로 원형 주실의 천장을 쌓아 올려 만들었어요. 중앙의 본존불을 중심으로 주위에 불교 조각이 배치되어 있어 불교적 세계관을 나타내요.

석굴은 돔형 천장과 원형 공간 구조로 이루어져 있어, 자연스러운 빛과 공기의 흐름을 고려한 뛰어난 설계를 보여 주지요.

석굴암 중심에 있는 석가모니 본존불은 약 3.5m 높이로, '석굴암의 미소'라고 불릴 만큼 섬세하고 평온한 모습을 하고 있어요. 본존불의 자세와 비례는 매우 정확하고 균형 잡혀 있어 불교 미술의 걸작으로 평가받아요. 본존불은 약간 남쪽을 향한 동쪽을 바라보고 있어요. 이 방향은 밤의 길이가 가장 긴 동짓날에 해가 뜨는 각도와 맞아떨어진다고 해요.

▲ 석굴암
출처: <故한석홍 기증 사진자료(석굴암)
(전실에서 본 석굴암 내부 전경)>, 국가유산청

본존불 앞에는 네 명의 여자 보살이 있고, 본존불 뒤에는 십일면관음이 새겨 있어요. 본존불 뒷벽 좌우에는 석가모니가 사랑했던 열 사람의 제자가 조각되어 있지요. 석굴암은 건축 공학적으로도 완벽에 가까운 구조로 되어 있어요. 과학적 계산으로 둥근 돔 형태로 지붕을 만들되 쉽게 무너지지 않도록 정교하게 만들고, 굴 내부는 습기가 차지 않도록 설계했어요. 원래 굴은 안과 바깥의 온도 차이 때문에 습기와 곰팡이가 잘 생겨요. 하지만 석굴암은 바닥에 '감로수'라는 차가운 물이 흐르게 해 습기와 곰팡이가 생기지 않게 했어요. 바닥의 차가운 물로 인해 석굴 내부의 습기가 바닥 쪽으로 모여들고, 물방울로 변해 땅속으로 스며든다고 해요. 이것은 여름에 에어컨을 켰을 때 에어컨의 차가운 냉매 쪽으로 습기가 모여 사라지는 원리와 같지요. 또 석굴암은 돌과 돌 사이에 작은 틈이 있어 통풍이 잘되고, 지붕 외벽을 둘러싼 자갈층도 습기를 흡수해 항상 적절한 습도가 유지돼요. 건축 기술의 우수성과 예술적 가치가 높이 평가되어 1995년 12월 불국사와 함께 유네스코 세계 문화유산으로 공동 등재되었어요.

✸ 함께 기억해요 ✸

✚ 석굴암의 과학성

✔ 아치형(∩) 구조

여러 방향에서 돌을 아치형으로 쌓아 올린 후, 정상에 크고 둥근 돌을 한 장 얹어 돔 형으로 천장을 완성했어요. 반원 모양의 아치형 구조는 위에서 누르는 힘을 골고루 분산시켜 큰 무게를 지탱할 수 있게 해주지만 쌓다가 무너지기 쉬워서 매우 정교한 건축 기술이 필요해요.

✔ 비율

기도하러 온 사람은 불상 높이의 3배가 되는 거리에 서게 되는데, 키 160㎝ 정도의 사람이 섰을 때 불상의 머리가 불상 뒤에 있는 광배(머리나 등 뒤에 빛을 표현한 원 모양의 빛)의 정중앙에 위치하도록 만들어졌어요. 또한 불상의 모습도 불상 얼굴 너비를 1로 놓았을 때, 머리·가슴·어깨·무릎 부분의 가로 길이가 1:2:3:4의 수학적 비율로 만들어졌어요.

▲ 석굴암의 천장
출처: <故한석홍 기증 사진자료
(석굴암)(궁륭천장과
연화천개석)>, 국가유산청

✚ 다른 석굴 문화와의 차이점

인도에서 불교가 전파되면서 중국과 우리나라에도 석굴 문화가 함께 전해졌어요. 인도와 중국에선 자연 그대로의 바위산을 파고 들어가 방을 만들고 돌을 깎아 불상을 만들었어요. 그런데 우리나라의 바위는 대부분 매우 단단한 화강암이어서 당시의 도구와 기술로는 바위를 파내는 것이 무척 어려웠어요. 그래서 돌을 둥근 지붕 형태로 쌓아 올린 후 그 위를 흙으로 덮어 인조 석굴을 만들었는데 그것이 세계에서 유일한 인조 석굴인 석굴암이에요.

일제 강점기 석굴암 손상 이야기

1907년 집배원이 우연히 석굴암의 석실(고분 안의 돌로 된 방)을 발견한 후에 석굴암은 파손되었어요. 일본이 석굴암을 해체하여 석굴암 조각들을 일본으로 가져가려고 했거든요. 하지만 주민들의 강한 반발로 가져가지 못했고, 석굴암을 해체했다가 다시 수리, 복원하는 과정에서 제대로 복원이 되지 않았어요.
1913년, 일제는 석굴암을 보수한다는 명목으로 석굴암의 외벽을 콘크리트로 둘러싸고 석굴암 아래로 흐르던 지하수를 막아 버렸어요. 그 결과 석굴암에 습기가 차기 시작했고, 이끼와 곰팡이가 생기면서 벽면이 부서지기 시작했지요.
1960년대 들어 복원했지만, 원래의 과학적 설계를 그대로 재현하는 것은 어려워 현재는 기계를 설치해 석굴암의 온도와 습도를 조절하고 있어요. 관광객도 안에 들어가지 못하고 유리 벽 밖에서만 석굴암을 볼 수 있답니다.

스스로 정리하는 개념어

석굴암의 우수성을 설명해 보세요.

38

선덕 여왕

상위어 신라

비교 단어 골품 제도

선덕 여왕은 신라의 제27대 왕이자, 신라 최초이자 한국 역사상 최초의 여왕이에요. 신라 제26대 진평왕이 아들을 낳지 못하고 세상을 떠나자 남은 성골은 덕만선덕 여왕과 사촌 동생 승만 공주훗날의 진덕 여왕뿐이었지요. 골품제에 따르면 성골이 아닌 다른 출신을 왕위에 올릴 수도 없고, 그렇다고 여자를 왕위에 올리는 것도 마음에 걸렸기 때문에 신라는 많이 고민했어요. 그러다 632년에 선덕 여왕이 여성으로는 최초로 왕위에 올랐고, 16년간 나라를 다스리게 되었지요.

왕이 된 선덕 여왕은 전국에 관리를 보내 백성을 돌보게 하고, 민생의 안정을 위해 가난한 이들을 보살피도록 하는 구휼어려운 사정에 놓인 백성에게 돈이나 물건을 주어 도움. 정책을 활발히 추진했어요. 또 첨성대를 건립해 농사에 도움이 되게 했고, 세금을 1년간 면제해 주기도 했지요.

선덕 여왕은 분황사와 황룡사 9층 목탑을 건설하는 등 신라의 문화 발전을 위해 노력했으며 이를 통해 정치적 안정을 이룰 수 있었어요. 또 신라의 불교를 발전시키고 문화와 국력을 증진하는 데 큰 역할을 했으며, 불교 사찰과 천문 관측 시설을 건설하여 통치의 기초를 다졌어요. 선덕 여왕이 통치 하는 동안 신라는 정치적 혼란 속에서도 국력을 유지하며, 문화와 불교가 크게 번성했어요.

선덕 여왕은 삼서 제도왕 또는 왕녀가 자식을 갖지 못할 때 남편 셋을 얻게 하는 신라의 전통적인 제도에 따라 세 명의 남편을 얻었으나 끝내 아들을 낳지 못했고, 다음 대에 진덕 여왕이 왕위에 올랐어요.

647년, 신라 최고의 벼슬인 상대등 비담을 비롯한 진골 귀족들이 여왕이 정치를 잘못한다는 구실로 반란왕이나 지도자에게 맞서 힘으로 뒤엎으려는 싸움을 일으키자 선덕 여왕은 김춘추와 김유신이 진압하게 했어요. 그러나 반란이 진압된 이후 얼마 안 되어 세상을 떠났답니다.

▲ 분황사 모전 석탑

✚ 여왕

우리 역사에는 세 명의 여왕이 있어요. 신라의 선덕과 진덕, 그리고 진성 여왕이에요.

	역할
선덕 여왕	왕위를 물려받은 후 자신의 세력을 파악하고 그 세력들을 이용해 자신의 위치를 튼튼히 했어요. 또 강함을 이겨 내는 부드러운 지혜로 국가를 다스렸어요.
진덕 여왕	삼국 통일에 대비해 왕과 신하의 달랐던 의견을 하나로 모았어요. 별다른 업적 없이 선덕 여왕과 무열왕 김춘추 사이에서 자리만 보전했다는 평가가 있으나, 왕의 자리에 있던 7년이라는 세월 동안 균형 있는 시각을 가지고 인재를 기르고 통일에 잘 대비했다는 평가도 받아요.
진성 여왕	자신의 능력 부족과 함께 신라가 망해가고 있어서 주변의 도움도 받을 수 없었던 여왕이에요. 결국 나라의 멸망에 대비하지 못했지요. 가장 젊은 나이에 왕의 자리에 오른 여왕으로 처음에는 백성을 바르고 어질게 잘 다스리는 것에 힘썼으나, 나라에 들어오는 세금이 갑자기 줄면서 나라 살림에 쓸 돈이 거의 없어지자 백성들에게 세금을 독촉하면서 민심이 떠나기 시작했고, 농민 반란도 일어났어요.

✚ 분황사 모전 석탑

분황사는 선덕 여왕이 세운 대표적인 불교 사찰 중 하나로, 당시 신라 불교의 중심지였어요. 분황사 절터에 남아 있는 모전 석탑은 돌을 벽돌처럼 다듬어서 쌓아 올린 형태로 현재 남아 있는 신라 석탑 중에서 가장 오래된 것이에요.

 **스스로 정리하는 개념어**

선덕 여왕이 어떻게 왕위에 오르게 되었는지 설명해 보세요.

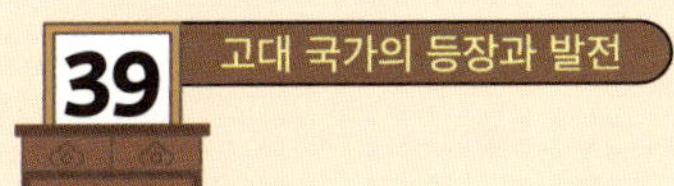

39

김춘추

상위어 신라

비교 단어 골품 제도, 선덕 여왕, 김유신

신라의 제29대 임금으로 '무열왕' 또는 '태종 무열왕'이라고 해요. 신라 역사상 처음으로 진골 귀족의 신분으로 임금의 자리에 올라갔고, 당의 군대와 연합해 백제를 멸망시킨 뒤 삼국 통일의 기반을 닦았지요.

김춘추의 할아버지는 진지왕으로 신라의 전성기를 이끈 진흥왕의 둘째 아들이었어요. 하지만 진지왕이 행동이 바르지 못해 왕의 자리에서 쫓겨나면서 김춘추는 권력에서는 멀어진 왕족이 되었지요. 김춘추는 비슷한 처지에 놓인 김유신과 가깝게 지냈어요. 멸망한 가야의 왕족 출신인 김유신도 신라의 귀족 사회에서 소외당하고 있었기 때문이지요. 김춘추는 김유신의 여동생과 결혼한 이후 그와 더 가까워졌어요.

당시 신라는 백제의 잦은 공격에 시달리고 있었어요. 김춘추의 사위와 딸도 백제의 의자왕이 신라의 대야성을 공격했을 때 죽고 말았지요. 이에 선덕 여왕은 고구려에 도움을 요청하기 위해 김춘추를 사신_{나라를 대표해 외국에 보내지는 신하}으로 보냈지만, 고구려는 한강 유역을 돌려주면 군대를 보내 주겠다고 했어요. 김춘추는 고구려의 요구를 거절했다가 옥에 갇히고 말았지요.

마침, 고구려 첩자가 김유신이 군사를 이끌고 김춘추를 구하기 위해 국경을 넘으려 한다는 정보를 연개소문에게 알렸어요. 당의 위협 속에서 신라와의 전쟁을 치를 여유가 없었던 고구려의 연개소문은 어쩔 수 없이 김춘추를 신라로 돌려보냈어요. 신라로 돌아온 김춘추는 당과의 연합을 위해 노력했고, 그의 활약으로 신라는 삼국 통일의 발판을 마련할 수 있었답니다.

진덕 여왕이 자식 없이 죽자, 김춘추는 김유신의 도움을 받아 654년에 임금_{무열왕}의 자리에 올랐어요. 이후 무열왕은 660년에 당과 연합군을 결성해 백제를 멸망시켰어요.

❀ 함께 기억해요 ❀

✚ 대야성 전투

대야성은 신라의 심장부였던 대구와 경주로 바로 이어지는 요충지이면서 백제로부터 경주에 이르는 가장 짧은 길이기 때문에 신라로서는 꼭 지켜야 하는 곳이었어요. 대야성의 성주(성의 우두머리)는 김춘추의 사위 김품석이었지요.

백제 의자왕이 대야성을 공격했고, 그 전투에서 김품석은 자신에게 원한이 있던 부하의 배신으로 전투에서 져요. 백제군에게 항복하러 나온 신라 군사들도 모두 죽임을 당하고, 김품석도 스스로 목숨을 끊으면서 대야성은 결국 백제가 차지했어요. 전투에서 승리를 거둔 백제 장수는 김품석의 머리를 백제로 가져가 감옥 바닥에 묻고 죄수들이 밟고 다니게 했어요. 이것은 관산성에서 죽은 성왕의 머리를 신라 관청 계단 밑에 묻었던 옛일에 대한 복수였지요. 대야성에서 딸마저 죽었다는 소식을 들은 김춘추는 사람이 자기 앞을 지나가도 알아보지 못할 정도로 크게 슬퍼했다고 해요.

문희와의 사랑 이야기

『삼국유사』에는 김춘추와 문희의 사랑 이야기가 나와요.

"신라의 장군 김유신에겐 보희와 문희라는 두 명의 여동생이 있었다. 어느 날 언니 보희가 부끄러운 표정으로 조심스럽게 자신의 꿈 이야기를 문희에게 들려줬다. '서라벌 높은 산에 올라가 소변을 보았는데 시내가 온통 물바다가 돼 버렸다.'라는 꿈이었다. 당시 신라에선 꿈과 별자리로 미래를 점치곤 했다. 그 꿈이 행운을 가져온다는 것임을 눈치챈 문희가 비단을 주고 언니의 꿈을 샀다.

머칠 후 김유신의 집에 김춘추라는 청년이 찾아왔다. 사소한 사고로 옷이 찢어진 김춘추는 보희를 대신해 바느질을 해 주러 온 문희를 눈여겨보았다. 오래지 않아 사랑에 빠진 문희와 김춘추는 혼인하게 된다. 모두가 알다시피 김춘추는 후에 태종 무열왕(재위 654~661년)이 되는 인물이다."

헷갈리면 안 돼!

무열왕은 백제를 멸망시켰지만 삼국 통일을 완벽하게 이루지는 못했어요. 무열왕 때 백제가 멸망하고, 그의 아들 문무왕 시기에 이르러 신라는 마침내 통일을 완성하게 되었지요.

 스스로 정리하는 개념어

김춘추가 삼국 통일을 이루기 위해 동맹을 맺은 나라를 말해 보세요.

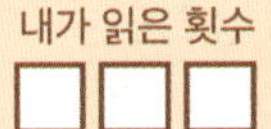

김유신

상위어 신라

비교 단어 골품 제도, 선덕 여왕, 김춘추

김유신은 태종 무열왕과 문무왕을 도와 신라의 삼국 통일 달성에 크게 이바지한 신라의 대표적인 장군이에요. 김유신은 가야 출신으로 당시 신라에서는 비주류였으나 김유신의 할아버지인 김무력 장군은 554년 백제와 싸운 관산성 전투에서 백제를 무찌르는 데 큰 공을 세우고 17등급 직위 중 최고인 각간까지 올랐어요. 그로 인해 김무력 가문이 급부상하게 되었고, 김유신은 여동생 문희를 김춘추와 결혼시키며 '삼국 통일'의 주역인 김유신과 김춘추가 힘을 합치게 되지요.

김유신은 선덕 여왕 때부터 김춘추와 함께 많은 활약을 했어요. 상대등 비담의 반란을 진압하고 진덕 여왕을 왕으로 모시며 권력을 장악했지요. 김춘추가 당과 군사 동맹을 위해 중국에 간 사이 김유신은 백제에 빼앗겼던 대야성도 공격해 되찾았고, 이 과정에서 두 사람은 신라를 이끄는 대표적 인물이 되었어요. 김춘추가 왕이 된 후 김유신은 그의 셋째 딸과 결혼했

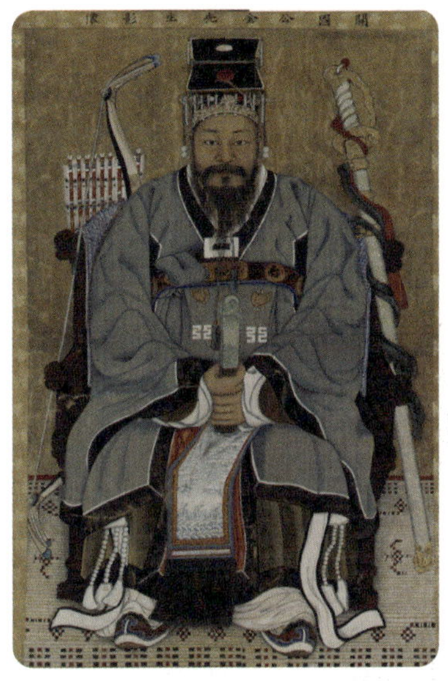

▲ 김유신 초상화

고, 최고 관직 상대등에 오르며 2인자가 되지요. 문무왕 때 김유신은 고구려를 멸망시키는 것과 당과의 전쟁에서 큰 공을 세우며 삼국 통일이라는 업적을 세웠고, 673년^{문무왕 13년} 79세로 사망했어요. 신라 왕실은 훗날 김유신에게 '흥무 대왕'이라는 칭호를 내리며 그의 공을 높이 기렸어요.

✦ 함께 기억해요 ✦

✚ 김유신과 아들 원술

김유신은 아들 원술이 당과의 전투에서 패배해 도망쳐 오자, 그에게 벌을 줘야 한다고 주장했어요. 사실 원술이 패배의 책임을 온전히 져야 하는 위치는 아니었지만 화랑의 세속 오계 중 '임전무퇴'를 저버렸다고 생각한 것이지요. 김유신의 부인 역시 김유신이 죽은 이후에도 아들 원술을 만나지 않았어요. 이후 원술은 당과의 매소성 전투에서 큰 공을 세워 상을 받았지만, 끝내 관직에 나아가지 않고 일생을 마쳤다고 해요.

헷갈리면 안 돼!

김유신은 신라의 군사 지도자로서 백제를 멸망시켰고, 계백은 백제의 장군으로 황산벌 전투에서 김유신에게 패배했어요.

스스로 정리하는 개념어

김유신을 삼국 통일의 주역으로 꼽는 이유를 설명해 보세요.

원효 대사

상위어 신라
비교 단어 화랑도, 의상 대사

7세기에 활동한 신라의 승려이자 사상가로, 우주 만물과 모든 현상이 궁극적으로 하나의 마음에서 비롯된다는 일심—心 사상으로 불교를 대중화하고 통합 불교 사상을 펼친 인물이에요.

어머니를 일찍 떠나보낸 원효는 화랑이 되었어요. 그러나 고구려, 백제, 신라 사이에 계속 전쟁이 일어나고 전쟁터에서 사람들이 죽어 가는 것을 보고는 황룡사에 들어가 스님이 되었어요. 이후 불교를 더 깊이 배우고 싶어서 의상義湘과 함께 당으로 유학을 떠나던 중 늦은 밤 폭풍우를 피해 작은 굴속에서 잠을 자게 되었지요. 굴속에서 편안하게 밤을 보낸 원효는 다음 날 그곳이 굴이 아니라 무덤이었다는 것을 알고 매우 놀랐지만 깨달음을 얻어요. '이 세상의 온갖 현상은 모두 마음에서 일어나며, 모든 법은 오직 인식일 뿐이다.'라는 이른바 '일체유심조'를 터득하게 된 것이에요. 사람의 마음먹기에 따라 생각도, 사물도 달라진다는 깨달음을 얻은 원효는 굳이 유학을 갈 필요가 없다고 생각하

▲ 원효 대사 초상화

곤 의상과 헤어져 신라로 다시 돌아왔어요. 원효는 자유롭게 돌아다니며 불교를 널리 알렸고, 어려운 사람들을 돌봐주고 병든 사람을 치료해 주기도 했어요. 그의 명성을 들은 태종 무열왕은 둘째 딸인 요석 공주가 남편을 잃고 혼자가 되었기에 원효와 맺어줄 결심을 했어요. 원효가 궁에 머물렀던 것은 단 사흘뿐이었지만, 요석 공주와 인연이 되어 부부의 연을 맺었지요.

훗날 이들 사이에서 설총이 태어났어요. 이후 원효는 스스로 승려의 옷을 벗고 파계승절 규칙을 어긴 스님이 되었고, 광대들이 사용하는 큰 박을 본떠 '무애'라는 도구를 만들어 북처럼 치고 다니면서 「무애가」란 노래를 불렀어요. 무애가는 장애나 차별이 없는 세상을 꿈꿨던 부처님의 가르침을 노래로 만든 것으로, 글을 모르는 백성들이 쉽게 불경부처님 말씀을 적은 글을 배울 수 있도록 한 것이지요. 또 '나무아미타불'이란 말을 외치면 천한 백성들도 극락세계에 갈 수 있다고 가르쳤어요. 귀족 위주의 종교

였던 불교를 일반 백성들도 잘 알 수 있도록 한 것이지요.

원효는 불교의 여러 경전_{종교 원리를 적은 책}을 두루 헤아린 뒤 하나의 원리로 통합해 새로운 불교 사상 체계를 세웠어요. 그 결과 서로 나뉘어 있던 신라의 불교 종파들이 화합했는데, 이를 '화쟁사상'이라고 해요. 원효는 70세의 나이로 숨을 거두었고, 아들 설총이 유골을 분황사에 모셨다고 해요.

◈ 함께 기억해요 ◈

➕ 해골물 이야기

원효 대사의 해골물 이야기는 책마다 다르게 기록되어 있어요. 『송고승전』에는 밤새 머물렀던 곳이 무덤임을 알고서 깨쳤고, 『종경록』에는 시체 썩은 물을 마시고 깨쳤고, 『임간록』에는 해골에 고인 물을 마시고 깨쳤다고 돼 있어요. 하지만 그 모든 기록의 핵심은 번뇌(마음을 괴롭히는 생각과 감정들)의 마음이 본질적으로 하나의 마음임을 깨달았다는 데 있지요.

➕ 의상 대사

함께 당나라 유학을 가려고 했던 원효는 신라로 돌아왔지만 의상은 배를 타고 당나라로 갔어요. 승려 지엄에게서 10년간 화엄종을 배우고 돌아온 의상은 화엄종을 신라에 처음으로 연 사람이 되었어요. 화엄종은 "부처의 경지에서 이 세상을 포함한 온 우주를 파악한다."라는 불교의 한 종파로 '하나는 곧 모두이며 모든 것이 곧 하나'라는 화엄 사상이 담겨 있어요. 부처는 모든 중생을 헤아리며 모든 중생은 수행을 통해 자신이 원래 부처가 될 수 있다는 것을 깨닫는다는 의미이지요. 또한 의상은 강원도 양양에 낙산사를 창건하기도 했답니다.

➕ 설총

설총은 원효 대사의 아들로 신라 경덕왕 때 활동하던 유학자예요. 강수, 최치원과 함께 신라 3대 문장가로 꼽히며 이두(한자의 음과 뜻을 빌려 우리말을 적는 규칙)를 완성한 것으로 알려져 있어요.

헷갈리면 안 돼!

원효 대사는 일심(一心) 사상을 중심으로 대중 불교를 강조했고, 의상 대사는 화엄 사상을 전파했어요. 그는 원효와 함께 신라 불교를 대표하는 사상가예요.

 **스스로 정리하는 개념어**

원효 대사는 당으로 유학을 떠나던 중 무엇을 깨달았나요?

문무왕

상위어 통일 신라

비교 단어 김춘추, 김유신

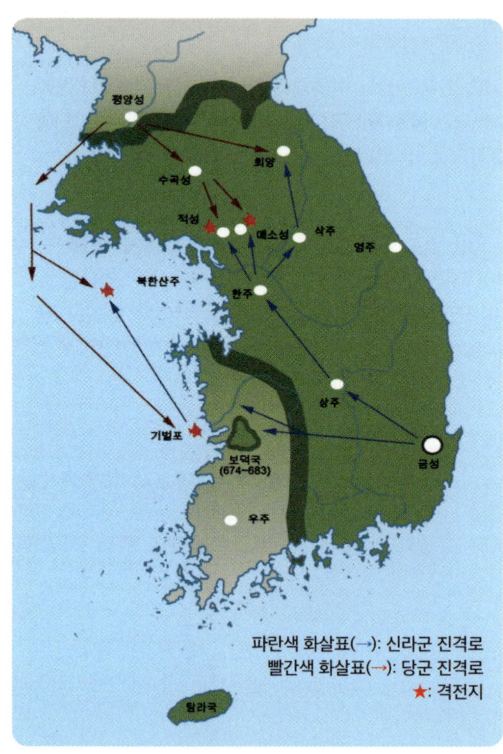

▲ 나당 전쟁

태종 무열왕이 세상을 떠나고 그의 맏아들 법민이 왕위에 올랐는데 그가 신라의 제30대 왕인 문무왕이에요.

665년에 고구려의 연개소문이 죽은 뒤, 왕 자리를 놓고 내부에서 싸움이 있자 문무왕은 당나라 군대와 다시 힘을 합쳐 고구려를 멸망시켰어요. 이후 당나라가 옛 백제와 고구려의 영토를 요구하며 신라를 속국다른 나라의 지배를 받는 나라으로 만들려고 하자 문무왕은 요동 지역으로 신라의 군대를 보내 당나라군을 공격했어요. 이렇게 시작된 전쟁이 신라와 당나라 간 전쟁, '나당 전쟁670~676년'이에요.

675년 임진강 하구에서 벌어진 전투에서 신라는 당나라 수군을 물리쳤고, 매소성 전투지금의 경기도 양주 지역에서 20만 당나라 대군을 크게 무찌르면서 전세싸움의 기세는 신라로 기울기 시작했어요. 또 676년에 기벌포지금의 충남 서천에서 승리를 거두면서 7년에 걸친 나당 전쟁이 신라의 승리로 끝났

고, 신라는 진정한 삼국 통일을 이루었지요.

문무왕은 삼국 통일을 이룬 후 나라의 기틀을 닦고 백성을 편안하게 하는 정치를 펼치는 데 온 힘을 기울이다가 나라를 다스린 지 21년째인 681년에 세상을 떠났어요. 문무왕은 죽기 전 "내가 죽으면 동해 가운데 있는 큰 바위에 장사 지내 달라."라는 유언을 남겼어요. 동해의 용이 되어 신라를 괴롭히는 왜의 침입을 막겠다는 의지였지요. 현재 경북 경주시 앞바다엔 '대왕암'으로 불리는 감포 문무대왕 수중릉이 남아 있어요. 당시 신라에는 불교식 장례법인 화장이 유행했는데 문무왕도 화장한 뒤 이곳에 뼛가루를 뿌렸을 거라 짐작하고 있지요.

문무 대왕릉 가운데는 연못처럼 파여 있고 이곳을 중심으로 동서남북 네 방향으로 십자 모양의 물길이 나 있어서 동쪽에서 몰려오는 파도는 물길을 따라 대왕암의 가운데로 들어와서 서쪽 물길로 빠져나간다고 해요. 물길이 사방으로 나 있기 때문에 대왕암 안에는 늘 바닷물이 잔잔한 상태를 유지하고 있어요.

✚ 삼국 통일의 의의 및 한계점

비록 당나라의 힘을 빌렸고 옛 고구려 시절 영토였던 만주 지역을 되찾지 못해 대동강에서 강원도 원산만 이남에 이르는 영토만을 차지했지만, 신라의 삼국 통일은 우리 민족이 스스로 이룬 최초 통일이라는 점에서 높은 평가를 받고 있어요.

✚ 감은사

감은사는 문무왕 때부터 짓기 시작하여 그의 아들인 신문왕 때 완성된 절로, 신문왕은 이 절을 아버지 문무왕의 은혜에 감사한다는 뜻으로 '감은사'라고 이름 지었지요. 지금은 감은사 터의 동쪽과 서쪽에 두 개의 탑만 나란히 남아 있어요.

감은사와 대왕암 모두 부처님의 힘으로 왜구를 막으려는 바람이 담긴 곳으로 감은사의 중심 건물인 금당 아래에는 용이 된 문무왕이 드나드는 통로가 있다는 이야기가 전해지고 있어요.

감은사의 금당은 두 탑의 북쪽에 있는데, 금당의 터 아래에 구멍의 흔적이 있고 감은사 터 앞을 흐르는 대종천은 곧바로 문무 대왕릉이 있는 동해로 흘러 들어가고 있답니다.

만파식적 이야기

통일 신라 시대 전설상의 피리로, '세상의 근심거리를 없애고 평안하게 하는 피리'라는 뜻을 가졌어요. 신라 제31대 신문왕이 감은사를 지은 후에 해룡(바다의 용)이 된 문무왕과 천신(하늘의 신)이 된 김유신으로부터 대나무를 얻어 만든 피리라고 해요.『삼국유사』에는 "이것을 불면 적이 물러가고, 병이 낫고, 비가 올 때는 개며, 바람과 물결도 잠잠해졌다. 이에 세상의 근심거리를 없애고 평안하게 하는 피리라 하여 만파식적이라 부르고 국보로 삼았다."라는 글이 전해지고 있어요.

스스로 정리하는 개념어

삼국 통일의 과정을 설명해 보세요.

최치원

상위어 통일 신라
비교 단어 골품 제도

신라 말기의 대표적인 학자이자 문장가(글을 뛰어나게 잘 쓰는 사람)인 최치원은 857년에 신라의 6두품 집안에서 태어났어요. 아무리 재능이 뛰어나도 관직에 오르는 데 한계가 있음을 안 최치원은 12살의 나이로 당나라 유학길에 올라요.

당나라에는 외국인을 상대로 열리는 과거 시험인 빈공과가 있었는데, 최치원은 열여덟 살이 되던 해에 빈공과에 당당히 장원(1등)으로 합격했어요. 이후 그는 당나라에서 벼슬을 얻었을 뿐만 아니라 명문장(뛰어나게 잘 지은 문장)으로 이름을 떨치게 돼요.

당나라에서 관직 생활을 하던 중, 황소라는 사람이 농민 반란을 일으켰어요. 이때 최치원이 황소의 잘못을 꾸짖은 '토황소격문'을 써서 황소에게 주었는데, 최치원의 글을 읽은 황소가 책상에서 나동그라질 정도로 놀랐다는 이야기가 전해져요. 최치원의 글로 황소의 난이 진압된 후 당의 황제는 최치원에게 상을 내리고, 최치원은 문장가로 유명해지죠.

이후 당나라 생활을 마치고 신라로 돌아온

▲ 최치원 초상화

최치원은 진골 귀족들의 부패, 백성들의 반란, 지방 세력의 등장 등 신라 말 사회 문제들을 지켜보며 잘못된 정치를 바로잡기 위해 '시무책 10조' 개혁안을 진성 여왕에게 올려요. 최치원은 6두품으로 오를 수 있는 최고 관직인 아찬에 올라 개혁을 시행하려 했으나 귀족 세력의 반대 등으로 좌절되자 관직을 버리고 가야산으로 들어가 세상을 피해 숨어 생활했어요.

✚ 계원필경

귀국 후 최치원은 『계원필경』이라는 문집을 남겼는데, 이 문집은 한국 최고의 문집이며 당나라 실록(모든 사실을 적은 기록)을 보완할 수 있는 역사 자료로도 인정받고 있어요. 최치원의 학문적 깊이와 문장력을 보여 주는 중요한 책이지요.

✚ 최치원의 날

최치원이 관직에 있던 중국 양저우시에서는 최치원 기념관을 짓고 10월 15일을 '최치원의 날'로 정하여 매년 기념하고 있어요. 외국인 학자를 이처럼 기리는 경우는 찾아보기 어렵기 때문에 최치원이 얼마나 모범적 생활을 했는지 알 수 있지요.

해운대의 유래

최치원이 세상을 피해 살기로 결심하고 가야산으로 향하던 도중 너무나 아름다운 바다를 지나게 되었어요. 이 주변의 자연 경관이 너무도 아름다워 돌을 쌓아 대(높고 평평한 건축물)를 만든 후, 바다와 구름, 달과 산을 음미하면서 이 바위에 '해운대(海바다 해 雲구름 운 臺대 대)'라는 글씨를 새겼는데, 그곳은 부산 동백섬 내에 자리한 작은 바위 윗면이었죠. 이때부터 '해운대'라는 지명이 생겨났다고 해요.

헷갈리면 안 돼!

설총은 통일 신라 중기의 학자로 이두를 정리한 것으로 유명하고, 최치원은 통일 신라 말의 6두품 출신 학자로 당나라에서 학문적 성취를 이루고 신라의 개혁을 도모한 인물이에요. 둘 다 신라의 학문과 문화를 발전시켰지만, 최치원은 외교와 정치 개혁에 주력했고 설총은 언어와 교육 분야에서 두각을 나타냈어요.

스스로 정리하는 개념어

최치원이 당나라에서 뛰어난 학문적 성취를 이뤘음에도 귀국 후 신라 사회에 기여한 이유를 설명해 보세요.

의자왕

상위어 백제

비교 단어 황산벌 전투

백제의 마지막 왕인 의자왕은 무왕의 아들로 '해동증자 ^{공자의 제자인 증자처럼 학문과 도덕이 뛰어나다고 붙인 이름}'라고 불리며 성군 ^{어질고 덕이 뛰어난 왕} 소리를 들었던 왕이었어요.

641년, 왕위에 오른 뒤 초반에는 백제의 내부 정치 개혁을 추진하며, 부패한 관료들을 제거하고 국력을 강화했어요. 이때 백제는 다시 한 번 강력한 국가로 떠올랐어요. 또 의자왕은 고구려와 친하게 지내면서 북쪽의 국경을 안정시켰고, 642년에는 신라의 대야성을 함락시키는 등 신라를 공격해 40여 개의 성을 빼앗고 영토를 넓혔어요. 이후 백제는 655년에 고구려, 말갈과 함께 신라를 공격했고, 30여 개의 성을 또 빼앗았지요.

그러나 의자왕은 계속되는 승리에 취해 왕의 자리에 오른 지 15년이 지나고부터 조금씩 변하기 시작해요. 귀족들을 정치에서 제외시키고 자기 아들 41명에게 최고 관직을 맡기는 등 가까운 사람 중심으로 나라를 운영하고자 했어요. 그렇게 의자왕이 권력을 혼자 다 차지하려고 하자 귀족 세력이 거세게 반발하면서 나라의 지도층이 분열했고, 의자왕이 점차 사치에 빠지면서 백제의 국력은 크게 약화되었어요. 의자왕은 "반드시 큰 전쟁이 일어날 것"이라고 조언하는 신하를 감옥에 가둬 죽여버리기까지 했지요.

이때를 틈타 백제로부터 압박을 받아 오던 신라는 당에 군사를 요청하여 신라와 당, 18만 대군이 함께 백제로 쳐들어왔어요. 황산벌에서 계백 장군이 패하면서 백제 군사들이 모두 죽었지요. 그리고 수도 사비성이 적에게 넘어가자 의자왕은 660년 7월 13일 웅진성으로 피해요. 하지만 7월 18일에 결국 사비성으로 돌아와서 항복했어요. 그리고 의자왕은 왕자들, 대신 ^{현재의 장관} 88명, 백성 1만 2천 명과 함께 당의 낙양으로 끌려갔지요. 그리고 같은 해에 병으로 사망했어요.

▲ 낙화암
(백제가 망할 때 삼천 궁녀가 이 바위에서
백마강에 몸을 던져 죽었다는 전설이 있다.)
출처: <낙화암>, 한국학중앙연구원전

✚ 성충

성충은 무왕 때 동예를 물리쳐 벼슬을 얻고, 의자왕 때 재상이 되었어요. 의자왕이 날마다 잔치를 벌이고 궁궐을 화려하게 지으며 나라 살림을 거덜 낼 때 백제의 충신(충성하는 신하)들은 나라를 제대로 다스려 달라고 바른말을 했지만 의자왕은 그들을 귀양(죄인을 멀리 시골이나 섬으로 보내는 벌) 보내거나 죽였어요. 성충 역시 감옥에 갇히게 되었지요. 그는 감옥 안에서도 의자왕의 마음을 돌리려 애썼지만 소용이 없었어요. 성충은 마지막으로 의자왕에게 곧 전쟁이 있을 거라고 편지를 보냈으나 의자왕은 제대로 읽지 않았고, 결국 성충은 감옥 안에서 죽고 말지요.

✚ 의자왕과 삼천 궁녀

백제가 멸망하게 될 당시, 의자왕은 궁녀를 삼천 명이나 거느리고 사치와 놀고 즐기는 것에만 빠져 백제를 멸망에 이르게 한 인물로 표현되고 있어요. 그런데 실제로 '삼천 궁녀'는 문학적인 표현에 불과하고, 역사적 사실이 아니라는 것이 학자들 사이의 시각이에요. 백제의 인구수를 보면 궁녀의 수가 그렇게 많을 수 없기 때문이지요. 백제는 역사에서 패자이고 의자왕은 망한 국가의 마지막 왕이며, 역사는 승자의 기록이기 때문에 그렇게 기록된 것이라 여겨지고 있어요.

스스로 정리하는 개념어

백제를 멸망시킨 나라를 말해 보세요.

황산벌 전투

상위어 백제
비교 단어 의자왕

황산벌은 지금의 논산 지역이에요. 황산벌 전투^{660년}는 백제와 신라 간의 마지막 대규모 전투로, 백제 멸망의 결정적 계기가 된 전투지요.

백제의 의자왕은 한때 군사적으로 신라보다 앞섰지만 신라가 당나라와 동맹을 맺으면서 상황이 갑자기 변했어요. 신라가 당나라와 협력하여 백제를 공격했고, 의자왕은 계백을 불러 5천 결사대^{죽을 각오로 온 힘을 다할 것을 결심한 부대}로 김유신의 신라군을 막으라는 명령을 내렸어요.

계백은 황산벌에 진영^{군대가 머물 곳} 3개를 설치했어요. 5만의 신라군에 비해 5천의 백제군은 수적으로 불리했기 때문에 지형을 이용하여 방어하고자 한 것이지요. 죽음을 각오한 백제군은 있는 힘을 다해 싸웠고, 네 번 싸워 네 번 모두 승리했어요.

예상보다 강한 백제군에 맞서던 신라군의 사기는 크게 떨어졌고, 당과 만나기로 약속한 날짜도 지키기 힘들어졌지요. 고심하던 김유신은 화랑을 전장에 보내 싸우게 하는 작전을 펼쳤어요. 김유신의 동생 김흠순의 아들인 반굴이 싸우다 죽었고, 김유신의 조카 김품일의 아들 관창도 뒤를 이었어요. 관창이 너무 어린 나이였기 때문에 계백은 관창을 신라군 진영으로 돌려보냈으나, 또다시 관창이 돌격해 오자 결국 사로잡아 목을 베었어요. 사기가 꺾여 있던 신라군은 관창의 죽음으로 전의가 다시 불타올랐고, 결국 황산벌 전투는 신라의 승리로 끝이 났어요. 계백은 황산벌에서 전사하고 말았지요. 마지막 희망이었던 계백의 5천 결사대가 패하자 백제군은 더 이상 나당 연합군을 막을 수가 없었어요. 백제의 수도 사비성이 나당 연합군에게 넘어갔고, 웅진성으로 도망갔던 의자왕도 곧 항복하고 말아요. 700여 년 동안 유지되어 온 백제는 결국 황산벌 전투 이후 역사 속으로 사라졌어요.

❋ 함께 기억해요 ❋

✚ 기벌포와 탄현

기벌포는 백제의 마지막 수도 사비를 끼고 흐르는 강인 백강(지금의 금강) 하구(강물이 바다로 흘러가는 입구)예요. 바닷물이 빠지면 넓은 갯벌이 생겨나기 때문에 군사들이 상륙하기가 어렵고 수비하기에 좋은 곳이지요.

탄현도 높고 좁은 골짜기가 이어진 곳이어서 적은 수의 군사로 적군에게 큰 피해를 줄 수 있는 요충지였어요. 그래서 성충이 끝까지 이곳에서 적군을 막아야 한다고 의자왕에게 용기 내 말한 것이지요. 하지만 백제의 몇몇 신하들은 적은 군사를 둘로 나눠 기벌포와 탄현에 보내는 것은 패전을 부르는 것이라며 반대했고, 결국 백제군은 신라군에게 패배하고 말았어요.

 **스스로 정리하는 개념어**

> 황산벌 전투에서 백제의 군대를 이끈 장군을 말해 보세요.

연개소문과 고구려의 멸망

상위어 고구려

연개소문은 고구려 말 최고의 관직인 '대막리지'로 권력을 누렸던 인물이에요.

연개소문의 할아버지와 아버지는 고구려의 고위 관리인 '대대로'였어요. 대대로는 귀족 회의의 대표로서 왕을 도와 일을 하고, 나랏일을 전체적으로 관리하는 자리였지요. 아버지가 돌아가시자, 연개소문은 그 자리를 물려받으려고 했는데 어떤 귀족들은 연개소문이 너무 잔인하다는 이유로, 또 다른 귀족들은 당에 양보 없이 강하게 대응하려고 한다는 이유로 반대하고 나섰어요.

고구려의 영류왕과 귀족들은 연개소문을 비밀스럽게 죽이고자 했어요. 하지만 연개소문은 이를 눈치채고 정변혁명이나 쿠데타 등으로 나라의 주인을 바꾸는 일을 일으켜 영류왕과 귀족들을 죽이고 정권을 잡았어요. 그리고 영류왕의 조카인 보장왕을 허수아비 왕으로 앉힌 뒤 자신은 최고 관직인 대막리지가 되었지요. 대막리지는 군대를 거느리는 군사권과 관리를 맡기는 인사권을 독점하고, 나라의 중요한 정책을 결정하는 높은 벼슬자리였어요.

645년, 호시탐탐 고구려를 노리던 당 태종은 영류왕의 죽음 소식을 듣고 영류왕의 원수를 갚는다는 구실을 내세워 고구려를 침략했어요. 당의 공격에 고구려의 국경선을 지키던 요동성과 백암성 등이 차례로 무너졌지만, 안시성에서 끝까지 버텼지요. 결국 당 태종은 고구려에서 물러났어요. 이후 당은 연개소문이 죽을 때까지 고구려를 침략하지 못했지요.

하지만 665년 막강한 권력을 휘두르던 연개소문이 죽고 난 후, 후계자들 사이에 권력 다툼이 벌어졌어요. 연개소문의 동생과 아들들 사이에 다툼이 일어난 것이에요. 나당 연합군은 고구려가 혼란한 기회를 놓치지 않고 고구려의 평양성을 공격해 무너뜨렸어요. 이로써 고구려 700년 역사는 막을 내리게 되었답니다.

▲ 연개소문의 전투
출처: <기록화: 연개소문의 사수전투>, 전쟁기념관

✚ 연개소문에 대한 역사적 평가

연개소문에 대한 역사적 평가는 극과 극을 달려요. 신라 편을 들어주던 고려의 김부식은 연개소문을 '임금을 죽인 역적이 며 고구려의 멸망을 불러 온 사람'으로 묘사하고 있어요. 반면 독립운동가 신채호는 연개소문을 '위대한 혁명가'로, 박은식 은 '독립 자주정신과 다른 나라와 당당히 겨룰 수 있는 용기와 지혜를 갖춘 우리 역사에서 가장 뛰어난 인물'로 평가하고 있 지요.

✚ 연개소문의 아들 연남생

연개소문이 죽자 아들 연남생은 아버지의 장례를 치르면서 고구려 제일의 권력자로 부상하게 되었고, 665년에는 대막리 지에 올라 연개소문의 모든 권력을 이어받았어요. 이때 단지 연개소문의 아들이라서 권력을 이어받았다며 그를 인정하지 않는 무리가 생겼어요. 연남생은 665년 겨울 지방을 돌아다니며 각 지역의 군대 형편, 요새 건설 현황, 농사 현황 등을 점 검하며 백성들의 지지를 얻고자 했어요. 수도를 비우면서 나라의 큰일은 두 동생인 연남건과 연남산에게 맡겼지요.

연남생의 반대파들은 이때를 기회로 생각하고 연남생과 두 동생 사이를 이간질했어요. 얼마 후 보장왕이 연남생에게 궁궐 로 돌아오라는 명령을 내렸지만, 연남생은 두 동생이 자신을 궁궐로 불러 죽이려는 것으로 생각해 돌아가지 않았어요. 연 남건은 반대로 형이 왕의 명령에 따르지 않는 것은 자기들을 죽이려는 음모가 드러났기 때문이라고 생각했지요. 이런 오 해가 쌓인 뒤 대막리지가 된 연남건은 모든 권력을 쥐고 형인 연남생을 잡아들이라고 명령했어요. 이에 연남생은 국내성을 장악하고 동생들의 군대와 대항하다가 점차 상황이 불리해지자, 마침내 나라를 당나라에 팔아먹는 짓을 하고 말아요. 당나 라가 고구려를 정벌하는 데 자신이 직접 돕겠다는 파격적인 제안을 한 것이지요. 그는 666년 6월 자신이 거느리고 있던 무 리를 이끌고 당나라에 항복해 버렸고, 이런 혼란을 틈타 나당 연합군이 고구려를 공격하기 시작해요.

중국 경극에도 나오는 연개소문

송나라 말에서 원나라 초에 만들어진 『설인귀정요사략(설인귀가 요동을 정벌한 이야기)』은 여당 전쟁을 소재로 삼은 소 설이에요. 평민 출신인 설인귀가 온갖 어려움을 이겨 내고 영웅으로 등장한다는 내용인데, 여기서 설인귀의 상대로 연개소문이 등장해요. 또 연개소문 대 당 태종의 대결 구도도 나오고 있는데, 소설에서의 당 태종은 연개소문 앞에서 굴욕적인 모습으로 묘사되고 있어요. 연개소문이 당 태종을 계속 위험에 빠뜨리고, 설인귀가 등장해 당 태종을 구해 주는 모습으로 말이지요.

소설의 영향으로 중국 경극에도 연개소문이 등장하는데, 칼을 다섯 개나 차고 다니며 끝까지 주인공을 겁박하는 무서 운 인물로 등장하고 있어요. 이처럼 연개소문은 중국인에게는 무서운 존재로 인식되고 있답니다.

헷갈리면 안 돼!

연개소문은 왕이 아니었어요. 고구려의 실제 권력을 차지한 대막리지로 군사와 정치를 통제했지요. 연개소문이 임금으로 모신 보장왕은 고구려의 마지막 왕이었지만, 실질적인 권력은 없었어요.

스스로 정리하는 개념어

고구려 말기 권력을 장악하고 강력한 독재를 휘둘렀던 인물을 말해 보세요.

장보고

상위어 통일 신라

장보고는 통일 신라 시대에 바다를 평정한 장군으로 '해상왕'으로 불려요.

장보고는 전라남도 완도의 한 섬에서 태어났고 어려서부터 활을 잘 쏘아 '활보'라고 불렸어요. 신분이 매우 낮았던 장보고는 신라에서는 잘 살 수가 없으니 새로운 삶을 살고자 당나라로 갔어요. 당으로 건너간 장보고는 외국인을 고용해 만든 군대인 '무령군'에 들어가 큰 공을 세웠고, 30세에 당나라의 장수가 되었어요.

당나라에서 승승장구하던 장보고는 신라 사람들이 해적에게 잡혀 노예로 끌려오는 광경을 목격하게 되었어요. 당에서는 신라인을 노비로 삼는 것을 금지하고 있었지만, 실제로 지켜지지 않았기 때문에 많은 신라인이 노예로 잡혀 왔거든요. 이를 본 장보고는 당나라 관직을 버리고 다시 신라로 돌아왔어요.

장보고는 흥덕왕의 허락을 받고 군대를 조직하여 청해_{완도}에 진_{한 지역을 편안하게 진정시키는 군대}을 설치했어요. 이 지역은 당나라와 왜의 바닷길에 닿아 있어서 중요한 해상 무역로였기 때문에 해적들이 들끓었지요. 장보고는 해상 무역 기지인 청해진을 설치하고, 군사를 배치해 1년 만에 해적을 모조리 물리쳤어요.

바다에 평화가 찾아오자 장보고는 신라와 당나라, 왜 3국 사이에 특산물을 배로 운송하는 무역을 하고, 더 나아가 이슬람 상인이 당나라까지 가져온 서역의 물품을 신라와 왜에 전했어요. 또 당시 인기 있었던 도자기를 직접 청해진에서 생산하기도 하면서 '해상왕'이 되었지요.

▲ 장보고의 해상 활동
출처: <기록화: 장보고 해상활동>, 전쟁기념관

부를 쌓은 장보고는 이제 명예를 갖고자 했어요. 그래서 왕위 다툼에서 밀려난 김우징의 반란을 도와 그를 왕위에 앉혔는데 그가 바로 신무왕이에요. 그러나 신무왕은 왕이 된 지 얼마 되지 않아 죽고, 그의 아들이 왕이 되었는데 그가 문성왕이지요. 문성왕은 아버지가 한 약속을 지키기 위해 장보고의 딸을 왕비로 맞이하려 했으나 진골 귀족들은 천민 출신인 장보고의 딸을 왕비로 맞이할 수 없다고 반대했어요. 사실 귀족들은 장보고의 권력이 더욱 세질 것을 걱정한 것이지요.

귀족들의 반대에 화가 난 장보고는 반란을 계획했지만 자객에게 암살당하며 세상을 떠나고 말았어요. 그가 죽자 청해진도 사라졌고, 해상 무역은 중국과 아라비아 상인들이 주를 이루게 되었지요.

함께 기억해요

✚ 바다의 날

5월 31일은 '바다의 날'이에요. 바다의 날은 장보고가 828년 전남 완도군에 청해진을 설치한 날을 기념하기 위해 제정되었지요.

염장 지르다

'염장 지르다'라는 말은 '일이 잘 풀리지 않아서 불만인데 다른 사람이 옆에서 그 일에 관한 이야기로 화를 돋운다'라는 뜻이에요. 이 말은 바로 문성왕과 귀족들이 장보고를 죽이기 위해 청해진으로 보낸 자객의 이름에서 나왔어요. 그 자객의 이름이 염장이에요. 그는 예전에 장보고의 부하였기 때문에 장보고는 그를 의심하지 않았고, 염장은 술에 취해 잠든 장보고를 칼로 찔러 죽인 것이지요. '염장이 칼로 장보고를 찔렀다.'에서 '염장 지르다'가 생기게 되었답니다.

스스로 정리하는 개념어

장보고가 신라의 해상 무역 기지로 세운 곳에 관해 설명해 보세요.

호족

豪 호걸 호 族 겨레 족

상위어 골품 제도, 통일 신라

통일 신라 말, 신라는 진골 귀족들의 왕위 다툼으로 사회가 매우 혼란스러웠어요. 1백여 년간 10번 왕이 바뀔 정도로 왕권이 크게 약해진 만큼 귀족들의 힘은 커졌어요. 귀족들은 자신의 권력을 백성들을 위해 사용하지 않고 오히려 백성들의 토지를 강제로 빼앗았어요. 귀족들이 사치를 부리며 사는 동안 백성들은 토지를 강제로 뺏기고 가뭄과 지진, 병충해농작물이 병으로 피해를 입음. 등 자연재해도 이어져 가난하고 비참한 삶을 살고 있었지요.

이렇게 중앙 정부가 약화되고 지방 통제가 느슨해진 틈을 타서 각 지방에서는 경제력과 군사력을 갖춘 '호족'이 등장했어요. 이들은 독립적인 권력을 행사하며 성장했고, 그 지역 사람들에게는 왕과 다름이 없을 정도였지요. 그렇게 힘이 세지며 새로운 나라를 세우는 사람들까지 생겨났는데, 이들은 후삼국통일 신라 말의 신라, 후백제, 태봉을 이르는 말과 고려 건국에 중요한 역할을 했어요.

⸎ 함께 기억해요 ⸎

왕건의 아버지 왕륭은 송악의 유력 호족이었고, 견훤과 궁예, 장보고 등도 대표적인 호족이었어요.

헷갈리면 안 돼!

호족은 지방에서 군사력과 경제력을 바탕으로 성장한 세력이고, 6두품은 왕족을 제외한 가장 높은 신분의 귀족으로 중앙에서 주로 활약한 관료 계층이었어요. 두 세력 모두 신라 말기 사회 변화에 큰 영향을 미쳤지만, 활동 무대와 성격이 달랐어요.

스스로 정리하는 개념어

통일 신라 말기에 지방에서 군사적, 경제적 권력을 가진 세력들을 설명해 보세요.

대조영과 발해 건국

비교 단어 해동성국

668년 고구려가 멸망한 후 고구려 유민일정하게 사는 곳 없이 떠도는 백성들은 고구려 부흥 운동을 벌였어요. 그러자 당나라는 반란이 일어나지 못하게 하려고 20만 명이 넘는 고구려 유민들을 당나라 땅인 영주로 끌고 갔어요. 영주에는 고구려 유민뿐 아니라 거란족, 말갈족도 함께 끌려와 있었는데 당나라 관리들은 이들을 심하게 괴롭혔지요. 그것을 견디지 못한 거란족이 먼저 반란을 일으켰어요.

혼란한 틈을 타 고구려 유민이었던 걸걸중상과 그의 아들 대조영도 당에서 벗어나고자 했어요. 그들은 말갈족의 추장인 걸사비우와 함께 고구려와 말갈 유민을 이끌고 영주 땅에서 탈출했어요. 그러나 당나라 군대가 이들을 뒤쫓았지요. 걸사비우는 당나라 군대와 싸우다 죽었고, 걸걸중상은 병에 걸려 죽고 말았어요. 대조영은 포기하지 않고 사람들을 이끌고 동쪽으로 향했고, 당나라군을 물리친 후 동모산현재 중국 지린성 근처에 도착했어요. 대조영은 동모산을 수도로 정하고 나라를 세웠는데 처음 이름을 '진'이라 하였고, 나중에 '발해'로 바꾸었어요. 발해는 스스로 고구려를 이어받은 나라라고 말하면서 당을 견제하고 신라, 왜와 교류하며 발전해 나갔어요.

▲ 발해와 신라

◈ 함께 기억해요 ◈

✚ 유민과 난민

유민(遺흐를 류 民백성 민)은 망해서 없어진 나라의 주민이나 백성들을 일컫는 말이고, 난민(難어려울 난 民백성 민)은 나라가 망하지는 않았지만 전쟁, 종교, 자연재해 등의 이유로 어려움을 겪어 나라를 잃거나 일정한 주거지 없이 떠도는 사람들을 말해요.

스스로 정리하는 개념어

발해를 세운 고구려 유민 출신의 인물을 설명해 보세요.

해동성국

海 바다 해 東 동녘 동 盛 성할 성 國 나라 국 바다 동쪽의 성대한 나라

상위어 대조영과 발해 건국

대조영에 의해 세워진 발해는 제10대 선왕 때 동쪽으로 연해주, 서쪽으로 요동의 안쪽, 북쪽으로 흑룡강 지역까지 이르게 되어 옛 고구려 영토보다 넓어졌어요.

선왕은 넓은 영토를 효과적으로 다스리기 위해 지방 행정 조직을 정비했어요. 먼저 중심지 역할을 할 다섯 개의 도시를 정해 5경京서울 경을 설치했어요. 각각 상경 용천부, 중경, 동경, 서경, 남경이라 칭했지요. 그리고 전국을 15부로 크게 나누고 각 부를 62개의 주5경 15부 62주로 나눠 지방관을 파견했어요. 또 주변 나라와 교역하기 위해 다섯 개의 길을 닦기도 했는데 이를 '발해 5도'라고 해요. '일본 길', '신라 길', '조공예의를 갖추기 위해 보내는 돈과 물건 길', '영주 길', '거란 길'의 발해 5도는 비단길과도 연결되어 많은 사신과 상인들이 오갔고, 발해는 눈부신 경제 성장을 이룰 수 있었어요.

이렇게 발해가 크게 발전하자 당나라는 발해를 독립된 나라로 인정하고 '발해국'이라고 부르기 시작했어요. '해동성국'이라는 별명까지 붙여 주었는데, 해동성국은 '바다 동쪽에 있는 번성한 나라'라는 뜻이에요.

이렇게 남쪽에는 삼국을 통일한 신라가, 북쪽에는 고구려를 이은 발해가 우리의 역사를 이어가던 이 시기를 '남북국 시대'라고 불러요.

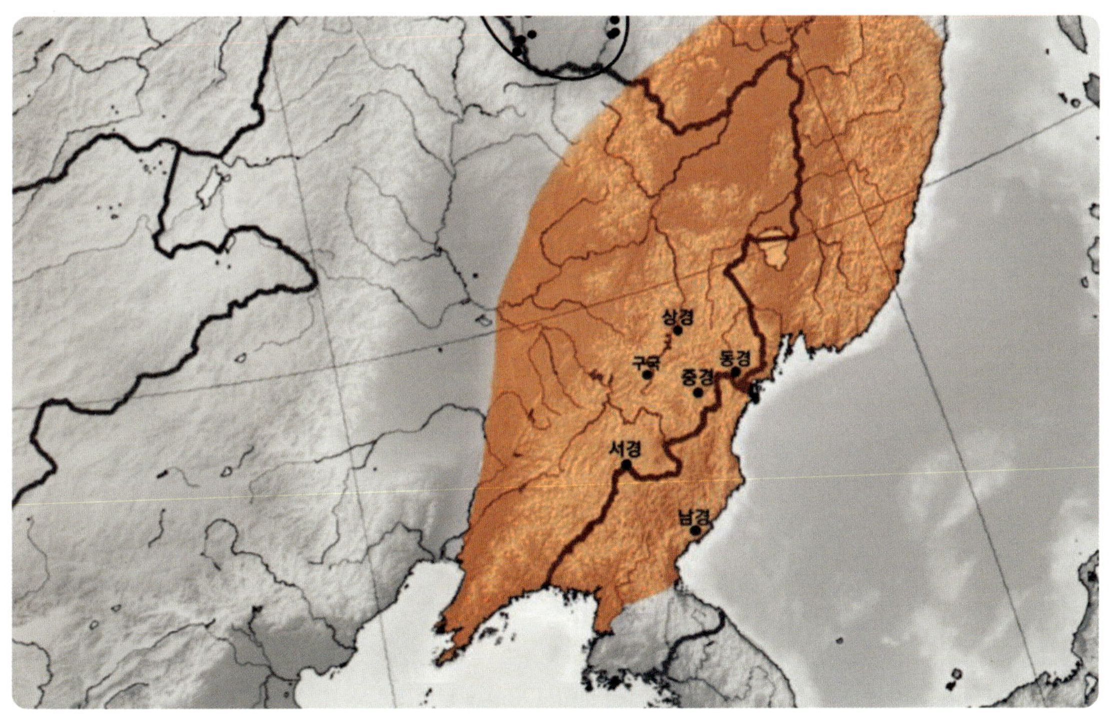

▲ 발해의 전성기

➕ 발해의 여러 왕

✔ 무왕

정복 활동을 통해 옛 고구려와 부여 땅 대부분을 차지한 왕이에요. 흑수말갈족을 굴복시켰고, 당나라 등주를 공격해 승리를 거둬 발해를 강대국으로 만들었어요.

✔ 문왕

무왕의 아들로 나라 안의 체제를 정비한 왕이에요. 당나라의 앞선 문물과 문화, 사상까지 받아들였어요. 중앙 통치 기구를 '3성 6부'로 정비하였고, 유교의 가르침에 따라 수도를 동모산에서 상경 용천부로 옮기면서 당의 수도 장안의 모습을 본떠서 만들기도 했어요.

✔ 선왕

발해의 전성기를 이끈 왕으로 전국에 '5경 15부 62주'를 설치하고 지방관을 파견했어요. 발해 5도를 만들어 주변 나라와 적극적으로 교류했어요.

헷갈리면 안 돼!

고대 국가 중 가장 넓은 영토를 가졌던 나라는 고구려가 아닌 발해예요. 발해의 전성기를 이끈 선왕 대의 영토는 고구려 영토보다 넓었답니다.

스스로 정리하는 개념어

해동성국의 의미를 설명해 보세요.

동북공정

東 동녘 동 北 북녘 북 工 장인 공 程 한도 정

중국은 2002년부터 중국의 동북 3성 지역(헤이룽장성, 지린성, 랴오닝성)의 역사와 문화를 연구하는 프로젝트를 진행했어요. 그런데 문제는 그 지역에 있었던 고구려와 발해의 역사를 중국의 역사로 크게 왜곡(사실과 다르게 해석)하고 있다는 점이에요. 중국이 역사를 왜곡하는 이유는 동북 3성에 사는 조선족의 불안을 막고, 북한 정권이 몰락했을 경우 국경 다툼에 대비해야 하기 때문이에요. 중국은 고구려 역사가 중국 역사의 일부라고 주장하고 있어요. 역사 왜곡은 과거의 문제로 끝나는 것이 아니라 현재와 미래에도 영향을 주기 때문에 우리의 역사에 관심을 갖고 왜곡된 역사를 바로잡아야 해요.

중국의 왜곡된 주장	역사적 사실
고려 왕조 성씨가 고구려 왕조와 달라 고구려를 이어간 것이 아니다.	국호가 '고려'인 것은 고구려를 잇는다는 것을 분명하게 밝힌 것이었고, 중국의 역사책 『송사』에도 고구려를 이은 나라라고 되어 있어요. 또 거란이 고려를 침략했을 당시 서희는 소손녕과의 담판에서 '고려는 고구려를 계승한 국가'라고 밝혔어요.
고구려는 중국에 조공을 바치던 중국의 지방 정권이다.	조공과 책봉(왕으로 인정해 주는 것)은 당시 동아시아의 외교 형식이었어요. 고구려는 독자적인 연호를 사용하며 고구려 왕을, 황제를 뜻하는 '태왕'이라 칭했기 때문에 고구려가 조공을 바쳤던 것은 대륙의 선진 문물을 받아들이려는 실리 외교라고 할 수 있어요.
고구려가 멸망한 후 그 주민의 상당수가 중국으로 들어가 한족으로 흡수되었다.	고구려 멸망 이후 고구려 유민들은 중국뿐 아니라 신라에 흡수되거나, 주변의 나라들로 뿔뿔이 흩어지는 등 다양하게 이동했어요. 또한 중국으로 들어간 유민 중 많은 수가 전쟁 포로의 성격이 강했어요.
발해 또한 중국의 한 나라이다.	중국의 역사책인 『구당서』에 "발해 말갈 대조영은 본래 고구려의 별종이다."라고 나와 있는데 '고구려의 별종'은 '고구려의 하나의 집단으로 고구려를 이어 받은 고구려 사람'이라는 의미예요. 또 발해 무왕이 일본에 보낸 국서에는 "고구려의 옛 터전을 수복하고 부여의 풍속을 소유하게 되었다."라고 적혀 있고, 발해 강왕 역시 국서에서 "지속적인 외교 관계를 유지함으로써 고씨(고구려)의 발자취를 따르겠다."라고 적고 있어요. 독자적 연호를 사용한 점, 당의 빈공과에 발해 사람들이 많이 응시했다는 점 등은 발해가 중국과는 다른 독립된 국가였다는 것이지요.

❀ 함께 기억해요 ❀

✦ 서남공정, 서북공정

중국은 서남공정과 서북공정도 함께 진행하고 있어요. 서남공정은 티베트의 역사를 중국 역사로 만드는 작업이고, 서북공정은 위구르족의 역사를 중국 역사로 만드는 작업이에요.

 **스스로 정리하는 개념어**

동북공정을 설명해 보세요.

2장

고려 시대

견훤

비교 단어 궁예, 왕건, 후삼국 통일

견훤은 **후백제를 건국한 장군이자 왕**으로, 후삼국 시대의 한 축을 이끌었던 인물이에요. 그는 신라의 장수로 활동하다가 독립하여 900년에 완산주^{현재의 전주}를 도읍으로 하여 후백제를 건국했어요. 남쪽 지방을 중심으로 강력한 세력을 형성한 견훤은 신라와 고려를 공격하며 후삼국 시대의 권력을 다투었지요.

하지만 견훤이 후백제의 왕 자리를 넷째 아들인 금강에게 물려주겠다고 하자 이에 불만을 품은 첫째 아들 신검이 동생인 금강을 죽였어요. 그리고 견훤까지 금산사^절에 가둬 버렸지요. 아들에게 배신감을 느낀 견훤은 탈출하여 고려로 망명했고, 왕건이 후백제를 빼앗는 데 협력하며 고려의 후삼국 통일을 도왔어요.

지렁이 설화

『삼국유사』에 견훤의 탄생 설화가 있어요. 옛날에 광주 북촌에 부잣집 딸이 있었는데 그녀가 아버지에게 밤마다 자줏빛 옷을 입는 남자가 와서 자고 간다고 말했어요. 이에 아버지는 딸에게 바늘에 실을 꿰어 남자의 옷깃에 꽂아 두라고 했지요. 딸은 아버지가 말한 대로 하였고, 날이 밝아 그 실을 따라갔더니 실이 북쪽 담 밑으로 사라졌어요. 그곳을 팠더니 큰 지렁이의 허리에 바늘이 꽂혀 있는 것이 아니겠어요? 그 후로 사내아이를 낳았는데 그가 바로 후백제를 세운 견훤이에요.

본래 나라를 건국한 사람은 신성한 동물이나 알과 연관되어 나타나는 것에 비해 견훤은 지렁이의 자식으로 표현되어 있는데, 이는 견훤이 그 시대의 영웅이었지만 결국에는 패배자였다는 역사적 사실에서 나온 것으로 보여요.

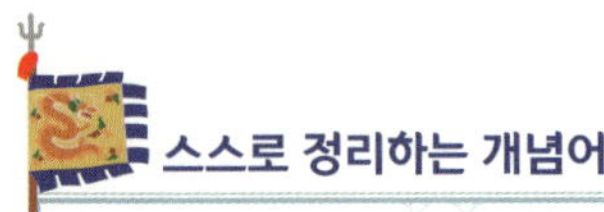

스스로 정리하는 개념어

후백제를 건국한 인물을 말해 보세요.

궁예

내가 읽은 횟수

비교 단어 견훤, 왕건, 후삼국 통일

▲ 궁예 초상화

궁예는 신라 왕족 출신으로 후고구려를 건국한 인물이에요. 신라 말기에는 나라가 아주 어지러웠어요. 이때 궁예는 신라 왕족의 후손으로 태어났지만, 정치적 음모로 신라에서 추방당했고 스님이 되어 힘들게 살았어요. 하지만 그 어려움을 극복하고 신라에 반대하는 세력을 모았어요. 그렇게 세력이 커가다 901년에 송악지금의 개성에 후고구려를 건국했고, 나중에 '마진'과 '대봉'으로 나라의 이름을 바꾸었어요.

후고구려는 한때 후삼국의 중심으로 성장했지만, 궁예는 점점 난폭하게 변해 갔어요. 자신을 '미륵불'이라 칭하고, 다른 사람의 마음을 훤히 꿰뚫어 볼 수 있는 '관심법'이라는 특별한 능력을 가지고 있다고 했지요. 그는 관심법을 핑계 삼아 사람들에게 거짓말을 했다는 누명을 씌워 끔찍한 벌을 내렸고, 심지어 자기 부인과 자식도 죽게 했어요. 이렇게 궁예가 폭력적인 정치를 일삼자 평소 궁예를 따르던 사람들도 점점 궁예를 멀리했지요. 그리고 왕건에게 궁예를 몰아내고 자신들의 새로운 왕이 되어 달라고 부탁했어요.

그들의 뜻을 받아들인 왕건이 궁으로 쳐들어오자, 궁예는 산속으로 도망을 갔고 주민들에게 들켜 비참한 최후를 맞이했답니다.

헷갈리면 안 돼!

처음부터 궁예가 폭력적이었던 것은 아니에요. 고려를 세운 왕건이 처음에는 궁예의 부하였을 정도로 궁예는 솔선수범하는 지도력을 보이며 부하들의 믿음을 얻었지요. 하지만 호족 세력을 다스리기 위해 공포 정치를 펼치다 결국 믿음을 잃게 된 것이에요.

스스로 정리하는 개념어

후고구려를 건국한 인물을 말해 보세요.

왕건

비교 단어 견훤, 궁예, 후삼국 통일

왕건은 918년 후삼국을 통일하고 고려를 세운 인물이에요.

송악의 호족 집안에서 태어난 왕건은 후고구려의 왕이었던 궁예 밑에서 뛰어난 능력을 발휘하며 이름을 알리기 시작했어요. 궁예가 악하고 사나워지자 군사를 일으켜 궁예를 쫓아내는 데 성공하고 나라를 세웠어요.

왕건은 자신의 고향인 송악을 수도로 정하고 나라 이름을 '후고구려'에서 '고려'로 바꿨어요. '고려'라는 이름에는 '옛 고구려를 잇는다'라는 의미가 담겨 있어요. 이렇게 고려의 첫 번째 왕 태조가 된 왕건은 각 지방 호족의 도움을 받아 고려를 강한 나라로 키웠어요. 이후 후삼국을 통일한 왕건은 여러 호족을 자기편으로 끌어들여 왕권을 안정시키는 정책을 펼쳤지요.

🔔 호족 정책

결혼 정책	지방의 힘이 센 호족들의 딸과 결혼해서 가족이 되는 정책으로, 왕건의 부인은 무려 29명이나 되었다고 해요.
사성 제도 (賜줄 사 姓성씨 성)	호족이 항복하거나 먼저 복종하면 '왕'씨 성을 주었어요.
역분전 지급	토지를 나누어 주는 제도로, 신하들에게 공로와 충성도에 따라 토지를 나눠 주었어요.
기인 제도 (其그 기 人사람 인)	호족의 아들을 개성으로 보내 살도록 한 제도로, 이를 통해 호족을 견제했어요.
사심관 제도	지방의 유력자들을 '사심관'으로 임명해 특정 지역을 다스리는 권한을 주었지만, 그곳에서 반란이 일어나면 책임을 묻기도 했어요.

🔔 외교 정책

북진 정책	고려는 고구려를 이은 나라이기 때문에 북쪽으로 영토를 넓히는 정책을 펼쳤어요.
서경 중시	서경은 고구려의 수도였던 평양의 옛 이름으로, 서경을 북진 정책의 근거지로 삼았어요.
거란 천시	발해를 멸망시킨 나라라고 하여 거란을 낮게 보았어요.

세금 감면	백성들이 내야 하는 세금을 10분의 1로 정했어요.
흑창 설치	춘궁기(봄에 먹을 것이 부족해서 사람들이 힘들게 지내는 때)에 곡식을 빌려주고 가을에 수확한 후에 갚는 빈민 구제 기관인 흑창을 설치했어요.

❀ 함께 기억해요 ❀

✚ 만부교 사건

거란이 세운 요나라가 고려와 사이좋게 지내기 위해 고려에 사신 30명과 선물로 낙타 50마리를 보냈어요. 하지만 왕건은 요나라의 사신들을 섬으로 보내고 선물로 데려온 낙타 50마리를 개경 만부교 밑에 묶어서 굶겨 죽였어요. 왕건은 "거란과 발해는 원래 사이가 좋았던 나라였는데, 거란이 갑자기 의심을 일으켜 발해를 무도하게 멸망시켰기 때문에 벌했다."라고 설명했지요. 낙타 50마리가 당시 고려 수도 개경의 만부교 밑에서 굶어 죽었기에 '만부교 사건'이라고 부르는데, 이를 통해 왕건의 거란에 대한 입장을 알 수 있어요.

 **스스로 정리하는 개념어**

왕건이 부인을 29명이나 두었던 이유를 설명해 보세요.

후삼국 통일

비교 단어 왕건

고려를 건국한 후 왕건은 신라와는 친하게 지내려 노력하고 후백제와는 여러 차례 전투를 벌이며 서로 치열하게 경쟁했어요.

927년 후백제 견훤이 신라를 공격했고, 신라 경애왕은 왕건에게 도움을 요청했어요. 그러나 5천여 명의 군사를 이끈 왕건이 도착하기 전에 후백제가 신라의 수도인 금성^{지금의 경주}에 먼저 도착했어요. 견훤은 신라 경애왕을 죽이고 경순왕을 신라의 왕으로 앉혔어요. 왕건은 금성에서 철수하는 견훤의 군대와 공산^{지금의 대구}에서 맞닥뜨렸고, 이때 고려군은 후백제군에게 크게 지고 말았지요.

3년 뒤인 930년에 왕건과 견훤은 고창^{지금의 안동}에서 다시 맞붙었어요. 고창 전투에서는 그 지역 호족들이 왕건에게 도움을 주었고, 덕분에 왕건은 승리를 거둘 수 있었지요. 그러던 중 후백제에서 왕위를 둘러싸고 쿠데타가 일어났어요. 넷째 아들 금강을 다음 왕으로 세우려고 하는 견훤에 반기를 든 첫째 아들 신검이 일으킨 반란이었어요. 신검은 아버지 견훤을 금산사라는 절에 가두었지요. 후에 견훤은 절에서 탈출해 고려로 망명했어요.

견훤의 망명 소식을 듣고 신라 경순왕도 935년에 왕건에게 신라를 넘기게 돼요. 왕건은 견훤과 경순왕 모두를 우대했어요. 마지막으로 왕건은 신검이 이끄는 후백제와의 전투에서 큰 승리를 거두며 후삼국을 통일했답니다.

✦ 함께 기억해요 ✦

➕ 차전놀이의 유래

고창 전투에서 왕건과 고창 사람들은 견훤의 군대를 낙동강 물속에 밀어 넣었다고 해요. 이 고창 전투에서 팔짱을 낀 채로 어깨로만 상대편을 밀어내는 차전놀이가 유래했지요.

➕ 마의 태자

마의 태자는 신라의 마지막 왕인 경순왕의 아들로 경순왕이 신라를 고려에 바치려고 하자 강하게 반대했어요. 그러나 받아들여지지 않자 개골산에 들어가 입고 있던 비단옷이 부끄럽다며 찢어 버렸어요. 대신 삼베옷을 입고, "고려가 주는 양식을 소·돼지처럼 먹고 사느니 신라 사람으로 칡뿌리를 캐 먹고 살겠다."라며 끝까지 신라 사람으로 여생을 마쳤다고 알려져 있어요.

▲ 차전놀이

헷갈리면 안 돼!

후삼국이 통일된 뒤 고려가 생긴 것이 아니라 고려가 먼저 건국된 이후 고려가 후삼국을 통일했어요.

스스로 정리하는 개념어

후삼국 통일의 주인공에 대해 설명해 보세요.

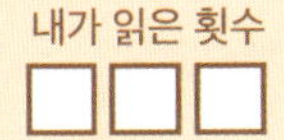

훈요 10조

訓 가르칠 훈　要 요긴할 요　十 열 십　條 가지 조

비교 단어 왕건

'훈요 10조'는 고려의 태조 왕건이 후대 왕들이 나라를 다스리는 데 지침으로 삼으라고 남긴 10가지 유언이에요. 후대 왕들이 이를 지켜 나라가 안정하기를 바랐던 것이지요.

🔔 훈요 10조의 주요 내용

1조	불교의 힘으로 나라를 세웠으니 절을 세우고 스님을 보내 부처의 가르침을 닦게 하라.
2조	땅과 물의 기운에 따라 도선이 절을 세울 곳을 정해 놓았으니, 함부로 더 짓지 말라. → 신라의 승려였던 도선은 '풍수지리'로 유명한 인물이었어요. 풍수지리는 땅의 모양이나 방위(방향)가 사람의 행복과 불행과 관련이 있다는 것으로, 태조는 풍수지리를 믿으며 후손들에게 이를 따르라고 했어요.
3조	왕위는 맏아들이 잇는 것을 원칙으로 하되 맏아들이 어질지 못하면 그다음 아들에게 전해 주고, 그 아들도 어질지 못하면 형제 가운데 여러 사람이 추천한 자가 잇게 하라.
4조	우리나라와 중국은 지역과 사람의 성품이 다르므로 중국 문화를 반드시 따를 필요가 없으며, 거란의 제도는 아예 본받지 말라.
5조	땅의 기운이 순조로운 서경을 중시하라. → 고구려를 이었기 때문에 고구려의 수도였던 서경(평양의 옛 이름)을 아주 중요한 곳으로 여겼어요.
6조	연등회는 부처를 섬기는 행사이고, 팔관회는 하늘 신과 지방 고유의 신을 섬기는 행사이다. 어기지 말고 성대히 하라.
7조	왕이 신하와 백성의 믿음을 얻기는 매우 어렵다. 신하의 올바른 말을 따르고 헐뜯는 말은 멀리하며 백성들의 일과 세금을 가볍게 하라.
8조	차현(지금의 차령산맥)을 기준으로 남쪽 공주강(지금의 금강) 밖의 사람들에게는 벼슬을 주지 말라.
9조	관리들의 월급은 함부로 올리거나 내리지 말라. 또 이웃에 강한 나라가 있으면 그 위험을 잊으면 안 되고, 군사들을 잘 돌보아 해마다 무예가 뛰어난 자를 골라 벼슬을 주어라.
10조	일이 없다고 방심하지 말고, 유교 경전과 역사책을 읽어 옛일을 거울삼도록 하라.

🏵 함께 기억해요 🏵

➕ 팔관회와 연등회

　팔관회와 연등회는 삼국 시대부터 시작되었어요. 팔관회는 원래 불교 신자들이 절에서 하루 동안 여덟 가지 계율을 지키는 행사였는데, 불교 행사와 제사를 결합해 죽은 병사들과 그의 가족들을 위로하기 위한 나라 행사로 바뀌었어요. 연등회는 등불을 밝혀 자신의 마음을 밝게 하고, 부처의 뜻으로 세상이 평안해지기를 바라는 행사였어요.

스스로 정리하는 개념어

훈요 10조가 누구에 의해 만들어졌는지 말해 보세요.

광종

비교 단어 왕건

광종은 고려 제4대 왕으로, 고려 왕조(왕이 다스리는 시대)를 안정시키고 왕권을 강화한 지도자예요. 그는 집권 초반부에는 호족 세력들과 잘 지내는 듯 보이다가 중반부부터 권력을 왕에게로 집중시키는 정책들을 펼쳐 나라가 잘 굴러갈 수 있도록 하는 틀을 잡았어요. 광종의 개혁 정책은 호족 세력의 강력한 반발을 샀지만, 결과적으로 고려가 강력한 중앙 집권 국가로 발전하는 밑거름이 되었지요.

🔔 광종의 개혁 정책

노비안검법 실시	과거 제도 실시	복식 제정
'노비안검법'은 억울하게 노비가 된 자를 조사해 양민으로 해방한 제도예요. 당시 노비는 호족들의 군사로도 이용되었기 때문에 노비를 풀어 주는 것은 호족의 군사적 기반을 약하게 할 수 있었지요. 또 노비에서 양민이 된 자들은 나라에 세금을 내야 했기 때문에 국가가 가지는 자금(돈)을 늘리는 데 도움이 되었어요.	고려 초에 벼슬에 오르는 방법은 공식적인 시험이 아닌 명성이나 집안 배경이었어요. 이에 광종은 중국에서 귀화한 쌍기의 건의를 받아들여 과거제를 도입했고, 능력에 따라 관리를 뽑았어요. 과거 제도는 기존의 귀족 중심의 관료 구조를 깨고 능력 있는 인재를 키우는 데 도움이 됐어요.	고려 초에는 따로 정해진 예복(의식을 치를 때 입는 옷)이 없어서 호족들은 각자의 출신에 따라 다른 관복을 입었고, 임금보다 화려한 의상을 걸치고 궁에 들어오는 신하들도 있었어요. 이에 광종은 예복을 보라색·붉은색·연두색·자주색 소매 옷으로 정하고 등급에 따라 관복을 입도록 했어요.

광종은 국왕의 권위를 높이기 위해 자신을 '황제'라 칭하고, '광덕·준풍' 등 독자적인 연호를 사용하기도 했어요. 하지만 강력한 개혁 정책을 추진하는 과정에서 반대하는 귀족 세력을 제거했고, 이런 독재적인 방식이 오히려 귀족들의 반발을 샀어요.

🏵 함께 기억해요 🏵

✚ 고려 과거 제도의 특징

고려 시대 과거 제도에는 '제술과, 명경과, 잡과, 승과'가 있었어요. 제술과는 글짓기 실력과 국가 정책에 관한 의견을 묻는 시험이고, 명경과는 유교 경전의 해석 능력을 묻는 시험인데, 이 시험을 통해 문관(문서, 법, 행정을 다루는 관리)을 뽑았어요. 잡과는 통역관이나 의술을 펼치는 의관 등 기술관을 뽑는 시험이었고, 승과를 통해서는 승려를 뽑았지요. 과거는 2년에 한 번씩 열렸는데 처음 실행되었을 때는 한 번의 시험만 치르다가 예비 시험과 본 시험 두 번으로 늘어났고, 고려 말 공민왕 때부터는 세 번이 되었어요. 무관(군사와 전쟁 담당 관리)을 뽑는 무과는 시행되지 않았고 무예나 신체 조건이 뛰어난 사람을 따로 뽑아 무관으로 충원했어요. 무과는 없는데 승과가 있던 것을 보면 고려 시대 불교의 위치가 얼마나 높았는지 알 수 있어요.

📜 스스로 정리하는 개념어

광종이 추진한 노비 관련 개혁 정책을 설명해 보세요.

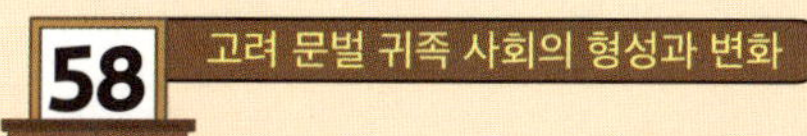

성종

비교 단어 조선 성종

고려의 제6대 왕인 성종은 고려에 유교적 통치 이념을 본격적으로 도입하였고, 지방 호족 중심의 지배 구조를 왕 중심의 중앙 집권 체제로 개편한 왕이에요.
성종은 여러 정책을 통해 유교적 국가 건설의 기초를 마련하여 고려를 문치^{학문과 법으로 다스리는 것} 국가로 발전시키는 데 도움을 줬어요.

🔔 주요 정책

유교적 통치 이념 도입	성종은 신하였던 최승로의 '시무 28조'를 받아들여 백성의 생활 안정과 왕권의 도덕적 바탕을 강조했어요. 지방관을 보내는 것과 중앙 집권화 정책은 최승로의 건의를 적극적으로 따른 결과였어요.
중앙 관제(관리하여 통제) **개편**(다시 고침)	당나라의 '3성 6부제'를 참고해서 고려에 맞게 '2성 6부제'로 중앙 정치 제도를 갖췄어요. 중서문하성은 국정 전반을 관장했고, 상서성 아래에 6부를 두어 실제 행정을 담당하게 했어요. 중추원은 왕의 비서 기관, 어사대는 관리 감찰, 삼사는 회계를 맡았어요.
지방 행정 개편	전국을 '5도'와 '양계'로 나누고, 교통이 편리한 곳에 '12목'을 설치했어요. 그리고 중앙에서 임명한 관리를 지방관으로 파견해서 왕권 중심의 통치 체제를 확립했어요.
교육 제도	인재 양성을 위해 중앙에 '국자감'을, 지방에는 '향교'를 세워 유교 교육을 널리 퍼뜨렸어요. 국자감의 교과는 주로 유교 경전인 경학 과목이었으나 향교에서는 경학 외에도 의학, 지리, 율서, 산학 등의 잡학도 가르쳤어요.
군사 제도	중앙군으로 '2군 6위'를 두어 왕궁과 개경을 지키게 하고, 지방에는 '주현군'을 두어 치안 업무를 담당하도록 했어요. 또 군사력을 강화해 국경을 지켰어요. 거란의 1차 침입 이후 서희의 외교 담판을 통해 강동 6주를 확보하며 국경을 안정시켰어요.
사회 경제 정책	태조 때의 구휼 기관인 흑창을 '의창'으로 고쳐 기능을 넓히고 물가 조절 기관인 '상평창'을 설치했어요. 또 우리나라 최초 동전인 '건원중보'를 내놓았어요.

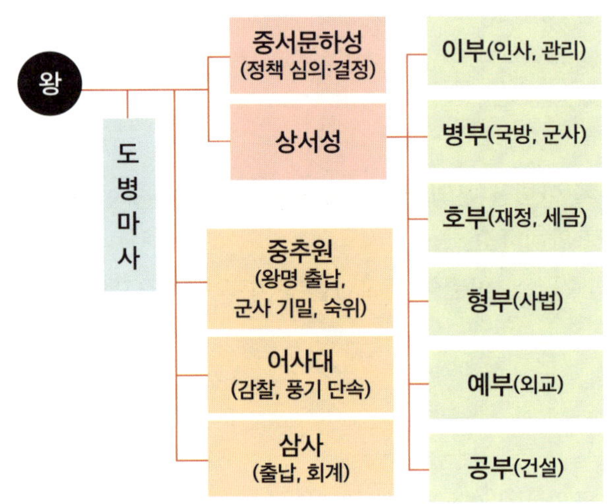

▲ 고려의 지방 행정 구역

❁ 함께 기억해요 ❁

✚ 최승로의 '시무 28조'

성종은 왕이 된 후 5품 이상의 관리에게 국가 정치에 관한 의견을 제출하라고 명했는데, 그중 최승로의 '시무 28조'가 성종의 눈길을 끌었어요. '시무 28조'는 정치, 경제, 사회, 군사, 문화, 행정 등 다양한 분야의 정책으로 오늘날 22개만 전해지고 있어요. 내용의 핵심은 불교를 억제하고 유교를 통치 이념으로 드러나게 하자는 것이에요.

헷갈리면 안 돼!

유교와 성리학은 다른 개념이에요. 유교는 공자가 만든 사상 전체를 말하고, 성리학은 송나라 때 발전한 유교의 한 학문 체계를 말해요. 조선은 주로 성리학을 받아들였답니다. 또한 유교는 종교가 아니라 사회 윤리와 정치 철학에 가까워요. 신을 믿고 숭배하는 종교와는 달리, 인간관계와 사회 질서에 초점을 맞추는 사상 체계예요. 유교가 조선의 국가 이념이었지만, 불교가 완전히 사라진 것은 아니에요. 불교는 제한을 받았지만 민간 신앙으로 계속 존재했고, 산속 사찰에서 명맥을 유지했답니다.

스스로 정리하는 개념어

고려 성종이 중앙 집권 체제를 확립하기 위해 실시한 주요 제도를 설명해 보세요.

59

서희의 외교 담판

비교 단어 성종

거란은 발해를 멸망시키고 중국 북부까지 세력을 넓히면서 나라 이름을 '요'라고 했어요. 중국에서는 송나라가 건국되었는데 고려는 송나라와 친하게 지냈지요. 거란은 고려가 뒤쪽에서 쳐들어올 수 있다고 생각하며 993년부터 1019년까지 3차에 걸쳐 고려로 먼저 쳐들어왔어요.

거란의 1차 침입은 성종 12년에 소손녕이 80만 대군을 이끌고 압록강을 넘어 고려를 공격한 것이에요. 성종이 직접 군사를 이끌고 나섰으나 소손녕은 청천강 이북 지역을 단숨에 점령했지요. 결국 고려의 외교관이자 문신이었던 서희가 소손녕과 직접 담판외교 목적으로 만나서 서로 의견을 나누고 일치점을 찾는 것을 하게 되었어요.

서희는 거란이 공격해 온 이유가 고려와 송의 관계를 끊는 데 있다는 것을 알아차렸어요. 그래서 소손녕에게 고려가 고구려의 후예임을 강조하고, 고려가 거란과 왕래하지 못한 것은 고려와 거란 사이에 여진이 있기 때문이라고 말했어요. 그리고 만일 압록강 일대의 여진을 몰아내고 그 땅을 고려의 것이라 인정한다면 고려도 송과 관계를 끊고 거란과 교류하겠다고 했어요. 이에 소손녕은 군사를 이끌고 거란으로 돌아가면서 서희에게 낙타·말·양·비단 등의 선물을 주었고, 이듬해 고려는 여진을 몰아낸 자리에 여섯 개의 성을 쌓아 고려의 땅으로 만들었어요. 이곳을 '강동 6주'라고 해요.

❁ 함께 기억해요 ❁

✚ 강동 6주

'압록강 동쪽에 있는 6개의 주'라는 뜻으로 흥화진(지금의 의주), 용주(지금의 용천), 철주(지금의 철산), 통주(지금의 선천), 곽주(지금의 곽산), 귀주(지금의 귀성) 지역이에요. 이 지역은 거란과의 국경 방어를 위한 중요한 군사 활동의 중요 지점이 되었어요.

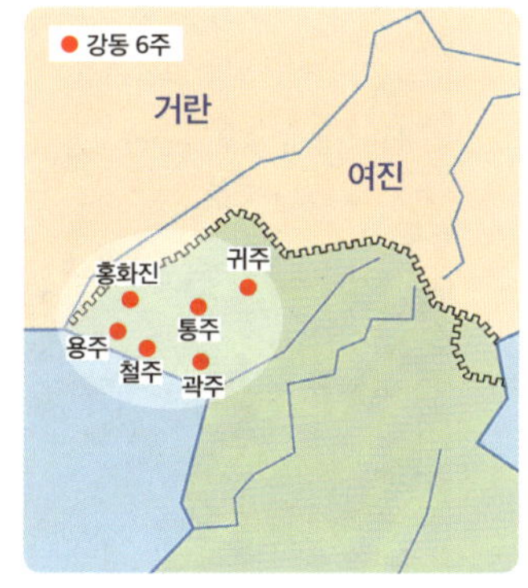

✚ 거란의 2차 침입

고려에서 강조란 인물이 반란을 일으켜 왕인 목종을 죽이고 현종을 왕으로 만들었어요. 거란은 고려의 신하가 왕을 죽인 것에 책임을 묻겠다며 다시 고려를 쳐들어왔어요. 겉으로 내세운 이유는 강조를 벌하기 위해서라지만 실제 목적은 거란의 1차 침입 때와 같았지요. 거란은 수도 개경까지 함락했고 현종은 나주까지 피신할 수밖에 없었지요. 결국 고려가 거란에 화해를 요청했고, 거란은 고려의 왕이 거란에 직접 와서 항복하는 조건으로 철수했어요. 고려의 양규 장군은 철수하는 거란군을 공격해 인질로 잡혀가는 고려인 1만여 명을 구해 냈지요.

스스로 정리하는 개념어

서희의 담판을 통해 고려가 확보한 영토에 관해 설명해 보세요.

강감찬과 귀주 대첩

내가 읽은 횟수

大 큰 대 **捷** 이길 첩 크게 승리함.

비교 단어 서희의 외교 담판

거란은 2차 침입 때 고려와 했던 약속이 지켜지지 않고, 원하는 결과를 얻어내지 못하자 소배압을 지휘관으로 삼아 고려를 다시 침략했어요. 이것이 바로 거란의 3차 침입이에요. 이에 고려는 강감찬을 총사령관으로 임명하여 군사 20만 명을 이끌고 거란군과 맞서 싸우게 했지요.

홍화진현재 평안북도 의주은 거란군이 고려를 침입하기 위해서 반드시 지나가는 길목이었어요. 강감찬은 미리 그곳에 가서 강의 상류를 소가죽으로 꿰매서 막아 놓았어요. 그리고 거란군이 그곳을 지날 때 소가죽을 찢어 물이 일시에 쏟아지게 했지요. 이 전투를 '홍화진 전투'라고 해요. 고려군은 홍화진 전투에서 크게 승리했지요.

이후 소배압은 다시 수도 개경으로 군을 데리고 갔는데, 고려군의 '청야 전술'로 식량을 대 주는 것에 문제가 생긴 거란군의 사기는 크게 꺾이게 되었지요. 결국 거란군은 후퇴를 시작했어요.

강감찬은 후퇴하는 거란군을 따라가 귀주현재 평안북도 구성군에서 좁은 계곡으로 유인하는 작전을 펼쳤어요. 거센 바람이 거란군 쪽을 향해 불기 시작하자 강감찬은 화살을 퍼붓도록 지시했고 살아 돌아간 거란군은 2,000여 명밖에 되지 않을 정도였지요. 결국 고려는 크게 승리해요. 이 전투를 바로 '귀주 대첩'이라 해요. 고려군은 이 전투에서 거란군을 완전히 격파해 '고려-거란 전쟁'을 끝냈어요.

▲ 강감찬의 귀주 대첩

출처: <기록화: 귀주대첩>, 전쟁기념관

▲ 강감찬 동상
출처: <강감찬 동상>, 한국민족문화대백과사전

낙성대 이야기

서울시 관악구에 있는 낙성대는 948년 강감찬 장군이 태어날 때 큰 별이 떨어졌다는 전설에서 나온 것으로 '별이 떨어진 자리'라는 뜻을 가진 곳이에요.

어느 날 왕이 보낸 사신이 캄캄한 밤에 큰 별 하나가 어떤 집 위로 떨어지는 것을 보았고, 사람을 보내 무슨 일인지 알아보게 했지요. 그리고 그 집 부인이 사내아이를 낳았다는 사실을 알게 되었어요. 이를 신기하게 여긴 사신이 그 아이를 개경으로 데려가 길렀는데 그가 바로 강감찬이었다고 해요.

지금의 낙성대 공원에는 강감찬 장군의 공적을 찬양하기 위해 세운 4.48m의 삼층 석탑이 있어요.

헷갈리면 안 돼!

소가죽으로 강물을 막아 놓았다가 공격한 전투는 귀주 대첩이 아니라 '흥화진 전투'예요. 귀주는 평야 지대이지요.

 스스로 정리하는 개념어

귀주 대첩에서 강감찬은 어떤 전략으로 거란군을 물리쳤는지 설명해 보세요.

문벌 귀족

門 집안 문 閥 가문 벌 대대로 내려오는 집안의 사회적 위치

비교 단어 호족, 무신 정변

문벌 귀족은 고려 전기의 지배 계층으로 5품 이상의 관리를 말해요. 그들은 정치적으로는 음서 제도, 경제적으로는 공음전의 특권을 누렸어요.

음서 제도란 조상이 나라를 위해 특별한 공을 세웠다거나 부모가 높은 관직에 있을 때 그 자손들이 과거 시험을 치지 않고도 관직에 오를 수 있는 제도예요. 5품 이상 관리의 경우 친가와 외가 자손들에게까지 적용돼 대상 범위가 매우 넓었어요. 3품 이상 고위 관리인 경우엔 자식뿐 아니라 양자입양으로 얻은 자식로 삼은 아들, 사위, 조카에게까지 그 혜택이 미쳤지요.

공음전은 5품 이상 관리들에게 땅을 주는 제도로 이 땅은 자손에게 상속해 줄 수 있었어요. 문벌 귀족은 그들끼리의 혼인을 통해 권력을 강화해 나갔는데 유명한 문벌로는 경원 이씨, 경주 김씨, 해주 최씨, 파평 윤씨가 있어요. 『삼국사기』를 만든 김부식도 경주 김씨로 문벌 귀족이었어요. 문벌 귀족에게 부와 권력이 집중되는 것에 불만이 있던 무신들이 1170년 무신 정변무신들의 반란에 의한 정권 변화을 일으키면서 문벌 귀족은 몰락했어요.

◈ 함께 기억해요 ◈

✚ 고려 시대 집권 세력의 변화

호족 → 문벌 귀족 → 무신 → 권문세족 → 신진 사대부와 신흥 무인 세력

✚ 음서 제도

고려 제4대 왕 광종 때부터 과거 제도로 관리를 뽑았지만 제6대 왕 성종 때 최승로는 '시무 28조'에 음서 제도에 관한 내용을 건의했어요. 성종은 최승로의 건의를 받아들여서 5품 이상의 관리들을 위한 음서 제도를 만들었어요. 음서 제도는 목종 때 본격적으로 실시되었지요.

음서 제도는 조선 시대까지 이어졌지만 그 범위나 혜택은 크게 줄었어요. 공신(나라에 특별한 공을 세운 신하)이나 2품 이상 관리의 아들과 손자·사위·아우·조카나 3품 이상의 자손만이 대상이 되었고, 음서를 통해 벼슬에 오르더라도 승진할 수 있는 관직 등급에 한계가 있어 재상 같은 높은 자리에는 오를 수 없었지요. 그러다 보니 출세하고 싶어 하는 이들은 과거 시험에 매달리게 되었고, 과거 합격은 하늘의 별 따기처럼 어려워졌어요.

헷갈리면 안 돼!

문벌 귀족은 고려 전기의 지배층이고, 권문세족은 원나라와 밀접한 관계를 맺으며 권력을 장악했던 집단이에요.

스스로 정리하는 개념어

문벌 귀족이 권력을 유지했던 방법을 설명해 보세요.

이자겸의 난

亂 어지러울 난 전쟁이나 나라 안에서의 싸움

비교 단어 문벌 귀족

경원 이씨 집안은 대표적인 문벌 귀족으로 왕비와 후궁을 10명이나 배출하며 왕보다 더 큰 권력을 가졌던 외척주로 왕의 어머니 쪽의 친척 가문이에요. 경원 이씨는 이자겸 때에 최고의 권력을 가졌어요. 둘째 딸을 예종의 왕후로 만들어 아들을 낳게 했고, 예종이 세상을 떠나자 자기 손자를 왕위에 올렸는데 그가 인종이에요. 또 셋째와 넷째 딸을 인종에게 시집 보냈지요. 즉, 이자겸은 왕의 외할아버지면서 장인어른이 되었어요. 이자겸의 권세는 하늘을 찌를 듯했어요. 중요한 직책은 자신의 사람들로 채우고, 자신의 집을 '의친궁', 자신의 생일을 '인수절'이라 칭하기까지 했지요. 이런 이자겸의 횡포에 불안함을 느낀 인종은 이자겸을 없애려고 했는데 이것을 눈치챈 이자겸은 사돈인 척준경과 함께 반란을 일으켰어요. 이것을 '이자겸의 난'이라고 부르지요. 이로 인해 인종은 왕궁을 잃고 이자겸의 집으로 들어가게 되었어요. 갇혀 있던 인종은 이자겸의 노비와 척준경의 노비 사이에 벌어진 싸움으로 둘 사이가 나빠졌을 때를 이용했어요. 이자겸과 척준경을 이간질하면서 척준경을 자신의 편으로 만들어 왕궁에 침입한 이자겸의 반란 세력들을 성공적으로 진압했고, 이자겸의 집안은 몰락했지요.

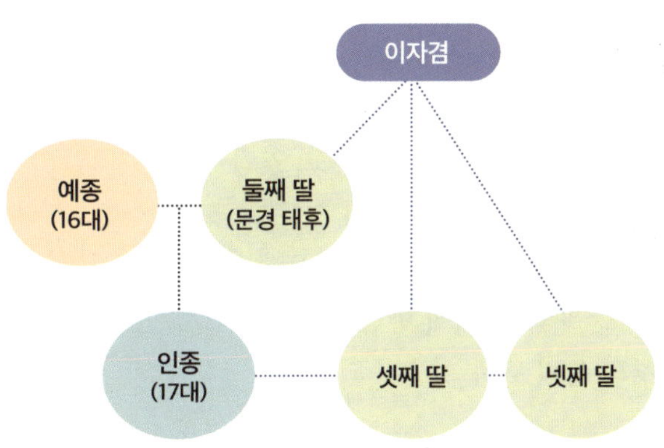

◈ 함께 기억해요 ◈

＋ 인천의 명칭

이자겸은 인주 이씨(경원 이씨)였는데 인주는 현재 인천의 옛 지명이었어요. 비록 이자겸의 난으로 손해를 보긴 했지만 인주 이씨 가문과 인주 지역의 위상은 조선 시대까지 이어졌어요.

십팔자(十八子) 위왕설

이자겸은 "십팔자(十八子)가 왕이 된다."라는 소문을 듣고 왕위를 노리기 시작했어요. 십팔자의 한자를 합치면 이(李)가 되기 때문이에요. 왕이었던 자기 딸을 시켜 독이 든 약을 왕에게 먹이려 하자, 왕비는 들고 가다 일부러 넘어져 왕이 먹지 못하게 했어요. 이에 다시 독이 든 떡을 받자, 왕비가 이 사실을 왕에게 말하고 까마귀에게 먹였다고 해요.

 **스스로 정리하는 개념어**

이자겸과 인종의 관계를 설명해 보세요.

묘청의 서경 천도 운동

遷 옮길 천 都 도읍 도 수도를 옮김.

비교 단어 문벌 귀족

이자겸의 난 이후 고려 왕실의 힘이 줄어들었고, 또 다른 문벌 귀족인 경주 김씨 가문이 권력을 잡기 시작했어요. 인종은 이처럼 어려운 상황을 해결하기 위해 도읍을 옮겨야 한다고 생각했어요.

당시 고려에서는 풍수지리설이 유행하고 있었어요. 서경 출신 승려인 묘청이 풍수지리설을 이야기하며 "개경은 이미 지덕이 쇠하였고땅의 기운이 떨어졌고, 나라를 중흥다시 일어나게 함.하고 국운을 융성하게나라의 운이 더 좋아지게 하려면 서경평양으로 수도를 옮겨야 한다."라고 주장했어요.

하지만 개경에 기반을 두고 있던 문벌 귀족들의 큰 반대로 인종은 결국 서경 천도를 포기했어요. 그러자 묘청이 이끄는 서경 세력들은 천도를 성공시키고자 난을 일으켰지요. 하지만 김부식을 총사령관으로 한 관군군대에게 반란이 진압되면서 난은 끝이 났어요. 서경 천도 운동의 실패로 고려는 다시 개경의 문벌 귀족 세상이 되었어요.

▲ 묘청의 서경 천도

함께 기억해요

+ 서경 천도 운동

서경 천도 운동은 서경의 신진 세력인 서경파와 개경의 중앙 귀족의 권력 다툼이었지만 금나라에 대한 고려인의 자주 의식을 보여 준 사건으로도 평가돼요. 당시 금나라의 힘이 세지면서 고려는 금나라와의 외교 문제로 어려움을 겪고 있었는데 서경파는 고려는 황제국이라고 주장하며 금을 무력으로 쳐야 한다고 했기 때문이에요. 단재 신채호 선생은 묘청의 서경 천도 운동을 '조선 역사상 가장 중요한 첫 번째 사건'이라고 높이 평가했어요. 서경파가 패배함으로써 우리나라 역사는 다시 옛날처럼 힘센 나라만 따르고 변하지 않으려는 잘못된 길로 나아가게 됐다고 결론지었지요.

헷갈리면 안 돼!

묘청의 서경 천도 운동은 '묘청의 난'으로 불리기도 하는데, 이것은 임금인 인종에 대한 난이 아니라 권력을 독점하고 금나라를 섬기던 문벌 귀족에 대한 반란이었어요.

스스로 정리하는 개념어

묘청은 왜 서경으로 수도를 옮겨야 한다고 했는지 설명해 보세요.

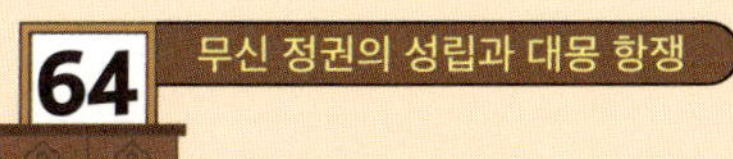

무신 정변

내가 읽은 횟수 ☐ ☐ ☐

政 정사 정 變 변할 변 혁명이나 쿠데타 같은 비합법적인 수단으로 생긴 정치상의 큰 변동

비교 단어 망이·망소이의 난

무신 정변은 1170년, 고려 의종 24년에 무신들이 고려의 문신 중심 정치 체제를 무너뜨리고 정권을 잡은 사건이에요.

고려는 문신 중심으로 정치를 운영했어요. 고위 관직은 모두 문신이 차지하고, 무신들은 오랜 기간 차별받았어요. 또 문신들은 권력을 독점하면서 사치와 향락에 빠져들었지요. 무신들은 소외되고 제대로 대우받지 못하는 것에 대한 불만이 쌓여 갔어요.

당시 의종은 사치와 향락에 빠져 있었어요. 1170년 8월에 보현원으로 나들이를 간 의종은 '오병수박희'라는 무술 대회를 열었어요. 대회에서 늙은 대장군 이소응이 젊은 군인과 겨루게 되었는데 이소응이 경기 도중 기권을 하자, 문벌 귀족인 한뢰가 자신보다 벼슬도 높고 나이도 많은 이소응의 뺨을 때렸어요. 무신 정중부가 한뢰를 꾸짖었으나 의종은 오히려 웃으며 그 상황을 넘어갔지요.

이에 정중부를 비롯한 무신들의 분노는 극에 달했고 결국 무신 정중부, 이의방, 이고 등은 보현원을 공격해 문신들을 살해하고 의종을 왕의 자리에서 끌어냈어요. 그리고 의종을 거제도로 보내고 허수아비 왕인 명종을 앉혔지요. 이후 정중부, 이의방, 경대승, 이의민, 최충헌, 최우 순으로 권력을 잡으며 무신 정권 시대는 100년 동안 이어졌어요. 농민들도 여전히 살기 어려웠기 때문에 '망이·망소이의 난'과 같은 반란도 계속 일어났지요. 이후 몽골이 고려를 침략하며 무신들의 시대가 끝나게 돼요.

⊛ 함께 기억해요 ⊛

무신 정변이 일어나기 전까지 고려는 문신 중심의 사회였어요. 고려에 거란이 쳐들어왔을 때 나가서 싸웠던 서희와 강감찬 장군도 문신이었답니다.

정중부와 수염 이야기

무신 정변을 일으킨 정중부는 수염이 멋있기로 유명했어요. 1144년 설 전날 밤, 당시 왕이었던 인종이 잔치를 열었는데 잔치 도중 정중부에게 "그대의 수염이 관우처럼 멋있으니 참으로 대장군 감이요."라며 칭찬을 했어요. 그러자 무신이 임금에게 이런 칭찬을 듣는 것이 싫었던 김돈중은 갑자기 초를 모두 꺼 깜깜하게 만들고 다시 초를 켜는 척하며 정중부의 수염을 태워 버렸어요. 너무 놀란 정중부가 주먹과 발을 휘둘렀는데 김돈중이 이에 맞고 쓰러졌지요. 그런데 김돈중은 당시 문벌 귀족 최고의 권력자였던 김부식의 아들이었어요. 김부식은 자기 아들이 정중부의 수염을 태운 것은 아랑곳하지 않고 인종에게 정중부를 벌할 것을 청했어요. 힘이 약했던 인종은 정중부를 강등(계급을 낮춤)시켰지요. 이 사건은 정중부와 무신들의 마음에 문신들에 대한 불만의 불씨를 타오르게 했답니다.

스스로 정리하는 개념어

무신 정변이 일어난 주요 원인을 설명해 보세요.

최씨 정권

비교 단어 무신 정변

무신 정변으로 권력을 잡은 무신들은 백성들을 위한 정치를 하기보다는 자신들의 재산을 늘리고 권력을 잡는 것에 더 집중했어요. 그러면서 그들만의 치열한 권력 싸움을 이어갔지요. 처음 권력을 잡은 이의방은 큰 힘을 휘두르다가 정중부에 의해 살해되고, 정중부도 5년 후 청년 장군 경대승에게 살해되었어요. 하지만 경대승이 얼마 되지 않아 병으로 죽자 지방에서 세력을 키워온 이의민이 권력을 차지했고, 이의민은 1196년 최충헌에 의해 처형되었어요. 무신 정권은 최충헌에 이르러 안정이 되었고, 이때부터 최씨 정권은 4대에 걸쳐 60여 년간 이어졌지요.

최충헌은 자기와 뜻이 다르면 동생일지라도 죽이는 냉혹한 권력자였어요. 그런 독재에 불만을 품은 사람들이 많아지자 최충헌은 자신을 보호하기 위해 개인이 데리고 있는 병사 집단인 '도방개인 경호 부대'을 다시 만들어 경호를 강화했고, 관리를 감독하는 기구인 '교정도감'을 만들어 독재를 더욱 공고히 했어요. 최충헌이 23년간 권력을 누리고 71세의 나이로 숨을 거둔 뒤 그의 아들 최우가 권력을 잡으며 최씨 정권은 계속 이어졌어요.

❀ 함께 기억해요 ❀

✚ 무신 정권 시대의 권력 변화

이의방(1170년) – 정중부(1174년) – 경대승(1179년) – 이의민(1183년) – 최충헌(1196년)

✚ 무신 정권 시대의 권력 기구

- ✔ **중방** 원래 중방은 군사에 관한 일을 의논하는 무신들의 회의 기관이었으나 무신들이 정권을 잡은 이후 더 강화됨.
- ✔ **도방** 경대승에 의해 만들어졌던 사병(개인이 데리고 있는 병사) 집단
- ✔ **교정도감** 최충헌이 정변 등에 대처하기 위해 일시적으로 설치한 비상 대책 기구였는데, 이후에도 폐지되지 않고 최충헌과 그 후손들(최우·최항·최의)로 이어지는 '최씨 정권'을 유지하는 데 도움이 되었던 최고 정치 기구
- ✔ **정방** 최우가 자기 집에 설치하여 인사(관리를 임명하고 평가하는 등의 일) 행정을 담당했던 기관

최충헌과 비둘기 전서구 이야기

1196년, 당대 최고 권력자였던 이의민의 아들 이지영이 최충헌의 동생 최충수의 비둘기를 강제로 빼앗는 사건이 일어났어요. 이때 최충수가 키우던 비둘기는 편지를 멀리까지 날아가 전해 주는 '전서구(전보 비둘기)'였어요. 이 일로 화가 난 최충수는 형 최충헌에게 이의민 일당을 제거할 것을 제안했고, 최충헌 형제는 군사를 이끌고 이의민이 머물고 있던 미타산 별장을 공격했어요. 최충헌은 무방비 상태였던 이의민을 제거하고 권력을 얻게 되었지요.

 **스스로 정리하는 개념어**

> 최충헌이 자신의 독재를 강화하기 위해 만든 기구를 설명해 보세요.

66

망이·망소이의 난

비교 단어 만적의 난

고려 시대에는 각 지방에도 등급이 있었어요. 지방을 주현, 속현, 향·소·부곡으로 나누었는데, 그 중 향·소·부곡에 사는 사람들은 세금을 내고 추가로 나라의 땅에 농사를 짓거나 지방의 특산물을 바쳐야 했어요. 즉, 다른 지역의 사람들보다 일은 많이 하면서 푸대접을 받았던 것이지요.

1176년, 이런 차별에 불만이 쌓인 망이·망소이는 공주 명학소에서 난을 일으켰어요. 그들은 순식간에 공주를 차지했고, 조정임금을 중심으로 한 기관에서 보낸 3천 명의 토벌대무력으로 적을 없애는 임무를 받은 부대를 이길 만큼 기세가 대단했어요. 놀란 조정은 명학소를 충순현으로 지위를 올려 주었고, 망이·망소이의

난도 마무리되었지요. 그런데 이때 조정에서 다시 진압군을 보내 난을 일으킨 이들의 가족을 잡아갔어요. 화가 난 사람들은 다시 들고 일어났지만 금방 진압되고 말았답니다.

🏵 함께 기억해요 🏵

✚ 고려 시대 지방의 위계

✔ **주현**
  지방관 파견

✔ **속현**
  주현의 간접 통치를 받던 행정구역

✔ **향·소·부곡**
  차별을 받던 특수 행정구역. 이곳 사람들은 노비는 아니었지만, 평민처럼 자유롭게 살 수 없었어요.

스스로 정리하는 개념어

망이·망소이가 난을 일으킨 이유를 설명해 보세요.

만적의 난

비교 단어 무신 정권, 최씨 정권, 갑오개혁

고려 백성들은 무신 정권이 들어선 후에도 고된 삶을 살고 있었어요. 무신들은 자신들의 정권을 유지하기 위해 백성들의 땅을 마구 빼앗고, 세금도 많이 걷어가 백성들의 불만은 폭발할 기세였지요.

만적은 당시 정권을 쥐고 있던 최충헌의 노비였어요. 그는 다른 노비들과 함께 "노비의 씨가 따로 있고, 왕후장상제왕·제후·장수·재상을 아울러 이르는 말의 씨가 따로 있겠느냐? 사람은 다 같은 것이다."라고 말하며 신분 차별 없이 모두가 잘 사는 세상을 만들자고 했어요.

만적은 개경에서 많은 노비를 모아 난을 준비했어요. 그러나 모인 노비의 수는 계획한 일을 시작하기에 턱없이 부족해서 뒷날을 기약할 수밖에 없었어요. 그런데 그중 한 노비가 들킬까 두려워 자기 주인에게 이 사실을 일러바쳤지요. 결국 만적은 반란을 일으키기 전에 잡혔어요.

만적의 난은 비록 성공하지 못했지만, 그가 주장한 평등 정신은 많은 사람에게 큰 자극을 주었답니다.

🏵 함께 기억해요 🏵

만적의 난은 실패했지만, 우리 역사상 최초로 타고난 신분에 따라 차별받지 않아야 한다는 신분 해방을 주장했던 난이에요. 공식적인 신분 해방은 1894년 갑오개혁(조선 고종 때 일어난 개혁 운동) 때 이루어져요.

스스로 정리하는 개념어

만적이 반란을 일으키려 했던 이유를 설명해 보세요.

68 몽골의 침입

비교 단어 최씨 정권, 거란의 침입, 삼별초

고려 시대에는 여러 나라의 침략이 있었는데, 그중에서도 가장 오랫동안 고려를 괴롭힌 것은 몽골이었어요. 몽골은 원래 유목 민족동물을 키우며 이리저리 옮겨 다니는 사람들이었지만, '칭기즈 칸'이라는 인물이 나타나서 이 지역을 통일하고 점점 강한 군대를 만들어 세계 곳곳을 정복하기 시작했어요. 몽골은 고려에 형제 관계를 요구하면서 많은 양의 옷감이나 종이, 벼루, 약재 등 귀중품을 바치라고 했지요. 그러던 중, 몽골의 사신다른 나라에 보내는 외교 대표이 고려에 왔다가 몽골로 돌아가던 길에 사망하는 사건이 발생했어요. 몽골은 이 일을 핑계로 고려를 쳐들어왔어요.

몽골은 여러 차례 고려를 침략했는데, 1231년 처음 쳐들어와서 30년 넘게 괴롭혔어요. 고려는 강화도로 수도를 옮기고 저항했지만 몽골군은 너무 강했어요. 몽골군은 고려 곳곳을 불태우고 백성들을 괴롭혔어요. 이때 황룡사 9층 목탑과 불교 경전인 『초조대장경』도 불타고 말았지요. 결국 고려는 1259년에 몽골과 평화 협정을 맺고, 이후 몽골의 간섭을 받게 되었답니다.

❀ 함께 기억해요 ❀

➕ 몽골의 침입 시기 주요 사건

- ✔ **강화도 천도(1232년)**
  강화도는 섬이라 바다에 둘러싸여 있어 적군의 공격을 막기에 유리하고, 수도 개경과 가까우며 각 지방에서 배에 실려 올라오는 세금이 도착하기에 편리한 곳이라는 특징이 있어요.
- ✔ **처인성 전투** 승려 김윤후가 몽골 장수 살리타를 죽인 전투예요.
- ✔ **『팔만대장경』 제작** 부처의 힘으로 몽골을 물리치기 위해 만든 불경이에요.
- ✔ **삼별초의 항쟁** 삼별초는 몽골에 항복한 후에도 계속 저항했던 고려 군대예요.

➕ 최씨 무신 정권의 몰락

몽골의 침입 시기에 고려를 실질적으로 지배했던 최씨 무신 정권은 전쟁에서 계속 패배하면서 힘을 잃었고, 결국 몰락했어요. 몽골의 침입은 60년이 넘게 지속된 최씨 가문의 독재가 끝나는 계기가 되었지요.

헷갈리면 안 돼!

몽골의 침입은 한 번의 전쟁이 아닌 30년에 걸쳐 7차례나 있었어요. 고려는 결국 항복했지만, 완전히 망한 것이 아니라 몽골 제국인 원나라의 간섭을 받는 부마국(사위의 나라)이 되었지요. 이후 원나라는 고려의 왕실 여성을 왕비로 맞이하며 혼인 관계를 맺었고, 고려의 왕들은 원나라 황제의 부마(사위)가 되어야 했답니다.

스스로 정리하는 개념어

고려가 몽골의 침략에 어떻게 대응했는지 설명해 보세요.

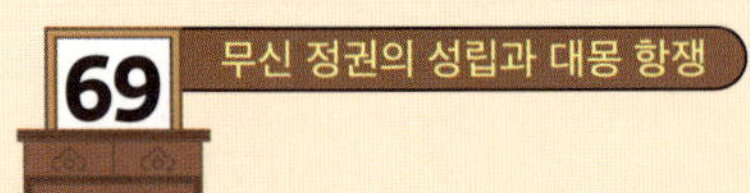

69 삼별초

내가 읽은 횟수 ☐☐☐

비교 단어 무신 정권, 최씨 정권, 몽골의 침입

삼별초는 고려 시대 무신 정권 때 만들어진 특수 부대예요. '삼별초'라는 이름은 '세 가지 특별한 군대'라는 뜻으로, 좌별초·우별초·신의군이라는 세 부대가 합쳐진 이름이에요. 이 군대는 최씨 정권의 사병으로 시작했지만, 최씨 정권이 몰락한 후에도 강력한 전투력을 가진 군대로 남아 있었어요.

고려가 30년간 맞서 싸우다 1259년 원몽골에 항복한 후, 원나라는 고려에 강화도에서 개경으로 다시 수도를 옮기라고 요구했어요. 당시 고려의 왕이었던 원종은 이 요구를 받아들였지만 삼별초는 "몽골에 항복한 것은 나라를 배신하는 일"이라며 이를 거부했지요. 삼별초는 배중손, 김통정 등의 지휘 아래 1270년부터 강화도에서 원에 대한 저항을 시작했어요. 그러다 고려 정부와 원나라군의 공격으로 강화도를 지키기 어려워지자, 1271년에는 진도로 근거지를 옮겼어요. 삼별초는 진도에서 해상 세력을 키우며 항쟁을 계속했지만 진도마저 위험해지자 1272년에는 더 멀리 떨어진 제주도로 옮겨 갔어요. 제주도에서 김통정이 이끄는 삼별초는 항파두리를 쌓고 마지막까지 저항했지만, 1273년 원나라의 지원을 받은 고려군에 의해 결국 패배하고 말았답니다. 3년여 간의 항쟁은 끝이 났지만, 몽골의 침략에 끝까지 저항한 우리 민족의 굳은 마음을 보여준 사건으로 역사에 남았어요.

❀ 함께 기억해요 ❀

✚ 삼별초

밤에 개경의 도둑을 잡고 백성의 난을 막기 위해 만들어진 것으로 '야별초'라고도 불렸는데, 야별초는 좌별초, 우별초, 그리고 신의군으로 구성되었어요. 신의군은 몽골에 원한이 깊은 자들이 스스로 입대해서 만들어진 부대랍니다.

제주도의 항파두리 이야기

삼별초가 제주도에서 마지막 항전을 벌인 곳을 '항파두리'라고 해요. '항파'는 '항전하다가 패배했다'라는 뜻이고, '두리'는 제주도 방언으로 '성'을 뜻해요. 전설에 따르면 김통정은 패배가 확실해지자 말을 타고 바다로 뛰어들어 사라졌다고 해요. 제주도 애월 지역에는 '김통정이 말을 타고 뛰어내린 바위'라는 전설의 바위가 아직도 있답니다.

헷갈리면 안 돼!

고려 조정과 삼별초는 달라요. 조정이 원나라에 항복했던 것은 무신 정권을 없애기 위함도 있었어요. 삼별초는 외세에 굴복하지 않는 마음도 갖고 있었지만, 자신들이 누리던 권력을 빼앗기기 싫어했던 마음도 있었답니다.

스스로 정리하는 개념어

삼별초의 저항 경로를 순서대로 나열해 보세요.

원 간섭기

비교 단어 몽골의 침입, 일제 강점기

원 간섭기(직접 관계없는 남의 일에 부당하게 참견하는 시기)는 고려가 원에 항복한 1259년부터 고려 공민왕이 원나라의 간섭에서 벗어나기 위해 노력하기 시작한 1356년까지의 약 100년 동안을 말해요. 이 시기에 고려는 원나라의 강력한 영향력 아래 놓였답니다.

고려가 원나라에 항복한 후, 고려 왕은 원 황제의 부마가 되어야 했어요. 고려 왕실의 여성은 원나라 황실의 부인으로 데려가고, 고려의 왕자들은 어릴 때 원나라로 보내져 인질 생활을 했어요. 그리고 고려의 왕이 되기 위해서는 원나라 황제의 허락을 받아야만 했지요.

또한 원나라는 고려의 정치에 깊이 간섭했어요. 고려의 정치 제도를 바꾸게 했고, '정동행성'이라는 기관을 세워 고려를 감시했지요. 원나라는 고려에 특산물을 많이 바칠 것을 요구했고, 매와 말을 기르는 곳을 설치해 고려의 자원을 가져갔어요. 하지만 원 간섭기에도 좋은 일들이 있었어요. 원나라와의 교류로 고려에 새로운 문물과 기술이 들어왔지요. 목화 재배법, 화약, 천문학, 의학 등 다양한 분야의 선진 문물이 전해졌고, 일부 고려인들은 원나라에서 높은 관직에 오르기도 했답니다.

❀ 함께 기억해요 ❀

➕ 원의 고려 내정 간섭

- ✔ **부마국 관계** 고려 왕이 원나라 황제의 사위가 되었어요.
- ✔ **정동행성 설치** 원나라가 일본 정벌을 위해 설치했다가 일본 정벌 계획 실패 후 고려를 감시하는 기관으로 바뀌었어요.
- ✔ **쌍성총관부, 동녕부, 탐라총관부** 고려 영토 일부를 원나라가 직접 지배하기 위한 기관들이에요.

시치미 떼다

매사냥은 고려 왕족과 귀족층의 사랑을 받았어요. 우리 조상들은 매의 꽁지나 다리에 '시치미'를 매달았는데, '시치미'에는 매 주인의 주소와 이름 등을 적었어요. 그런데 사람들은 좋은 남의 매를 손에 넣으면 이 시치미를 떼어버리고 자신의 매처럼 사용하기도 했대요. 매의 주인이 찾아와도 자기가 새로 매달은 시치미를 보이며 자기 매라고 우기기도 했고요. 여기서 유래해 자기가 하고도 모르는 척하거나, 아닌 척하는 모습을 '시치미 떼다'라고 표현하게 되었어요.

헷갈리면 안 돼!

원 간섭기는 고려가 완전히 원나라에 합쳐진 것이 아닌, 독자적 국가로 존재하면서 원나라로부터 강한 간섭을 받은 시기예요.

스스로 정리하는 개념어

원나라가 고려를 감시하기 위해 설치한 기관의 이름을 말해 보세요.

몽골풍

상위어 원 간섭기

비교 단어 고려양

몽골풍은 원 간섭기 동안 고려에서 유행했던 몽골식 문화와 생활 양식을 말해요. 고려가 원나라의 지배를 받게 되면서 몽골의 옷, 음식, 머리 모양, 언어 등이 고려 사회에 들어와 큰 영향을 미쳤어요. 특히 옷 변화가 가장 두드러졌는데, 고려의 귀족들은 몽골식 관복인 '답호'나 '철릭'을 입기 시작했어요. 답호는 양옆이 트인 긴 겉옷이고, 철릭은 상의와 하의가 연결된 형태의 옷이에요. 몽골 여성들이 쓰던 '보구'라는 모자와 남성들이 쓰던 '호모'라는 모자도 유행했지요. 머리 모양도 바뀌었어요. 원나라 사람들이 하던 '변발'이라는 머리 모양이 유행했는데, 이는 머리 앞부분은 깎고 뒷부분은 땋아 내려뜨리는 형태였어요. 고려 사람들은 원래 상투를 틀고 갓을 썼지만, 이때는 변발하는 사람들이 많아졌

▲ 고려 관복

답니다. 언어와 이름에도 영향을 주어, 일부 고려인들은 몽골식 이름을 사용했어요. 또한 몽골의 유제품과 말고기 요리 등이 고려에 소개되었지요.

🏵 함께 기억해요 🏵

✚ 고려양

원나라가 다스리는 동안 몽골로 끌려가는 고려 여인들이 늘어나면서 몽골에서도 고려의 풍습이 유행했어요. 이것을 '고려풍' 또는 '고려양'이라고 해요.

✚ 지금도 남아 있는 몽골풍의 예

✔ 마마, 무수리, ~치
마마(왕과 왕비), 무수리(궁녀) 같은 말이나, 벼슬아치·장사치 같은 단어의 '~치'도 몽골에서 왔어요. 몽골 사람들이 정복지를 다스리기 위해 만든 '다루가치'라는 벼슬 이름도 있었어요.

✔ 족두리와 연지 곤지
족두리는 몽골 여성들의 외출용 모자에서, 연지곤지는 결혼하는 신부의 얼굴에 붉은 반점을 찍어 귀신을 쫓고 젊음과 아름다움을 상징하던 몽골의 풍습에서 왔어요.

✔ '호'로 시작하는 단어 오랑캐 '호'를 넣었던 단어들로 호두, 호주머니, 호떡 등이 있어요. 호빵은 해당하지 않아요.

✔ 음식 몽골의 증류수는 소주, 고기를 맹물에 끓이는 몽골 요리인 '슈루'는 설렁탕의 유래예요.

스스로 정리하는 개념어

몽골풍이 퍼진 시기는 언제인지 말해 보세요.

72

권문세족

權 권세 권 門 집안 문 勢 형세 세 族 겨레 족

비교 단어 신진 사대부

권문세족은 고려 후기에 권력과 재산을 가진 지배층을 말해요. '권문權門'은 '권력 있는 집안'이라는 뜻이고, '세족世族'은 '대대로 이어지는 귀족 가문'이라는 뜻이에요. 즉, 권문세족은 '대대로 권력을 가진 귀족 가문'이라고 할 수 있어요.

권문세족은 과거 시험이 아닌 부모나 조상의 공로로 자손이 관직을 받는 제도인 음서제를 통해 관직을 얻었고, 대대로 고위 관직을 모두 차지했어요. 또한 막대한 토지와 노비를 소유해 경제적으로도 큰 힘을 가졌답니다.

특히 원 간섭기에는 원과의 관계를 통해 더 많은 권력과 부를 얻었어요. 그들은 원나라 황실과 혼인 관계를 맺거나, 원나라의 지원을 받아 고려 정치를 좌우했지요. 그러나 공민왕 때부터 과거 시험을 통해 등용된 신진 사대부들이 성장하면서 권문세족의 세력은 점차 약해졌고, 결국 조선 건국과 함께 대부분 몰락하게 되었답니다.

⊛ 함께 기억해요 ⊛

✚ 기철

고려 말 대표적 권문세족은 기황후의 오빠예요. 기황후는 고려에서 공녀로 원나라에 보내졌다가 원 황실 궁녀가 되었고, 원 순제(토곤 테무르)의 총애를 받아 제2 황후가 되었어요. 기철은 기황후의 영향력에 기대어 고려 내에서 정치적, 경제적으로 권력을 장악하고 횡포를 부렸지요. 다른 이의 토지를 빼앗고 자신의 지위를 이용해 조정의 중요한 자리에 자신의 친척이나 가까운 사람들을 앉혔어요. 그러다 공민왕이 즉위해 개혁 정책을 펼치며 기철 세력은 점차 줄어들었고, 결국 기철은 죽음을 맞게 되었지요.

스스로 정리하는 개념어

권문세족이 관직을 얻은 주요 방법을 설명해 보세요.

불교의 폐단

비교 단어 유교

고려는 건국 때부터 불교를 국교^{국가의 종교}로 삼아 크게 지원했는데, 시간이 지나면서 불교 사원^절과 승려들이 점점 특권을 누리면서 부패하기 시작했어요. 그렇게 불교계가 잘못된 길로 가면서 여러 문제점이 나타났지요.

먼저, 사원이 너무 많아졌어요. 고려 말에는 전국에 수많은 사원이 세워졌고, 국가의 돈 상당 부분이 사원 건립과 유지에 사용되었어요. 또한 사원은 면세^{세금을 내지 않는 것} 혜택을 받아서 국가의 세금 수입이 줄어들었답니다.

두 번째로, 사원이 너무 많은 땅을 가지고 있었어요. 사원은 '사원전'이라는 땅을 가지고 있었는데, 고려 말에는 전국에서 농사를 짓는 땅의 3분의 1 이상을 절이 가지고 있었다고 해요. 또한 사원은 많은 노비도 소유했어요.

세 번째로, 승려들의 수가 너무 많아지고 승려들이 나쁜 길로 빠지기도 했어요. 많은 사람이 군역^{군대에 가는 의무}과 세금을 피하려고 승려가 되었고, 일부 승려들은 불교의 규칙을 지키지 않고 일반인과 같은 삶을 살았어요. 특히 원 간섭기에는 왕실과 가까운 승려들이 정치에 끼어들려고 했답니다.

마지막으로, 미신적인 불교 신앙이 퍼졌어요. 사람들은 불교의 깊은 가르침보다는 부처에게 소원을 빌거나 재앙을 피하는 미신적인 방법에 더 관심을 가졌어요. 국가에서도 많은 비용을 들여 재난을 막거나 왕실의 무사함을 비는 불교 행사를 자주 열었답니다.

이런 불교의 폐단^{옳지 못한 현상}은 고려 사회에 큰 부담이 되었어요. 결국 신진 사대부들이 성리학을 바탕으로 불교를 비판하며 개혁을 주장하게 된 배경이 되었지요.

▲ 고려 불화(불교 내용을 그린 그림)

천 명의 승려가 참석한 연등회

고려 시대에는 부처님의 탄생을 축하하는 '연등회'라는 행사가 매우 크게 열렸어요. 특히 고려 말에는 왕실에서 베푸는 연등회에 천 명이 넘는 승려들이 참석했다고 해요. 궁궐에서는 승려들에게 값비싼 선물과 음식을 대접했지요. 이런 행사에 국가의 돈이 많이 사용되었답니다.

신돈의 이야기

고려 말 공민왕 때 신돈이라는 승려가 있었어요. 신돈은 왕의 신임을 얻어 권력을 잡았는데, 처음에는 권문세족의 토지를 빼앗아 농민들에게 나눠 주는 등 개혁 정책을 펼쳤어요. 하지만 점점 독재자가 되어 자신의 권력을 위해 많은 사람을 해치고 재물을 긁어모았지요. 결국 그는 왕의 신임을 잃고 처형되었답니다. 신돈의 이야기는 당시 불교계가 얼마나 정치에 깊이 관여했는지 보여 주는 사례예요.

헷갈리면 안 돼!

불교 자체가 나쁜 것이 아니라, 고려 말에 불교계가 잘못된 방향으로 나아간 것이 문제였어요. 불교의 가르침과 당시 불교계의 현실은 달랐답니다.

스스로 정리하는 개념어

고려 말 승려들이 지나치게 많아진 이유를 설명해 보세요.

공민왕

비교 단어 원 간섭기, 신진 사대부

공민왕은 고려 제31대 왕으로 고려 말기 원나라의 간섭에서 벗어나 고려의 자주성을 회복하기 위해 노력한 왕이었답니다. 공민왕은 중국에서 원나라가 약해지고 명나라가 세워지는 시기에 왕위에 올랐어요. 이 시기를 이용해 원나라에 반대하는 '반원 정책'을 펼쳤는데, 이는 원나라의 간섭에서 벗어나기 위함이었지요. 공민왕은 먼저 원나라가 차지하고 있던 고려의 영토인 쌍성총관부를 되찾았고, 원나라의 간섭 기구를 없앴어요. 또한 정치 개혁에도 힘썼어요. 권문세족의 세력을 약화시키고, 과거 제도를 바꿔 능력 있는 새로운 인재들을 등용했지요. 이들이 바로 신진 사대부예요. 그는 신돈이라는 승려를 뽑아 '전민변정도감'을 설치하고, 권문세족이 불법으로 빼앗은 땅과 노비를 원래 주인에게 돌려주는 정책을 폈답니다. 그러나

▲ 공민왕과 노국 공주

공민왕의 개혁은 많은 어려움에 부딪혔어요. 권문세족의 반발이 심했고, 공민왕이 힘을 실어준 신돈이 권력을 함부로 쓰면서 개혁의 성격이 변했지요. 또한 홍건적과 왜구의 침입으로 나라가 혼란스러웠고, 원나라와 명나라 사이에서 외교적으로도 어려운 상황이었답니다. 결국 공민왕은 1374년에 측근이었던 신하들에 의해 죽임을 당했어요. 비록 모든 개혁을 성공시키지는 못했지만, 공민왕은 원나라의 간섭에서 벗어나 고려의 자주성을 회복하려 했고 신진 사대부를 인재로 뽑아 조선 건국의 기본을 마련했다는 점에서 역사적으로 중요한 인물이에요.

공민왕과 노국 공주의 사랑 이야기

공민왕은 원나라 노국 공주와 결혼했어요. 다른 왕들의 정략결혼(자신의 이익을 위해 자녀의 의견과 상관없이 자녀를 누군가와 결혼시키는 것)과 달리 두 사람은 진심으로 서로 사랑했어요. 그런데 안타깝게도 노국 공주가 1365년에 아이를 낳다가 세상을 떠났어요. 왕비가 죽자 공민왕은 슬픔에 빠져 정치를 소홀히 하였고 개혁도 완성하지 못했어요.

스스로 정리하는 개념어

공민왕이 개혁을 추진하면서 뽑은 새로운 인재들을 무엇이라고 불렀는지 말해 보세요.

내가 읽은 횟수

신진 사대부

新 새로울 신 進 나아갈 진 士 선비 사 大 클 대 夫 지아비 부

비교 단어 권문세족, 공민왕

신진 사대부는 고려 말에 과거 시험을 통해 관직에 진출한 새로운 정치 세력이에요. 신진은 '새롭게 나아간다'라는 뜻이고, 사대부는 '유교 사상을 가진 관리'를 의미해요. 즉 '새롭게 등장한 유교 관리층'이라고 할 수 있지요. 그들은 주로 지방의 중소 지주규모가 중간이나 그보다 작은 땅의 주인 출신이었어요. 이색, 정몽주, 정도전 등이 대표적인 인물로, 이들은 성리학을 공부하고 과거 시험을 통해 관직에 올랐어요. 성리학은 중국 남송의 학자인 주희가 완성한 유교 사상으로, 사회 개혁과 실천을 강조했어요. 안향, 백이정, 이제현 등이 고려에 성리학을 퍼뜨렸지요. 신진 사대부는 고려 사회의 여러 문제점을 비판하고 개혁하려 했어요. 특히 권문세족의 특권과 불교의 잘못된 모습에 반대했고, 성리학적 가치관에 따라 사회를 바꾸려 했지요. 신진 사대부는 공민왕 때부터 정치에 적극 참여하기 시작했고, 우왕과 창왕 때는 더 큰 영향력을 갖게 되었어요. 그러나 고려 왕조를 개혁해서 유지하자는 온건파정몽주 등와 새로운 나라를 세우자는 급진파정도전, 조준 등로 나뉘었어요. 결국 급진파가 이성계와 함께 조선을 건국하면서 신진 사대부는 조선의 지배층이 되었답니다.

◈ 함께 기억해요 ◈

＋ 신진 사대부의 주요 인물

- ✔ **안향** 고려에 성리학을 처음 전파한 인물
- ✔ **이색** 신진 사대부의 정신적 지도자
- ✔ **정몽주** 고려 왕조에 충성한 온건파 대표
- ✔ **정도전** 조선 건국을 주도한 급진파 대표

정몽주와 정도전의 관계

정몽주와 정도전은 고려 말 최고의 성리학자 이색에게 성리학을 함께 배운 친구이자 동료였어요. 그런데 정몽주는 고려에 충성하는 길을 택했고, 정도전은 새로운 나라를 세우는 길을 선택했어요. 결국 정몽주는 이성계 일파에 의해 살해되고, 정도전은 조선의 설계자가 되었지요. 두 사람의 이야기는 고려 말의 비극적인 역사를 보여주지요.

헷갈리면 안 돼!

신진 사대부가 처음부터 조선 건국을 목표로 한 것은 아니었어요. 처음에는 고려 사회를 개혁하려고 했고, 나중에 의견 차이를 보이며 온건파와 급진파로 나뉘었답니다.

스스로 정리하는 개념어

> 신진 사대부는 어떤 학문을 기반으로 성장했는지 설명해 보세요.

정몽주

상위어 신진 사대부

비교 단어 정도전

▲ 정몽주 초상화

정몽주1337~1392년는 고려 말의 뛰어난 학자이자 충신이었어요. 고려의 성리학을 발전시키는 데 큰 역할을 했지요.

정몽주는 23세에 과거에 급제해 관직에 올랐고, 뛰어난 외교관으로 원나라와 명나라 사이에서 고려의 이익을 지키기 위해 여러 차례 사신으로 활동했어요. 특히 명나라에 가서 고려의 영토 문제를 잘 해결했지요. 정몽주는 학자로서도 여러 시와 글을 남겼고, 성균관고려 시대에 유학을 공부하는 나라 최고의 대학을 정비하였으며 교육을 강화하는 등 학문 발전에도 큰 기여를 했답니다.

우왕 때는 이성계와 함께 왜구를 물리치는 데 공을 세웠고, 창왕 때는 이성계와 그를 따르는 사람들이 추진한 요동 정벌을 반대했어요. 이후 고려 왕조에 충성하는 온건파 신진 사대부의 대표가 되었지요. 정몽주는 고려를 개혁해서 고려 왕조를 유지하자는 입장이었고, "고려를 지키는 것이 충신의 도리"라며 조선 건국에 반대하며 정도전, 조준 등의 급진파와 맞섰답니다. 그는 이방원의 설득에도 불구하고 자신의 충성스러운 마음을 지키며 「단심가」를 남겼어요. 결국 조선 건국을 추진하던 이방원태종의 지시로 선죽교에서 죽임을 당하고 말았지요.

🔶 함께 기억해요 🔶

✚ 단심가의 탄생

정몽주가 선죽교에서 암살당하기 전, 이방원이 정몽주를 만났을 때 있었던 일이에요. 이방원이 먼저 「하여가」라는 시를 지어 정몽주의 마음을 떠보았어요.

이런들 어떠하리 / 저런들 어떠하리 / 만수산 드렁칡이 / 얽혀진들 어떠하리
우리도 이같이 얽혀 / 백 년까지 누리리라.

이 시는 '고려가 망하든 조선이 서든 상관없이 우리 함께 오래 지내자'라는 뜻이었어요. 이에 대해 정몽주는 「단심가」로 답했지요.

이 몸이 죽고 죽어 / 일백 번 고쳐 죽어 / 백골이 진토되어 / 넋이라도 있고 없고
임 향한 일편단심이야 / 가실 줄이 있으랴.

'백번 죽어도 고려를 향한 한결같은 마음은 변하지 않을 것'이라는 충성의 뜻을 담은 것이지요. 이 답을 들은 이방원은 정몽주가 자신들의 계획에 동참하지 않을 것을 확신하고 정몽주를 암살할 것을 결정했다고 해요.

정몽주가 고려에 충성했다고 해서 개혁에 반대한 것은 아니에요. 고려의 문제점을 인식하고 개혁하려 했지만, 왕조를 바꾸지 않고 개혁하자는 입장이었답니다.

스스로 정리하는 개념어

정몽주가 남긴 「단심가」의 내용을 말해 보세요.

정도전

상위어 신진 사대부

비교 단어 정몽주

정도전1342~1398년은 고려 말에서 조선 초까지 활동한 정치가이자 학자예요. 정도전은 조선 건국의 설계자로 불릴 만큼 새 왕조를 세우는 데 중요한 역할을 했답니다.

정도전은 원래 이색의 제자로 성리학을 배웠어요. 그는 과거에 합격하여 관직에 나아갔지만, 우왕 때 권력자였던 이인임의 역모를 고발했다가 밉보여 유배를 가게 되었어요. 유배 생활에서 돌아온 후 그는 이성계 세력에 합류했고, 고려 개혁보다는 새로운 나라를 세우는 것이 필요하다고 생각했어요.

1392년 고려가 무너지고 조선이 건국되자, 정도전은 새 나라의 제도와 이념을 만드는 데 큰 역할을 했어요. 그는 한양을 새로운 수도로 정하고 도성을 설계했으며, 법전인 『경제육전』을 편찬자료를 모아 정리해 책으로 만듦했어요. 또한 왕조 운영에 필요한 정치 이념과 제도를 다룬 『조선경국전』과 불교를 비판하며 유교 중심의 국가 체제를 주장한 글인 『불씨잡변』을 지어 유교 국가의 이념을 확립했지요.

▲ 정도전 동상

정도전은 왕권을 제한하고 신하들의 권력을 강화하는 정치 체제를 추구했어요. 하지만 이런 생각은 강력한 왕권을 추구한 이방원과 갈등을 일으켰지요. 결국 정도전은 1398년 제1차 왕자의 난 때 이방원에 의해 살해되었답니다.

정도전은 뛰어난 정치가이자 사상가였어요. 그는 성리학에 대한 깊은 이해를 바탕으로 유교적 이상 국가를 세우려 했고, 조선의 정치·경제·군사·문화 등 모든 제도의 기틀을 마련했지요. 그래서 '조선의 설계자'라고 불리는 거예요.

✚ 정도전이 생각한 이상적인 정치 체계

정도전은 '참된 선비'만이 올바른 정치를 할 수 있게 된다고 생각했어요. 자리를 물려받는 임금은 훌륭한 인품과 능력을 타고날 수도 있지만, 그렇지 않은 경우도 있기 때문에 그는 참된 선비의 으뜸인 '재상'이 중심이 되는 중앙 집권 체제를 주장했어요. 즉 '임금'은 상징적인 수준의 통치자로 남고, 실제적인 정치와 나라 운영은 훌륭한 재상들이 한다면 나라가 바르게 운영될 수 있다고 본 것이지요.

또 그는 '백성이 나라의 근본'이라고 생각했어요. 따라서 이 사상에 어긋나는 정치가 펼쳐지고 있다면, 아무리 임금이라 할지라도 성(姓)이 다른 사람으로 갈아 치울 수 있다는 '역성(나라의 왕조가 바뀜)혁명'이 정당화될 수 있다고 생각했어요.

✚ 경복궁

정도전은 경복궁도 설계했어요. 이때 경복궁에 유교적 원리와 철학을 담았다고 해요. 임금이 다스리는 공간과 신하들이 정치를 하는 공간을 명확히 구분했고, 궁궐 배치에 음양오행 사상을 적용했어요. 경복궁은 북쪽에 산(북악산)을 두고 남쪽으로 문을 내는 배산임수(뒤로는 산을 등지고 앞으로는 물에 면하여 있음.) 원칙을 따랐으며, 건물 이름에도 유교적 의미를 담았답니다. 예를 들어 정전인 '근정전'은 '부지런하고 올바르게 정치를 한다'라는 뜻이에요.

▲ 경복궁
출처: <경복궁 근정전>, 국가유산청

 스스로 정리하는 개념어

정도전이 왜 이방원과 갈등을 빚었는지 설명해 보세요.

신흥 무인 세력

新 새로울 신 興 일다 흥 武 무사 무 人 사람 인

비교 단어 무신, 신진 사대부

신흥 무인 세력은 고려 말에 새롭게 등장한 군사 지도자들을 말해요. 신흥은 '새롭게 일어나다'라는 뜻이고, 무인은 '군인'을 의미하며, 세력은 '힘을 가진 집단'을 뜻해요. 즉, 신흥 무인 세력은 '새롭게 등장한 군사 지도자들'이라고 할 수 있어요.

신흥 무인 세력은 고려가 혼란스러워진 시기에 왜구와 홍건적의 침입을 물리치며 군사적 공을 세웠어요. 이를 통해 점차 정치적 영향력을 키워갔지요. 신흥 무인 세력의 대표적인 인물로는 이성계, 최영, 조민수 등이 있어요. 특히 이성계는 함경도 지역 출신으로, 여진족과 왜구를 물리치는 데 큰 공을 세워 명성을 얻었지요.

신흥 무인 세력은 당시 권문세족이 지배하던 고려 사회에 불만을 품고 있었어요. 그들은 신진 사대부와 함께 고려의 개혁을 원했고, 일부는 새로운 나라를 세우는 데까지 나아갔지요. 결국 이성계를 중심으로 한 신흥 무인 세력은 신진 사대부 중 급진파와 손을 잡고 1392년에 조선을 건국했답니다.

❀ 함께 기억해요 ❀

➕ 홍건적

중국 원나라가 쇠약해지면서 반란이 많이 일어났어요. 그 중 머리에 빨간 두건을 둘러서 '홍건적(紅붉을 홍 巾두건 건 賊도둑 적)'이라고 불린 도적 떼들은 한족의 농민 반란군으로 공민왕이 고려를 다스리던 시절 고려를 계속 침략해서 큰 피해를 입혔어요. 홍건적이 개경까지 침입해 오자 고려 공민왕은 멀리 안동까지 피란을 가기도 했죠. 그때 공민왕이 개천을 편하게 건널 수 있도록 백성들이 허리를 굽혀 등을 밟고 건너게 했다는데, 그것이 오늘날 민속놀이로 알려진 '놋다리밟기'의 유래가 되었어요.

➕ 왜구

왜구는 일본의 쓰시마 섬에 근거를 둔 해적으로, 우리나라 남쪽 바닷가 마을에 침입해 떼를 지어 다니며 재물을 빼앗는 노략질을 했어요. 공민왕 때에는 강화도까지 올라오기도 했고, 개경이 위협받을 정도로 피해가 컸지요.

🐉 스스로 정리하는 개념어

신흥 무인 세력의 대표적인 인물을 말해 보세요.

최영

상위어 신흥 무인 세력
비교 단어 이성계

"황금 보기를 돌같이 하라."라는 말로 유명한 최영1316~1388년은 고려 말의 뛰어난 장수이자 정치가로 고려 공민왕과 우왕 시기에 활약했어요. 특히 그는 홍건적의 침입을 물리치는 데 큰 공을 세웠어요. 1361년과 1362년, 두 차례에 걸친 홍건적의 침입 때 최영은 뛰어난 지휘 능력을 발휘하여 고려를 위기에서 구했지요. 또한 왜구 토벌에도 큰 성과를 거두었어요. 최영은 뛰어난 군사적 능력을 인정받아 고려의 최고 관직인 '수문하시중'의 자리까지 오르게 되었어요. 그는 원나라가 약해지고 명나라가 등장하는 시기에 고려의 외교 정책에도 깊이 관여했답니다.

우왕 때인 1388년, 당시 명나라는 원나라를 밀어내고 중국의 새로운 지배자가 되었는데 고려에 조공을 바칠 것을 요구했어요. 또 고려의 영토인 요동과 철령 이북 지역이 원래 자신들의 땅이라고 주장했지요. 이에 분노한 최영은 요동 정벌을 주장하며, 이성계에게 군대를 맡겨 정벌에 나서라고 명령했어요.

하지만 이성계는 요동으로 가던 중 위화도에서 군대를 되돌려 돌아왔어요. 이를 '위화도 회군'이라고 해요. 위화도 회군 후 최영은 정치권력을 빼앗기고 유배되었다가 창왕 즉위 후 개경으로 불려 와 73세에 생을 마감하게 돼요. 최영은 끝까지 고려 왕조에 충성한 충신으로 기억되고 있답니다.

▲ 최영
출처: <최영장군묘>, 국가유산청

✚ 풀이 나지 않는 최영 장군 무덤

유배지에서 개경으로 불려 온 최영을 '무리하게 요동을 정벌하려고 계획하고 왕의 말을 우습게 여기며 권세를 탐한 죄'를 들어 참형(목을 베어 죽임)에 처하려 하자, 최영은 평생에 있어서 탐욕이 있었다면 자신의 무덤에 풀이 자랄 것이고 결백하다면 무덤에 풀이 자라지 않을 것이라고 유언을 남겼어요. 그리고 실제로 그의 무덤에는 오랜 세월 동안 풀이 자라나지 않았다고 해요. 현재 경기도 고양에 있는 최영 장군의 무덤에는 내내 풀이 자라지 않다가 1976년에 사초(무덤에 인위적으로 잔디를 심는 일)를 하고 나서는 풀이 자라고 있다고 해요.

✚ 백성들이 존경했던 최영 장군

최영이 처형된 날 백성들은 크게 슬퍼했다고 해요. 거리의 아이와 골목의 부녀까지 모두 눈물을 흘렸고, 개경의 상인들은 모두 가게 문을 닫고 이성계 일파에 대한 무언의 항의를 표시했다고 하지요. 최영 장군의 시신이 길가에 누워 있는 동안 행인들은 최영 장군의 시신을 훼손할까 봐 두려워 모두 말에서 내려 걸어갔다고 전해지고 있어요.

헷갈리면 안 돼!

최영이 처음부터 이성계와 대립한 것은 아니었어요. 두 사람은 함께 왜구와 홍건적을 물리치며 협력을 했었지만, 요동 정벌을 둘러싼 의견 차이로 대립하게 된 거예요.

스스로 정리하는 개념어

위화도 회군 이후 최영은 어떻게 되었는지 말해 보세요.

이성계

상위어 신흥 무인 세력

비교 단어 신진 사대부, 위화도 회군

▲ 태조 이성계 초상화

이성계1335~1408년는 고려 말의 무장이자 조선을 건국한 태조예요.

이성계의 아버지 이자춘은 고려인이었지만 쌍성총관부 지역의 원나라 관리로 있었어요. 그러다가 공민왕 시기 쌍성총관부 회복에 결정적인 역할을 했어요. 이때 이성계는 아버지와 함께 공을 세웠지요. 이후 그는 왜구와 홍건적을 물리치며 명성을 얻었고, 점차 고려 정치의 중심으로 성장했어요.

고려 우왕 때인 1388년, 요동 정벌에 나섰던 이성계는 위화도에서 군대를 되돌려 쿠데타를 일으켰어요. 이를 계기로 이성계는 고려 정치의 실제적인 권력을 차지하게 되었지요. 이성계는 정도전, 조준 등 신진 사대부와 함께 토지 제도 개혁을 실행하고, 고려 사회의 문제점을 개혁하려 했어요. 하지만 점차 새로운 나라를 세우는 것이 필요하다고 생각하게 되었지요.

결국 이성계는 1392년 공양왕을 물러나게 하고 조선을 건국했어요. '조선'은 단군의 고조선을 계승한다는 의미와 함께 '아침이 맑고 밝은 나라'라는 뜻을 담고 있어요.

조선의 초대 왕이 된 이성계는 한양으로 수도를 정하고, 유교를 국가 이념으로 삼아 새로운 나라의 기틀을 마련했어요. 그는 정도전의 도움을 받아 '육조 직계제왕-6조-관리로 이어지는 정치 체제'를 확립하고, 과전법을 시행하는 등 여러 개혁을 추진했지요.

1398년 제1차 왕자의 난으로 아들 이방원이 정도전을 없애고 권력을 잡자, 이성계는 크게 실망했어요. 이후 그는 건강이 악화되어 1400년 왕위를 이방원의 형인 정종에게 물려주고 상왕上王, 왕의 자리에서 물러난 이전 왕으로 물러났어요. 1408년 74세의 나이로 세상을 떠날 때까지 이성계는 조선의 기초를 다지는 데 큰 역할을 했답니다.

✚ 조선의 건국 과정

위화도 회군(1388) → 과전법 시행(1389) → 조선 건국(1392) → 한양 천도(1394) → 제1차 왕자의 난으로 정도전 제거
(1398) → 정종 즉위(1400)

이성계의 활쏘기 실력

이성계는 어릴 때부터 말타기와 활쏘기에 뛰어났다고 해요. 특히 활쏘기는 신의 경지에 이르렀다고 전해져요. 한번은
백두산 근처에서 사냥을 하던 중, 멀리 있는 사슴 두 마리를 한 번에 하나의 화살로 꿰뚫었다는 이야기가 있어요. 또한
말을 달리면서 뒤돌아 활을 쏘는 기술에도 능했다고 해요.

헷갈리면 안 돼!

이성계가 위화도 회군을 한 뒤 바로 왕위에 올랐던 것은 아니에요. 실제 정치권력을 가진 채, 우왕을 끌어내리고 창왕을 세
웠다가 다시 공양왕을 왕의 자리에 올리고 조선을 세운 것이지요.

 **스스로 정리하는 개념어**

이성계가 세운 나라의 이름과 그 이름의 의미를 말해 보세요.

위화도 회군

비교 단어 최영, 이성계

위화도 회군은 1388년_{고려 우왕 14년} 이성계가 요동 정벌을 위해 나섰다가 압록강 근처의 위화도에서 군대를 되돌린 사건이에요. 이 사건은 이성계가 고려의 정치 실권_{실제 권력}을 장악하게 된 결정적인 계기가 되었고, 후에 조선 건국으로 이어진 중요한 사건이었답니다.

당시 명나라는 고려에 사신을 보내 고려의 영토인 요동과 철령 이북 지역이 원래 자신들의 땅이니 내놓으라고 주장했어요. 이에 분노한 고려의 최영 장군은 요동 정벌을 결정하고, 이성계에게 군대를 맡겨 싸우러 가라고 명령했어요. 하지만 이성계는 다음의 네 가지 이유를 들어 요동 정벌을 반대했어요.

❶ 작은 나라가 큰 나라를 거역_{뜻을 따르지 않음.}할 수 없다.

❷ 여름에 군사를 동원할 수 없다.

❸ 온 나라의 군사들이 원정_{먼 곳으로 싸우러 나감.}에 나서면 왜적이 허점_{허술한 점}을 노려 쳐들어올 것이다.

❹ 지금은 장마철이라 활을 붙여 놓은 아교가 녹아 활을 사용할 수 없고, 많은 군사가 전염병에 걸릴 것이다.

그런데도 우왕과 최영 장군은 계속해서 요동 정벌을 명했고, 결국 이성계는 요동으로 가던 중 위화도에서 군대를 되돌려 개경_{고려의 수도}으로 향했어요.

조민수와 이성계의 갈등

조민수는 위화도 회군 때 이성계를 적극 지지했던 중요한 동지였어요. 하지만 두 사람은 우왕의 후임을 선택하는 문제에서 갈등하기 시작했어요. 조민수는 창왕을 지지했고, 이성계는 창왕에 반대하는 입장이었지요. 그러다 창왕이 즉위하면서 조민수의 정치적 영향력이 커졌어요. 이후 이성계는 사전(私田, 개인이 소유하는 논밭)을 없애는 것을 주장했고, 창왕에게 많은 땅을 선물 받았던 조민수는 이것을 반대했지요. 이렇게 갈등이 커지며 이성계와 조민수는 멀어졌어요. 또 이성계의 부하인 조준이 조민수의 부정을 폭로하고 탄핵하면서 조민수는 권력에서 멀어지게 돼요. 한때 혁명의 동지였던 두 사람이 권력 다툼으로 서로 적이 되어 비극적인 결말을 맞게 되었지요.

헷갈리면 안 돼!

위화도 회군이 곧바로 조선 건국으로 이어진 것은 아니에요. 이성계는 회군 이후 4년 동안 고려 체제 내에서 개혁을 시도하다가 결국 새로운 나라를 세우게 된 거예요.

스스로 정리하는 개념어

위화도 회군이 가져온 가장 중요한 결과를 말해 보세요.

과전법

科 품등 과 田 밭 전 法 법 법
비교 단어 직전법

과전법은 고려 말인 1391년공양왕 3년에 시행된 토지 제도예요. '과'는 관직의 등급을, '전'은 토지를 의미해서 '관직의 등급에 따라 나누어 주는 토지 제도'라는 뜻이에요. 이 제도는 조준과 정도전 등 신진 사대부가 주도하여 만들었고, 이성계가 실행했답니다.

과전법이 만들어진 배경은 고려 말 토지 제도의 문제점 때문이었어요. 당시 권문세족들이 많은 토지를 불법으로 차지하고 있었고, 이로 인해 국가의 재정이 어려워지고 일반 백성들의 생활도 힘들어졌어요. 또한 국가에서 관리들에게 주던 토지인 전시과도 문제가 많았지요.

과전법은 전시과와 같이 관리들에게 수조권세금을 거둘 수 있는 권리을 나눠 주는 방식이었지만, 큰 차이점이 있었어요. 전시과에서는 농민들이 수확량의 50%를 수조권자에게 내야 했지만, 과전법에서는 내야 하는 양이 10분의 1로 크게 줄어들었어요. 이로 인해 농민들의 부담이 많이 줄었지요. 또한 수조권을 가진 관리는 국가에 1결약 2,500평당 2두약 20리터를 세금으로 내야 했어요. 덕분에 국가 재정도 채울 수 있었고, 신진 사대부의 경제적 기반도 마련할 수 있었답니다.

그런데 과전법은 현직 관리에게만 토지의 수조권을 주었기 때문에 관리가 죽으면 가족들의 생계가 어려워지는 문제가 생겼어요. 그래서 조선 초기에는 관리가 죽더라도 그 가족에게 일부 토지를 남겨 두는 수신전아내를 위한 토지과 휼양전부모를 위한 토지 제도가 추가되었지요.

과전법은 조선 초기 토지 제도의 기초가 되었고, 이후 세조 때의 직전법, 성종 때의 관수관급제 등으로 바뀌면서 발전했답니다. 무엇보다 과전법 덕분에 이성계와 신진 사대부의 지지율이 크게 올라갔고, 이는 조선 건국의 중요한 발판이 되었어요.

◉ 함께 기억해요 ◉

+ 고려의 토지 제도

- ✔ **역분전** 관직에 상관없이, 고려 건국에 이바지한 공에 따라 분배해 준 토지
- ✔ **전시과** 관직 등급에 따라 관리에게 수조권을 준 것
- ✔ **과전법** 1391년 공양왕 때 시행된 토지 제도로, 현직 관리에게만 수조권을 준 것

헷갈리면 안 돼!

과전법은 토지 자체를 나누어 준 것이 아니라, 토지에서 세금을 거둘 수 있는 권리(수조권)를 준 것이에요.

스스로 정리하는 개념어

과전법으로 왜 신진 사대부의 지지율이 높아졌는지 말해 보세요.

벽란도

碧 푸를 벽 **瀾** 물결 란 **渡** 건널 도

비교 단어 청해진

벽란도는 고려 시대 국제 무역항으로, 예성강 하구에 있었어요. 예성강은 물이 깊어 큰 배도 쉽게 드나들 수 있어 해상 교통이 발달하기 좋은 조건인데다, 고려 수도인 개경과 가까웠기 때문에 중국, 아라비아, 일본 등 여러 나라의 상인들이 모여들었답니다.

'벽란'은 '푸른 물결'이라는 뜻으로, 예성강의 맑은 물결을 표현한 이름이에요. 벽란도에는 중국의 송나라와 원나라 상인들이 비단, 도자기, 차, 서적 등을 가지고 왔고, 아라비아 상인들은 향신료, 보석, 유리그릇 등 희귀한 물건들을 들여왔어요. 고려에서는 인삼, 금, 은, 구리, 고려청자, 화문석꽃무늬 돗자리 등 특산품을 수출했지요.

벽란도는 단순한 무역항이 아니라 국제적인 문화 교류의 장소이기도 했어요. 이곳을 통해 선진 문물과 불교, 유교 등의 사상이 들어왔고, 아라비아의 음식이나 의복 문화도 전해졌답니다. 반대로 고려의 문화가 다른 나라로 퍼져나가는 통로이기도 했어요. 이때 '고려'라는 이름이 외국 상인들에 의하여 서양에 알려져, 외국에서는 지금도 우리나라를 '코리아'라고 부르고 있는 거예요. 벽란도의 번영은 고려 후기까지 이어졌지만 원 간섭기 이후 점차 쇠퇴했고, 조선 시대에는 한양서울으로 수도가 옮겨지면서 그 기능이 크게 줄어들었답니다.

⊛ 함께 기억해요 ⊛

➕ 나루

나루는 배가 건너다니는 강이나 좁은 바닷목을 뜻하고, 나루터는 배가 닿고 떠나는 곳을 의미하는 우리말이에요. 우리 역사에 많은 나루와 나루터가 등장하는데, 크게 구분하는 것은 특정 이름 뒤에 '도'나 '진' 혹은 '제'나 '섬'을 붙이는 경우예요. 도(벽란도, 삼전도 등)와 진(노량진, 강진, 당진, 신탄진 등)은 보통 큰 나루를 뜻하지요.

벽란도의 번화한 모습

벽란도는 매우 번화했다고 해요. 중국의 사신 서긍이 쓴 『고려도경』에는 "벽란도에는 수많은 배가 정박해 있고, 상인들의 집과 창고가 빽빽하게 들어서 있으며, 시장에는 온갖 진귀한 물건들이 거래되고 있다."라고 기록되어 있어요. 또한 "거리에는 중국어, 아라비아어, 일본어 등 다양한 언어가 들리고, 여러 나라의 음식 냄새가 풍긴다."라고 적혀 있답니다. 마치 오늘날의 국제도시처럼 다양한 문화가 어우러진 곳이었지요.

🐉 스스로 정리하는 개념어

벽란도의 역할을 설명해 보세요.

팔만대장경

大 큰 대 **藏** 감출 장 **經** 날 경

비교 단어 해인사 장경판전

대장경은 부처님의 가르침과 승려가 지켜야 할 규범 그리고 제자들이 부처님의 말씀을 해설한 글들을 모두 모아 정리한 불교 경전_{종교} 원리 등을 적은 책을 이르는 말이에요.

팔만대장경의 정확한 이름은 '고려대장경'이지만, 경전의 수가 약 8만 개에 이른다고 해서 '팔만대장경'이라고도 불러요.

당시 사람들은 나라에 어려움이 생기면 부처님의 힘으로 이를 이겨내려고 했어요. 거란의 침입 때도 '초조대장경'을 만들어 거란군이 물러갔던 것처럼 부처님의 힘으로 몽골을 물리치기 위해 다시 대장경을 만들기 시작했어요. 그래서 또다시 만든 대장경이라는 의미로 '재조대장경 再두번 재 雕새길 조'이라고도 하지요.

팔만대장경은 1236년에서 1251년까지 약 16년에 걸쳐 만들어졌어요. 팔만대장경의 규모는 정말 어마어마해요. 81,258장의 나무판에 불경 1,511종이 새겨져 있는데, 이 목판들을 모두 이으면 약 60마일 96km에 이른다고 해요. 세로로 쌓으면 백두산보다 높다고 하지요.

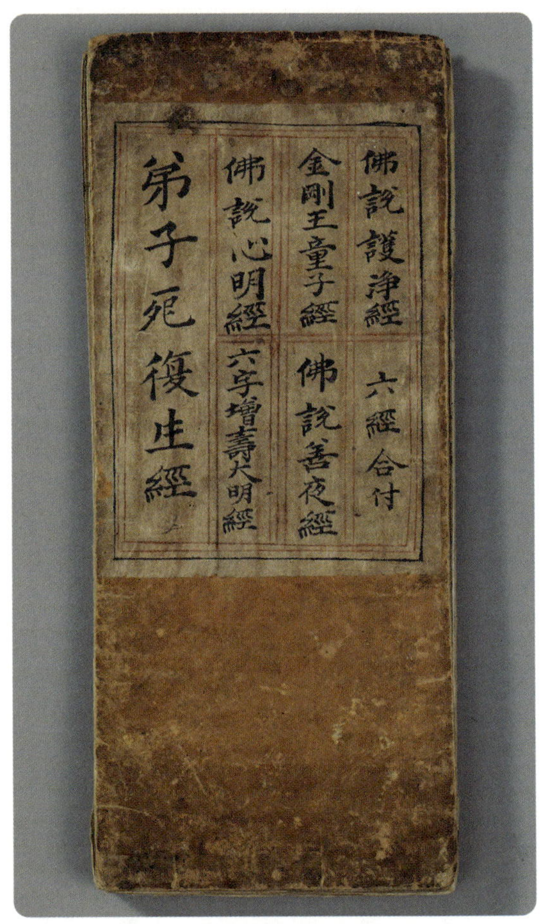

▲ 팔만대장경 목판본
출처: <팔만대장경 목판본>, 국립중앙박물관

◇ **팔만대장경을 만드는 과정**

❶ 좋은 나무를 골라 3년 동안 바닷물에 담가 두었다가 꺼내서 그늘에 말린 뒤 다시 소금물에 찐 뒤 사용했어요.

❷ 판 하나당 한 줄에 14자씩 23줄을 앞뒷면에 새겼는데 새겨진 글자 수는 모두 무려 5,233만 152자예요. 이 수천만 개의 글자가 모양도 고르고 오탈자도 거의 없어요. 경전들의 내용을 하나하나 비교해 가면서 잘못된 곳을 바로잡았기 때문에 내용도 정확하고 풍부하답니다.

❸ 글자를 다 새긴 다음에는 판 표면에 옻칠을 해서 벌레 먹는 것을 방지했어요. 또 뒤틀림 방지를 위해 경판 네 모서리는 구리판으로 단단하게 고정했기 때문에 지금까지도 잘 보존되어 있어요.

팔만대장경은 세계적으로 가치를 인정받아 1995년 유네스코 세계 기록 유산으로 등재되었어요. 지금은 경상남도 합천군 해인사 장경판전에 보관되어 있답니다.

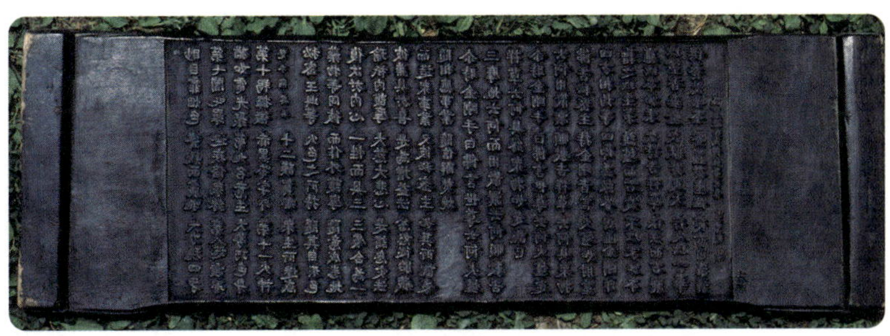

▲ 합천 해인사 대장경판
출처: <합천 해인사 대장경판>, 한국학중앙연구원

◉ 함께 기억해요 ◉

+ 초조대장경

초조대장경은 고려 현종 때 거란이 쳐들어오자 만든 대장경판으로 우리나라 최초의 대장경이에요. '처음 만든 대장경'이라는 뜻으로 초조대장경이라고 하는데 몽골 침입 때 불에 타 없어졌어요.

헷갈리면 안 돼!

팔만대장경은 종이로 만든 책이 아니라 나무판에 글자를 새긴 목판이에요. 이 목판으로 책을 인쇄할 수 있었지요.

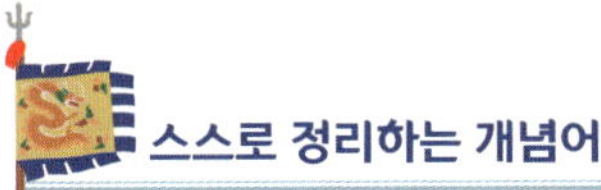

스스로 정리하는 개념어

팔만대장경을 만든 이유를 말해 보세요.

고려청자

青 푸를 청 瓷 사기그릇 자 푸른 사기그릇

비교 단어 분청사기

고려청자는 고려 시대에 만들어진 비취색^{푸른빛이 도는 녹색}의 도자기를 말해요. '청자'는 푸른 도자기라는 뜻으로, 그 아름다운 색깔 때문에 '비색^{비취옥의 색}'이라 불리기도 했어요. 도자기 만드는 기술은 중국에서 전해진 기술이었지만, 고려인들이 여기에 비색이 나도록 발전시켜 세계적인 명품으로 만들었지요. 고려청자는 10세기 후반에 처음 만들어지기 시작했고, 12세기에 가장 발전했어요. 특히 인종, 의종, 명종 때^{12세기 중반~후반}에 제작된 청자가 가장 뛰어나다고 평가받아요.

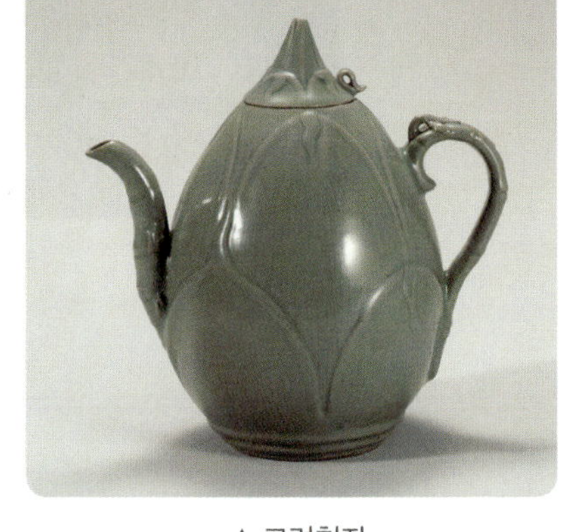
▲ 고려청자
출처: <보물 청자 죽순모양 주전자>, 국가유산청

▲ 고려청자(상감 기법)

◇ **고려청자를 만드는 과정**

❶ 좋은 흙을 골라서 물에 담가 불순물을 없앤 다음, 물레로 모양을 만들어요.

❷ 아무것도 바르지 않고 굽는 초벌구이를 한 후 유약^{도자기 겉면에 바르는 약}을 발라 1,200도가 넘는 높은 온도에서 구워요. 철분이 포함된 유약이 산소가 적은 환경에서 구워지면서 아름다운 비취색을 띠게 된답니다.

고려청자에는 다양한 무늬와 장식이 사용되었어요. 대표적인 것으로는 상감^{무늬를 새긴 후 다른 색 흙을 메워 넣는 방법}, 철화^{산화철로 무늬를 그리는 방법}, 진사^{붉은 무늬가 있는 청자} 기법 등이 있어요. 특히 상감 기법은 고려에서 독창적으로 발전시킨 방법으로 유명해요. 고려청자는 형태도 다양해서 항아리, 병, 그릇, 주전자 등 실용적인 물건부터 청자 베개, 청자 향로, 청자 필통 등 장식용 물건까지 여러 가지가 있어요. 특히 동물이나 식물 모양을 본떠 만든 상형 청자는 고려인들의 뛰어난 예술성과 창의력을 보여 주는 대표적인 예랍니다.

❀ 함께 기억해요 ❀

✛ 청자 이름 붙이는 방법

(도자기 종류 + 무늬 만든 기법 + 무늬 + 용도)

'청자 상감 운학문 매병'을 예로 들자면 '청자'는 도자기의 종류, '상감'은 무늬를 새긴 기법, '운학문'은 구름과 학의 무늬, '매병'은 주둥이가 좁아 물병이나 술병으로 쓰는 용도를 뜻해요.

청자 상감 운학문 매병을 지킨 전형필

1935년 봄, 일제 강점기 서울의 골동품 시장에 귀한 고려청자 하나가 매물로 나왔어요. 바로 구름과 학으로 장식된 아름다운 '청자 상감 운학문 매병'이었지요. 일본인 골동품상이 소유한 이 청자의 가격은 서울 기와집 20채 값인 2만 원이었어요. 가격이 너무 비싸 총독부 박물관에서도 엄두를 내지 못했지만, 당시 서른 살쯤의 젊은 조선인 전형필은 주저 없이 이 가격을 지급하고 청자를 구매했어요. 얼마 후 일본인이 두 배를 주겠다고 했지만 그는 팔지 않았어요. 이렇게 해서 청자 상감 운학문 매병은 우리나라에 남게 되었답니다.

또 전형필은 고려청자 수집가였던 영국인 변호사가 일본을 떠나면서 팔려고 내놓은 고려청자 22점 중 20점을 샀어요. 이것 중 4점은 국보로, 7점은 보물로 지정되었답니다.

고려의 도자기는 중국 송나라의 도자기와 색과 기법, 문양 면에서 비교되는데, 고려청자는 독특한 색과 모양으로 독자적인 가치를 인정받았어요.

스스로 정리하는 개념어

상감 기법을 설명해 보세요.

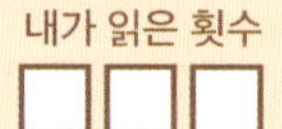

직지심체요절

비교 단어 목판 인쇄

『직지심체요절』은 고려 말에 만들어진 금속 활자본_{금속으로 만든 판으로 인쇄한 책}으로, 세계에서 가장 오래된 금속 활자_{글자를 찍어내는 도구} 인쇄본이에요. 줄여서 '직지'라고도 불러요.

『직지심체요절』은 1377년_{고려 우왕 3년}에 청주 흥덕사에서 인쇄되었어요. 고려 승려인 백운화상 경한이 부처와 덕이 높은 승려들의 말씀 중 핵심적인 내용을 뽑아 엮은 것으로, 그의 제자들이 스승의 뜻을 기리기 위해 금속 활자로 인쇄했지요.

『직지심체요절』이 특별한 이유는 현재 존재하는 세계에서 가장 오래된 금속 활자 인쇄본이기 때문이에요. 유럽에서는 1455년에 구텐베르크가 성경을 인쇄했는데, 직지는 이보다 78년이나 앞선 것이랍니다. 지금 남아 있는 『직지심체요절』은 프랑스 국립도서관에 보관되어 있어요. 원래 두 권이지만 현재는 하권_{두 번째 책}만 남아 있어요. 이 책이 어떻게 프랑스에 가게 되었는지에 대해서는 여러 이야기가 있는데, 19세기 말 프랑스 외교관이 한국에서 가져간 것으로 알려져 있어요.

『직지심체요절』은 그 역사적, 문화적 가치를 인정받아 2001년 유네스코 세계 기록 유산으로 등재되었어요. 또한 유네스코에서는 '직지상'을 만들어 세계의 기록 문화 발전에 기여한 사람이나 단체에 상을 주고 있어요.

▲ 직지심체요절
출처: <불조직지심체요절>,
한국민족문화대백과사전

『직지심체요절』의 발견

1972년, 프랑스 국립도서관의 동양학 전문가 박병선 박사가 이 책의 가치를 발견하기 전까지는 세계 최초의 금속 활자본으로 구텐베르크의 42행 성경이 인정받고 있었어요. 박병선 박사는 프랑스 국립도서관에 보관 중이던 『직지심체요절』을 발견하고, 이것이 1377년에 인쇄된 금속 활자본임을 증명했어요. 처음에는 많은 학자가 믿지 않았지만, 과학적 검증을 통해 마침내 『직지심체요절』은 세계에서 가장 오래된 금속 활자 인쇄본으로 공식 인정받게 되었답니다.

헷갈리면 안 돼!

『직지심체요절』은 '세계에서 가장 오래된 금속활자 인쇄본'으로 목판 인쇄는 이보다 더 오래된 것들이 있답니다.

스스로 정리하는 개념어

『직지심체요절』이 세계사적으로 중요한 이유를 설명해 보세요.

삼국사기 vs 삼국유사

三 석 삼 國 나라 국 史 역사 사 記 기록할 기
三 석 삼 國 나라 국 遺 남길 유 事 일 사

『삼국사기』와 『삼국유사』는 우리나라 고대단군부터 삼국 시대까지 역사를 기록한 대표적인 역사서예요. 두 책 모두 고려 시대에 만들어졌지만 저자와 내용, 관점이 서로 다르답니다.

🔔 삼국사기

1145년고려 인종 23년에 김부식이 왕의 명령으로 만든 우리나라 최초의 정사正史, 공식 역사서예요. '정사'란 국가에서 공식적으로 인정한 역사책을 말해요. 『삼국사기』는 중국 역사책의 형식을 따라 본기기본 역사, 연표연도별 사건, 지지리, 열전인물 이야기 등으로 구성되어 있어요. 이 책은 신라, 고구려, 백제 삼국의 역사를 객관적이고 사실적으로 기록하려고 했어요. 또한 유교적 관점에서 역사를 말하고, 설화나 신화 같은 비현실적인 이야기는 가능한 한 빼려고 했지요.

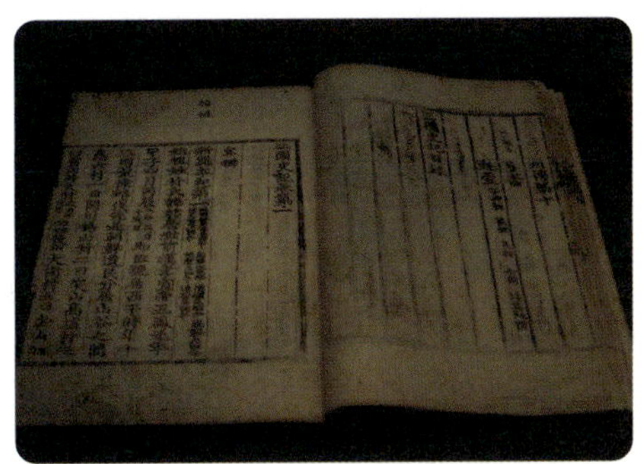

▲ 삼국사기

🔔 삼국유사

1281년경 승려 일연이 만든 역사책이에요. '유사'는 '남겨진 이야기'라는 뜻으로, 공식 역사책에서 빠진 이야기들을 모았다는 의미를 담고 있어요. 그래서 단군 신화, 고대 설화, 민간 전설 등 정사에 기록되지 않은 다양한 이야기를 기록하고 있어요. 특히 우리 민족의 건국 신화인 단군 신화가 문헌으로 기록된 가장 오래된 자료가 바로 『삼국유사』랍니다.

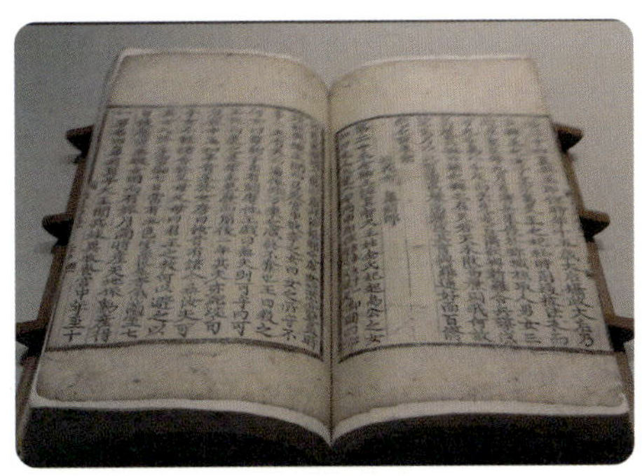

▲ 삼국유사

두 역사서는 서로 다른 특징이 있어 함께 보면 우리 고대 역사를 더 풍부하게 이해할 수 있어요. 『삼국사기』가 주로 정치, 군사, 제도 등 공식적인 역사를 다루었다면, 『삼국유사』는 종교, 설화, 민간 풍습 등 다양한 문화적 요소를 담고 있거든요. 또 『삼국사기』는 신라 중심의 역사관을 보이며 고구려와 백제를 상대적으로 간략하게 다루었지만, 『삼국유사』는 삼국을 비교적 고르게 다루고 있고 가야, 발해 등 삼국 외의 나라들에 대한 기록도 포함하고 있어요. 두 책 모두 국보로 지정되어 있답니다.

✚ 『삼국사기』와 『삼국유사』 비교

	삼국사기	삼국유사
저자	김부식	일연
편찬 시기	1145년(고려 인종 23년)	1281년경(고려 충렬왕 때)
편찬 목적	국가 공식 역사서	민족 자부심 고취
관점	유교적 관점, 합리주의적	불교적 관점, 민족주의적
내용	정치, 군사, 제도 중심	설화, 민간 전설, 불교 이야기 포함
형식	역대 왕의 기록인 본기, 인물 기록인 열전	주제별로 서술
특징	신라 중심, 객관적 서술	삼국 고른 서술, 민간 이야기 포함

일연 스님의 집필 동기

『삼국유사』를 편찬한 일연 스님은 70세가 넘은 어느 날 꿈에서 한 노인이 나타나 "나라의 역사가 사라지고 있으니 그대가 이를 기록하여 후세에 전하라."고 말했다고 해요. 이 꿈을 계기로 일연 스님은 당시 백성들 사이에서 전해 내려오던 이야기들과 여러 사찰의 기록을 모아 『삼국유사』를 편찬하기 시작했답니다. 그는 원나라의 간섭이 심해지던 시기에 우리 민족의 역사와 전통을 지키기 위해 이 책을 썼다고 알려져 있어요.

헷갈리면 안 돼!

『삼국사기』와 『삼국유사』 모두 고려 시대에 편찬되었어요. 삼국 시대에 쓰인 것이 아니랍니다.

스스로 정리하는 개념어

『삼국사기』와 『삼국유사』를 쓴 이유를 각각 설명해 보세요.

최무선과 화약

비교 단어 신기전

최무선은 고려 말의 과학자이자 무기 제조 기술자로, 우리나라에서 화약과 화포를 처음 만든 인물이에요. 그는 지방 아전하급 관리의 아들로 태어났지만, 뛰어난 재능으로 중요한 역할을 했어요. 14세기 중반, 고려는 왜구의 침략으로 큰 어려움을 겪고 있었고, 이를 막기 위해서 강력한 무기가 필요했지요. 당시 중국원나라에서는 이미 화약과 화포를 사용하고 있었지만, 그 기술을 외부에 알려 주지 않았어요.

최무선은 원나라에서 화약 제조법을 배우기 위한 노력 끝에 결국 1373년고려 공민왕 22년에 화약 제조에 성공했어요. 1377년에 '화통도감'이라는 화약 무기를 만드는 관청이 설치되면서 최무선은 이곳의 책임자가 되었답니다. 최무선이 만든 화약 무기로는 화통화포, 신기전화살에 화약을 달아 발사하는 무기, 현자총통돌을 발사하는 대형 화포 등이 있었어요. 최무선의 노력으로 고려는 왜구의 침략에 더 잘 대응할 수 있었고, 그의 화약 기술은 조선 시대에도 계속 발전해 나가며 조선의 국방력 강화에 크게 기여했답니다.

▲ 신기전

▲ 현자총통
출처: <현자총통>, 국가유산청

화약 비법을 알아내기 위한 지략

당시 원나라는 화약 제조 기술을 철저히 비밀로 했어요. 최무선은 원나라 사람들과 친분을 쌓기 위해 재산을 아끼지 않고 그들을 대접했고, 무역 상인들과 교류하며 정보를 모았지요. 어느 날 술자리에서 원나라 상인이 취해 있을 때 화약의 중요 재료인 염초에 관해 물었어요. 그러자 상인은 '염초는 땅에서 나오는 것'이라는 중요한 힌트를 알려 주었답니다. 최무선은 이를 바탕으로 외양간이나 화장실 바닥처럼 오래된 흙에서 염초를 추출하는 방법을 연구해 마침내 화약 제조에 성공했어요. 그의 끈질긴 노력과 지혜가 고려의 국방력을 강화하는 데 큰 역할을 했답니다.

헷갈리면 안 돼!

최무선은 화약을 발명한 것이 아니라 중국의 화약 제조법을 알아내 우리나라에 도입한 것이랍니다.

스스로 정리하는 개념어

최무선이 화약을 만들게 된 배경을 설명해 보세요.

3장

조선 시대

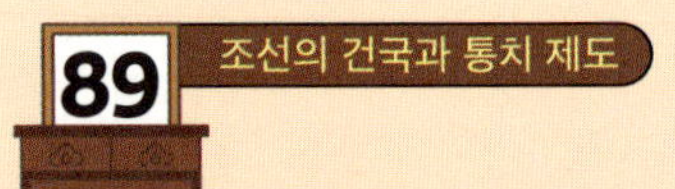

조선 건국

建 세울 건 國 나라 국 나라를 세움.

비교 단어 권문세족, 신진 사대부, 신흥 무인 세력, 이성계

1392년 고려의 신흥 무인 세력인 이성계는 고려 왕조를 무너뜨리고 새롭게 '조선'이라는 나라를 세웠어요. 조선은 1392년부터 1910년까지 518년간 이어진 우리 역사에서 가장 오래 지속된 왕조랍니다.

조선 건국의 배경에는 고려 말 여러 문제가 있었어요. 원나라의 간섭에서 벗어난 후 고려는 권문세족의 횡포, 토지 제도의 어지러움, 왜구와 홍건적의 침입 등으로 혼란스러웠어요. 이러한 상황에서 신진 사대부와 신흥 무인 세력이 개혁을 추진했지요. 조선 건국의 주요 인물인 이성계는 원래 함경도 지역의 장군으로 왜구와 홍건적을 물리치며 명성을 얻었고, 1388년에는 위화도 회군을 통해 정치권력을 차지했어요. 이성계는 정도전, 조준 등 급진파 신진 사대부와 함께 고려 개혁을 시도했지만, 결국 새로운 나라를 세우는 쪽으로 방향을 바꾸었지요. 1392년 7월, 이성계는 고려의 마지막 왕인 공양왕을 끌어내리고 새 왕조를 세웠어요. 그리고 그해 8월에 나라 이름을 '조선'으로 정했지요. '조선'이라는 이름은 단군의 고조선을 잇는다는 의미와 함께, '아침이 맑고 밝은 나라'라는 뜻을 담고 있답니다. 조선 건국 후, 이성계태조와 정도전은 한양지금의 서울으로 수도를 옮기고, 유교를 국가 이념으로 삼아 새로운 나라의 기틀을 마련했어요.

'조선'이라는 이름

새로운 나라를 세우면서 오르내린 이름은 '조선'과 '화령'이었어요. 이성계와 신진 사대부는 '조선'과 '화령' 두 이름을 후보로 명나라에 정해 달라고 했고, 명이 새 나라의 이름을 '조선'으로 정해 주면서 정식으로 '조선'이 되었다고 해요.

무학 대사와 왕십리 이야기

조선 초, 무학 대사는 태조 이성계의 명을 받아 새로운 도읍지를 찾아 전국을 돌아다니다 지금의 왕십리에 이르러서, 도읍지로 적합하다고 생각했지요. 그런데 소를 끌고 지나가던 한 노인이 갑자기 자신의 소에게 이렇게 말했어요. "야, 이 무학같이 미련한 소야." 이 말을 들은 무학 대사는 깜짝 놀라 노인에게 물었어요. "혹시 도읍이 될 만한 곳을 아십니까?" 그러자 노인은 "십 리를 더 가보시오."라고 했지요. 무학 대사는 그 말을 따라 십 리를 더 가보았는데, 그곳이 바로 지금의 경복궁 자리랍니다. 후에 '왕십리(往갈 왕 十열 십 里마을 리)'라는 지명이 생겼다고 해요. 이 이야기는 재미있는 지명 유래 설화지만, 당시 사람들이 도읍지 선정을 얼마나 중요하게 여겼는지 보여 주는 예라고 할 수 있어요.

헷갈리면 안 돼!

이성계는 고려 사람이자 조선의 제1대 왕이었어요.

스스로 정리하는 개념어

'조선'이라는 국호가 가진 의미를 설명해 보세요.

유교

비교 단어 불교

유교는 조선 시대 국가 운영의 기본 이념이자 사회 질서의 기초였어요. 유교는 중국 춘추 시대 공자가 만든 사상이지만, 조선은 송나라 때 발전한 성리학을 받아들였답니다. 성리학은 주희가 집대성한 유교의 학문 체계 중 하나로, 고려 말 안향에 의해 우리나라에 소개되었어요.

조선은 건국 초부터 유교를 국가 이념으로 삼았어요. 태조 이성계는 고려의 불교 중심 사회에서 벗어나 유교적 가치관에 따라 정치, 경제, 사회, 문화 등 모든 분야의 제도를 만들고 관리했답니다. 유교의 핵심 가치는 '인仁, 어질고 자비로움, 의義, 올바름, 예禮, 예절, 지智, 지혜, 신信, 믿음'의 다섯 가지예요. 또 '삼강오륜 三석 삼 綱범도 강 五다섯 오 倫윤리 윤'이라는 행동 규칙도 중요했어요.

- ◇ **삼강** 군위신강(임금은 신하의 규범), 부위자강(아버지는 아들의 규범), 부위부강(남편은 아내의 규범)
- ◇ **오륜** 부자유친(부모와 자식 간의 친함), 군신유의(임금과 신하 간의 의리), 부부유별(부부 간의 구별), 장유유서(어른과 아이 간의 순서), 붕우유신(친구 간의 믿음)

조선은 유교 이념을 실천하기 위해 다양한 제도를 만들었어요. 성균관과 향교를 세워 유교 교육을 강화했고, 과거 제도를 통해 유교적 지식을 갖춘 인재를 선발했어요. 또한 종묘역대 왕과 왕비의 위패를 모신 사당와 사직, 문묘 등을 세워 유교적 제사를 지내는 법을 중시했지요. 유교는 생활 규범에도 큰 영향을 미쳤어요. 사람들은 가정에서 제사를 지내고, 효를 실천하며, 예절을 중시했어요. 또한 마을마다 '향약'이라는 규칙을 만들어 유교적 질서를 유지했지요.

율곡 이이의 사액지죽(死液之竹)

율곡 이이는 어머니 신사임당이 돌아가시자 3년 동안 묘 옆에 초가집을 짓고 살았어요. 이것을 '시묘살이'라고 하는데, 부모에 대한 효를 실천하는 것으로 유교에서 중요하게 보는 행동이죠. 한번은 이이가 통곡하다 기절했는데, 그때 흘린 눈물로 무덤 앞의 대나무가 말라 죽었다는 이야기가 전해져요. 이 대나무를 '사액지죽'이라고 불렀는데, 이는 '눈물로 죽은 대나무'라는 뜻이랍니다. 이 이야기는 유교에서 효의 중요성을 강조하는 대표적인 예시가 되었어요.

헷갈리면 안 돼!

유교와 성리학은 다른 개념이에요. 유교는 공자가 만든 사상 전체를 말하고, 성리학은 유교의 학문 체계 중 하나를 말해요. 조선은 주로 인간 관계와 사회 질서에 초점을 맞추는 사상 체계인 성리학을 받아들였답니다. 제한을 받았지만 불교는 민간 신앙으로 계속 존재했고, 산속 사찰에서 명맥을 유지했답니다.

 ### 스스로 정리하는 개념어

유교가 조선 사회에 끼친 영향에 관해서 설명해 보세요.

왕 뒤에 붙는 말(조, 종, 군)

상위어 조선

왕 뒤에 붙는 이름을 왕의 '묘호^{廟사당 묘 號이름 호}'라고 해요. 이것은 왕이 돌아가신 후에 그를 부르기 위해 붙이는 특별한 이름이에요. 주로 '조', '종', '군'이라는 글자를 사용했는데 왕의 업적과 덕을 평가하여 정해졌어요.

◇ **조(祖조상 조)** 왕조를 처음 세우거나 중요한 전환점을 만든 왕에게 붙여요.

- 태조: 조선을 세운 왕으로, 새로운 왕조를 연 사람으로 '조'가 붙었어요.

- 세조: 단종을 자리에서 끌어내리고 왕권 강화를 위해 노력한 왕으로, 새로운 통치 체제를 갖추었어요.

◇ **종(宗으뜸 종)** 왕조를 안정적으로 다스리며 유교적 이념에 따라 정치적 성과를 낸 왕에게 붙여요.

◇ **군(君임금 군)** 왕의 자리에서 내려오거나 업적이 아주 적어 종묘에 오르지 못한 왕에게 붙여요.

- 광해군: 정치적으로 논란이 많아 폐위된 왕으로, 종묘에 모시지 않았어요.

- 연산군: 폭정으로 인해 폐위된 왕으로, 종묘에 오르지 못하고 '군'으로 불려요.

▲ 종묘 정전
출처: <종묘 정전>, 한국민족문화대백과사전

헷갈리면 안 돼!

'조', '종', '군'이 항상 왕의 업적이나 도덕성을 정확히 반영하는 것은 아니에요. 정치적 상황이나 다음 왕의 의지에 따라 결정되기도 했답니다.

스스로 정리하는 개념어

조선 왕 중에서 '조'가 붙은 왕은 누구이며, 그 이유는 무엇인지 설명해 보세요.

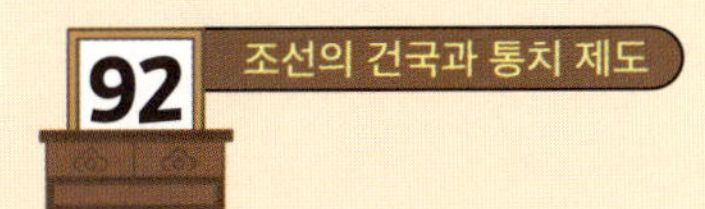

태종 이방원

비교 단어 이성계, 정도전

태종 이방원은 조선의 제3대 왕으로, 조선을 건국한 태조 이성계의 다섯째 아들이에요. 어려서부터 공부와 무술을 모두 잘했던 그는 위화도 회군 때 아버지 이성계를 도와 정치적 실권을 장악하는 데 기여했어요. 그리고 조선 건국 과정에서도 중요한 역할을 했지만, 정도전과 갈등 관계에 있었어요.

🔔 제1차 왕자의 난

1398년, 이방원은 제1차 왕자의 난을 일으켰어요. 당시 태조 이성계는 정도전의 생각에 의견을 같이해 두 번째 부인에게서 난 아들을 세자로 삼으려고 했지요. 이에 불만을 품은 이방원은 정도전과 자신의 이복동생친어머니가 다른 동생 방석, 방번 등을 죽였어요. 이 사건으로 태조는 크게 슬퍼하며 다음 해에 왕위를 둘째 아들 방과정종에게 물려주고 상왕으로 물러났답니다.

🔔 제2차 왕자의 난

태조가 물러난 후, 둘째 형 정종이 왕위에 올랐지만 실질적인 권력은 이방원이 가지고 있었어요. 1400년, 이런 방원을 없애기 위해 형 방간이 제2차 왕자의 난을 일으켰어요. 그때 이방원이 방간을 죽이고 말았지요. 그리고 이방원은 정종에게서 왕의 자리를 물려받아 조선의 제3대 왕인 태종이 되었어요.

🔔 태종의 업적

왕권 강화	6조 직계제(왕이 실제 업무를 보는 관청인 6조를 직접 통제하는 체제) 도입
	사병(개인이 갖는 병사)을 없애 군사권을 국가에 집중시킴.
	왕실의 친인척과 나라에 공을 세운 신하인 공신의 권력 제한
국가 운영 체제	지방 행정 제도 정비
	호패법(주민등록제) 시행
	조세(세금을 걷는 것) 제도 개혁
	국가 의례(행사를 치르는 정해진 방식) 정비
문화 발전	경복궁 완성
	향교(지방 교육 기관)와 서원(지방 사립 학교)을 세워 교육 장려
	국가 주도의 천문 관측과 역법(별들의 위치를 살피는 것) 연구 지원

1418년, 태종은 큰아들 양녕 대군이 아닌 셋째 아들인 충녕 대군훗날의 세종에게 왕위를 물려주고 상왕으로 물러났어요. 그 후 1422년까지 4년간 세종의 통치를 지켜보다가 56세의 나이로 세상을 떠났답니다.

광통교 이야기

세자 방석의 어머니였던 신덕 왕후 강씨가 사망하자, 태조 이성계는 경복궁에서 잘 보이는 언덕 위에 신덕 왕후 강씨의 무덤을 만들고 '정릉'이라고 불렀어요. 지금 덕수궁이 있는 동네를 '정동'이라고 하는데, 바로 이 정릉에서 나온 지명이지요. 그런데 이방원은 훗날 왕위에 오른 뒤 "옛 임금의 능묘(임금, 왕후의 무덤)가 모두 도성 밖에 있는데 정릉만 도성 안에 있는 건 합당하지 않다."라는 이유를 들어 정릉을 도성 밖으로 옮기게 했어요. 그게 지금의 성북구 정릉동이에요. 그리고 강씨의 무덤 돌로 다리를 놓아 사람들이 밟고 다니도록 했는데, 이것이 지금의 청계천 광통교랍니다.

▲ 광통교
출처: <서울 광교 원경>, 한국민족문화대백과사전

함흥차사

조선을 건국한 태조 이성계는 왕위를 정종에게 물려주고 함흥으로 갔어요. 형제들을 죽이고 왕위를 차지한 태종 이방원은 왕위 계승의 정당성을 인정받기 위해 아버지가 있는 함흥으로 여러 번 신하를 보냈지요. 그런데 어쩐 일인지 함흥에 간 신하들이 소식도 없고, 돌아오지도 않았어요. 여기에서 유래해 기다리는 사람이 소식도 없고 놀아오지도 않을 때 '함흥차사'라고 한답니다.

스스로 정리하는 개념어

태종 이방원이 왕이 되기 전 일으킨 두 차례의 정치적 사건을 설명해 보세요.

세종

비교 단어 장영실, 훈민정음

세종은 조선의 제4대 왕으로, 조선 역사상 가장 위대한 임금으로 평가받고 있어요. 태조 이성계의 손자이자 태종 이방원의 셋째 아들로, 어릴 때는 '충녕군'으로 불렸어요.

세종은 1418년부터 1450년까지 32년간 임금의 자리에 있었어요. 그는 위대한 학자이자 통치자로, 정치·경제·국방·교육·문화·과학 등 다양한 분야에서 업적을 남겼어요. 특히 훈민정음 창제는 그의 가장 위대한 업적으로 손꼽히지요.

▲ 세종대왕 동상

🔔 세종의 업적

학문과 정치의 균형 발전	'집현전'을 만들고 정인지, 신숙주, 최만리 등의 뛰어난 학자를 모아 연구 활동 지원
	'경연'이라는 토론 자리를 자주 열어 신하들과 함께 정치와 학문을 논의
훈민정음 (한글) 창제	1443년(세종 25년)에 우리나라의 글자인 훈민정음을 창제하고, 1446년에 『훈민정음해례본』을 만듦.  훈민정음해례본 ▶
농업 발전	『농사직설』 편찬
	재배가 잘 되는 우수한 품종을 농민들에게 나누어 줌.
	수리(물을 이용하는 일) 시설 확충
과학 기술 발전	자격루(물시계), 앙부일구(해시계), 측우기(강우량 측정 도구) 등 발명
의학 분야 발전	『향약집성방』을 만들어 우리나라 약재로 병을 치료하는 방법을 알림.
음악 분야 발전	『악학궤범』을 만들고 많은 악기를 더 좋게 고쳤으며, 제례(제사를 지내는 예절) 음악을 손질
영토 확장	1433년 북방에 4군과 6진을 설치해 압록강과 두만강까지 국경을 넓힘.
	왜구를 진압하고 일본과 외교 관계 개선

세종은 나이가 들면서 병과 싸워야 했어요. 그는 눈병과 당뇨병으로 고생했고, 결국 1450년 54세의 나이로 세상을 떠났답니다.

✚ 세종 시대의 주요 서적

✔ **『훈민정음해례본』**
한글의 제작 원리와 사용법을 설명한 책

✔ **『농사직설』**
우리나라 풍토에 맞는 농사법을 정리한 책

✔ **『향약집성방』**
우리나라 약재로 병을 치료하는 방법을 정리한 책

✔ **『악학궤범』**
음악 이론과 악기 제작법을 정리한 책

✔ **『칠정산』**
해, 달, 오행성의 운행을 계산하는 역법을 정리한 천문학 책

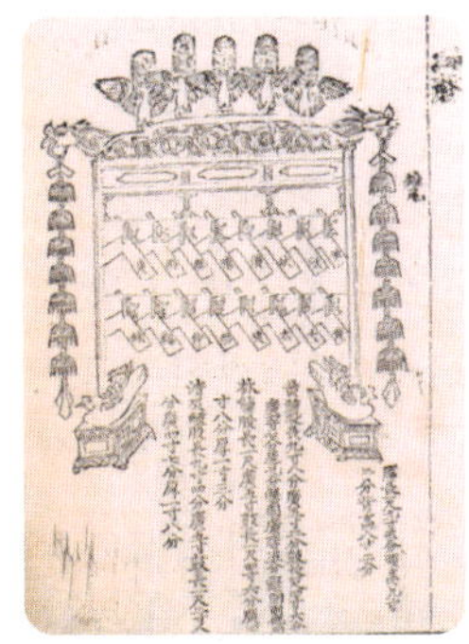

▲ 편경
출처: <악학궤범 6권(5)/편경>,
한국민족문화대백과사전

세종의 절대음감과 편경 이야기

세종은 절대음감을 갖고 있어서 음의 높낮이를 정확히 구별할 수 있었다고 해요. 세종은 우리나라의 음악을 발전시키기 위해 박연이라는 음악가에게 편경(돌로 만든 악기)을 만들도록 명령했어요. 만들어진 편경을 시험 연주했을 때, 세종은 한 편경의 소리가 반음 맞지 않다고 지적했어요. 박연과 다른 악사(악기 연주자)들은 처음에는 의아해했지만, 실제로 확인해 보니 정말 그 편경의 소리가 맞지 않았답니다. 세종의 뛰어난 음감에 모두가 감탄했고, 이후 박연은 세종의 지시에 따라 정확한 음을 내는 편경을 완성했어요. 이런 세종의 음악적 재능과 관심 덕분에 조선의 음악은 크게 발전할 수 있었답니다.

헷갈리면 안 돼!

세종이 만든 한글의 원래 이름은 '훈민정음'이에요. '한글'이라는 이름은 1910년대에 국어학자인 주시경 선생님이 붙인 이름이랍니다.

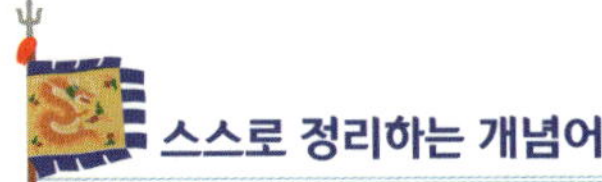

스스로 정리하는 개념어

세종의 업적 중 가장 인상 깊은 것을 설명해 보세요.

훈민정음

訓 가르칠 훈 民 백성 민 正 바를 정 音 소리 음

비교 단어 세종

'훈민정음'은 세종이 1443년에 만들어 1446년에 널리 알린 한국의 고유 문자예요. 훈민정음은 '백성을 가르치는 바른 소리'라는 뜻을 가지고 있어요. 이 문자는 나중에 '한글'이라는 이름으로 불리게 되었답니다.

훈민정음이 만들어지기 전, 우리나라는 중국에서 들어온 한자를 사용했어요. 하지만 한자는 배우기 어렵고 우리말을 정확하게 표현하기에 한계가 있었지요. 일반 백성들은 글을 몰라 생활에 많은 어려움을 겪고 있었어요. 세종은 이런 문제를 해결하기 위해 우리말에 맞는 새로운 문자를 만들기로 결심했지요. 훈민정음은 처음에 28자^{자음(초성) 17자, 모음(중성) 11자}로 만들어졌어요.

자음(초성)	발음 기관(혀, 입술, 목구멍 등)의 모양을 본떠 만듦. 'ㄱ'은 혀가 목구멍을 막는 모양을, 'ㅁ'은 입의 모양을 따라 만듦.
모음(중성)	하늘(·), 땅(ㅡ), 사람(ㅣ)에 대한 기본 생각을 바탕으로 만듦.

훈민정음의 가장 큰 특징은 과학적이고 체계적이라는 점이에요. 소리의 원리에 따라 문자를 만들었기 때문에 배우기 쉽고, 어떤 소리든 정확하게 표현할 수 있어요. 또한 자음과 모음을 조합하여 수많은 글자를 만들 수 있지요.

훈민정음이 반포되었을 때, 일부 양반과 학자들은 이를 반대했어요. 그들은 중국 문화와 한자를 중시했기 때문에 새로운 문자를 '언문^{속된 말과 글}'이라 부르며 무시했지요. 하지만 세종은 백성들이 쉽게 글을 배워 자기 생각을 표현할 수 있게 하려고 훈민정음을 널리 알려 쓰도록 했어요. 글자를 배우면서 백성들의 생활도 편해졌지요. 1910년대 주시경 선생님이 훈민정음에 '한글'이라는 이름을 붙였고, 현재는 24자^{자음 14자, 모음 10자}를 사용하고 있답니다. 1997년에는 훈민정음 설명서인 『훈민정음해례본』이 유네스코 세계 기록 유산으로 등재되어 그 가치를 세계적으로 인정받았어요. 오늘날 한글은 세계에서 가장 과학적이고 우수한 문자로 평가받고 있답니다.

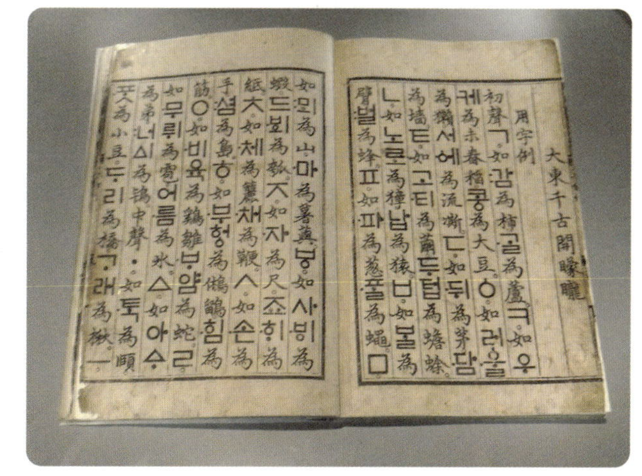

▲ 훈민정음해례본

✚ 훈민정음의 창제 원리

✔ **자음(초성)** 발음 기관의 모양을 본떠 만듦
- 기본자: ㄱ(혀뿌리가 목구멍을 막는 모양), ㄴ(혀가 윗잇몸에 닿는 모양), ㅁ(입 모양), ㅅ(이 모양), ㅇ(목구멍 모양)
- 가획자: 기본자에 획을 더해 만든 글자(ㅋ, ㄷ, ㅌ, ㅂ, ㅍ, ㅈ, ㅊ 등)

✔ **모음(중성)** ·(하늘), ―(땅), ㅣ(사람)의 철학적 원리를 바탕으로 만듦.
- 기본자: ·(하늘), ―(땅), ㅣ(사람)
- 합성자: 기본자를 조합해 만든 글자(ㅗ, ㅏ, ㅜ, ㅓ 등)

✚ 훈민정음 관련 주요 자료

✔ 『훈민정음해례본』 1446년 발간된 책으로, 훈민정음의 창제 원리와 사용법을 설명함.

✔ 「용비어천가」 훈민정음으로 쓰인 최초의 작품 중 하나

✔ 「월인천강지곡」 세종과 세조가 지은 불교 찬가로, 훈민정음으로 쓰임.

✔ 『동국정운』 한자의 발음을 훈민정음으로 정리한 책

『훈민정음해례본』 이야기

『훈민정음해례본』은 오랫동안 사라졌다고 여겨졌어요. 그런데 1940년, 경북 안동의 고가에서 발견되었답니다. 1943년 7월, 간송 전형필 선생님에게 중개인이 "경북 안동에 『훈민정음해례본』이 나타났는데, 책 주인이 천 원을 부른다."라고 했지요. 당시 일본은 우리 문화를 말살하려고 했기 때문에, 전형필 선생님은 이 소식이 조선 총독부에 알려지면 해례본을 빼앗길 것으로 생각하며 걱정했어요. 그래서 "책 주인에게 만 원을 주고, 천 원은 수고비로 받으시오."라고 말했답니다. 당시 만 원은 기와집 열 채 가격에 해당하는 어마어마한 금액이었어요. 현대의 물가로 환산하면 30억 원 정도라고 합니다.

전형필 선생님은 6·25 전쟁이 발발했을 때도 『훈민정음해례본』을 오동나무 상자에 넣어 항상 품고 다녔어요. 피란길에도 잃어버릴까 봐 가슴에 품고 다녔고, 잠을 잘 때는 베개 속에 넣고 잤다고 해요. 이렇게 전형필 선생님이 목숨을 걸고 지켜낸 덕분에 우리는 훈민정음의 창제 원리를 자세히 알 수 있게 되었어요.

헷갈리면 안 돼!

훈민정음은 세종이 만들었어요. 집현전 학자들은 세종의 지시에 따라 훈민정음의 창제 원리와 사용법이 적힌 『훈민정음해례본』을 지었지요.

스스로 정리하는 개념어

훈민정음을 만든 목적과 그것이 백성들에게 어떤 영향을 주었는지 설명해 보세요.

장영실

비교 단어 세종, 앙부일구, 자격루

장영실은 조선 초기의 뛰어난 과학자이자 발명가로, 세종이 통치하던 시대에 여러 과학 기구를 발명한 인물이에요. 장영실은 본래 동래현(지금의 부산) 출신의 관노(관청에 소속된 노비)였어요. 어머니는 노비였고, 아버지는 중국인이었다고 전해져요. 그는 어려서부터 손재주가 뛰어나 금속 공예와 기계 제작에 탁월한 재능을 보였답니다.

장영실의 재능을 알아본 사람은 당시 경상도 관찰사였던 이맹균이에요. 그는 장영실의 뛰어난 재능을 조정에 보고했고, 태종은 1423년 그를 서울로 불러 궁중에서 일하게 했어요. 이후 세종은 장영실의 신분을 노비에서 양인(일반 백성)으로 올려 주었지요. 그리고 그에게 여러 과학 기구를 만들도록 명령했답니다.

▲ 장영실 동상
출처: 위키피디아

🔔 장영실의 업적

과학 발명품	자격루(물시계), 앙부일구(해시계), 측우기(강우량 측정 도구), 혼천의(천체 관측 장치) 등을 만듦.
천문 기구	'간의대'라는 천문 관측대 설치에 큰 역할을 함. → 정확한 역법을 만들고 천문 현상을 연구할 수 있었음.
수레 제작	1442년(세종 24년)에 왕명으로 임금이 타는 가마인 '수레'를 만듦. → 수레가 고장 나 왕에게 사고가 났고, 이로 인해 장영실은 관직에서 물러남.

자격루	앙부일구	측우기
출처: <창경궁 자격루>, 국가유산청	출처: <앙부일구>, 한국민족문화대백과사전	출처: <금영 측우기>, 한국민족문화대백과사전
물을 규칙적으로 흐르게 하여 시간을 알려 주는 자동 물시계	해그림자로 시간을 재는 해시계	일정 기간 비가 내린 양을 재는 장치
혼천의	**갑인자**	**간의**
출처: <혼천의>, 한국민족문화대백과사전	출처: <갑인자>, 한국민족문화대백과사전	출처: <간의>, 한국민족문화대백과사전
천체의 움직임을 살펴보는 장치	갑인년에 만든 활자 (글자를 찍어내는 도구)	해와 별의 위치를 재는 천문 관측기구

헷갈리면 안 돼!

장영실이 만든 자격루는 현존하지 않아요. 원본은 임진왜란 때 불타 없어졌고, 지금 볼 수 있는 것은 후대에 복원한 모형이랍니다.

 **스스로 정리하는 개념어**

장영실이 발명한 자격루와 혼천의의 기능을 설명해 보세요.

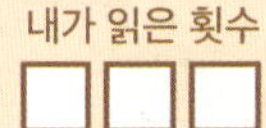

앙부일구

비교 단어 장영실, 자격루

앙부일구는 **세종 때인 1434년**_{세종 16년}**에 처음 제작된 조선의 대표적인 해시계**예요. '하늘을 우러러보는^{仰 우러를 앙} 가마솥^{釜 가마 부} 모양의 해시계'라는 뜻이 있어요. 반구형^{반달 모양} 통 안쪽에 24절기와 12시간을 표시했고, 가운데 가로질러 있는 시침^{해 그림자를 만드는 막대}이 있어요. 해가 뜨면 시침의 그림자가 통 안쪽에 생기는데, 이 그림자로 시간과 절기를 알 수 있었지요.

세종은 백성들도 쉽게 시간을 알 수 있도록 한양의 혜정교와 종묘 앞 거리에 앙부일구를 설치했어요. 당시에는 12간지를 사용해 시간을 표시했는데, 글을 모르는 백성들을 위해 각 시각을 나타내는 12지신의 동물 그림을 새겨 넣었다고 해요. 예를 들면, 오전 11시~오후 1시는 '오시'로 말의 그림이 새겨져 있었답니다.

▲ 앙부일구

--- 🏵 **함께 기억해요** 🏵 ---

앙부일구는 흐린 날이나 밤에는 사용할 수 없어서, 물시계인 자격루와 함께 사용했어요.

✚ 조선 시대 십이지신

- ✔ **쥐** 자시(子時) 밤 11시~새벽 1시
- ✔ **소** 축시(丑時) 새벽 1시~3시
- ✔ **호랑이** 인시(寅時) 새벽 3시~5시
- ✔ **토끼** 묘시(卯時) 새벽 5시~7시
- ✔ **용** 진시(辰時) 오전 7시~9시
- ✔ **뱀** 사시(巳時) 오전 9시~11시

- ✔ **말** 오시(午時) 오전 11시~오후 1시
- ✔ **양** 미시(未時) 오후 1시~3시
- ✔ **원숭이** 신시(申時) 오후 3시~5시
- ✔ **닭** 유시(酉時) 오후 5시~7시
- ✔ **개** 술시(戌時) 오후 7시~9시
- ✔ **돼지** 해시(亥時) 밤 9시~11시

스스로 정리하는 개념어

앙부일구는 어떤 원리로 시간을 쟀는지 설명해 보세요.

자격루

비교 단어 장영실, 앙부일구

자격루는 세종 때 장영실이 만든 물시계예요. '자격루'라는 이름은 '스스로 자自, 치다 격擊, 정자 루漏'로 '스스로 치는 물시계'라는 뜻이지요. 즉, 사람이 일일이 치지 않아도 자동으로 시간을 알려주는 물시계라는 의미랍니다. 자격루는 큰 물통에서 일정하게 물이 흘러나와 작은 물통으로 모이면, 작은 물통에 있는 물 높이가 올라가는 기구예요. 물 높이가 일정 수준이 되면 쇠구슬이 굴러가 특정 인형이 종과 북, 징 등을 쳐서 시간을 알려 주었어요. 낮에는 종을 치고, 밤에는 북을 쳐서 시간을 알렸지요. 자격루는 앙부일구와 달리 밤에도, 흐린 날에도 사용할 수 있다는 장점이 있었어요. 그래서 앙부일구와 자격루를 함께 사용해 더 정확한 시간을 측정했답니다. 자격루는 궁궐 내의 흠경각이라는 건물에 설치되어 있었어요. 이 건물에는 시간을 알리는 종과 북도 함께 있었어요. 자격루는 당시 조선의 과학 기술 수준을 보여 주는 중요한 발명품으로, 시간 관리와 관청 운영의 효율성을 높이는 데 크게 기여했답니다.

▲ 자격루

헷갈리면 안 돼!

자격루는 왕실과 관청에서 사용되었고, 일반 백성들 사이에서는 사용되지 않았어요.

스스로 정리하는 개념어

자격루의 원리는 무엇인지 설명해 보세요.

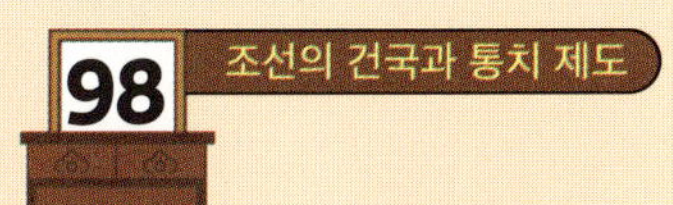

98

세조

비교 단어 단종

세조는 조선의 제7대 왕으로, 세종의 둘째 아들이자 문종의 동생이에요. 본명은 '이유'이고, 즉위 전에는 수양 대군으로 불렸어요. 그는 1455년부터 1468년까지 13년간 조선을 통치했답니다.

수양 대군은 세종 때 훈민정음 창제에 참여했고, 불교 서적을 한글로 번역하는 일도 했어요. 하지만 형인 문종이 일찍 죽고 조카인 단종이 어린 나이에 왕위에 오르자, 그는 권력을 차지하겠다는 마음을 갖게 되었어요. 1453년, 수양 대군은 '계유정난'을 일으켰어요.

세조는 이 사건으로 단종을 돕던 김종서, 황보인 등의 많은 신하를 없앴고, 결국 1455년에 단종에게 왕위를 물려받는 형식으로 왕이 되었지요. 이후 그는 단종을 영월로 유배 보냈고, 나중에는 사약^{임금이 벌로 독약을 내림}을 내려 죽게 했어요.

세조는 왕위를 빼앗은 방법 때문에 많은 비판을 받았지만, 왕이 된 후에는 강력한 왕권을 바탕으로 여러 개혁을 펼쳤어요.

🔔 세조의 업적

왕권 강화	영의정·좌의정·우의정이 국가 정책을 결정하던 의정부를 없애고, 국가의 실제 일을 나누어 하는 6개 부서 '육조'에서 임금에게 나라의 일을 직접 보고하여 처리하게 하는 '육조 직계제'를 실시함.
법전 편찬	조선 시대 기본 법전(법률책)인 『경국대전』을 만들기 시작함.
군사 제도 정비	지방의 군사 조직인 진관을 중심으로 한 지역을 지키는 체제인 '진관 체제'를 확립함.
영토 확장	함경도와 평안도 지역의 여진족을 없애 북방 영토를 안정시킴.
과거 제도 정비	문과와 무과의 시험 방식을 다시 정리함.

세조는 불교를 깊게 믿었는데, 이는 조카인 단종을 죽인 것에 대한 죄책감 때문이라고 해요. 그래서 불교 책을 많이 만들었고, 여러 절을 도와줬어요. 이렇게 세조는 왕위에 오르는 과정에서 많은 비판을 받았지만, 왕이 된 후 행정과 군사 분야에서 중요한 개혁을 이끌며 조선의 안정에 도움을 주었어요.

⊛ 함께 기억해요 ⊛

✚ 계유정난

1453년, 수양 대군이 권력을 차지하기 위해 반대파를 없앤 사건이에요. 이 일로 단종을 돕던 김종서와 황보인 등은 죽임을 당했고, 세종의 셋째 아들이자 세조의 동생이었던 안평 대군은 사약을 받고 죽었어요.

✚ 사육신과 생육신

✔ **사육신**
세조 2년(1456)에 단종의 복위(다시 왕의 자리에 오름)를 꾀하다가 처형된 여섯 명의 충신으로 이개, 하위지, 유성원, 성삼문, 유응부, 박팽년을 말해요.

✔ **생육신**
세조가 단종으로부터 왕위를 빼앗자 벼슬을 버리고 신념을 지킨 여섯 신하로 이맹전, 조여, 원호, 김시습, 성담수, 남효온 또는 권절을 말해.

꿈에 나타난 현덕 왕후와 피부병

세조는 밤마다 악몽에 시달렸어요. 어느 날 꿈에 형수인 현덕 왕후(문종의 부인이자 단종의 어머니)가 나타나 세조의 몸에 침을 뱉었대요. 그 후 침이 튄 자리에 종기가 생겨 심한 피부병으로 고생했다고 해요. 신하들은 "전하께서 조카님(단종)에게 한 일 때문에 벌을 받으시는 것"이라고 수군댔지요. 이 피부병 때문인지 세조는 더욱 불교에 의지했답니다.

목욕하다 발견한 온양 온천

세조는 피부병으로 고생하던 중 충청도 온양의 한 온천에서 목욕을 했어요. 신기하게도 며칠 목욕하자 피부병이 많이 나아졌다고 해요. 이후 이곳은 '온양 온천'으로 유명해졌고, 세조가 목욕했다는 '어정'이라는 우물은 지금도 남아 있답니다. 세조는 이곳에 자주 왔고, 온양 행궁(임금이 지방에 행차할 때 머무르는 궁)을 지어 머물기도 했어요.

헷갈리면 안 돼!

계유정난(1453년)과 단종 폐위(1455년)는 다른 사건이에요. 수양 대군은 계유정난으로 권력을 잡은 후 2년 뒤에 왕위에 올랐답니다.

스스로 정리하는 개념어

세조가 계유정난을 일으킨 이유와 그 결과를 설명해 보세요.

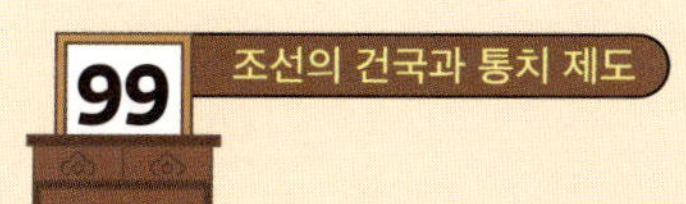

성종

내가 읽은 횟수
☐ ☐ ☐

비교 단어 세조, 경국대전

성종은 조선의 제9대 왕으로, 1469년부터 1494년까지 25년간 조선을 통치했어요. 이름은 '이혈', 세조의 손자이자 예종의 조카예요. 성종은 예종이 일찍 죽자 13살의 어린 나이에 왕위에 올랐는데, 초기에는 할머니인 정희 왕후가 수렴청정어린 왕을 대신해 정치하는 것을 했답니다. 성종 시대는 조선의 '황금기'라고 불려요. 세종이 문화와 과학 발전의 길을 열었다면, 성종은 조선의 정치 제도와 문화를 완성했죠.

🔔 성종의 업적

『경국대전』 완성	세조 때부터 만들어지기 시작해 성종 16년(1485년)에 완성되어 세상에 알림. 조선의 모든 제도와 법률을 담은 책으로, 조선이 멸망할 때까지 기본 법전으로 사용됨.
유교 정치 강화	학문을 중시한 성종은 '홍문관'이라는 왕실 도서관을 설치해 집현전을 이은 기관으로 만듦. 경연을 자주 열어 신하들과 소통함.
문화와 학문 진흥	지리책인 『동국여지승람』, 역사책인 『동국통감』, 음악책인 『악학궤범』 등을 편찬함. 우리나라 최초의 한문 소설책인 김시습의 『금오신화』도 이 시기에 쓰임.
외교와 국방	명나라와 좋은 관계를 유지했고, 일본과의 무역도 활발히 함. 북방의 여진족을 달래면서도 국경을 튼튼히 지켜 대외 관계에서 평화를 유지함.
사회 정책과 경제 안정	지방의 행정과 조세(세금을 거둠.) 제도를 재정비하여 백성들의 삶을 안정시킴. 농업 중심의 경제 정책을 강화하며 농민의 생활을 보호함.

김시습과 『금오신화』

성종 시대에 김시습이라는 특이한 학자가 있었어요. 세조가 단종을 끌어내리자 그는 벼슬을 버리고 전국을 떠돌며 살았지요. 성종은 여러 번 그를 불렀지만, 끝내 벼슬을 하지 않았어요. 그는 금오산에서 숨어 살며 우리나라 최초의 한문 소설집 『금오신화』를 썼는데, 이 책에는 귀신과 사랑에 빠지는 이야기 등 신비로운 이야기들이 담겨 있답니다.

헷갈리면 안 돼!

집현전과 홍문관은 비슷한 듯 다른 기관이에요. 집현전은 세종 때 만들어졌다가 세조 때 없어졌고, 홍문관은 성종 때 새로 만들어진 기관이랍니다.

스스로 정리하는 개념어

성종의 업적 중 가장 인상 깊은 것을 설명해 보세요.

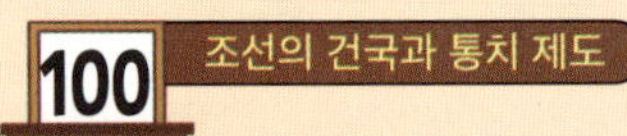

100 해인사 장경판전

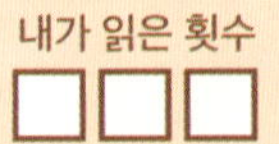

비교 단어 팔만대장경

해인사 장경판전은 경상남도 합천군 해인사에 있는 건물로, 고려 시대에 만들어진 팔만대장경을 보관하고 있는 곳이에요. 이곳에 팔만대장경 목판이 마치 도서관에 책이 꽂혀 있는 것처럼 보관되어 있지요.

장경판전은 두 개의 건물로 이루어져 있어요. 각 건물은 동서로 나란히 배치되어 있고, 동쪽에 있는 건물에는 불경 중 부처님의 설법을 담은 목판을, 서쪽 건물에는 승려들의 해설이나 논문을 새긴 목판을 보관하고 있어요.

장경판전은 1398년태조 7년에 처음 지어졌고, 현재의 건물은 1488년성종 19년에 다시 지어진 것으로 알려졌어요. 특히 놀라운 것은 이 건물이 500년이 넘는 세월 동안 화재나 자연재해 없이 원래 모양 그대로 보존됐다는 점이에요.

장경판전의 가장 큰 특징은 목판을 완벽하게 보존할 수 있는 과학적인 구조예요. 보통 절에서는 부처의 상이 안에 있는 건물이 가장 높은 곳에 있지만, 해인사에서는 장경판전이 가장 높은 곳에 있어요. 이 위치는 가야산 세 계곡이 만나는 곳과 가까워서 항상 바람이 불어온다고 해요. 장경판전은 건물의 앞뒤에 문을 내고 창문의 크기와 위치를 다르게 해서 자연적으로 통풍이 잘되었지요. 건물의 바닥에는 숯과 횟가루, 소금, 모래를 차례로 깔았어요. 숯은 공기와 물을 정화하는 기능이 있고, 소금은 습도를 조절하는 성질이 있어요. 이것 덕분에 장경판전 건물 내부는 적절한 온도와 습도를 늘 유지할 수 있었고 해충의 침입도 막을 수 있었어요.

장경판전은 그 가치를 인정받아 1995년에 팔만대장경과 함께 유네스코 세계 문화유산으로 등재되었어요. 이는 우리나라 국보이기도 하답니다.

▲ 장경판전

✚ 팔만대장경의 이동

팔만대장경은 강화도 선원사에 147년간 보관되어 있었는데 조선을 건국한 태조 이성계는 팔만대장경을 한양 지천사로 옮길 것을 명령했어요. 조선왕조실록은 "태조 7년 5월, 임금이 용산강에 행차해 강화 선원에서 운반해 온 대장경판을 보았다."라고 기록하고 있어요. 그리고 9개월 뒤 합천 해인사로 옮겨졌지요.

목숨 걸고 팔만대장경을 지킨 공군 장교 이야기

1951년 6·25 전쟁 중에 한국 공군 편대장 김영환 대령은 해인사에 숨어 있는 북한군을 폭격하라는 명령을 받았어요. 하지만 김 대령은 팔만대장경이 있는 해인사를 폭격할 수 없다고 생각했지요. 그는 목숨을 걸고 명령을 거부하고, 대신 해인사 주변만 기관총으로 공격하도록 지시했어요. 이 일로 김 대령은 이승만 대통령의 분노를 사서 사형 위기에 처했지만, 다행히 공군 참모총장의 도움으로 목숨을 건질 수 있었답니다. 그는 문책을 받는 자리에서 "우리 민족에게 그 무엇과도 바꿀 수 없는 정신적 지주인 팔만대장경이 있는 해인사를 어찌 잿더미로 만들 수 있겠습니까?"라고 말했어요. 김영환 대령의 용기 덕분에 우리는 오늘날까지 세계 유산인 팔만대장경과 장경판전을 볼 수 있게 되었답니다.

헷갈리면 안 돼!

장경판전과 팔만대장경은 다른 것이에요. 장경판전은 건물이고, 팔만대장경은 그 안에 보관된 불경 목판이에요.

스스로 정리하는 개념어

장경판전의 건물에서 목판 보존을 위해 중요하게 고려한 것을 설명해 보세요.

경국대전

비교 단어 성종, 조선왕조실록

『경국대전』은 조선 시대의 기본 법전으로, '나라를 다스리는 큰 법전'이라는 뜻이에요. 세조 때부터 시작해서 성종 16년1485년에 완성되었어요. 이 법전은 조선이 망할 때까지 400년 넘게 국가의 기본 법으로 사용되었답니다. 『경국대전』은 총 6전으로 구성되어 있어요.

❶ **이전**吏벼슬아치 이 典법 전 관리에게 임무를 맡기는 것과 평가에 관한 법
❷ **호전**戶집 호 典법 전 땅과 세금에 관한 법
❸ **예전**禮예절 예 典법 전 의례와 교육에 관한 법
❹ **병전**兵병사 병 典법 전 군사에 관한 법
❺ **형전**刑형벌 형 典법 전 형벌에 관한 법
❻ **공전**工장인 공 典법 전 도로와 건축 등에 관한 법

『경국대전』은 중국 법인 대명률을 참고했지만, 조선에 맞게 많은 부분을 고쳐 만든 법전이에요. 예를 들어 조선의 신분 제도인 양반·중인·상민·천민의 구분을 명확히 했고, 과거 제도나 토지 제도도 조선식으로 정리했답니다. 『경국대전』의 특징 중 하나는 법을 매우 상세히 정했다는 점이에요. 관리들의 품계, 녹봉월급, 복장까지 자세히 정해 놓았고, 심지어 집의 크기나 혼례 때 차릴 수 있는 음식의 가짓수까지 신분에 따라 제한했어요. 이는 엄격한 신분 질서를 유지하려는 목적이었답니다.

▲ 경국대전

『경국대전』은 조선 사회를 이해하는 데 매우 중요한 자료예요. 조선 시대 사람들이 어떻게 살았고, 나라가 어떻게 운영되었는지 자세히 알 수 있기 때문이지요. 하지만 시대가 변함에 따라 이 법전만으로는 부족한 부분이 생겼고, 나중에 『속대전』, 『대전통편』 등의 추가 법전이 만들어졌답니다.

헷갈리면 안 돼!

『경국대전』은 세조 때 만들어지기 시작했고, 성종 때 완성되었어요. 『경국대전』은 법전이고, 『조선왕조실록』은 역사 기록이에요.

스스로 정리하는 개념어

성종이 완성한 것으로 조선이 유교 국가로서 체계를 유지하는 데 핵심적인 역할을 한 것을 말해 보세요.

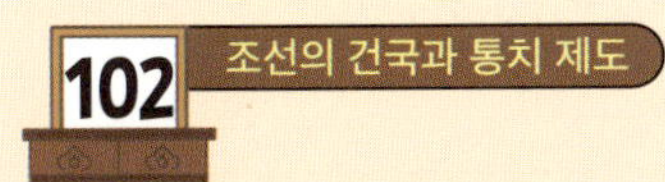

조선왕조실록

비교 단어 경국대전

『조선왕조실록』은 조선 시대 472년간1392~1910년 27대 왕들의 역사를 기록한 책이에요. 태조부터 철종까지의 기록이 담겨 있고, 총 1,893권 888책으로 이루어져 있어요. 이는 세계에서 가장 긴 왕조실록으로, 1997년에 유네스코 세계 기록 유산으로 등재되었답니다.

'실록'은 왕이 돌아가신 후에 만들어지는데, 왕이 살아 있는 동안에 적은 '사초역사를 기록하는 관리인 사관들이 매일 왕의 행동과 말, 국정 사항을 기록한 것'와 『승정원일기』왕의 명령과 업무를 기록한 일지를 보조 자료로 활용해요. 왕이 죽으면 임시로 '실록청'을 만들어 실록을 편찬했어요. 실록 편찬에는 보통 몇 년이 걸렸는데, 완성된 실록은 4권씩 만들어 서울과 지방의 사고국가의 중요 책을 보관하는 곳에 나눠서 보관했어요. 화재와 전쟁에 대비하기 위해서였지요.

『조선왕조실록』의 가장 큰 특징은 객관성과 진실성이에요. 왕도 자신의 실록을 볼 수 없었고, 누구도 실록의 내용을 함부로 고칠 수 없었어요. 사관들은 목숨을 걸고 사실을 기록했답니다.

실록에는 정치적인 사건뿐만 아니라 날씨, 자연재해, 천문 현상, 과학 기술, 예술, 풍속, 백성들의 생활 등 다양한 내용이 기록되어 있어요. 예를 들어 『세종실록』에는 장영실이 만든 자격루나 앙부일구에 대한 설명이 있고, 『성종실록』에는 『금오신화』를 쓴 김시습의 이야기가 나와요.

『조선왕조실록』은 여러 번의 위기를 겪었어요. 임진왜란 때는 전주사고에 보관된 실록만 살아남는 일이 생기기도 했고, 병자호란과 6·25 전쟁 때도 위험했지요. 하지만 선조들의 노력으로 오늘날까지 잘 보존되었기에, 우리는 조선 시대의 모습을 생생하게 알 수 있답니다.

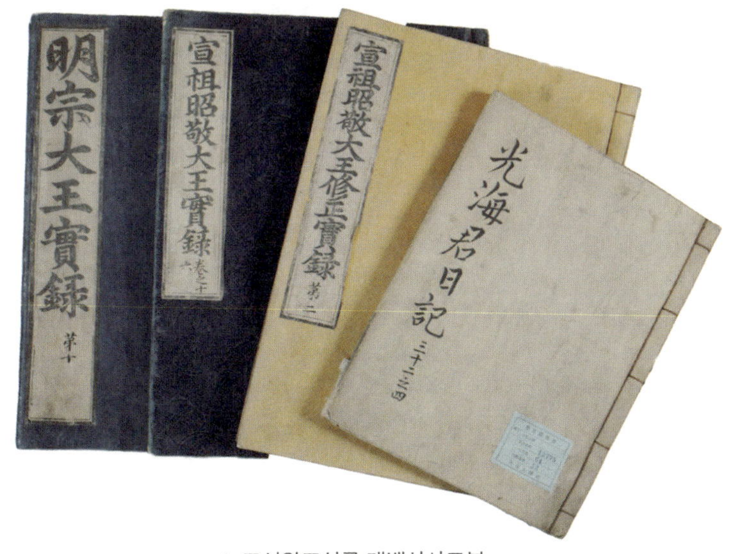

▲ 조선왕조실록 태백산사고본
출처: <조선왕조실록 태백산사고본>, 국가유산청

+ 고종실록과 순종실록 이야기

『고종실록』과 『순종실록』은 다른 『조선왕조실록』과 달리 일제 강점기에 일본인들이 편찬했어요. 1927년부터 1935년까지 이왕직(일제 강점기에 조선 왕실 일을 맡아보던 관청)에서 편찬했는데, 일본의 식민 지배를 정당화하는 내용이 많이 포함되어 있어요. 그래서 학계에서는 이 두 실록을 정식 『조선왕조실록』에 포함시키지 않고, 따로 '고종시대사'와 '순종시대사'라고 부르기도 한답니다.

말에서 떨어진 태종

태종이 사냥을 나갔다가 말에서 떨어진 적이 있어요. 태종은 곁에 있던 사관에게 "이런 일은 기록하지 말라."라고 명령했어요. 그런데 나중에 『태종실록』을 보니 "상(上)이 말에서 떨어졌다. 좌우에 명하여 사관에게 알리지 말라 하였다."라고 적혀 있었대요. 태종이 기록하지 말라고 한 말까지 그대로 기록한 거예요. 이 일화는 조선 사관들이 얼마나 철저하게 역사를 기록했는지 잘 보여 주고 있어요.

세검정의 유래

서울 종로구 세검정은 실록과 관련된 재미있는 이야기가 있는 곳이에요. '세검정'은 '검을 씻는 정자'라는 뜻으로, 조선 초기에는 이곳에서 실록 편찬에 쓰인 사초를 물에 빨아 글씨를 지우고 종이를 재활용했다고 해요. '세(洗)'는 '씻다'라는 뜻이고, '검(劍)'은 '필(筆)', 즉 '붓'을 의미하는 것으로, 실록 편찬이 끝난 후 사초를 씻어 없앴다는 뜻이랍니다. 이는 실록의 공정성과 비밀을 지키기 위한 것이었어요.

헷갈리면 안 돼!

『조선왕조실록』과 『승정원일기』는 다른 기록이에요. 『승정원일기』는 왕의 일상적인 업무를 매일 기록한 것이고, 『조선왕조실록』은 왕이 돌아가신 후에 왕과 관련된 일을 종합적으로 편찬한 역사서랍니다.

스스로 정리하는 개념어

『조선왕조실록』이 신뢰받는 역사 기록으로 평가되는 이유를 말해 보세요.

조선의 정치 조직

비교 단어 조선의 과거 제도, 조선의 세금 제도

조선의 중앙 정치 조직은 크게 의정부, 6조, 3사, 승정원 등으로 구성되었어요. 의정부는 오늘날의 국무 회의와 비슷한 최고 기관이었고, 6조는 각 분야의 일을 담당했어요. 3사는 언론과 감독 기능을 맡았고, 승정원은 왕의 명령을 전하고 여러 일을 왕에게 보고하는 기관이었지요.

🔔 의정부

◇ **구성**

영의정, 좌의정, 우의정 최고 책임자

◇ **역할** 국가를 다스리는 최고 기구로 왕에게 조언을 하고 정책을 이야기해서 결정하는 곳

❶ 왕이 이끌어가는 나라 정치를 돕고 정책을 이야기해서 바뀌기도 했어요.

❷ 정책을 시행하는 것은 6조가 담당하고, 의정부는 이를 관리·감독했어요.

❸ 왕권과 신권신하들의 권력의 균형을 맞추는 역할을 했어요.

◇ **특징**

태종 때는 의정부의 권한을 축소하고 왕권을 강화했으나, 세종 때는 의정부를 통해서 의정부 최고 책임자인 삼정승의 의견이 서로 일치하면 일을 진행하도록 했어요.

🔔 6조

◇ **구성**

이조吏벼슬아치 이 曹관청 조 관리를 임명하고 평가하는 등의 인사 행정

호조戶집 호 曹관청 조 조세, 토지, 재정, 호구집과 인구 조사 등

예조禮예절 예 曹관청 조 의례, 외교, 교육, 문화

병조兵병사 병 曹관청 조 군사, 국방

형조刑형벌 형 曹관청 조 사법, 형벌

공조工장인 공 曹관청 조 토목, 산업, 기술

◇ **역할** 행정 실무를 담당하는 중앙 관청으로, 정책을 집행하는 부서

◇ **운영 방식**

각 조는 판서장관가 책임자로 있었고, 정랑과 좌랑 등 실제 업무를 보는 관료들이 있었어요.

◇ **특징**

태종 때는 6조가 왕의 명령을 직접 집행하는 '6조 직계제'가 운영되었고, 세종 때 의정부와 의견을 나누는 식으로 바뀌었어요.

🔔 3사

◇ 구성

사헌부 관리의 잘못된 행동 등을 감독해 다잡음.

사간원 왕의 잘못된 정치를 비판하고 잘못을 고치도록 이야기함.

홍문관 학문 연구 및 왕에게 의견을 전하는 일과 경연을 함.

◇ 역할

❶ 왕과 대신_{장관}의 권력을 견제하며, 정치적 균형을 유지했어요.

❷ 언론 기관으로서 중요한 역할을 수행했어요.

❸ 사헌부와 사간원이 협력하여 활동했고, 홍문관은 학문적으로 왕을 뒷받침했어요.

❹ 왕권과 신권의 균형을 맞추는 데 기여했지만, 왕권이 강할 때는 역할이 축소되기도 했어요.

🔔 승정원

◇ 구성

도승지 왕 가장 가까이에서 일을 돕는 최고 책임자

승지 도승지를 보좌하며, 6명이 각기 업무를 나누어 담당함.

◇ 역할

❶ 6조와 승정원이 협력해 신속히 업무를 처리했어요.

❷ 왕의 명령을 각 관청에 전달하고 결과를 보고했어요.

❸ 국왕과 신하 사이의 의견을 전달하는 역할을 했어요.

❹ 국정 전반을 기록하는 일기인 『승정원일기』를 작성했어요.

❺ 왕권을 보좌_{윗사람을 도와 일을 함.}하면서도 왕권 강화를 돕는 핵심 기관이었어요.

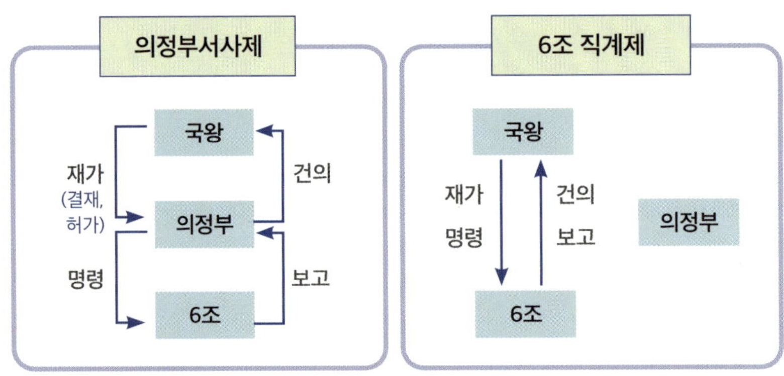

의정부와 6조의 역할을 설명해 보세요.

조선의 과거 제도

비교 단어 조선의 교육 기관, 조선의 신분 제도

과거 제도는 조선 시대에 관리를 뽑는 국가시험 제도예요. 고려 시대부터 시작된 제도지만, 조선에 와서 더 발전하고 체계화되었답니다. 과거는 크게 문과, 무과, 잡과로 나뉘었어요.

	목적	시험 내용	응시 자격	시험 단계
문과	성리학적 지식과 학문적 능력을 갖춘 관리 선출	유교 경전과 문학에 관한 시험	• 양인 이상 가능하며, 주로 양반이 응시 • 천민과 중인은 응시할 수 없음.	• 소과 초시 → 복시 소과 합격자는 '생원' 또는 '진사'로 불림. • 대과 초시 → 복시 → 전시
무과	군사적 능력을 갖춘 무관 선출	말타기, 활쏘기, 병법 등 군사 지식과 무예를 시험	문과 응시가 제한된 서얼, 평민	초시 → 복시 → 전시
잡과	기술직(의학, 천문학, 역학, 외국어 등) 관리 선출	각 전문 분야의 전공과목 외에도 잡과의 공통 과목으로 『경국대전』과 유교 경전을 함께 시험	주로 중인 계층	초시 → 복시

과거는 보통 3단계로 치러졌어요. 각 지방과 한양에서 치르는 1차 시험은 '초시'이고, 1차 합격자들이 치르는 2차 시험은 '복시', 왕 앞에서 치르는 최종 시험을 '전시'라고 했어요. 전시에서 1등을 하는 것을 '장원 급제'라고 불렀지요. 과거 시험은 대개 3년마다 실시되는 '식년시'와 특별한 경우에 실시하는 '별시'가 있었어요.

또한 문과 시험은 유교 경전 전체를 시험하는 '대과'와 사서오경 중 한 가지만 시험보는 '소과'로 나뉘기도 했답니다.

조선의 과거 제도는 신분에 따른 제한이 있었어요. 일반 백성인 상민도 법적으로는 과거를 볼 수 있는 자격이 있었던 데 반해, 양반 집안에서 태어나도 어머니의 신분 때문에 차별받던 서얼 출신은 과거 시험을 보기 어려웠지요. 하지만 17세기 이후에는 제한적으로 가능해졌어요.

▲ 함흥에서의 과거 시험
출처: <함흥에서의 과거 시험>, 국립중앙박물관

✚ 고려 시대 과거 제도와의 차이점

고려 시대에는 2년에 한 번씩 시험을 보았는데, 조선 시대에는 3년에 한 번씩 보았어요. 또 고려 시대에는 무과는 없고 승려를 대상으로 한 승과가 있었는데, 조선 시대에는 무과가 시행되는 대신 승과가 없어졌지요.

'압권(壓卷)'의 유래

과거 시험에 수많은 답안지가 나오다 보니 어떤 답안지가 가장 좋은지 구별하기 위해 등급을 매겨 채점했어요. 가장 뛰어난 답안지는 시험지의 맨 위에 두고 그 아래로 다른 답안들을 두었는데 이것을 '압권', 즉 '권자(답안지)를 누른다'라고 했지요. 시간이 지나면서 '압권'은 '가장 뛰어난 작품'이라는 의미로 쓰이게 되었답니다.

9번의 장원 급제, 율곡 이이

조선의 대표적인 유학자인 율곡 이이는 과거 시험에서 총 9번이나 장원 급제한 것으로 알려져 있어요. 율곡 이이에게 왜 계속 과거에 응시하느냐고 물었더니 그는 "어머님이 기뻐하신다."라고 대답했다고 해요. 율곡 이이의 어머니가 바로 신사임당이에요.

헷갈리면 안 돼!

조선 시대 상민도 법적으로는 과거를 볼 자격이 있었지만, 실제로는 교육 기회와 사회적 차별로 인해 시험을 보기 어려웠어요. 그러나 천민(노비)은 법적으로도 시험 볼 자격이 없었답니다.

스스로 정리하는 개념어

조선의 과거 제도 종류를 설명해 보세요.

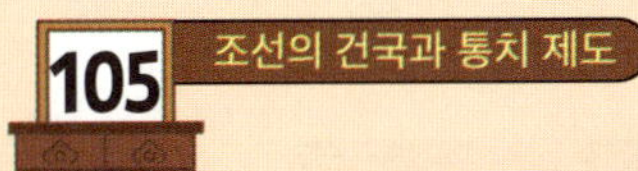

조선의 교육 기관

비교 단어 조선의 과거 제도

조선 시대에는 유교 교육을 위한 다양한 교육 기관이 있었어요. 국가에서 공식적으로 세운 교육 기관인 '관학官벼슬 관 學배울 학'과 일반에서 자율적으로 세운 '사학私사사 사 學배울 학'으로 나뉘었지요. 관학에는 성균관과 향교가 있었고, 사학에는 서원과 서당이 있었어요.

	관학		사학	
	성균관	향교	서원	서당
위치	수도 한양(현재의 서울)	각 지방	각 지방	마을 곳곳
역할	조선 최고의 중앙 교육 기관. 문과(文科) 관리 양성의 중심지	성균관을 제외한 중등·사립·초등 교육 기관. 지방 양반 자제를 중심으로 유학 교육 제공	사립 교육 기관. 성리학 연구와 지방 유생 교육을 담당	초등 교육 기관. 한문과 유교 경전의 기초 교육, 예절, 도덕, 글쓰기, 기초 학문 교육
학생	소과(小科)를 합격한 생원과 진사가 입학	지방 양반 자제들이 입학. 국가에서 장학금(미곡)을 지급하며 교육 지원	주로 지방 양반 자제들이 입학	일반 백성의 아이들도 입학 가능
교육 내용	유교 경전, 관리로서 필요한 지식과 학문	유교 경전, 예절 교육, 관리로서의 지식	유교 경전, 도덕, 과거 준비 등	기초적인 학문 및 과거 준비, 일반 상식 교육 등
특징	왕이 주관하는 특별 강연이 열리기도 했고, 유생(유학을 공부하는 선비)들은 과거 준비와 동시에 조선 유교의 중심 역할을 수행	지방 양반의 학문적 기반과 사회적 위상을 높이는 데 기여했고, 향교에서 과거를 준비한 학생들이 중앙으로 진출	교육뿐만 아니라 선현(성현. 예전에 살았던, 지혜롭고 훌륭한 사람)들의 제사를 지내는 기능도 수행	초등 교육 기관의 역할과 일반 백성들을 교육하는 기능을 수행

이런 교육 기관들은 모두 유교 경전을 가르치는 것이 중심이었어요. 『사서』와 『오경』이라는 유교의 기본 경전을 공부했고, 역사서와 시문시와 글도 배웠지요. 교육 방법은 주로 경전을 암기하고 이해하는 것이었답니다. 조선 시대 교육 기관의 발달은 유교 문화의 확산과 인재 양성에 큰 역할을 했어요. 하지만 시간이 지나면서 형식적인 면이 강해지고 실용적인 학문보다는 과거 시험 준비에 치중하게 되는 문제점도 생겼답니다.

▲ 성균관

출처: <서울 문묘 및 성균관<대성전·동무·서무·삼문·명륜당>_명륜당>, 국가유산청

🏵 함께 기억해요 🏵

✚ 서원의 발전과 붕당(朋벗 붕 黨무리 당)정치

서원은 중종 때 주세붕이 백운동 서원(후의 소수 서원)을 세우면서 시작되었어요. 이후 퇴계 이황, 율곡 이이 등 대학자들에 의해 크게 발전했지요. 그런데 시간이 지나면서 서원이 특정 학파나 정치 세력의 근거지가 되기도 했어요. 서인, 남인, 노론, 소론 등 붕당(같은 생각을 하는 사람끼리 모인 집단)들이 각각 자기 학파의 서원을 세우고 세력을 키웠지요. 결국 영조와 정조 때는 서원의 숫자를 크게 줄이는 '서원 정리'가 이루어졌답니다.

 **스스로 정리하는 개념어**

조선 최고의 중앙 교육 기관을 말해 보세요.

조선의 세금 제도

하위어 대동법

조선 시대의 세금 제도는 농업 중심의 경제 구조를 바탕으로 하여 국가 살림에 필요한 돈을 확보하고 사회의 안정적 운영을 위해 만들어졌어요. 논과 밭에 매겨지는 세금인 '전세田밭 전 稅세금 세', 사람에게 매겨지는 '공납貢바칠 공 納들일 납', 노동력을 제공하는 '역役부역 역' 세 가지로 구성되어 있었지요.

	전세	공납	역
내용	땅에 매기는 세금으로 생산량의 일정 비율(주로 1/10)을 세금으로 걷음.	지방의 특산물을 바치는 세금	노동력을 제공하는 세금으로 주로 성, 군사 시설, 관아 건축 등의 공사에 인력을 동원
운영 방식	고려 말~조선 초 과전법, 조선 세종 때 공법(생산량에 따라 세금 비율을 달리하는 방식으로 농민의 부담을 줄임.) 시행	지방 관청이 중앙 정부의 지시에 따라 필요한 물건을 걷음.	16세~60세 남자에게 부과되었고, 군역(병역)과 요역(노동)으로 구분
문제점	양반 지주(땅의 소유자)들이 전세를 농민에게 다 떠넘기거나 너무 많이 내게 함.	농민이 실제 생산하지 않는 물건을 내야 하거나 방납(중간 관리가 농민 대신 물품을 납부하고, 농민에게 비싼 값으로 받아 내는 것)으로 인한 경제적 착취가 심함.	부유층은 군역을 면제받고, 하층민에게 부담이 가중됨.

❈ 함께 기억해요 ❈

＋ 주요 세금 개혁

✔ **연분 9등법** 농작물이 잘되고 안 되는 것에 따라 9등급으로 나누어 세금 부과(태종)

✔ **공법** 토지 비옥도(땅이 기름져 농작물이 잘 자라는 정도)에 따라 6등급으로 나누어 세금 부과(세종)

✔ **대동법** 공납을 쌀로 통합해 내는 방법(광해군)

✔ **균역법** 군역 부담을 줄이고 포(베)를 1포씩 내는 방법(영조)

＋ 삼정의 문란과 개혁

조선 후기에는 삼정(전세, 공납, 역)의 문란(어지러움)이 심해져 농민의 부담이 증가했어요. 조선 후기 세도 정치 시기인 1862년, 농민들이 참다가 부당함에 들고 일어난 것을 계기로 삼정의 문란을 바로잡기 위해 '삼정이정청'이라는 기구를 설치했으나 큰 효과를 보지는 못했답니다.

스스로 정리하는 개념어

> 조선의 세 가지 주요 세금 제도를 설명해 보세요.

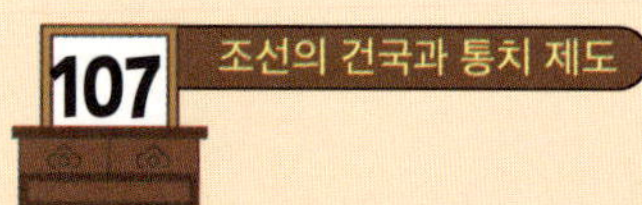

대동법

大 클 대 同 한가지 동 法 법 법
상위어 조선의 세금 제도

대동법은 조선 후기에 있던 것으로, 각 지방에서 특산물을 바치던 공납 제도를 개혁한 것이에요. 공납 제도는 지역 특산물을 세금으로 내게 한 것인데, 실제로 그 지역에서 나오지 않는 물건을 요구하거나 중간 관리들이 '방납'을 통해 물건을 빼앗는 문제가 발생했어요. '방납'은 '대신 낸다'라는 뜻으로, 그 지역에서 생산되지 않는 특산물을 내야 할 때 방납인이라 불리는 상인이나 권력이 있는 사람에게 돈을 내고 물건을 구하는 것이에요. 방납인들은 농민에게는 비싼 돈을 받고 관청에는 낮은 품질의 물건을 내거나 개수를 속이기도 했어요. 또 제대로 된 물건을 구해서 내도 품질을 트집 잡아 억지로 방납인들에게 물건을 사게 하기도 했지요. 이렇게 공납의 중간 과정에서 문제가 생기자 농민들의 부담이 가중되고, 농민의 불만과 사회 불안이 커졌어요. 이를 해결하기 위해 '대동법'이 시행되었답니다.

대동법의 '대동大同'은 '크게 같게 한다'라는 뜻으로, 다양한 특산물 대신 쌀로 통일해서 세금을 내도록 한 것이에요. 대동법은 땅의 넓이에 따라 쌀을 내도록 했는데, 1결약 3천 평당 쌀 12두약 108kg를 내는 것이 원칙이었어요. 그리고 정부는 이 쌀로 '대동미'라는 나랏돈을 만들었고, 필요한 물건은 시장에서 사는 식으로 바꿨답니다. 대동법의 시행으로 백성들의 부담이 크게 줄었어요. 공납의 문제가 사라졌고, 세금 부담이 토지 소유자에게 집중되어 양반들도 세금을 내게 되었지요. 또한 관청에서 필요한 물건을 시장에서 사게 되면서 상업과 수공업이 발달하게 되었답니다. 대동법은 광해군 때인 1608년 경상도에서 처음 시행되었고, 점차 확대되어 숙종 때 전국적으로 시행되었답니다.

◉ 함께 기억해요 ◉

✚ 김육과 대동법

김육은 조선 후기의 실학자이자 대동법 확대에 크게 기여한 인물이에요. 그는 효종 때 호조 판서로 있으면서 대동법을 전국적으로 확대하려고 노력했지요. 특히 한양에서 먼 평안도와 함경도 지역의 대동법 시행을 위해 노력했어요. 또한 김육은 대동법 시행을 위해 필요한 상업 발전과 화폐 유통에도 관심을 가져 동전의 제작 유통에도 힘썼답니다. 그의 노력으로 대동법이 전국으로 확대되었고, 이는 조선 후기 상업 발전에 큰 영향을 미쳤어요.

헷갈리면 안 돼!

대동법과 균역법은 다른 제도예요. 대동법은 공납을 개혁한 것이고, 균역법은 군역을 개혁한 것이랍니다.

스스로 정리하는 개념어

대동법이 시행되면서 공납 제도의 어떤 문제가 해결되었는지 설명해 보세요.

조선의 방어 체제

비교 단어 장용영

조선 시대의 방어 체제는 국가를 외부의 침략으로부터 보호하기 위한 체계적인 시스템이었어요. 군사 조직으로는 중앙군과 지방군이 있었어요. 중앙군은 '5군영군대가 머무는 5개 장소' 체제로, 지방군은 '진관' 체제로 전국을 여러 개의 진鎭진압할 진. 한 지역을 편안하게 하는 군대으로 나누어 체계적으로 관리했어요.

조선은 특수한 방어 시스템도 갖추고 있었어요. 북쪽 지방에는 '4군 6진'을 설치하여 여진족의 침입을 막았고, 남쪽 지방에는 수군과 함선, 진 등을 두어 왜구를 막았지요. 또한 전국에 봉수제밤에는 횃불, 낮에는 연기로 소식을 알림.를 설치하여 신속하게 위험을 알리는 통신 체계도 갖추었답니다.

▲ 봉수대
출처: <협자연대>, 한국민족문화대백과사전

🌸 함께 기억해요 🌸

➕ 4군 6진 개척

세종 때 최윤덕과 김종서를 중심으로 압록강과 두만강 유역의 국경 방어선을 넓혀 북방 여진족의 침략을 방어했어요.

➕ 훈련도감

조선 최초의 상비군(국가 비상 상황에 대비하게 만든 군대) 조직으로 화포, 조총 등 신무기를 중심으로 훈련된 전문 군대예요. 중앙군을 보완하며 국가 방어의 핵심 역할을 했어요.

스스로 정리하는 개념어

조선이 외부 침략을 신속하게 알리기 위해 어떤 제도를 이용했는지 설명해 보세요.

조선의 신분 제도

비교 단어 조선의 과거 제도

조선 시대의 신분 제도는 크게 양반, 중인, 상민, 천민의 네 계층으로 나뉘었어요. 법적으로 신분이 정해지고, 그에 따라 권리와 의무, 직업과 생활 방식이 엄격히 달랐지요.

양반	조선 사회의 지배층으로, 모든 관직을 차지했어요. 과거 시험을 볼 수 있었고, 토지를 갖고 세금은 내지만 노동할 의무는 없는 경우가 많았지요. 토지와 노비를 갖고 경제적 부를 누렸고 성리학적 가치를 중시하며, 사회 규범과 문화를 이끌었어요.
중인	양반과 상민 사이에 있는 계층으로, 기술직 관리나 전문직에서 일했어요. 역관(통역관), 의관(의사), 산관(수학자), 화원(화가) 등이 여기에 해당했지요. 전문적인 기술과 지식을 가지고 있었지만, 고위 관직에 오를 수는 없었어요.
상민	조선 사회의 대부분을 차지하는 일반 백성들이에요. 농업, 상업, 수공업 등에서 일했고, 세금을 내고 군역과 요역 같은 의무를 담당했지요. 법적으로는 과거 시험을 볼 수 있었지만, 실제로는 교육 기회가 부족해 어려웠어요. 전체 인구의 약 75~80%를 차지했답니다.
천민	사회의 최하층으로, 노비·백정·무당·광대 등이 여기에 속했어요. 특히 노비는 주인에게 속한 재산으로 취급되었고, 세습(자식들에게 계속 물려줌.)되기도 했지요. 노비는 국가 소유의 노비(공노비)와 개인 소유의 노비(사노비)로 나뉘었어요.

▲ 조선의 신분 제도

조선 후기로 갈수록 신분제가 느슨해졌어요. 부유한 상민이 양반의 지위를 사거나, 노비가 돈을 모아 신분을 벗어나는 경우도 있었지요. 결국 1894년 갑오개혁으로 법적인 신분제는 없어졌어요.

+ 서얼

서얼은 아버지는 양반이지만 어머니가 첩(정식 부인이 아닌 여자)이라서 원래 부인에게서 태어난 아이와는 구별되었지요. 서얼은 기본적으로 양반 신분이었지만, '서얼 차대'라는 차별을 받았어요. 특히 과거 시험 중 문과에 응시할 수 없었고, 관직에 오르더라도 고위 관직에는 오를 수 없는 제한이 있었답니다.

결국 서얼들은 부당한 차별에 맞서 신분 차별 철폐 운동을 벌였어요. 그래서 영조와 정조 시대에 일부 제한이 완화되었고, 이후 순조 때인 1801년에 드디어 서얼들의 문과 응시가 허용되었답니다.

『양반전』의 풍자

조선 후기 문학 작품 중 『양반전』이라는 소설이 있어요. 박지원이 쓴 이 작품은 몰락한 양반이 거지처럼 살게 되었는데도 체면을 차리며 허세를 부리는 모습을 풍자했어요. 어느 거지 두목이 "당신도 거지인데 왜 양반 행세를 하느냐?" 라고 묻자, 양반은 "내가 비록 거지가 되었어도 사람들이 나를 '양반 거지'라고 부르니 그것만으로도 자랑스럽다."라고 대답해요. 이 이야기는 조선 후기 신분제가 얼마나 형식적이고 허구적이었는지를 잘 보여주는 예시랍니다.

헷갈리면 안 돼!

고려 시대의 백정과 조선 시대의 백정은 달라요. 고려 시대에는 농민을 '백정'이라고 불렀어요. 즉, 고려 시대의 백정은 천인이 아니라 양인이고 농사를 짓는 농민이었지요. 조선 시대의 백정은 가축을 죽여서 고기를 다루는 직업이었고, 신분은 천민이었어요.

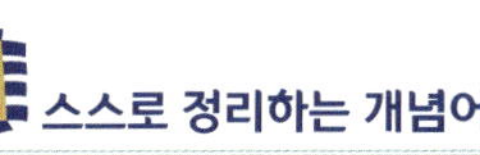

스스로 정리하는 개념어

조선 시대에 세금을 내었고 가장 많은 수를 차지하던 신분을 설명해 보세요.

훈구파와 사림파

비교 단어 사화, 붕당

<u>훈구파와 사림파는 조선 시대의 두 핵심 정치 세력</u>으로, 서로 다른 출신 배경, 정치적 이념과 성향을 가지고 맞섰어요. 이들의 갈등은 조선 정치사에서 중요한 전환점이 되었답니다.

🔔 훈구파

조선 초기부터 중앙 정계에서 활동하던 고위 관료들로, 세조가 단종에게서 왕위를 뺏는 것을 찬성하고 이후 실제 정치권력을 차지한 세력이에요. '훈구'는 '나라에 공을 세운 오래된 신하'라는 뜻으로, 주로 공신과 그 자손들로 구성되었지요. 이들은 현실적이고 이익이 되는 정치를 했으며, 중앙 집권으로 나라를 다스리는 것을 좋아했어요.

🔔 사림파

조선 중기에 지방에서 성장한 신진 사대부들로, 성종 때부터 중앙에 진출하기 시작한 개혁 세력이에요. '사림'은 '학자들의 모임'이라는 뜻으로, 주로 지방에서 학문을 배우던 선비들이었지요. 이들은 성리학적 이념에 충실하며, 도덕과 의리를 중시했고, 지방 분권나라를 다스리는 일을 중앙 정부에 집중되지 않게 각 지방에도 나누는 것과 왕권 견제를 주장했어요.

훈구파와 사림파는 정치적 이념과 성향의 차이로 갈등을 겪었는데, 연산군과 중종 때 여러 차례의 사화士선비 사 禍재앙 화. 반대파에 의해 참혹한 화를 입는 일를 통해 대립했어요. 선조 때부터는 사림파가 정치를 주도하게 되었고, 이후 사림이 동인과 서인으로 나뉘면서 붕당 정치가 시작되었답니다.

	훈구파	사림파
구성	조선 초기 공신들과 그 자손들	지방에서 성장한 신진 사대부들
성향	현실적, 실용적, 중앙 집권적	이념적, 도덕적, 분권적
중시한 가치	왕권 강화, 국가 통제, 실리적 정치	성리학적 이념, 도덕과 의리, 향촌 자치(시골 마을 스스로 다스림.)
대표 인물	한명회, 신숙주, 정인지 등	김종직, 조광조, 이황, 이이 등

 **스스로 정리하는 개념어**

> 훈구파와 사림파의 가장 큰 차이점을 설명해 보세요.

사화

내가 읽은 횟수

士 선비 사 禍 재앙 화

비교 단어 훈구파와 사림파

'사화'는 조선 전기에 훈구파와 사림파 간의 정치적 대립으로 발생한 여러 차례의 정치적 숙청^{반대파} 를 없앰. 사건을 말해요. 주로 사림파가 훈구파와 왕권 중심의 세력에 의해 피해를 보았지요.

사화는 15세기 말부터 16세기 중반까지 네 차례에 걸쳐 일어났는데, 무오사화·갑자사화·기묘사화· 을사사화가 바로 그것이랍니다.

사화가 발생한 근본적인 원인은 훈구파와 사림파의 정치적 대립이었어요. 기존에 정치권력을 갖고 있던 훈구파는 지방에서 새롭게 성장해 중앙으로 진출하는 사림파를 견제하고자 했지요. 특히 사림 파가 성리학적 의리와 도덕을 강조하며 훈구파의 정치적 행태를 비판하자, 훈구파는 이들을 없애려 고 했답니다. 사화를 거치면서 사림파는 더 단단히 뭉쳤고, 결국 선조 때에 이르러서는 사림파가 권 력을 잡았어요.

무오사화	연산군 4년, 성종 때 사림파인 김종직이 쓴 '조의제문'을 그의 제자 김일손이 사초에 실었어요. 그런데 이 것이 세조가 왕의 자리를 빼앗은 것을 간접적으로 비판하는 내용으로 해석되어 문제가 되었어요. 훈구파 가 이를 역모(왕을 배신함.)로 몰아 사림파를 대대적으로 탄압했지요. 사림파와 훈구파의 본격적인 대립이 시작된 사화예요.
갑자사화	연산군이 자신의 어머니 폐비 윤씨의 사사(죄인에게 독약을 내려 죽임.) 사건을 알게 되면서 폐비 윤씨 사건 에 연루된 훈구파와 사림파를 무차별적으로 죽인 사건이에요. 많은 관리와 학자가 희생되었고, 연산군의 포악한 정치로 이어졌어요.
기묘사화	중종 때 조광조가 이끈 급진적인 개혁이 훈구파의 반발을 샀고, 훈구파가 이를 역모로 몰아 사림파를 탄압 했어요. 조광조를 비롯한 사림파가 제거되며 개혁이 좌절되고, 다시 훈구파가 정권을 잡았어요.
을사사화	명종 즉위 초, 문정 왕후가 수렴청정하던 시기에 외척(어머니 쪽 친척) 간 권력 다툼이 심해졌어요. 대윤이 라 불린 윤임과 소윤이라 불린 윤원형의 대립으로 윤원형이 윤임을 없애기 위해 사림파를 탄압했지요. 윤 임과 연결된 사림파가 대대적으로 제거되었어요.

헷갈리면 안 돼!

사화는 사림파와 훈구파의 대립이고, 붕당 정치의 폐단은 사림파끼리 분열해 발생했어요.

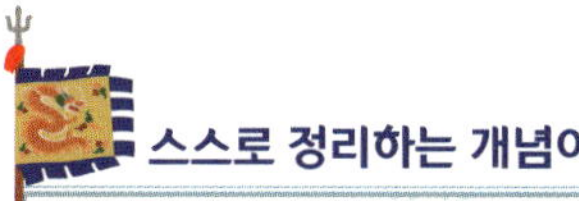 **스스로 정리하는 개념어**

사화는 어떤 세력들 간의 갈등인지 설명해 보세요.

조광조

비교 단어 훈구파와 사림파, 사화

조광조는 조선 중종 때의 정치가이자 학자예요. 성리학을 바탕으로 한 이상적인 유교 정치를 하려고 했던 개혁가로, 중종반정연산군을 몰아내고 성종의 둘째 아들인 진성 대군, 곧 중종을 왕으로 추대한 사건 이후 새로운 정치를 이끄는 중심인물이었어요. 조선 사림파의 대표적 인물로, 과거의 문제점을 개혁하려 했어요.

조광조는 '현량과'라는 추천 제도를 이용해 사림파 인재들을 관리직에 많이 넣었고, 도교의 제사를 지내던 곳인 소격서를 없애고, 위훈 삭제공신의 지위와 재산을 뺏는 사건 등 급진적인 개혁을 펼쳤어요.

그러나 그의 이러한 급진적인 개혁은 훈구파의 강한 반발을 불러일으켰어요. 특히 공신들의 위훈을 삭제하자는 주장은 중종반정의 공신들을 자극했지요. 결국 훈구파의 반격으로 1519년중종 14년 기묘사화가 일어나 조광조는 화를 입고 능주로 유배된 후 사약을 받아 38세의 나이로 생을 마감했어요.

◈ 함께 기억해요 ◈

+ 조광조의 주요 업적과 개혁 정책

- ✔ **현량과 시행** 지식이 많고 인성이 좋은 사람을 추천해 관리를 시키는 제도를 시행했어요.
- ✔ **소격서 폐지** 소격서는 도교의 의식을 주관하는 관청이었어요. 도교의 의식이 유교적 정치 이념에 어긋난다고 보아 소격서를 없앴어요.
- ✔ **향약 보급** 향약은 상부상조(서로서로 도움)와 공동체 윤리를 강조하는 유교적 규칙으로 향촌 자치를 강화하기 위한 규칙이었어요. 백성들의 도덕성을 높이기 위해 향약을 전국적으로 퍼지게 했지요.
- ✔ **위훈 삭제** 훈구파의 공훈(나라에 세운 공로)을 부풀린 가짜 공훈(위훈)을 삭제해 부패한 훈구 세력을 견제하려 했어요.

주초위왕 이야기

기묘사화의 발단이 된 유명한 '주초위왕' 사건이 있어요. 이것은 '주(走)'와 '초(肖)'를 합치면 '조(趙)'가 되므로, '조씨가 왕이 된다'라는 뜻으로 훈구파 세력들이 조광조를 몰아내기 위해 꾸민 일로 보고 있어요. 궁궐 안 나뭇잎에 꿀을 발라 '주초위왕'이라는 글자를 쓴 후, 벌레들이 꿀을 먹게 하여 나뭇잎에 이 글자가 새겨지게 했다는 것이지요. 이 나뭇잎을 본 중종은 크게 놀랐고, 훈구파 세력들은 조광조가 왕위를 노리고 있다고 중종을 설득해 결국 중종이 조광조와 사림파를 제거하기로 결심한 것이에요.

하지만 이 이야기는 당대 『중종실록』에는 기록되지 않고, 50년 후인 『선조실록』에 처음 등장하여 역사적 사실인지는 논란이 있어요.

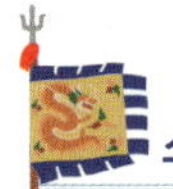 **스스로 정리하는 개념어**

조광조가 추진한 대표적인 개혁 정책을 설명해 보세요.

붕당

朋 벗 붕 黨 무리 당

비교 단어 훈구파와 사림파

'붕당'이란 말 자체는 '친구들의 무리' 또는 '같은 뜻을 가진 사람들의 모임'이라는 뜻이에요. 원래는 같은 학문적 목표와 유교적 이상^{최고의 상태}을 공유하던 사림파에서 시작되었으나, 조선 중기 이후 학문과 정치 성향에 따라 여러 무리로 나뉘면서 본격적인 붕당 정치가 시작되었어요.

붕당은 16세기 중반 선조 때부터 시작되어 17~18세기에 가장 활발했어요. 처음에는 동인과 서인으로 나뉘었고, 이후 동인은 다시 남인과 북인으로, 서인은 노론과 소론으로 갈라졌지요. 이들은 각자 자신들의 정치적 이념과 학문적 분야를 바탕으로 정치 활동을 했답니다.

붕당 정치는 처음에는 정치적 견제와 균형을 통해 왕권을 견제하고 정치의 발전을 가져왔어요. 사림들은 서로 다른 정치적 의견을 가지고 있었지만, 상대를 완전히 배제하지 않고 함께 존재했지요. 이를 붕당 정치의 초기 형태 또는 온건한 붕당 정치라고 불러요. 그러나 시간이 지나면서 붕당 간의 대립이 심해지고, 상대를 완전히 제외하는 당파성^{해당 모임의 성격}이 강해졌어요. 특히 숙종 때부터는 '환국^{국가의 형편이 바뀜.}'이라 하여, 왕이 정권을 교체할 때마다 한 붕당이 권력을 혼자 차지하는 일이 반복되었지요. 이렇게 당파로 나뉘어 서로 싸우는 일은 조선 후기 정치 발전을 방해했어요.

❁ 함께 기억해요 ❁

✚ 동인과 서인

김효원이 '이조 전랑'의 직책을 맡느냐 맡지 못하느냐의 문제로 동인과 서인으로 나뉘었어요. '이조 전랑'은 인사권을 가지고 높은 관직을 살펴 문제가 있으면 자리에서 내려오게 할 수 있는 핵심 관직이에요. 김효원은 경복궁의 동쪽에 살고 있었고, 이를 반대하던 심의겸은 서쪽에 살고 있어서 동인과 서인으로 불리게 되었답니다. 동인은 주로 이황의 학문 계통을 이은 영남 사림들이 많았고, 서인은 이이의 학문 계통을 이은 사림들이 많았지요.

✚ 기해예송과 갑인예송

붕당 간의 갈등이 드러난 사건으로 '예송(예절에 관한 논란)'이 있어요. 첫 논쟁은 효종이 죽었을 때 자의 대비(효종의 계모)의 상복 입는 기간을 놓고 서인과 남인이 크게 대립한 것이에요. 기해년(1659년)에 일어나 '기해예송'이라고 하고, 서인이 승리했어요. 갑인년(1674년)에 일어난 두 번째 논쟁인 '갑인예송'은 현종이 임금이 된 다음 효종의 왕비였던 인선 황후가 죽자 조대비(시어머니)의 상복 입는 기간을 놓고 일어났어요. 여기에서는 남인이 승리해 정권을 잡게 되었어요.

헷갈리면 안 돼!

붕당은 사림파 내부가 갈라지는 것에서 시작되었지만, 사림파 자체가 곧 붕당은 아니에요.

스스로 정리하는 개념어

붕당이 무엇인지 설명해 보세요.

임진왜란

비교 단어 이순신, 의병

임진왜란은 1592년선조 25년 **임진년에 일본의 도요토미 히데요시가 조선을 이용해 명나라를 정복하려는 욕심에 조선을 침략한 전쟁이**에요. 7년1592~1598년간 계속된 이 전쟁으로 조선은 큰 피해를 보았어요.

임진왜란이 시작되자 조선의 군대는 제대로 대응하지 못했고, 선조는 한양을 버리고 의주까지 피난을 가야 했지요. 이를 '파천임금이 도성을 떠나 다른 곳으로 피란하는 일'이라고 해요.

하지만 조선은 쉽게 무너지지 않았어요. 바다에서는 이순신 장군이 이끄는 조선 수군해군이 여러 해전에서 계속 이겼어요. 육지에서는 전국 각지에서 의병다른 나라의 침입에서 나라를 구하기 위해 백성들이 스스로 만든 군대이 일어났어요. 많은 의병장이 스스로 군대를 모아 일본군에 맞섰고, 이는 조선을 지키는 큰 힘이 되었지요. 또한 조선의 부탁으로 명나라 군대가 조선을 도우러 왔어요. 조선과 명나라의 연합군은 평양성을 되찾고 일본군을 남쪽으로 밀어냈어요. 1593년에는 권율 장군이 행주산성에서 큰 승리를 거두었고, 이후 일본과 명나라 사이에 협상이 시작되었어요. 하지만 1597년 협상이 깨지면서 도요토미 히데요시는 조선에 다시 군대를 보냈는데, 이것이 '정유재란'이에요.

1598년에 도요토미 히데요시가 죽자 일본군은 조선에서 완전히 물러났지만, 그 과정에서 이순신 장군이 '노량 해전'에서 전사했어요. 그리고 일본은 물러나면서 많은 문화재와 서적을 빼앗아 갔고, 도자기 기술자 등 많은 기술자도 데려갔지요. 이 전쟁으로 인해 조선은 큰 피해를 보았어요.

▲ 부산진순절도

✦ **임진왜란의 주요 전투**

✔ **부산진 전투**

　일본군이 처음 육지로 올라온 전투로, 정발 장군이 장렬히 전사했어요.

✔ **한산도 대첩**

　이순신 장군이 펼친 학익진 전법으로 일본 수군을 대파한 해전이에요.

✔ **진주성 전투**

　1차 전투에서는 김시민 장군의 활약으로 승리했으나, 2차 전투에서는 패배했어요.

✔ **평양성 전투**

　명나라 군대와 함께 평양성을 되찾은 전투예요.

조총 이야기

　임진왜란 당시 일본군이 가진 가장 강력한 무기는 '조총(鳥새 조 銃총 총)'이었어요. '조총'이라는 이름은 '하늘을 나는 새도 떨어뜨린다'라는 뜻으로, 포르투갈 상인들로부터 얻은 새로운 무기였어요. 조총은 멀리서도 화살보다 강력해서 적을 쓰러뜨릴 수 있어 초기 전투에서 조선군은 이 새로운 무기 앞에 속수무책이었어요. 나중에는 조선도 조총 부대를 만들고 방어책을 마련했지만, 조총의 등장은 전세를 크게 바꾸었답니다.

헷갈리면 안 돼!

　임진왜란(1592년)과 정유재란(1597년)은 하나의 전쟁이지만, 각각 다른 시기의 침략이에요. 임진년에 시작한 전쟁을 '임진왜란'이라고 부르는데, 임진왜란과 휴전 기간, 정유재란 모두를 합해서 '임진왜란'이라 부르기도 해요.

스스로 정리하는 개념어

임진왜란이 무엇인지 설명해 보세요.

이순신

비교 단어 임진왜란, 난중일기

이순신은 조선 중기의 무신으로, 임진왜란과 정유재란에서 조선 수군을 이끌며 일본군에 맞서 나라를 지킨 위대한 장군이에요. 그는 뛰어난 전술과 전략, 그리고 헌신적인 리더십으로 한산도 대첩, 명량 해전, 노량 해전 등에서 승리하며 조선의 바다를 지켰답니다.

이순신은 젊은 시절부터 뛰어난 무예를 보였지만, 여러 차례 과거에 실패했고 28세에 드디어 무과에 합격했어요.

1591년, 전라 좌수사로 부임한 이순신은 일본의 침략을 미리 짐작하고 전쟁 준비를 했어요. 거북선을 만들고 군사 훈련을 강화했지요. 임진왜란이 일어나자 이순신은 옥포, 사천, 당포, 한산도 등 여러 해전에서 일본 수군을 물리쳤어요. 특히 한산도 대첩에서는 학익진학이 날개를 편 듯이 치는 군사 대열 전법으로 일본 수군을 대파해 바다의 주도권을 장악했지요.

이순신은 전쟁 중에 원균의 모함과 일본 첩자의 이간질로 투옥되어 고문까지 당했

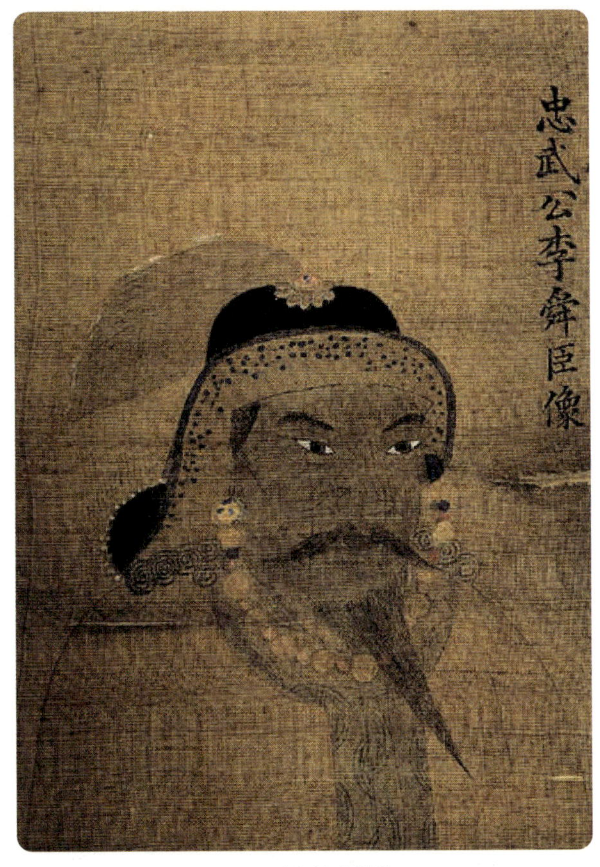

▲ 이순신 초상화

어요. 그러다가 백의종군직책을 빼앗기고 평범한 병사로 전쟁에 참여하는 것을 명받았지요. 하지만 원균이 이끌던 조선 수군이 칠천량 해전에서 패배하자 이순신은 다시 삼도수군통제사가 되었어요. 이때 조선 수군에게는 겨우 12척의 배만 남아 있었지요. 이순신은 명량 해전에서 이 12척의 배로 133척의 일본 함대와 맞서 기적적인 승리를 거두었답니다.

1598년 노량 해전에서 이순신은 "내 죽음을 적에게 알리지 마라."라는 유명한 말을 남기고 전사했어요. 그가 남긴 『난중일기』는 당시 상황을 생생하게 기록한 귀중한 자료로 남아 있어요.

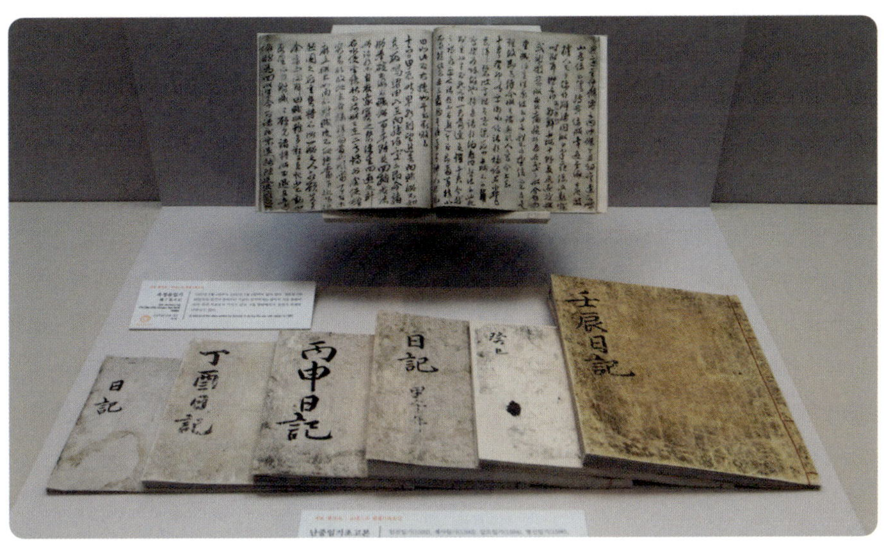

▲ 난중일기 초고본

출처: <아산 이충무공 유허_난중일기 초고본>, 국가유산청

🏵 함께 기억해요 🏵

➕ 이순신의 주요 전투

✔ 한산도 대첩(1592년)

일본군의 해상 보급로를 막기 위해 한산도 앞바다에서 대규모 해전을 벌였어요. 이순신은 '학익진'을 사용해 일본군을 무찔렀어요.

✔ 명량 해전(1597년)

정유재란 중 조선 수군이 거의 없어진 상황에서, 이순신은 단 12척의 배로 133척의 일본 함대를 상대로 싸워 승리했어요. 울돌목의 좁은 지형을 이용해 일본군의 움직임을 제한하고 조선군의 강점을 극대화했지요.

✔ 노량 해전(1598년)

임진왜란의 마지막 전투로, 일본군의 철수를 막기 위해 싸웠어요. 이 전투에서 이순신은 전사했지만 일본군에 큰 타격을 입히며 조선과 명나라의 승리로 전쟁을 마무리했어요.

헷갈리면 안 돼!

이순신이 거북선을 개발했다고 알려졌지만, 실제로는 이전부터 존재했던 배를 개량하고 수리해서 사용했다고 보아요.

스스로 정리하는 개념어

이순신 장군이 명량 해전에서 대승을 거둘 수 있었던 주요 요인을 설명해 보세요.

난중일기

內가 읽은 횟수

亂 어지러울 난 中 가운데 중 日 날 일 記 기록할 기 이순신이 전쟁 중에 쓴 일기

비교 단어 임진왜란, 이순신

『난중일기』는 조선 시대 명장 이순신 장군이 임진왜란1592~1598년 기간에 쓴 일기예요. '난중'은 '전쟁 중'이라는 뜻으로, 말 그대로 전쟁 중에 쓴 일기를 말해요. 이순신은 바쁜 전쟁 상황 속에서도 거의 매일 일기를 작성했어요. 원래 7권이었으나 현재는 「을미일기1595년」 권차에 해당하는 기록이 전혀 남아 있지 않아요. 이 일기는 임진왜란의 실상을 생생하게 보여주는 귀중한 역사 자료로, 2013년에는 유네스코 세계 기록 유산으로 등재되었어요.

『난중일기』에는 전투 상황과 전략뿐만 아니라 이순신의 개인적인 감정과 일상생활, 부하와 백성들에 대한 깊은 애정, 그리고 가족에 대한 그리움 등이 진솔하게 기록되어 있어요. 특히 이순신 장군이 어머니의 죽음을 슬퍼하는 부분은 장군의 인간적인 모습을 보여주는 감동적인 대목이죠. 즉 『난중일기』는 단순한 전쟁 기록이 아니라 이순신 장군의 삶과 철학, 헌신적인 애국심을 보여 주는 귀중한 문화유산이에요.

✤ 징비록

『징비록』은 임진왜란이 끝나고 영의정이었던 류성룡이 쓴 전쟁 기록이에요. '징비'는 '지난 잘못을 경계하여 앞으로의 재앙을 대비한다'라는 뜻이에요. 『난중일기』와 달리 전쟁이 끝난 후에 기록한 회고록이며, 전쟁의 원인과 전개 과정, 그리고 교훈을 정리했어요. 류성룡은 당시 조선의 최고 정치 책임자로서 전쟁을 총괄했기 때문에 『징비록』은 조정의 시각에서 임진왜란을 바라본 귀중한 자료예요.

『난중일기』와 원균

『난중일기』에는 원균에 대한 이순신의 솔직한 감정이 기록되어 있어요. 이순신은 원균이 전투를 회피하거나 군량미를 빼돌리는 등의 행동에 대해 여러 차례 비판했어요. 특히 1593년 6월 17일 일기에는 "원균이 군량을 빼돌린 일로 조정에 보고했다."라는 내용이 있고, 1597년 2월에는 "원균의 모함으로 조사를 받게 되었다."라고 기록했어요. 하지만 이순신은 원균이 전사했다는 소식을 들었을 때 "비록 평소 원균과의 관계가 좋지 않았지만, 나라를 위해 싸우다 죽은 충신"이라며 예우를 갖추라고 지시했다는 기록도 있어요. 이는 이순신이 개인적인 감정과 공적인 의무를 분명히 구분했음을 보여 주는 대목이에요.

스스로 정리하는 개념어

『난중일기』가 유네스코 세계 기록 유산으로 등재된 이유를 설명해 보세요.

의병

義 옳을 의 兵 병사 병

비교 단어 임진왜란, 병자호란

의병은 나라가 위기에 처했을 때 자발적으로 나라를 지키기 위해 싸운 민간인 군대를 말해요. 의병은 관군나라에서 정식으로 키우는 군대이 제 역할을 다하지 못할 때, 농민·유학자·승려 등 다양한 계층이 중심이 되어 나라를 지키고자 일어났어요. 임진왜란 때는 일본군이 부산에서부터 빠르게 올라오면서 조선의 관군이 제대로 대응하지 못했어요. 이때 전국 각지에서 유생, 농민, 승려 등 다양한 계층의 사람들이 자발적으로 의병을 조직해 일본군에 맞섰지요. 특히 경상

▲ 금산 전투 기록화
출처: <기록화: 조헌 의병장의 금산 전투>, 전쟁기념관

남도 의령의 곽재우, 전라도의 고경명, 충청도의 조헌 등 많은 의병장이 의병을 이끌었어요. 또 병자호란과 일제 강점기 시기에도 많은 의병이 활동했는데, 이런 의병 활동은 국가가 위기에 처했을 때 백성들이 스스로 나라를 지키려는 애국심을 보여준 귀중한 역사의 한 장면이에요.

함께 기억해요

➕ 주요 시기 의병

- ✔ **임진왜란 시기** 유학자, 농민, 승려들도 의병 활동에 적극 나섰어요.
- ✔ **병자호란 시기**
  청나라의 침략에 맞서 일부 지역에서 의병이 조직되었으나 활동 규모는 임진왜란 시기에 비해 작았어요.
- ✔ **일제 강점기**
  ❶ **을미 의병(1895년)** 일본의 명성 황후 시해 사건과 단발령(머리카락을 자르게 한 명령)에 반발하여 유생들이 중심이 되어 일어났어요.
  ❷ **정미 의병(1907년)** 고종이 강제로 왕의 자리에서 물러난 일과 군대를 없앤 이후, 해산된 군인들과 농민들이 합류하며 의병의 규모가 커졌어요. 의병은 이후 독립군으로 발전하며 항일 투쟁의 중심 세력이 되었어요.

헷갈리면 안 돼!

관군은 국가에서 만든 군대이고, 의병은 일반 백성이 자발적으로 조직한 군대예요.

스스로 정리하는 개념어

의병이 무엇인지 설명해 보세요.

진주 대첩

大 클 대 捷 이길 첩 큰 승리

비교 단어 임진왜란, 행주 대첩

진주 대첩은 임진왜란 중인 1592년 10월, 경상남도 진주성에서 조선군이 일본군을 크게 물리친 전투예요.

임진왜란이 시작된 지 5개월 만에 일본군은 한양을 차지하고 평양까지 진출했어요. 그러다 이순신 장군의 해전 승리로 바다에서 보급로가 막히자, 일본군은 내륙과 접한 해안가를 확보하고자 했지요. 진주성은 호남 지역으로 가려면 꼭 차지해야 할 중요한 곳이었기 때문에 일본은 진주성을 공격했어요. 당시 진주성에는 김시민 목사진주 지역의 행정과 군사를 책임진 관리가 지휘하는 3,800여 명의 조선군과 진주 시민들이 있었어요. 반면 일본군은 약 2만 명으로 훨씬 더 많았죠. 그러나 김시민 목사의 뛰어난 지휘와 진주 시민들의 의지로 조선군은 8일 동안의 치열한 전투 끝에 일본군을 물리쳤어요.

이 승리는 당시 계속 지던 조선 관군이 거둔 몇 안 되는 승리 중 하나였기에 백성들의 사기를 크게 높였어요. 하지만 1년 후인 1593년 6월, 일본군은 더 많은 병력을 동원해 진주성을 다시 공격했고, 이때는 진주성이 패배했어요. 이를 '진주성 제2차 전투' 또는 '진주성 함락'이라고 부르지요.

의암, 논개의 이야기

진주성 제2차 전투 때 일본군이 진주성을 차지하고, 승리를 기뻐한 왜군의 장수들이 잔치를 벌이자 잔치에 갔던 논개가 한 왜군 장수를 끌어안고 바위에서 떨어져 남강에 빠져 죽었어요. 이를 기리기 위해 진주성 아래 남강 강가에는 '의암(의로운 바위)'이라는 바위가 있어요. 논개는 나라를 위해 목숨을 바친 사람으로 많은 이들이 우러러봐요.

촉석루의 북소리

진주 대첩 당시, 김시민 목사는 부하들에게 진주성 내 촉석루(누각)에서 큰 북을 두드리게 했어요. 이 북소리는 성안의 군사들에게는 용기를 주고, 성 밖의 일본군에게는 공포를 주었다고 해요. 지금도 진주성 촉석루에는 당시의 북을 재현한 '명월루 북'이 전시되어 있어요.

헷갈리면 안 돼!

진주 대첩(1592년)과 진주성 제2차 전투(1593년)는 다른 전투예요. 진주 대첩은 조선의 승리로 끝났지만, 진주성 제2차 전투에서는 일본군이 대규모 병력을 동원해 진주성을 함락했어요.

스스로 정리하는 개념어

진주 대첩에서 조선군을 이끌었던 지휘관이 누구인지 말해 보세요.

행주 대첩

비교 단어 임진왜란, 진주 대첩

행주 대첩은 임진왜란 중인 1593년 2월, 경기도 고양시 행주산성에서 권율 장군이 이끄는 조선군이 일본군을 크게 물리친 전투예요.

1593년 초, 평양성 전투에서 패배한 일본군은 한양으로 내려왔어요. 이때 권율 장군은 2,300여 명의 군사를 이끌고 행주산성에 머물며 3만여 명의 일본군과 싸웠어요.

일본군의 수가 10배 이상 많았지만, 권율 장군은 산성의 지형을 이용한 전략을 펼쳤고 화차_{불화살과 돌을 발사하는 수레}, 조총 등 다양한 무기를 활용했어요.

결국 권율 장군은 9차례에 걸친 일본군의 공격을 모두 막아 내고 큰 승리를 거두었어요. 행주 대첩은 한산도 대첩, 진주 대첩과 함께 임진왜란 3대 대첩 중 하나로 불리며, 당시 전세를 뒤집는 데 큰 역할을 했답니다.

▲ 행주 대첩비

❀ 함께 기억해요 ❀

✚ 행주 대첩에 사용된 무기

조선군은 화약 무기 발사 장비인 '화차', 일종의 로켓포인 '신기전', 대량 살상 포탄 '비격진천뢰', 수군이 사용하던 '천자총통' 같은 신무기를 이용했어요.

헷갈리면 안 돼!

'행주'는 지명으로, 행주치마 때문에 행주 대첩이라 불리는 것은 아니에요.

스스로 정리하는 개념어

행주 대첩을 이끈 장수는 누구이며, 임진왜란의 3대 대첩은 무엇인지 설명해 보세요.

광해군의 중립 외교

비교 단어 인조반정

광해군의 중립 외교는 조선 15대 임금 광해군이 명나라와 후금 나중에 청나라가 됨. 사이에서 조선이 전쟁에 휘말리지 않기 위해 펼친 균형 잡힌 외교 정책이에요. 임진왜란 이후 국제 정세가 급변하는 상황에서, 광해군은 어느 한쪽에 치우치지 않고 이익을 추구하는 외교 전략을 펼쳤지요.

당시 동아시아에서는 명나라의 세력이 약해지고, 만주 지역에서 후금이 강력한 세력으로 떠올랐어요. 조선은 전통적으로 명나라와 사대 관계 작은 나라가 큰 나라를 섬기는 관계를 맺고 있었지만, 광해군은 후금의 세력이 커지는 것을 미리 알고 양쪽 모두와 좋은 관계를 맺는 정책을 폈어요. 이런 중립 외교로 광해군은 조선의 안전을 지키고자 했어요.

그러나 이런 이익을 위한 외교 정책에 유교를 중시하는 신하들은 반발했고, 결국 1623년 인조반정 광해군을 몰아내고 인조를 왕으로 세운 사건으로 광해군은 왕위에서 쫓겨났어요. 이후 인조는 명나라를 지지하고 후금을 배척하는 친명배금 명나라를 가까이하고 후금을 멀리함. 정책으로 돌아섰지요.

강홍립의 항복

1619년, 명나라는 조선에 지원군을 요청했어요. 후금과의 싸움에서 조선의 도움이 필요했던 것이지요. 이때 대부분의 신하는 명나라를 돕기 위해 군대를 보내야 한다고 주장했어요. 광해군은 명나라의 요청에 따라 강홍립을 대장으로 하는 1만 3천여 명의 군대를 보냈지만, 강홍립에게 비밀 지시를 내렸어요. "전세가 불리하면 후금에 항복하라."라는 것이었지요. 실제로 명나라와 후금의 전투에서 명나라가 패하자, 강홍립은 군대를 이끌고 후금에 항복했고, 덕분에 조선군은 큰 피해 없이 돌아올 수 있었어요. 이는 광해군의 실리적 외교 정책을 잘 보여 주는 사례예요.

헷갈리면 안 돼!

광해군이 왕의 자리에서 끌어내려진 '인조반정'은 그의 중립 외교 때문만은 아니에요. 아버지인 선조의 적자(정식 부인이 낳은 아들)가 아니라는 왕위 계승의 정통성 문제와 그가 친형인 임해군과 영창 대군을 죽인 것 등 여러 요인이 복합적으로 작용했어요.

스스로 정리하는 개념어

광해군이 중립 외교를 펼치게 된 가장 큰 이유를 설명해 보세요.

인조반정

反 돌이킬 반 正 바를 정 옳지 못한 임금을 내리고 새 임금을 세워 나라를 바로잡음.

비교 단어 광해군의 중립 외교

▲ 인조반정을 이끈 이귀
출처: <이귀의 초상화>, 국립중앙박물관

인조반정은 1623년(광해군 15년), 서인 세력이 중심이 되어 광해군을 왕에서 끌어내리고 선조의 손자였던 능양군을 새 왕으로 세운 쿠데타예요. 이를 통해 능양군은 조선의 16대 왕인 인조가 되었고, 광해군의 개혁과 중립 외교 정책을 부정하고 강한 나라를 섬기는 사대주의적 친명(명나라와 친하게 지냄.) 정책으로 돌아섰어요.

광해군은 15년간 재위하면서 임진왜란 이후 피폐해진 나라를 회복시키기 위한 많은 업적을 남겼어요. 하지만 그는 왕위에 오르는 과정에서 이복동생인 영창 대군을 죽이고, 친형인 임해군도 죽였어요. 또한 선조의 계비(다시 결혼해 맞이한 부인)인 인목 대비를 서궁(폐쇄된 별궁)에 유폐시켰지요. 이에 서인이 중심이 되어 1623년 3월 13일 새벽에 창덕궁을 기습 공격했어요. 광해군은 급히 도망쳤지만 결국 강화도로 유배되었고, 대신 능양군이 왕위에 올랐어요. 인조반정 이후, 광해군의 중립 외교 정책은 친명배금 정책으로 바뀌었어요. 이는 결국 정묘호란과 병자호란으로 이어졌고, 조선은 큰 피해를 보게 되었지요.

반정 당일의 속임수

인조반정 당일, 서인 세력은 창덕궁을 공격하기 위해 한 가지 속임수를 썼어요. 그들은 복장을 훈련도감의 군사처럼 꾸미고, "도적이 쳐들어왔다!"라고 외치며 궁으로 들어갔어요. 궁궐 경비병들은 이들이 반란군이라고 의심하지 않고 문을 열어 주었지요. 이렇게 해서 서인들은 쉽게 궁궐을 점령할 수 있었답니다.

헷갈리면 안 돼!

인조반정은 조선 중기의 사건이고, 계유정난은 조선 초기 세조가 단종을 끌어내린 사건이에요. 두 사건 모두 기존 왕을 내쫓고 새로운 왕을 세웠다는 공통점이 있지만 시대적 흐름과 정치적 목적이 달라요.

스스로 정리하는 개념어

서인 세력이 인조반정을 일으킨 이유를 설명해 보세요.

정묘호란과 병자호란

비교 단어 인조반정

정묘호란은 정묘년에 후금이 조선을 침략한 전쟁이에요. 인조반정 이후 조선이 친명배금 정책을 펼치자, 이에 불만을 품고 조선을 공격했어요.

후금의 공격에 조선은 제대로 대비하지 못했고, 인조와 조정은 급히 강화도로 피신했지요. 후금군은 평양까지 왔고, 조선은 결국 화해를 청했어요. 정묘호란은 약 3개월 만에 끝났고, 조선은 후금과 '형제의 나라'가 되기로 약속했지요. 하지만 조선은 이후에도 여전히 명나라와 가까운 관계를 유지했고, 이것은 9년 후 더 큰 전쟁인 병자호란의 원인이 되었어요.

병자호란은 병자년에 청나라가 조선을 침략한 전쟁이에요. 정묘호란 이후 후금은 명나라와의 전쟁에서 승리하며 1636년 국호를 '청淸'으로 변경했어요. 하지만 조선이 여전히 명나라와 가까이 지내고 청나라를 황제국으로 인정하지 않자, 청나라 황제 홍타이지가 직접 12만 대군을 이끌고 조선을 침략했어요. 인조는 급히 남한산성으로 피난했지요. 인조와 조선 군사들은 45일 동안 남한산성에서 버텼지만 식량과 연료가 떨어지고 추위와 굶주림에 고통받게 되었어요. 결국 1637년 1월, 인조는 남한산성에서 나와 삼전도현재 서울 송파구에서 청나라 황제 앞에 무릎을 꿇고 항복했어요. 이를 '삼전도의 굴욕창피를 당함.'이라고 해요. 병자호란의 결과로 조선은 청나라의 '신하의 나라'가 되었어요. 청나라에 매년 특산물을 바치고, 인질약속을 지키라고 잡은 상대편 사람로 소현 세자와 봉림 대군을 보내야 했지요. 이로써 조선은 약 200년간 모셨던 명나라 대신 청나라의 신하 나라가 되었어요.

❊ 함께 기억해요 ❊

✛ 삼배구고두례

'삼배구고두례'는 병자호란 당시 인조가 청나라 황제 홍타이지에게 항복할 때 한 행동이에요. '삼배(三석 삼 拜절 배)'는 세 번 절하는 것이고, '구고두(九아홉 구 叩두드릴 고 頭머리 두)'는 아홉 번 머리를 땅에 닿게 숙이는 것을 의미해요. 이것은 당시 중국 황제 앞에서 신하가 행하는 가장 높은 수준의 예의를 표하는 거예요. 인조는 1637년 1월 30일, 삼전도에서 청나라 황제 앞에 무릎을 꿇고 이 예를 행했어요. 이는 조선이 청나라의 신하국이 되었음을 공식적으로 인정하는 의식이었고, 조선 사람들에게는 커다란 굴욕으로 여겨졌답니다.

헷갈리면 안 돼!

정묘호란과 병자호란은 다른 전쟁이에요. 두 전쟁 사이에는 9년의 시간 차이가 있어요. 정묘호란은 후금이 침략한 전쟁이고, 병자호란은 청나라가 침략한 전쟁이에요.

 스스로 정리하는 개념어

정묘호란과 병자호란이 발생한 공통적인 배경을 설명해 보세요.

소현 세자

비교 단어 병자호란, 효종의 북벌론

소현 세자는 조선 16대 왕 인조의 맏아들로, 어린 시절부터 총명하고 학문을 좋아하는 모범적인 왕세자였지요. 병자호란에서 조선이 청나라에 항복하면서 소현 세자는 동생 봉림 대군후의 효종과 함께 청나라에 끌려가게 되었어요. 이때 소현 세자의 나이는 25세였지요. 그는 심양에서 8년 동안 있으면서 청나라의 문물과 서양의 과학 기술 문화를 접하게 되었어요.

청나라가 명나라를 무너뜨리는 과정에서 소현 세자는 청나라 황제의 신임을 얻어 1645년, 청나라에 간 지 8년 만에 돌아왔어요. 그는 서양의 천문학 책, 천리경망원경, 자명종시계, 지구의, 천주교 책 등 다양한 서양 문물을 가지고 왔답니다. 하지만 안타깝게도 소현 세자는 귀국한 지 석 달 만에 갑자기 병으로 죽었어요.

소현 세자의 갑작스러운 죽음은 당시 큰 충격이었고, 일부 역사가들은 그의 죽음에 정치적인 계획이 있었을 가능성도 제기해요. 인조는 소현 세자가 큰아들이니 상복을 3년간 입는 것이 맞지만 1개월 만에 상복을 벗어 버렸고, 소현 세자의 아들이 아닌 동생을 다음 세자로 정했어요. 이후 소현 세자의 부인인 세자빈 강씨를 소현 세자 독살독을 써서 사람을 죽임. 사건의 뒤에 있다며 독약을 내려 죽였고, 손자들도 제주도로 보냈지요.

⊕ 함께 기억해요 ⊕

✚ 소현 세자 vs 봉림 대군

✔ **소현 세자** 청나라에서 서양 문화에 관심을 기울이며 열린 생각을 가졌어요. 선조의 아들 광해군처럼 실용적인 정치관을 가졌을 것으로 추측되지만, 일찍 죽어 왕위에 오르지 못했어요.

✔ **효종(봉림 대군)** 소현 세자의 동생으로 함께 청나라에 끌려갔지만 형과 달리 청나라에 대한 강한 분노를 키웠어요. 소현 세자가 죽은 후 왕세자가 되었고, 1649년 인조가 죽자 조선의 17대 왕이 되었어요. 왕이 된 후 '북벌 정책(청나라를 침.)'을 추진했지요.

소현 세자의 독살설

소현 세자는 귀국 후 석 달 만에 갑자기 병으로 죽었어요. 기록에 따르면 소현 세자는 갑작스러운 복통과 구토를 일으켜 사망했다고 해요. 일부 역사가들은 독살 가능성을 제기하는데요. 소현 세자는 청나라에서 좋은 대우를 받았고, 서양 문물에 개방적 태도를 보였기 때문에 당시 조정 보수 세력들과 갈등이 있었다는 것이지요. 또 인조와의 관계도 좋지 않았다는 기록이 있어, 이런 정치적 상황이 소현 세자의 죽음과 관련이 있을지도 모른다는 추측이 있어요.

 **스스로 정리하는 개념어**

소현 세자가 왜 청나라에 끌려갔었는지 설명해 보세요.

효종의 북벌론

北 북녘 북 **伐** 칠 벌 **論** 논할 론 중국 청나라를 치는 계획

비교 단어 병자호란, 소현 세자

북벌론은 조선 17대 임금 효종이 진행한 정책으로, 청나라를 쳐서 병자호란에서 당한 부끄러움을 씻고 명나라의 원수를 갚자는 주장이에요. '북벌'은 '북쪽을 친다'라는 뜻으로, 조선의 북쪽에 있던 청나라를 무력으로 치겠다는 의미였지요.

효종은 병자호란 당시 형 소현 세자와 함께 청나라에 끌려갔어요. 형과 달리 효종은 청나라에서 지 낸 8년간 청나라에 대한 강한 적개심^{적에 대한 분노와 증오}을 키웠고, 언젠가는 청나라에 복수하겠다고 결심했어요. 왕위에 오르자, 그는 북벌 계획을 본격적으로 추진했어요.

효종은 군사력을 강화하기 위해 어영청·총융청·수어청 등 군사 기관을 정비하고, 송시열과 송준길 등 북벌을 지지하는 서인 학자들을 뽑아 썼어요. 또한 청나라에 대한 정보를 모아 청나라와 러시아의 갈등을 이용하려는 전략도 세웠지요. 그러나 그의 북벌 계획은 결국 성공하지 못했어요. 조선의 군사력이 청나라에 비해 너무 약했고, 국내에서도 북벌에 대한 의견이 통일되지 않았기 때문이지요. 결국 효종은 1659년, 북벌의 꿈을 이루지 못한 채 39세의 나이로 갑자기 사망했어요. 효종이 죽은 후에도 북벌론은 조선 사회에서 이상적인 명분으로 계속 남아 있었지만, 실질적인 군사 행동으로 이어지지는 않았답니다.

❀ 함께 기억해요 ❀

✛ 나선 정벌

나선 정벌은 효종 9년(1658년)에 조선군이 청나라와 함께 러시아(당시 '나선' 또는 '야인'이라 불림.)에 쳐들어간 사건이에요. 당시 러시아가 청나라 영토인 흑룡강 지역에 자꾸 들어오자 청나라는 조선에 지원 부대를 보내 달라고 요청했어요. 효종은 이를 북벌을 위한 군사 훈련의 기회로 보고 조선군 100여 명을 보내 러시아 침략자들을 물리치는 데 성공했어요.

✛ 하멜 표류기

『하멜 표류기』는 네덜란드 선원 헨드릭 하멜이 쓴 책으로, 그와 동료들이 1653년에 제주도에 표류(물 위에 떠서 흘러감.)한 뒤 조선에 13년간 억지로 머물다가 1666년에 탈출하여 일본을 통해 네덜란드로 돌아간 것을 기록한 것이에요. 이 책은 서양인의 눈으로 본 조선의 풍습, 정치, 경제, 문화 등을 상세히 담고 있어 중요한 역사 자료가 되었어요.

헷갈리면 안 돼!

북벌론은 청나라를 공격해 명나라 중심의 질서로 돌이키려는 효종의 정책이고, 북학론은 조선 후기에 실학자들이 청나라의 앞선 문화를 받아들이자고 주장한 것입니다.

스스로 정리하는 개념어

효종이 북벌론을 추진한 이유를 설명해 보세요.

숙종

비교 단어 붕당, 영조

숙종은 조선의 제19대 국왕으로, 46년 동안 왕의 자리에 있었어요. 조선 역대 국왕 중 세 번째로 길게 재위했지요. 숙종 시대는 정치적으로 매우 혼란했어요. 서인과 남인의 다툼이 심했고, 이 속에서 숙종은 왕권을 강화하기 위해 '환국 정치'를 펼쳤지요. '환국換바꿀 환 局판 국'이란 정권을 급격하게 바꾸는 것을 말하는데, 숙종은 여러 차례 환국을 통해 서인과 남인에게 번갈아 힘을 실어 주었어요.

기사환국 (1689년)	남인이 정권을 잡으면서 숙종의 정비(정식 부인인 왕비)였던 인현 왕후 민씨가 폐위(자리에서 끌어내려짐.)되고, 숙종의 사랑을 받던 장희빈(당시 장옥정)이 왕비가 되는 사건이 일어났어요.
갑술환국 (1694년)	다시 서인이 정권을 잡자, 인현 왕후가 다시 왕비 자리로 돌아왔고 장희빈은 사약을 받고 사망했지요. 이러한 왕실 내 갈등은 당쟁(다른 편끼리의 권력 싸움)과 맞물려 조선 사회에 큰 혼란을 가져왔어요.

숙종 시대 경제는 상평통보조선에서 사용하던 돈인 엽전를 이용해 성장했어요. 상평통보는 인조 때 만들어졌지만 숙종 때 전국적으로 사용되기 시작했지요. 상평통보로 인해 물물교환물건끼리 바꾸는 것이 주를 이루던 경제 활동에서 화폐 경제로 발전하는 기회가 되었지요. 이때는 대외적으로는 청나라와의 관계를 좋게 만들려고 하면서 속으로는 북벌론에 찬성하던 시대예요. 또한 조선 후기의 실학이 싹트기 시작하기도 했지요.

❀ 함께 기억해요 ❀

➕ 상평통보

상평통보는 구리로 만든 동전으로 가운데 뚫린 구멍을 끈으로 꿰어 사용했어요. '상평(常항상 상 平평평할 평)'은 '항상 평안하다'라는 뜻으로, 경제 활동이 안정되기를 바라는 의미가 담겨 있지요. 상평통보로 화폐 경제가 발달하고 상품 거래가 활발해졌어요. 또한 부를 축적하기 쉬워져 부농과 상인층이 성장했고, 조선 후기 서민 문화 발달에도 큰 영향을 미쳤답니다.

숙종과 동이 이야기

어느 날 밤, 숙종이 궁궐을 거닐다 한 방에서 흘러나오는 불빛을 발견했어요. 숙종은 그곳에서 폐위된 인현 왕후 생일을 맞아 궁녀 동이가 작은 상을 차려 기도하는 것을 보았지요. 이에 감동한 숙종은 동이에게 마음이 끌리게 되었어요. 후에 동이(숙빈 최씨)는 숙종의 아들을 낳았는데, 이 아들이 바로 훗날의 영조였지요. 동이는 권력을 탐하지 않고 검소하게 살았으며, 다시 왕비 자리로 돌아온 인현 왕후를 정성껏 모셨다고 해요.

스스로 정리하는 개념어

숙종 때 환국 정치가 왕권 강화에 미친 영향을 설명해 보세요.

영조

비교 단어 붕당, 임오화변, 정조, 탕평책

영조는 조선의 제21대 국왕으로, 52년간 왕의 자리에 있었어요. 숙종과 숙빈 최씨^{동이} 사이에서 태어난 영조는 조선 왕 중 가장 오래 왕의 자리에 있었고, 당시로서는 드물게 83세까지 장수를 누렸지요. 영조는 이복형^{어머니가 다른 형}인 경종이 병으로 죽자 31세의 나이에 왕위에 올랐어요. 왕위에 오르고 초기에는 나라를 안정시키고자 했으며, 조선 후기 실학이 발전하는 데에도 기여했어요.

탕평책	정치 싸움을 줄이기 위해 특정 당파에 치우치지 않고 골고루 사람들을 뽑아 쓰려는 정책을 펼침.
균역법	백성들의 생활을 안정시키기 위해 군포를 1필로 줄여서 군역에 대한 부담을 줄여 준 법을 실행함.
속대전	『경국대전』 이후에 왕의 명령과 여러 규칙을 모아 정리해 법에 관한 책을 냄.

영조는 아들 사도 세자를 뒤주^{곡식을 넣어 보관하는 큰 나무 상자}에 가두어 죽게 한 비극적인 사건으로도 유명해요. 이는 사도 세자의 정신 질환과 당시 복잡한 정치적 상황이 얽혀 일어난 일이었지요. 이와는 대조적으로 그는 검소한 임금이기도 했어요. 왕이 된 후 한 번도 새 옷을 입지 않고 헌 옷을 꿰매 입었다고 해요. 영조는 1776년에 83세로 사망했고, 그의 뒤를 이어 손자인 정조가 왕위에 올랐어요.

▲ 영조 어진
출처: <영조 어진>, 국립고궁박물관

─────── ❀ **함께 기억해요** ❀ ───────

＋ 경종 독살설

경종은 조선의 20대 국왕이었지만 왕위에 오르고 4년 만에 갑작스럽게 사망했어요. 이때 경종이 죽은 이유를 둘러싸고 '독살설'이 나왔어요. 영조(당시 연잉군)가 올렸던 게장과 감을 먹고 나서 경종이 복통과 설사를 심하게 앓았기에 영조와 그를 지지하던 노론 세력이 경종을 독살했다는 의혹이었죠. 그러나 독살설을 뒷받침할 명확한 증거는 없었고, 현대 연구에서는 경종이 평소 앓던 질병으로 사망했을 가능성이 높다고 보고 있어요.

스스로 정리하는 개념어

> **영조가 탕평책을 시행한 이유를 설명해 보세요.**

임오화변

禍 재앙 화 變 변할 변 재앙으로 인한 사고

비교 단어 영조, 정조

임오화변은 임오년에 일어난 사건으로, 영조가 자기 아들 사도 세자를 뒤주에 가두어 죽게 한 비극적인 사건이에요.

사도 세자는 영조의 둘째 아들로, 태어난 지 채 3세가 되기도 전에 세자로 인정되었어요. 어린 시절부터 총명하고 재능이 뛰어났던 사도 세자는 일찍부터 학문을 익혔고, 13세부터는 정치에 참여했지요. 그러나 점차 영조와 사도 세자의 관계는 악화했어요. 영조는 학문과 엄격한 도덕적 규범을 중요시했던 반면, 사도 세자는 자유분방하고 예술을 사랑하는 성격이었어요. 영조는 사도 세자의 행동을 계속 비판하며 압박을 가했어요.

▲ 수원 화성에 있는 뒤주
출처: <수원 화성행궁_유여택 뒤주>, 국가유산청

또 당파 간 정치적 대립도 사건에 영향을 미쳤어요. 사도 세자를 비판하며 영조에게 그를 처벌할 것을 요구하는 세력이 있었고, 사도 세자는 심리적 불안정과 우울증을 겪으며 점점 정상적인 왕세자 역할을 하기 어려워졌어요. 영조는 결국 사도 세자를 쌀을 담는 큰 나무 상자인 뒤주에 가두라고 명령했어요. 8일 후, 사도 세자는 뒤주 안에서 사망했지요.

함께 기억해요

✛ 한중록과 혜경궁 홍씨

사도 세자의 부인 혜경궁 홍씨는 『한중록』이라는 책을 남겼어요. 사도 세자의 이야기와 임오화변의 자세한 내용이 기록되어 있지요. 혜경궁 홍씨는 사도 세자가 죽은 후에도 궁중에서 살아남아 아들 정조가 왕위에 오르는 것을 보았어요. 『한중록』은 임오화변의 실제 상황을 알려주는 중요한 역사 자료이자, 조선 왕실 여성의 삶을 보여주는 귀중한 기록이에요.

✛ 정조의 효심

사도 세자의 아들인 정조는 아버지의 비극적인 죽음을 평생 가슴에 품고 살았어요. 정조는 왕위에 오른 후 아버지를 추모하기 위해 수원 화성을 건설했지요. 또한 아버지의 명예를 회복시키기 위해 노력했어요. 정조는 매년 아버지의 무덤을 찾았어요. 이런 정조의 효심은 조선 역사에서 감동적인 이야기로 전해져 내려오고 있어요.

스스로 정리하는 개념어

임오화변을 설명해 보세요.

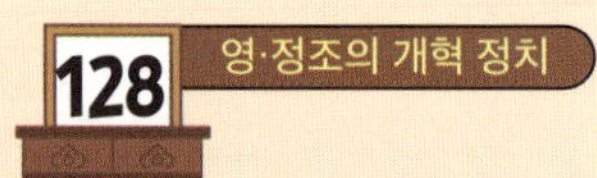

정조

비교 단어 영조, 임오화변, 탕평책, 수원 화성

정조는 조선의 제22대 국왕으로, 본명은 '이산李祘'이며, 사도 세자와 혜경궁 홍씨의 아들이에요. 정조는 존경받는 왕으로 조선 후기 부흥기회복하고 활발하게 일어나는 때를 이끈 왕으로 평가받고 있어요.

정조는 어릴 때 아버지 사도 세자가 임오화변으로 비극적인 죽음을 맞이한 후 어려운 시기를 보냈지만 1776년, 영조가 사망하자 25세의 나이로 왕위에 올랐어요. 정조는 아버지 사도 세자의 명예회복을 위해 노력했어요. 신하들의 반대에도 불구하고 1789년 사도 세자의 묘에 '현륭원'이라는 이름을 주고 아버지의 지위를 높였지요. 그리고 왕의 권한을 강화하기 위해 여러 정책을 펼쳤어요.

규장각 설립	왕실 도서관인 규장각을 세워 학문 연구와 인재를 키웠어요.
장용영 설치	궁과 왕을 보호하는 군사 조직인 장용영을 만들어 왕의 군사적 권한을 강화했어요.
수원 화성 건설	아버지 사도 세자의 묘(현륭원)를 지키고 새로운 정치 중심지를 만들기 위해 계획도시를 건설했어요.
실학 발전	실학(실생활에 도움이 되는 것을 목표로 한 학문)을 발전시키고 박지원, 박제가, 정약용 등 실학자들을 중요한 자리에 앉혔어요.
탕평책 실시	당파를 초월한 인재 등용을 통해 정치적 안정을 추구했어요.

또한 농업과 상공업을 발전시키고, 법률과 제도를 고치는 등 개혁 정치를 펼쳤지요.

하지만 정조는 1800년, 49세의 나이로 갑작스럽게 사망했고, 11세의 어린 아들 순조가 왕위를 이어받았어요. 정조의 죽음 이후 조선은 세도 정치신하나 외척이 정치권력을 잡고 나라를 다스림. 시대로 접어들게 되었지요.

▲ 수원 화성
출처: <수원 팔달문>, 국가유산청

✚ 정조와 정약용

정조는 젊은 학자 정약용의 재능을 높이 평가하고 적극적으로 도왔어요. 정약용은 여러 관직을 거치고, 수원 화성 건설에도 참여했지요. 특히 거중기(기중기)를 생각해 내서 화성을 세우는 데 큰 역할을 했어요. 정약용은 정조가 죽은 후 정치적 괴롭힘을 받아 18년간 유배 생활을 하게 되었어요. 그는 유배 생활 동안 수많은 책을 남겨 조선 후기 실학의 체계를 완성했어요.

✚ 초계문신 제도

정조는 '초계문신 제도'를 실시했어요. 초계문신은 능력 있는 젊은 관리들을 선발하여 규장각에서 함께 공부하고 토론하게 하는 제도였지요. 정조는 선발된 문신들을 직접 지도하고, 함께 학문을 논하며 인재를 양성했어요. 이 제도를 통해 정약용, 이가환, 서유구 등 뛰어난 실학자들이 배출되었답니다. 정조의 이런 노력은 조선 후기 학문 발전에 크게 기여했어요.

정조의 겸손

정조는 무예에도 뛰어났는데, 특히 활쏘기를 잘했다고 해요. 한번은 정조가 신하들과 함께 활쏘기 시합을 하는데, 일부러 한 발을 과녁에 맞히지 않았어요. 이를 본 신하들이 "어찌하여 마지막 화살을 빗나가게 하셨습니까?"라고 물었지요. 정조는 웃으며 "임금이 모든 화살을 맞추면 신하들이 주눅이 들 것이다. 또한 지나친 완벽함은 오히려 교만함을 낳을 수 있다."라고 대답했다고 해요. 이 이야기는 정조가 무예에 뛰어났음에도 잘난 체하지 않고, 신하들의 마음까지 헤아리는 지혜로운 임금이었음을 보여 줍니다.

스스로 정리하는 개념어

정조가 설립한 학문 연구와 인재 양성 기관을 말해 보세요.

탕평책

蕩 방탕할 탕 平 평평할 평 策 대쪽 책 서로 다른 무리의 신하들이 골고루 벼슬을 할 수 있도록 관직에 고르게 앉히는 정책

비교 단어 붕당, 영조, 정조

==탕평책은 조선 후기에 심해진 정치 싸움을 없애서 정치적 안정을 이루기 위해 실시한 정치 개혁 정책이에요.== '탕평'은 '골고루 평등하게 하다'라는 뜻으로, 특정 정치 무리에 치우치지 않고 인재를 고루 뽑는 정치적 균형을 이루자는 생각이었어요.

탕평책은 숙종 때 처음 말이 나왔지만, 본격적으로 시행된 것은 영조와 정조 때였어요. 영조는 왕이 되면서부터 "편당한쪽 무리(당)에 치우침.을 없애고 골고루 인재를 쓰겠다."라는 의지를 밝히며 탕평책을 적극 추진했고, 정조는 이를 이어서 발전시켰지요. 그러나 실제로는 완전한 탕평을 이루지는 못했어요.

그럼에도 불구하고 탕평책은 조선 후기 정치 안정과 문화 발전에 기여했으며, 붕당 정치의 문제를 극복하려는 중요한 시도였어요.

▲ 탕평비
출처: <탕평비>, 한국민족문화대백과사전

탕평채의 유래

영조가 어느 날 후원에서 신하들과 식사하던 중, 여러 가지 나물이 따로 담겨 나온 것을 보았어요. 영조는 이를 보고 "이렇게 나물이 따로 놓여 있으니 마치 당파처럼 보인다. 모두 함께 섞어 먹으면 어떻겠느냐?"라고 제안했고, 그렇게 모든 나물을 섞어 비빔밥으로 만들어 먹었다고 해요. 이후, 이 요리는 '탕평채'라는 이름으로 불리며, 조선의 탕평 정신을 상징하는 음식이 되었답니다. 오늘날에도 여러 가지 나물과 미나리, 달걀 지단, 쇠고기 등을 섞어 만드는 이 음식은 조선의 정치 철학이 담긴 특별한 요리로 전해지고 있어요.

헷갈리면 안 돼!

탕평책은 붕당을 없애는 정책이 아니랍니다. 붕당 자체를 부정하기보다는 갈등을 조정하고 균형을 맞추려는 정책이에요.

스스로 정리하는 개념어

탕평책이 시행된 배경에는 어떤 문제가 있는지 설명해 보세요.

수원 화성

華 빛날 화 **城** 재 성 꽃 같이 아름다운 성

비교 단어 정조

수원 화성은 정조가 쌓아서 만든 성곽성안과 밖을 통틀어 이르는 말으로, 경기도 수원에 있어요.

정조는 아버지 사도세자의 묘를 수원으로 옮긴 후, 그 묘를 보호하고 새로운 정치 중심지를 만들기 위해 화성을 건설했어요. 화성은 당시 최신 과학 기술과 성을 쌓는 방법을 활용하여 지어진 계획도시예요. 화성은 사대문팔날분, 장안문, 창룡문, 화서문과 암문적군이 쉽게 찾을 수 없도록 성곽의 깊숙하고 후미진 곳에 만든 작은 출입문 4개, 공심돈, 봉돈, 각루, 포루, 치성, 각종 포대 등 다양한 방어 시설을 갖추고 있어요. 또한 성안에는 행궁을 비롯한 각종 관아 건물들이 있었지요. 화성은 정조의 개혁 정신과

▲ 수원 화성
출처: <대한민국 사적 제3호, 수원 화성>, 국가유산청

실학사상이 반영된 건축물로, 전통적인 축성성을 쌓는 것 방법과 서양의 과학 기술을 조화시켰다는 점에서 큰 의미를 가져요. 특히 정약용이 설계에 참여하여 거중기와 녹로도르래 시스템를 만들고 활용함으로써 건설 기간을 크게 줄였어요.

수원 화성은 1997년에는 유네스코 세계 문화유산으로 등재되어 그 가치를 국제적으로 인정받았고, 현재는 수원의 대표적인 관광지이자 역사 문화 유적으로 사랑받고 있어요.

🏵 함께 기억해요 🏵

✛ 수원 화성 축성에 사용된 기구

- ✔ **거중기** 도르래의 원리를 이용해 적은 힘으로 무거운 물건을 드는 기구
- ✔ **녹로** 긴 장대 끝에 도르래를 달고 끈을 얼레에 연결해 큰 돌을 높이 들어 올리는 기구
- ✔ **유형거** 목재나 석재를 운반하는 수레로 비탈길에서 무거운 짐을 쉽게 운반을 돕는 기구

✛ 화성성역의궤

수원 화성 건축 과정을 상세히 기록한 책으로 당시 건축 기술과 과정을 알 수 있는 귀중한 자료예요. 이 의궤(나라 행사의 처음부터 끝까지 기록한 책) 덕분에 한국 전쟁 후 망가진 수원 화성을 원형에 가깝게 복원할 수 있었지요.

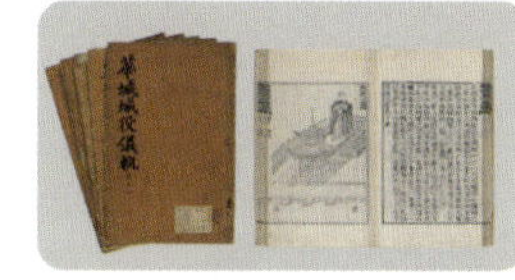

▲ 화성성역의궤
출처: <화성성역의궤>, 국립중앙박물관

스스로 정리하는 개념어

수원 화성이 유네스코 세계 문화유산에 등재된 이유를 설명해 보세요.

세도 정치

勢 권세 세 道 길 도 정치 권력을 마구 휘두르는 일
비교 단어 홍경래의 난

세도 정치는 조선 후기 왕권이 약화되고, 특정 가문이나 권력층이 정권을 혼자 차지해 나라를 지배하던 정치 형태를 말해요. 정조가 죽은 후인 1800년부터 고종이 재위한 1864년 전까지 60여 년간 안동 김씨, 풍양 조씨 등 몇몇 힘 있는 가문이 나라 운영을 이끌었어요.

정조가 1800년에 갑자기 사망하자, 11세의 순조가 왕위에 올랐어요. 이때 순조의 외가인 안동 김씨 가문이 권력을 차지했지요. 이후 헌종과 철종 시대에도 왕들이 나이가 어리거나 정치 활동의 바탕이 약해서, 안동 김씨와 풍양 조씨가 번갈아 가며 권력을 계속 행사했어요. 세도 가문은 왕실과의 혼인 관계를 통해 정치적 영향력을 유지했고, 중요 관직을 차지하거나 관직을 사고파는 행위인 매관매직을 통해 경제적 이익도 얻었어요. 이러한 세도 정치는 국가 질서를 망가뜨리고 백성들의 생활을 어렵게 만들었으며, 결국 홍경래의 난·진주 농민 봉기·임술 농민 봉기와 같은 민중 저항으로 이어졌지요. 세도 정치는 1864년에 흥선 대원군이 권력을 잡으면서 잠시 멈췄지만 그 영향으로 조선의 국력은 크게 약화되었고, 이후 외세의 침략에 효과적으로 대응하지 못하는 원인이 되었어요.

❀ 함께 기억해요 ❀

✚ 세도 정치 시기의 민중 저항

- ✔ **홍경래의 난(1811년)** 평안도 지역민들이 차별과 수탈(강제로 빼앗음)에 반발해 일으킨 농민 봉기
- ✔ **진주 농민 봉기(1862년)** 경상남도 진주 지역 탐관오리(백성의 재산을 빼앗는 못된 관리)의 수탈에 반발해 일으킨 봉기
- ✔ **임술 농민 봉기(1862년)** 전국 각지에서 일어난 대규모 농민 봉기로, 세도 정치의 붕괴를 앞당김.

강화 도령 철종의 이야기

철종은 정조의 이복동생인 은언군의 손자로, 집안이 정치적으로 몰락한 뒤, 강화도에서 평민으로 살며 '강화 도령'이라고 불렸어요. 1849년 헌종이 아들 없이 사망하자, 안동 김씨와 풍양 조씨의 권력 다툼 속에서 안동 김씨는 강화도에 있던 철종(본명 이원범)을 찾아냈어요. 안동 김씨는 자신들의 세력을 유지하기 위해 정치적 기반이 전혀 없는 강화 도령을 왕으로 올렸어요. 그렇게 18세의 이원범은 갑자기 조선의 제25대 국왕이 되었지요. 하지만 철종은 왕이 되었음에도 실질적인 권력은 없었고, 안동 김씨의 꼭두각시 역할을 했다고 해요.

헷갈리면 안 돼!

봉당 정치는 여러 정치 집단이 경쟁하는 모습을 보였지만, 세도 정치는 특정 가문이 정치를 독점했어요.

스스로 정리하는 개념어

세도 정치가 조선 사회에 미친 주요 부작용을 설명해 보세요.

홍경래의 난

비교 단어 세도 정치, 동학

'홍경래의 난'은 1811년순조 11년 평안도 출신의 중인 홍경래가 일으킨 대규모 농민 저항이에요. 홍경래는 평안도 출신으로 지방 무과에도 합격했지만, 평안도 출신이라는 이유로 중앙 관직에 진출하지 못했어요. 당시 평안도 지역민들은 심각한 차별을 받고 있었어요. 평안도와 함경도 출신은 '서북인'이라고 불리며 중앙 정치에서 제외되었고, 높은 관직에 오르기 어려웠지요. 게다가 이 지역은 세금과 부역나라에 의무적으로 노동력을 바침.이 다른 지역보다 훨씬 심했고, 지방 관리들의 수탈도 심했어요. 또한 대동법 시행 이후 상품 경제가 발달하면서 일부 상인들은 부를 축적했지만, 대다수 농민은 더 가난해진 상황이었어요.

이러한 상황에서 홍경래는 평안도 지역의 차별에 대해 불만을 품은 농민, 상인, 광산 노동자, 그리고 몰락한 양반들까지 모아 저항을 준비했어요.

1811년 12월, 홍경래는 평안도 가산에서 싸움을 시작했고 이듬해 1월에는 정주성을 차지하는 데 성공했어요. 농민군은 정주성을 중요 지점으로 해서 약 4개월간 조선 정부의 관군에 맞서 싸웠어요. 그러나 결국 농민군은 식량 부족과 관군의 지속적인 공격으로 1812년 4월, 정주성을 관군에 빼앗겼고 홍경래도 전투 중 사망했어요. 홍경래의 난은 조선 후기 사회 변화를 추구한 민중 운동이었지요. 이후 발생한 임술 농민 봉기1862년 등의 민란백성들의 저항에 영향을 주기도 했어요.

🏵 함께 기억해요 🏵

✚ 조선 시대 평안도 지역 차별

- **✔ 지리적 이유** 평안도는 국경 지역으로 중국(명·청)과 가까워 외국과 몰래 관계를 맺을 수 있다는 의심을 받았어요.
- **✔ 역사적 이유** 고려 시대 '조위총의 난'과 조선 초기 이성계에 대항했던 '이방원의 난'이 모두 평안도 지역에서 일어나서 평안도는 정부에 반대하는 땅이라는 인식이 있었어요.
- **✔ 정치적 이유** 수도 한양에서 멀리 떨어져 있어 중앙 권력에서 소외되었어요.
- **✔ 문화적 이유** 평안도 사람들은 말투와 생활 습관이 달라 중앙에서 '오랑캐'처럼 여겨졌어요.

🐉 스스로 정리하는 개념어

홍경래의 난이 일어난 배경을 설명해 보세요.

모내기법

비교 단어 상품 작물 재배

모내기법은 볍씨^{벼의 씨}를 먼저 모판^{씨를 뿌려 싹을 키우는 곳}에 뿌려 키운 모^{벼의 싹}를 논에 옮겨 심는 벼농사 방법이에요. '이앙법^{移옮길 이 秧모 앙 法법 법}'이라고도 불리는데, '모를 옮겨 심는 방법'이라는 의미지요. 모내기법은 원래 중국에서 시작되어 우리나라에는 고려 말기에 전해졌어요. 그러나 조선 초기에는 농사일이 가장 바쁜 때^{농번기}의 노동력 부족과 가뭄 위험 등을 이유로 정부에서 법으로 금지했어요. 하지만 모내기법은 15세기 후반부터 점차 확산하기 시작했고, 17세기에 들어서면서 전국적으로 퍼지게 되었지요. 모내기법은 씨를 직접 논에 뿌리는 방법인 '직파법'에 비해 여러 장점이 있어요. 모를 미리 키우기 때문에 논에서 벼를 기르는 시간이 줄어들고, 한 해에 두 번 농사를 지을 수 있어요.

또한 잡초 제거가 쉽고, 가뭄과 홍수에도 상대적으로 안전해요. 특히 논의 물 관리가 편해 가을에 거두는 쌀의 양을 이전보다 크게 늘릴 수 있었답니다.

모내기법의 확산은 조선 후기 농업 생산력 증대와 상품 화폐 경제 발달에 중요한 역할을 했어요. 또한 두레^{농민들이 농번기에 농사일을 공동으로 하기 위해 마을 단위로 만든 조직}와 같은 공동 노동 조직이 더 발전하는 계기가 되기도 했지요.

▲ 모내기하는 모습

🏵 함께 기억해요 🏵

✚ 직파법

씨앗을 논에 바로 뿌리는 방식으로, 이앙법 이전에 널리 사용되었어요.

✚ 모내기법과 사회 변화

- ✔ **노동력 집중** 모내기 시기에 많은 노동력이 필요해 두레와 같은 공동 노동 조직이 발달했어요.
- ✔ **농업 생산력 향상** 수확량이 증가하면서 농업 생산력이 크게 향상되었어요.
- ✔ **상품 경제 발달** 남는 쌀을 팔 수 있게 되면서 상품 화폐 경제가 발달했어요.
- ✔ **토지 소유 변화** 생산력 증가로 부농(부자 농가나 농민)층이 성장하고, 토지 소유 관계가 변화했어요.
- ✔ **농민 분화** 부농과 빈농(가난한 농가나 농민)의 차이가 커지면서 농민층이 나누어졌어요.

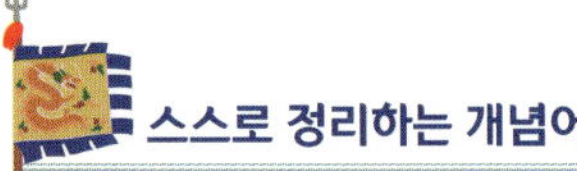

스스로 정리하는 개념어

이앙법이 직파법보다 효율적인 이유를 설명해 보세요.

상품 작물 재배

作 지을 작 物 물건 물 논밭에 심어 가꾸는 곡식이나 채소

비교 단어 모내기법

상품 작물 재배는 시장에 판매할 목적으로 곡식이나 채소를 키우는 것을 말해요. 조선 후기 농업이 발전하면서 농민들이 자급자족^{필요한 것을 스스로 생산해 씀}용 작물 대신 현금화가 가능한 작물을 키우기 시작했어요. 이로 인해 상업 농업이 발달하고 경제적 변화가 일어났답니다. 상품 작물은 시장에서 팔기 위해 재배하는 작물로, 조선 후기 농업 생산력이 향상되고 상품 화폐 경제가 발달하면서 크게 확산되었지요. 대표적인 상품 작물로 담배, 목화^솜, 인삼, 채소, 약초 등이 있어요. 특히 담배는 17세기 초 일본을 통해 들어와 빠르게 전국으로 퍼졌고, 농민들에게 중요한 수입원이 되었지요. 목화는 조선 초기부터 재배되었지만, 조선 후기에 와서 상품 작물로서 더욱 중요해졌어요. 상품 작물 재배의 확산은 농촌 경제의 변화를 불러왔어요. 농민들은 시장에서 팔기 위한 작물을 더 많이 재배하려 했고, 생산물은 보부상^{행상. 물건을 봇짐으로 들고 다니며 파는 사람}과 같은 상인을 통해 전국으로 퍼졌어요. 이 영향으로 5일마다 열리던 시장인 장시가 발달했지요. 부농층이 성장하고 농민층이 나눠지는 계기가 되기도 했답니다.

● 함께 기억해요 ●

✚ 주요 상품 작물

- ✔ **담배** 17세기 초 일본을 통해 전해져 전국에서 재배되었어요. 농민들에게 중요한 수입원이었지요.
- ✔ **목화(솜)** 의류의 원료가 되는 중요한 작물로, 조선 초기부터 재배되었지만 후기에 상품 작물로서 더욱 중요해졌어요.
- ✔ **인삼** 높은 약효로 인해 귀한 대접을 받았으며, 특히 개성 지역에서 많이 재배되었어요.
- ✔ **채소** 도시 근교를 중심으로 상업적 채소 재배가 발달했어요.
- ✔ **약초** 황기, 당귀 등 약재로 쓰이는 식물들이 상품 작물로 재배되었어요.
- ✔ **과일** 배, 감, 밤 등은 중요한 상품 작물이었어요.

개성 인삼의 명성

개성 인삼은 '고려 인삼'으로 유명했어요. 개성의 땅과 기후가 인삼 재배에 이상적이어서 약효가 특별히 뛰어났다고 해요. 개성 인삼은 국내에서도 귀했지만, 특히 중국에 수출하는 중요한 무역품이었어요. 청나라 황제와 고위 관료들이 개성 인삼을 애용했다는 기록도 있지요. 인삼 재배는 까다로워서 무려 6년이라는 긴 시간 동안 정성껏 가꿔야 했지만, 그만큼 높은 가격에 거래되었기 때문에 농민들에게는 '땅에서 나는 금'과 같은 작물이었답니다.

스스로 정리하는 개념어

상품 작물 재배로 생긴 변화를 설명해 보세요.

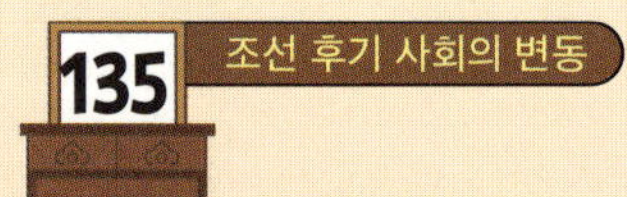

실학

實 열매 실 **學** 배울 학

비교 단어 정약용, 박지원

'실학'은 조선 후기에 등장한 것으로 '실제 생활에 도움이 되는 학문'이라는 뜻이에요. 17세기 중반부터 19세기 전반까지 발전한 실학은 전통적인 성리학의 실속 없는 이론 탐구보다 실용적이고 실제적인 학문을 추구했어요.

실학은 17세기 이후 조선 사회가 겪고 있던 여러 문제를 해결하기 위한 학문적 대안으로 등장했어요. 임진왜란과 병자호란 이후 생긴 사회 경제적 혼란, 당쟁의 심화, 양반 중심 사회 질서의 문제점 등이 실학 발생의 배경이 되었지요. 또한 중국을 통해 들어온 서양 과학 기술과 사상도 실학 발전에 영향을 미쳤어요.

실학자들은 경제 발전, 사회 개혁, 과학 기술 발전 등 실용적인 분야에 관심을 가졌어요. 이들은 토지 제도 개혁, 상공업 키우기, 기술 혁신, 신분제 개혁 등 다양한 개혁안을 제시했지요. 대표적인 실학자로는 정약용, 박지원 등이 있어요. 실학자들도 각자 중요하게 생각하는 부분이 조금씩 달랐는데, 농업을 중시한 중농학파와 상업을 중시한 중상학파로 나눌 수 있어요.

중농학파	유형원, 이익, 정약용 등 농업 중심의 개혁과 토지 제도 개혁을 강조했어요. 이들은 농업이 천하의 근본이라는 '농자천하지대본'이라는 전통적 관점에서 농업 발전을 통한 국가 경제 강화를 중시했지요. 특히 토지의 균등 분배, 농민의 생활 안정, 조세 제도 개혁 등을 주장했어요.
중상학파	박지원, 박제가, 홍대용 등 상공업 발전과 기술 혁신을 강조했어요. 이들은 전통적인 농업이 국가 산업의 기본이라는 '농본주의'에서 벗어나 상공업 발전을 통한 나라의 경제력을 키우는 것을 주장했지요. 청나라의 선진 문물 수용(북학)과 국제 무역 활성화, 화폐 경제 발달 등을 중시했어요. 특히 상인과 수공업자의 지위 향상, 기술자 우대 정책 등을 강조했답니다. 이들은 청나라의 선진 문물을 적극적으로 수용하자는 입장이었고, '북학파'라고도 불렀어요.

▲ 정약용

▲ 박지원

✚ 주요 실학자의 사상과 업적

- ✔ **정약용** 거중기 등 실용 기계를 설계해 실질적 농업과 건축에 기여했어요. 『목민심서』, 『경세유표』 등을 통해 지방 행정 개혁과 국가 경영 방안을 제시했어요.
- ✔ **유형원** 사회 개혁에 관한 내용을 적은 『반계수록』을 썼고, 토지 제도를 개혁하자고 주장했어요.
- ✔ **이익** 나라를 병들게 하는 6가지 문제점을 지적하며, 토지의 소유 한도를 설정하는 것을 주장했어요.
- ✔ **박지원** 『열하일기』를 통해 청나라의 선진 문물을 소개하며 상공업 진흥을 주장했어요.
- ✔ **박제가** 청나라의 기술에 대해 『북학의』를 썼고, 소비를 통해 경제를 활성화해야 한다는 소비론을 주장했어요.
- ✔ **김정호** '대동여지도'를 제작하여 사실에 바탕을 둔 지리 연구에 도움을 주었어요.

스스로 정리하는 개념어

실학이 성리학과 다른 점을 설명해 보세요.

김정호와 대동여지도

비교 단어 실학

김정호는 조선 후기의 대표적인 지리학자이자 지도 제작자로, 19세기에 활동했어요. 그의 호는 '고산자 古옛 고 山메 산 子아들 자'로, 평생을 지도 제작에 바친 조선 지도 제작의 완성자로 평가받아요. '대동여지도'는 김정호가 만든 조선의 지도로, 1861년에 완성되었어요. '대동'은 '큰 나라'라는 뜻으로 조선을 가리키며, '여지도'는 '땅의 지도'라는 의미예요. 대동여지도는 펼치면 가로 약 4m, 세로 약 7m에 이르는 대형 지도예요. 한 장의 커다란 지도가 아니라, 22번 접히는 지도랍니다. 가지고 다니고 보관하는 데 편하게 하기 위한 실용적인 설계인 거죠. 김정호는 대

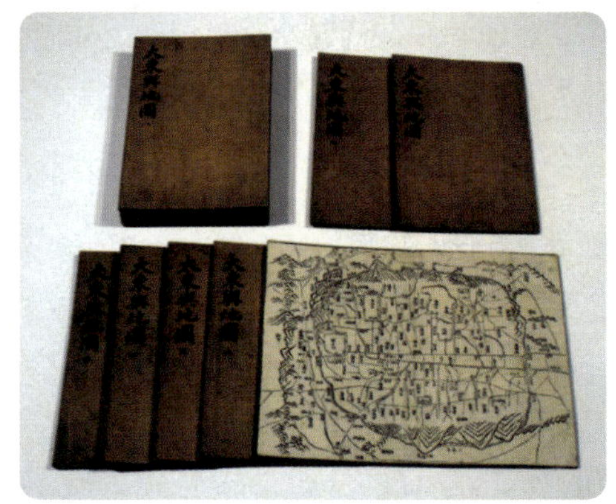

▲ 대동여지도
출처: <대동여지도>, 국립중앙박물관

동여지도를 만들 때 주로 기존의 지리책과 지도를 광범위하게 수집하고 연구했어요. 다양한 지리 자료와 관청에서 만든 지도들을 참고했지요. 또 일부 지역은 직접 가서 보고 기존 자료와의 비교·분석을 통해 정확한 지도를 만들고자 노력했답니다. 대동여지도는 산, 강, 도로, 마을, 봉수대, 역참, 고을 등이 상세하게 표시되어 있으며, 독창적인 기호와 축척지도에서의 거리와 지표에서의 실제 거리와의 비율을 사용하여 현대 지도와 비슷한 수준의 정확성을 갖추고 있답니다. 김정호가 만든 대동여지도는 조선 후기 실학의 대표적인 성과로, 오늘날까지도 그 가치를 인정받고 있어요.

함께 기억해요

＋ 역사 왜곡

"김정호가 '대동여지도'를 완성한 후, 흥선 대원군은 지도 때문에 국가 지리 정보가 유출될까 봐 두려워 김정호를 감옥에 가두고, 대동여지도 목판본을 없앴다. 김정호는 심한 문초를 당한 끝에 옥사한다."라는 기록이 있어요. 하지만 역사 기록에 따르면 조선 시대 후기 비변사(군대와 나랏일을 보던 관청)에서 김정호에게 지도 제작을 맡겼고, 그가 지도를 만드는 데 있어 비변사의 수많은 지도를 참고했다는 사실이 드러나요. 김정호가 감옥에서 죽었다는 역사적 기록은 어디에도 존재하지 않으며, '대동여지도' 목판본은 현재까지 전해지고 있지요. 앞선 기록은 일제 강점기 교과서에 실려 있는데, "조선 정부는 그 지도의 진가를 몰라봤지만, 일본 정부는 김정호의 업적을 알아봐 이를 통해 러일 전쟁에서 승리하고 토지 조사 사업을 수행할 수 있었다."라고 썼지요. 조선 정부의 무능함을 주장하려는 왜곡된 내용이었어요.

스스로 정리하는 개념어

대동여지도가 만들어진 방식을 설명해 보세요.

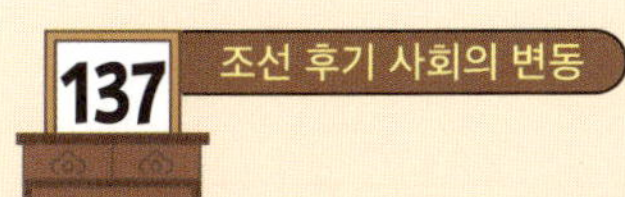

정약용

비교 단어 정조, 실학, 박지원

정약용은 조선 후기의 대표적인 실학자로, 호는 '다산'이에요. 그는 정치·경제·과학·기술·문학 등 여러 분야에서 뛰어난 업적을 남겼어요.

정약용은 정조의 신임을 얻어 다양한 개혁 정책을 추진했어요. 특히 수원 화성 건설에 참여했을 때 거중기를 생각해 낸 것은 그의 뛰어난 과학적 재능을 보여 주는 대표적인 예이지요. 또 정조가 후원하는 초계문신 제도에 참여하여 젊은 개혁 관료들과 정치 개혁안을 연구했어요.

하지만 정약용은 정조가 죽은 뒤 천주교 신자라는 이유로 18년간 전라도 강진에서 유배 생활을 하게 되었어요. 이 기간 그는 더욱 활발하게 책을 썼고, 『목민심서』, 『경세유표』, 『흠흠신서』라는 3대 대표 저서를 포함한 중요한 책들을 완성했답니다.

정약용은 농민의 생활을 개선하기 위한 토지 제도 개혁을 주장하고, 조선 실학을 하나로 모아 정리한 업적을 세운 사람으로 평가받고 있어요.

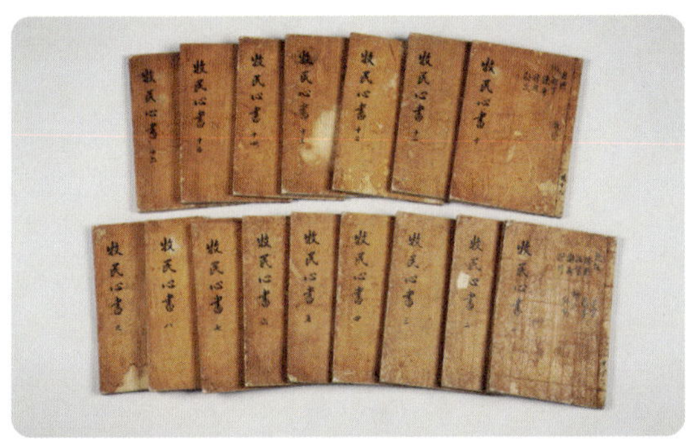

▲ 목민심서
출처: <목민심서>, 국립민속박물관

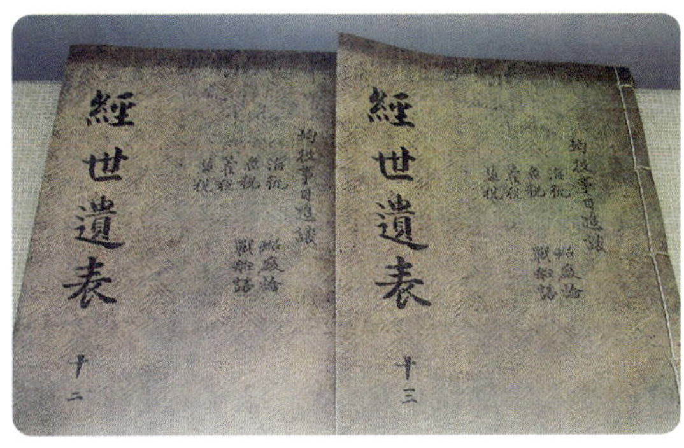

▲ 경세유표

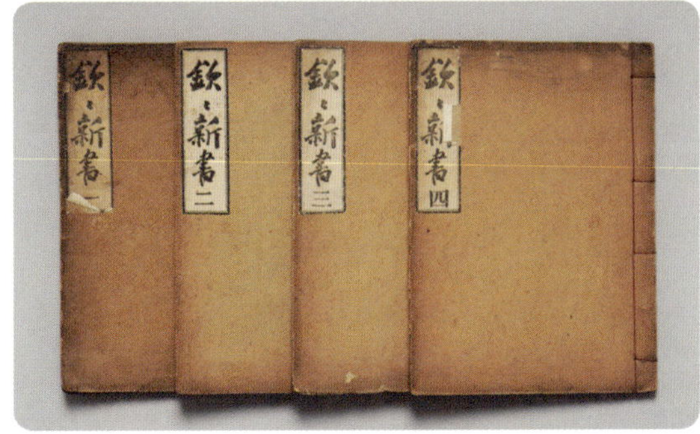

▲ 흠흠신서
출처: <흠흠신서 1~4>, 국립한글박물관

✚ 정약용의 대표 작품

✔ 『목민심서』

지방 행정의 부패를 막고 백성을 잘 다스리는 방법을 제시한 책이에요.

✔ 『경세유표』

국가의 제도와 법률 개혁 방안을 담은 정치서예요.

✔ 『흠흠신서』

형법과 재판 과정에서의 공정성을 다룬 책이에요.

✔ 『여유당전서』

정약용이 쓴 글을 총정리한 문집이에요.

✔ 『마과회통』

천연두 치료법에 대한 의학서예요.

아들에게 보낸 편지

정약용은 유배 중에도 고향에 있는 아들들과 꾸준히 편지를 주고받았어요. 그중에서 유명한 편지는 아들들에게 마음을 닦고 공부하는 방법을 가르친 글이에요. 이 편지에서 정약용은 "책을 읽을 때는 반드시 뜻을 깊이 생각하고, 오늘 배운 것은 내일 실천하라."라고 가르쳤어요. 또한 "부귀영화를 구하지 말고, 오직 백성에게 도움이 되는 것을 연구하라."고 당부했지요. 이 편지는 단순한 아버지의 훈계가 아니라, 실학 정신의 정수를 담은 교육서로 평가받는답니다.

헷갈리면 안 돼!

정약용은 천주교 신자로 오해 받았지만, 그의 학문은 철저히 유교적 기반에서 이루어졌어요.

스스로 정리하는 개념어

정약용이 쓴 3대 대표 저서를 말해 보세요.

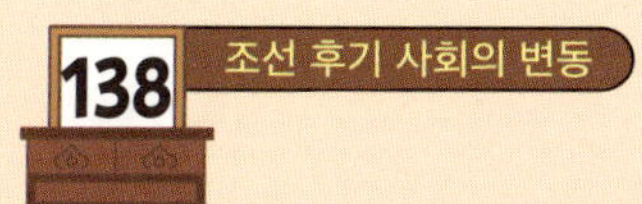

박지원

비교 단어 실학, 정약용

박지원은 조선 후기의 대표적인 실학자로, 호는 '연암'이에요. 그는 북학파^{청나라의 앞선 문물 및 생활 양식을} 받아들이자고 주장한 학파 실학자의 대표 인물이자 조선 후기 소설 문학의 선구자로 평가받고 있어요.

박지원은 상공업 발전과 기술 혁신을 강조한 대표적인 중상학파 실학자였어요. 그는 전통적인 농업이 국가의 기본이라는 정책에서 벗어나 상공업을 진흥시켜야 한다고 주장했고, 개혁적이고 실용적인 방안을 제시했어요. 박지원은 1780년에 청나라에 사신으로 가서 청나라의 앞선 문물을 직접 경험했어요. 이 여행을 바탕으로 쓴 『열하일기』는 북학 사상의 핵심을 보여 주는 훌륭한 작품으로, 청나라의 발달한 상공업과 기술을 소개하며 조선도 이를 적극적으로 받아들여야 한다고 주장했지요.

또한 박지원은 뛰어난 문학가로도 활동했어요. 『양반전』, 『허생전』, 『호질』 등의 한문 소설을 써 당시 사회와 양반들의 여러 문제점을 강하게 비판했지요. 그는 소설 속 풍자^{부정적 현실을 비웃음}와 해학^{재미} ^{있는 말이나} 행동을 통해 사회 개혁의 필요성을 강조했고, 이는 조선 후기 소설 문학의 발전에 큰 영향을 미쳤답니다.

❀ 함께 기억해요 ❀

✚ 박지원의 사상

✔ 북학 사상
청나라의 정치, 사회, 문화 등 앞선 모든 것을 적극적으로 받아들이자는 주장이에요.

✔ 중상주의
전통적인 농업이 국가 산업의 기본이라는 생각을 비판하고 상공업 발전을 강조했어요.

『양반전』의 날카로운 풍자

박지원의 소설 『양반전』에는 재미있는 장면이 나와요. 가난한 하인이 양반 신분을 돈으로 사려 하자, 양반은 "양반의 조건은 이렇다."라며 긴 목록을 제시해요. "게으름뱅이가 되어야 하고, 일하지 않아도 먹고 살아야 하며, 무지해도 무게를 잡을 수 있어야 한다."라는 등의 조건들이 나오죠. 하인이 이런 조건을 받아들이자, 양반은 오히려 당황해 양반 신분 팔기를 주저하게 됩니다. 이는 당시 양반들의 잘못된 생각과 실용성 없는 삶을 신랄하게 비판한 것이에요.

스스로 정리하는 개념어

박지원의 한문 소설들이 말하는 것이 무엇인지 설명해 보세요.

서민 문화 발전

비교 단어 김홍도, 민화

조선은 임진왜란과 병자호란 이후 농업 생산력이 향상되고 상품 화폐 경제가 발달했어요. 이러한 경제적 변화를 배경으로 농민, 상인, 수공업자 등 서민들의 경제력이 향상되었고, 이는 서민 문화 발달로 이어졌지요. 이렇게 조선 후기 일반 서민들이 즐기고 누렸던 문화를 '서민 문화'라고 해요.

조선 후기 서민 문화의 특징은 실용성과 오락성, 그리고 현실 비판 의식이에요. 양반 중심의 유교 문화와 달리 서민들의 생활과 감정을 솔직하게 표현하고, 희로애락을 담아낸 다양한 문화 형태가 발전했지요. 특히 한글 소설, 판소리, 민화, 탈춤 등이 크게 발달했으며, 이런 문화 형태를 통해 서민들은 자신들의 목소리를 표현하고 당시 사회의 문제점을 비판하기도 했어요.

또 이 시기에는 서민들의 교육 수준도 높아졌어요. 서당 교육이 확대되고 한글이 널리 알려지면서 많은 서민이 문자를 읽고 뜻을 이해하게 되었고, 이는 한글 소설과 같은 문학 작품이 널리 읽히는 배경이 되었지요. 조선 후기 서민 문화는 오늘날 우리 전통문화의 중요한 부분을 차지하고 있으며, 서민들의 창의성과 생명력을 보여 주는 소중한 문화유산이랍니다.

⊛ 함께 기억해요 ⊛

✚ 전기수

한글 소설이나 이야기를 사람들 앞에서 재미있게 읽어 주는 직업이에요. 글을 읽지 못하는 서민들에게 이야기를 들려주거나, 시장이나 거리에서 많은 사람에게 이야기를 들려주고 돈을 받았어요. 일종의 전문적인 이야기꾼으로, 서민 문화 확산에 큰 역할을 했지요.

민화와 서민들의 소망

민화는 서민들이 그리고 즐긴 그림으로, 호랑이 그림이 인기가 많았어요. 서민들은 호랑이 그림을 대문이나 벽에 붙여 두면 나쁜 기운을 쫓고 복을 부른다고 믿었지요. 특히 호랑이와 까치가 함께 그려진 까치 호랑이 그림은 '호작도(虎범 호 鵲까치 작 圖그림 도)'라고 불리며 인기 있었어요. 호랑이와 까치가 함께 있는 그림은 '좋은 소식이 온다'라는 의미를 담고 있었지요. 이처럼 민화에는 서민들의 소박한 소망과 신앙이 담겨 있었답니다.

스스로 정리하는 개념어

판소리와 한글 소설이 서민들에게 인기가 있었던 이유를 설명해 보세요.

김홍도

비교 단어 신윤복

김홍도는 조선 후기의 대표적인 화가로, 호는 '단원'이에요. 그는 다양한 화풍으로 뛰어난 실력을 보였는데, 특히 일반 사람들의 실생활을 생생히 담은 풍속화를 통해 서민들의 일상과 정서를 아름답고 꾸밈없이 표현했어요. 그의 작품은 조선 후기 서민 문화의 발전과 예술적 다양성을 잘 보여 주는 중요한 문화유산이에요.

김홍도는 어린 시절부터 뛰어난 그림 실력을 보였고, 양반 출신 화가로 이름 높던 강세황에게서 그림을 배웠어요. 그리고 조선 시대 그림을 담당하는 관청이었던 도화서에서 그림을 그리는 직원으로 활동했어요. 영조에게 병풍을 만들어 바치기도 했고, 정조의 초상화인 어진을 그리기도 했어요. 김홍도는 농민, 어부, 상인, 장인 등 서민들의 생활 모습을 사실적이고 재미있게 표현했어요. 〈씨름〉, 〈서당〉, 〈대장간〉, 〈활쏘기〉, 〈우물가〉 등 다양한 생활 장면을 담은 그의 그림은 조선 후기 서민들의 생활을 보여 주는 중요한 자료가 되고 있답니다.

또 김홍도는 실제 우리나라 풍경의 아름다움을 그린 그림인 진경산수화의 대가로도 평가받아요. 그의 그림은 정확한 관찰력과 간결한 선, 해학적인 표현이 특징이며, 조선 그림 역사에서 가장 뛰어난 화가 중 한 명으로 인정받고 있답니다.

▲ 김홍도 자화상

❀ 함께 기억해요 ❀

〈무동〉
아이가 춤을 추며 장단을 맞추는 모습을 그린 작품으로, 우리나라 전통 악기에 대해 알 수 있어요.

〈서당〉
서당에서 공부하는 아이들과 훈장님을 그린 작품으로, 당시 교육 현장의 모습을 알 수 있어요.

〈씨름〉
씨름하는 장면을 생동감
있게 표현한 작품으로, 서
민들의 놀이 문화를 잘 담
고 있어요.

출처: <씨름,《단원 풍속도
첩》>, 국립중앙박물관

〈활쏘기〉
활쏘기 연습하는 모습이
담긴 작품으로, 당시 사용
한 무기를 알 수 있어요.

김홍도의 호랑이 그림

김홍도는 호랑이 그림을 그리는 데도 뛰어난 솜씨를 보였어요. 하루는 김홍도의 스승님이었던 강세황의 아들 강이천
이 김홍도의 호랑이 그림을 보게 되었어요. 김홍도가 그린 호랑이는 매우 사실적이고 생동감이 넘쳐서, 마치 살아있
는 호랑이가 그림에서 뛰쳐나올 것만 같았지요.
강이천은 그림을 보는 순간 너무 놀라 "으악!" 하고 소리를 지르며 뒤로 물러섰다고 해요. 그러다가 자신이 지나치게
놀란 것을 부끄러워하며 얼굴을 붉혔지요. 이 모습을 본 사람들은 "화가의 최고 경지는 보는 사람을 놀라게 하는 것"
이라며 김홍도의 뛰어난 그림 실력을 칭찬했답니다.

헷갈리면 안 돼!

김홍도와 신윤복은 같은 시대의 화가이지만 그림의 양식이 달라요. 김홍도는 서민들의 일상생활을 주로 그렸고, 신윤복은
도시의 모습과 남녀 간의 애정을 주로 그렸지요.

스스로 정리하는 개념어

김홍도의 대표적인 그림 장르를 말해 보세요.

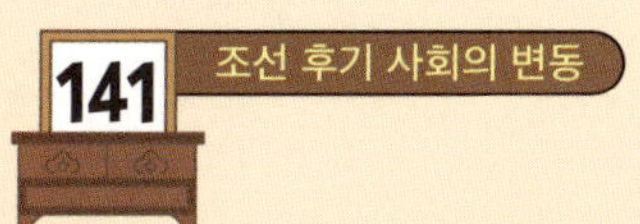

신윤복

비교 단어 김홍도

신윤복은 조선 후기의 대표적인 풍속 화가로, 호는 '혜원'이에요. 그는 아버지를 이어 도화서의 화가로 활동했지만, 활동 시기나 경력에 대한 정확한 기록은 많이 남아 있지 않아요.

신윤복은 특히 도시의 멋진 모습과 남녀 간의 애정을 주제로 한 풍속화로 유명해요. 그의 대표작인 『혜원전신첩』에는 양반들의 멋을 즐기는 생활, 기생과 선비의 만남, 여인들의 일상 등이 섬세하게 묘사되어 있어요. 특히 〈주유청강〉, 〈월하정인〉, 〈미인도〉 등은 남녀 간의 애정과 만남을 아름답게 표현한 작품으로 유명하지요.

김홍도가 서민들의 일상생활을 주로 그렸다면, 신윤복은 도시의 세련된 문화와 양반들의 여유로운 문화생활, 남녀의 사랑을 주로 그렸어요. 그의 그림은 섬세한 선과 화려한 채색, 우아한 구도가 특징이에요. 특히 여인들의 의상과 표정을 세밀하게 묘사하는 데 뛰어났답니다.

신윤복의 작품들은 조선 후기 도시 문화와 양반 사회의 모습, 그리고 당시 사람들의 정서와 생활상을 이해하는 데 중요한 자료가 되고 있어요.

❁ 함께 기억해요 ❁

〈미인도〉
아름다운 여인의 자태를 세밀하게 묘사한 작품이에요.
여인의 고운 옷과 섬세한 표정에서 조선 후기의 미적 감각을 엿볼 수 있어요.

〈월하정인〉
달빛 아래 남녀가 밀회(남몰래 만남)를 즐기는 모습을 그린 작품으로, 은밀하고 낭만적인 분위기가 특징이에요.

〈단오풍정〉
단오를 맞은 여인들의 모습을 담은 작품으로 당시 여성들의 생활
과 문화를 엿볼 수 있어요.

출처: <조선회화 신윤복필 풍속도첩 단오풍정>, 국립중앙박물관

〈쌍검대무〉
기생이 검무(칼춤)를 추는 장면을 그린 작품으로, 기생 문화와
당시의 예술적 취향을 잘 보여 줘요.

출처: <조선회화 신윤복필 풍속도첩 쌍검대무>, 국립중앙박물관

헷갈리면 안 돼!

신윤복이 여자로 나온 드라마가 있어서 신윤복을 여자로 생각하는 사람들이 있는데, 신윤복은 남자예요.

스스로 정리하는 개념어

신윤복의 작품과 김홍도의 작품을 비교하고 설명해 보세요.

민화

民 백성 민 畫 그림 화 백성이 그린 그림

상위어 서민 문화의 발전

민화는 '민중의 그림' 혹은 '서민의 그림'이라는 의미로 조선 시대 일반 서민들이 실용적인 목적으로 그리거나 감상한 그림을 말해요.

민화는 주로 전문 화가가 아닌 이름이 알려지지 않은 사람들에 의해 그려졌어요. 이들은 정규 미술 교육을 받지 않았기 때문에 형식에 얽매이지 않고 자유롭게 그림을 그렸지요. 그래서 민화는 사실적인 표현보다는 과장과 생략, 강렬한 색채, 단순화된 형태 등이 특징이에요. 민화는 주로 집 안의 장식이나 행운을 비는 용도로 그려졌어요. 새해나 이사, 혼례 등 특별한 날에 집 안에 걸어 둠으로써 복을 빌고 나쁜 기운을 쫓는다고 여겼지요. 그래서 민화에는 오래 살며 돈을 많이 벌고 자식을 많이 낳는 등 서민들의 소박한 바람과 기원이 담겨 있어요. 대표적인 민화로는 호랑이와 까치 그림인 〈호작도〉, 꽃과 새를 그린 〈화조도〉, 책과 벼루 등을 그린 〈책가도〉, 글자를 그림으로 그린 〈문자도〉 등이 있어요. 이러한 민화는 조선 후기 서민 문화가 발달하면서 더욱 널리 퍼졌고, 오늘날에도 우리 전통 미술의 중요한 부분으로 사랑받고 있답니다.

▲ 책거리

출처: <책거리도(민화)>, 삼척시립박물관

▲ 문자도 병풍

출처: <민화 문자도 병풍>, 국립중앙박물관

✿ 함께 기억해요 ✿

✚ 민화의 종류

- ✔ 〈**호작도** 虎범 호 鵲까치 작 圖그림 도〉 호랑이와 까치를 함께 그린 그림으로, 기쁜 소식이 온다는 의미가 있어요.
- ✔ 〈**화조도** 花꽃 화 鳥새 조 圖그림 도〉 꽃과 새를 그린 그림으로, 부부의 화목과 자녀를 많이 낳는 것을 상징해요.
- ✔ 〈**책가도** 冊책 책 架시렁 가 圖그림 도〉 책장과 각종 문방구를 그린 그림으로, 학문과 많은 재산을 상징해요.
- ✔ 〈**문자도** 文글월 문 字글자 자 圖그림 도〉 효, 제, 충, 신 등의 한자를 그림으로 표현한 것으로, 유교적 가치관을 담고 있어요.
- ✔ 〈**십장생도** 十열 십 長길 장 生날 생 圖그림 도〉 해, 산, 물, 구름, 소나무, 불로초, 거북, 학, 사슴, 대나무 등 장수를 상징하는 열 가지를 그린 그림이에요.

스스로 정리하는 개념어

조선 후기 서민의 삶과 염원을 담아낸 그림을 무엇이라고 하는지 말해 보세요.

동학

東 동녘 동 學 배울 학 우리 동쪽 나라에서 생긴 학문

비교 단어 전봉준, 동학 농민 운동

동학은 조선 후기인 1860년 경상북도 경주 지역에서 최제우가 창시한 민족 종교예요. '동학'이란 이름은 천주교를 서양의 학문이라는 의미의 '서학西서쪽 서 學배울 학'이라고 부른 것에 대응하여, 우리 동쪽 나라에서 생긴 학문이라는 의미로 붙여졌어요.

동학은 '인내천人사람 인 乃이에 내 天하늘 천'이라는 생각이 핵심이에요. 이는 '사람이 곧 하늘이다'라는 뜻으로, 모든 사람이 평등하고 존엄하다는 것을 강조하는 거예요. 이는 당시 신분제 사회에서 혁명적인 생각이었어요.

동학을 만든 최제우가 1864년 관청에 의해 처형된 후에도 그의 제자 최시형에 의해 동학은 계속 이어졌고, 점차 많은 농민의 지지를 받았어요. 특히 1894년에 전라도 고부에서 시작된 농민들의 저항 운동은 전국적인 '동학 농민 운동'으로 발전하기도 했지요. 1905년에는 동학의 3대 교주인 손병희가 종교의 이름을 '천도교'로 바꾸었어요. 천도교는 이후 3·1운동에도 적극 참여하며 일제 강점기에 독립운동의 중심 세력 중 하나가 되었고, 현재까지도 한국의 대표적인 민족 종교로 이어지고 있답니다.

▲ 동학 농민 운동을 이끈 전봉준의 압송 모습

✹ 함께 기억해요 ✹

➕ 동학과 동학 농민 운동

- ✔ **동학** 종교적 사상과 운동이에요.
- ✔ **동학 농민 운동** 동학사상을 기반으로 백성을 괴롭히는 못된 관리를 몰아내고 일본의 침략에 저항한 농민들의 사회적 저항 운동이에요.

헷갈리면 안 돼!

동학은 단순한 종교 운동이 아니라, 사회 개혁과 민족의식을 담은 복합적인 운동이었어요.

스스로 정리하는 개념어

동학의 핵심 사상인 인내천을 설명해 보세요.

흥선 대원군

비교 단어 병인양요, 신미양요

흥선 대원군은 고종의 아버지로, 1863년부터 1873년까지 어린 고종을 대신해 약 10년간 실질적으로 나라를 다스렸어요. 흥선 대원군은 왕권을 회복하기 위해 경복궁을 고치고, 세도 정치로 비대해진 안동 김씨 등 외척^{어머니 쪽 친척} 세력을 약화시켰어요. 또한 비효율적인 관직을 줄이고 서원^{유학을 공부하던 학교}을 정리하여 국가 재정을 확보했답니다. 대외적으로는 다른 나라와의 외교 관계를 제한하는 통상 수교 거부 정책^{쇄국 정책. 다른 나라와의 교류를 금지하는 정책}을 펼쳐 서양 열강의 요구를 거부했어요. 1866년에는 프랑스의 침략^{병인양요}을, 1871년에는 미국의 침략^{신미양요}을 성공적으로 물리쳤지요. 하지만 통상 수교 거부 정책은 국제 정세 변화에 대응하지 못하게 했고, 이에 흥선 대원군은 며느리 집안인 민씨 세력 및 개화파와 갈등을 빚었어요. 결국 1873년 고종이 직접 정치를 선언하며 흥선 대원군은 권력을 잃고 물러났지요. 이후 그는 임오군란^{1882년} 때 잠시 정권을 잡았으나 청나라에 의해 중국으로 납치되었어요. 갑신정변^{1884년} 후 돌아왔지만 그의 정치적 영향력은 크게 약화되었지요.

❀ 함께 기억해요 ❀

➕ 주요 정책

✔ **경복궁 중건** 임진왜란 이후 망가진 채 두었던 경복궁을 원래대로 복원시켰어요.

✔ **서원 정리** 전국의 서원 중 47개만 남기고 없앴어요.

✔ **사역원 축소와 호포제 실시** 외국어를 통역하는 일을 하던 관청인 사역원을 줄이고, 봄과 가을에 집마다 내던 세금인 호포를 양반과 평민의 차별 없이 거두었어요.

✔ **당백전 발행** 경복궁을 고치는 데 필요한 비용을 마련하기 위한 화폐를 만들었어요.

✔ **척화비 건립** "서양 오랑캐와 통하자는 자는 죽이고, 적과 화친하면 나라가 망한다."라는 내용의 비석을 세웠어요.

➕ 대원군

대원군은 왕의 아버지를 일컫는 칭호로, 조선 시대는 네 사람의 대원군이 있었어요. 선조의 아버지 덕흥 대원군, 철종의 아버지 전계 대원군, 인조의 아버지 정원 대원군, 고종의 아버지 흥선 대원군이에요.

땡전의 유래

흥선 대원군은 경복궁을 고치는 과정에서 전국의 동전을 모두 거둬들여 쇠를 녹인 뒤 대들보를 만들고, 전국의 양반 집 대문에 걸린 현판(글자나 그림을 새겨 문 위에 다는 조각)까지 모아 경복궁 건축에 사용했다고 해요. 또 경복궁을 고치는 돈을 마련하기 위해 '당백전'이라는 화폐를 만들었어요. 당백전 1개의 가치가 동전 100개에 해당한다고 했지만, 실제 가치는 훨씬 작아 물가가 폭등하고 백성들의 생활이 어려워졌어요. 이 당백전에서 지금 우리가 '땡전 한 푼 없다'라고 할 때 쓰는 '땡전'이 유래되었어요.

스스로 정리하는 개념어

> 흥선 대원군이 서원을 대대적으로 정리한 이유를 설명해 보세요.

145 병인양요

洋 서양 양 擾 시끄러울 요 조선 말기, 서양 사람들이 일으킨 난리

비교 단어 흥선 대원군, 신미양요

병인양요는 1866년고종 3년, 병인년 프랑스 해군 군함 부대가 조선을 침략한 사건이에요.

당시 흥선 대원군은 강력한 통상 수교 거부 정책을 펼치며 서양의 침략에 맞서고 있었어요. 1866년 초, 조선 정부는 천주교를 탄압하는 병인박해를 일으켜 9명의 프랑스 선교사를 포함한 수천 명의 천주교 신자들을 처형했어요. 이 소식을 들은 프랑스군 사령관이 조선을 응징하기 위해 7척의 군함과 600여 명의 병력을 이끌고 강화도를 침략했지요. 프랑스군은

▲ 병인양요

1866년 10월 16일 강화도에 상륙해 강화성을 점령했지만 조선군의 강한 저항에 어려움을 겪었고, 결국 11월 18일 강화도에서 물러났어요. 그들은 물러나면서 강화도의 외규장각왕실 관련 책을 보관하는 강화도 도서관에 보관된 귀중한 문화재와 서적들을 훔쳐 갔어요. 병인양요는 조선이 서양 열강과 무력 충돌한 첫 번째 사건으로, 흥선 대원군이 통상 수교 거부 정책을 더 강화하는 계기가 되었어요.

❀ 함께 기억해요 ❀

✚ 외규장각과 의궤

외규장각은 강화도에 설치된 왕실 도서관이에요. '규장각 밖에 있는 규장각'이라는 뜻으로, 한양의 규장각 도서 중 중요한 것을 따로 보관하기 위해 1782년(정조 6년)에 만들어졌어요. 이곳에는 조선 왕실의 귀중한 의궤, 실록, 문서 등이 보관되어 있었어요. 의궤란 왕실의 주요 행사와 의식을 그림과 글로 상세히 기록한 책으로, 조선 왕조의 역사와 문화를 보여주는 귀중한 자료예요. 총 297권 중 프랑스에 191권을 약탈당했어요. 이 중 일부는 2011년 프랑스로부터 임대 형식으로 돌아왔답니다. 외규장각 의궤와 문화재는 약탈당한 것이므로 '반환'이 원칙이지만, 2011년에 프랑스가 돌려준 것은 '영구 대여' 형식이라는 점이 아쉬운 부분이에요.

헷갈리면 안 돼!

병인양요(1866년)와 신미양요(1871년)는 비슷한 시기에 일어난 서양 열강의 침략이지만, 침략국과 배경이 달라요. 병인양요는 프랑스가 천주교 박해에 대한 보복으로 일으켰고, 신미양요는 미국이 통상(나라들끼리 서로 물품을 사고팖.)을 요구하며 일으킨 사건이에요.

스스로 정리하는 개념어

병인양요가 일어난 원인과 결과를 각각 한 가지씩 말해 보세요.

신미양요

내가 읽은 횟수 ☐ ☐ ☐

비교 단어 흥선 대원군, 병인양요

신미양요는 1871년 고종 8년, 신미년에 미국 함대 해군 연합 부대가 조선을 침략한 사건이에요. 이 사건은 통상 요구와 제너럴셔먼호 사건에 대한 보복을 이유로 내세우며 일어났어요.

1866년 미국 배인 제너럴셔먼호가 허가 없이 대동강을 거슬러 올라와 통상을 요구하다가 조선 관리와 백성들과 충돌하면서 불에 타 침몰한 사건이 있었어요. 이후 미국은 이 사건에 대한 조사와 통상 조약 체결을 위해 1871년 로저스 제독이 이끄는 아시아 함대를 조선에 파견했어요.

1871년 5월, 5척의 군함과 1,230명의 병력을 이끈 로저스 제독은 강화도에 도착해 통상을 요구했지만 흥선 대원군의 통상 수교 거부 정책으로 조선은 이를 거부했어요. 이에 미국 함대는 6월 10일 강화도를 공격했지요. 미국군은 한 달가량 강화도를 점령했지만 결국 조선과의 협상에 실패하고 7월 3일 물러갔어요.

▲ 미 해군함에 있는 어재연 장군의 장군기

신미양요 이후 흥선 대원군은 더욱 강경한 통상 수교 거부 정책을 펼쳤고, "서양과 통하자는 말을 하는 자는 죽이고, 적과 친하게 지내면 나라가 망한다."라는 내용의 척화 斥물리칠 척 和화할 화. 나라끼리 잘 지내자는 논의를 거부함.비를 전국에 세웠어요.

═══════ ❀ **함께 기억해요** ❀ ═══════

✚ **수자기(**帥장수 수 字글자 자 旗기 기. 장수의 깃발**)**

어재연 장군이 사용한 장군기로, 신미양요 당시 미국군에게 빼앗겼어요.

스스로 정리하는 개념어

신미양요의 원인이 된 사건을 말해 보세요.

운요호 사건

비교 단어 강화도 조약

운요호 사건은 1875년^{고종 12년}에 일본 해군 소속 배인 군함 운요호가 강화도 앞바다를 침입해 조선 수비대와 충돌한 사건이에요. 이 사건은 일본이 의도적으로 일으킨 일로, 이듬해 강화도 조약 체결의 직접적인 계기가 되었어요.

1875년 9월, 일본은 군함 운요호를 강화도 앞바다에 보내 조선이 외국 배들에도 항구를 열도록 강요하는 군사적 시위를 벌였어요. 운요호가 강화도 연안에 접근하자 조선 수비대가 대포를 쏘았고, 일본은 이를 이

▲ 운요호 사건

유로 들어 강화도 초지진과 영종도를 공격했어요. 일본은 이 사건을 조선의 도발로 몰아세워 군사적 압력을 가했고, 1876년 2월 강화도 조약^{조일 수호 조규}을 강제로 체결했어요. 이 조약으로 조선은 부산, 원산, 인천의 3개 항구를 열고, 일본에 여러 특권을 주어야 했지요. 이렇듯 강화도 조약은 조선이 서양이 아닌 아시아 국가와 맺은 첫 근대적 조약이었지만, 불평등한 내용을 담고 있었답니다.

⊛ 함께 기억해요 ⊛

➕ 운요호 사건의 진실

운요호 사건에 대해 일본은 "중국 잉커우로 가던 운요호가 먹을 물을 구하려고 강화 초지진 근처까지 왔는데, 조선 수비군이 무차별로 대포를 쐈다."라고 주장했어요. 하지만 이는 일본이 꾸며낸 거짓말이었답니다. 실제로 물은 월미도나 영종도에도 얼마든지 있었기 때문에, 굳이 물살이 사나운 강화까지 올라올 필요가 없었지요.

운요호의 함장 이노우에 요시카는 후에 "조선의 문을 열기 위해 일부러 사건을 일으켰다."라고 고백했다고 해요. 이 거짓된 '먹을 물 이야기' 때문에 조선은 인간을 제일 중요하게 여기는 인도주의도 모르는 야만적인 나라로 취급받게 되었고, 일본은 무고한 피해자로 인식되었어요. 사실은 피해자가 조선이고 가해자가 일본이었는데, 일본의 적극적인 홍보로 입장이 완전히 뒤바뀐 것이지요. 일본 메이지 정부는 이미 1873년부터 '정한론(征갈 정 韓한국 한 論논할 논)'이라는 조선 침략론을 논의하고 있었고, 운요호 사건은 그 계획의 일환이었어요. 즉, 강화도 조약을 체결하기 위한 구실을 만들기 위해 의도적으로 일으킨 무력 도발이었던 것이지요.

스스로 정리하는 개념어

운요호 사건의 계기로 체결된 조약을 말해 보세요.

강화도 조약

條 가지 조 **約** 맺을 약 국가 간의 합의 행위

비교 단어 운요호 사건

강화도 조약은 1876년고종 13년 2월 27일에 조선과 일본 사이에 맺은 근대적 국제 조약이에요. 정식 명칭은 '조일 수호 조규'로, 조선이 외국과 맺은 최초의 근대적 조약이었지만 일본이 일방적으로 체결한 불평등 조약이었답니다.

▲ 강화도 조약 서명 모습

이 조약은 1875년 일본 군함 운요호가 강화도 앞바다를 침입해 일으킨 '운요호 사건'을 계기로 체결되었어요. 일본은 이 사건을 이유로 들어 군사적 압력을 가해 조선에 항구를 열 것을 강요했고, 결국 강화도 조약이 체결되었지요.

강화도 조약은 총 12개 조항과 부록덧붙이는 기록으로 구성되어 있어요. 표면적으로는 조선의 자주권국가의 문제를 스스로 자유롭게 결정할 수 있는 권리을 인정하고 일본과의 평등한 관계를 규정했지만제1조, 실제로는 일본에 많은 특권을 부여한 불평등한 내용이었어요. 조약에 따라 조선은 부산 외에도 2개 항구를 더 열어야 했고, 일본인에게 치외법권다른 나라의 영토 안에 있으면서도 그 나라 국내법의 적용을 받지 않는 국제법에서의 권리을 인정했으며, 일본 선박이 조선 해안을 자유롭게 조사할 수 있도록 허용했답니다.

이 조약으로 조선은 약 250년간 지속된 통상 수교 거부 정책에서 벗어나 개항開列 개 港항구 항. 항구를 개방의 길로 들어섰어요. 그러나 동시에 일본의 정치적, 경제적 침략이 본격적으로 시작되는 계기가 되었고, 결국 조선의 주권이 위협받는 첫걸음이 되었지요.

✚ 강화도 조약의 주요 내용

- ✔ **제1조** 조선은 자주국이며, 일본과 평등한 권리를 가진다.
- ✔ **제4조** 부산 외에 2개 항구(나중에 원산, 인천으로 결정)를 개항한다.
- ✔ **제7조** 일본인은 개항장에서 자유롭게 통상할 수 있다.
- ✔ **제10조** 일본인에게 치외법권을 인정한다.
- ✔ **제11조** 조선은 일본과 통상 규칙을 정한다(무관세 무역 인정).
- ✔ **제12조** 일본 화폐를 조선에서 쓸 수 있다.
- ✔ **부록** 일본 선박이 조선 해안을 자유롭게 조사·관찰할 수 있다.

✚ 일본과 미국의 불평등 조약

일본은 1854년에 미국과 '미일 화친 조약(가나가와 조약)'을, 1858년에는 '미일 수호 통상 조약(해리스 조약)'을 맺었어요. 이 조약들은 치외법권, 관세 자주권 제한, 최혜국 대우 등 불평등한 내용을 담고 있었어요. 강화도 조약의 많은 조항은 일본이 서양 국가들과 맺은 불평등 조약의 내용을 그대로 조선에 적용한 것이었어요. 일본은 자신들이 서양으로부터 당한 불평등한 대우를 조선에 되풀이함으로써 '아시아의 제국주의 국가'로 바뀌고 있었답니다.

헷갈리면 안 돼!

제1조의 "조선은 자주국이다."라는 문구는 일본의 교묘한 전략이었어요. 표면적으로는 조선의 독립을 인정하는 것처럼 보이지만, 실제로는 조선이 중국(청나라)에 지배를 받는 나라가 아니라는 점을 명시하여, 청나라의 영향력에서 조선을 떼어내려는 의도가 있었답니다.

스스로 정리하는 개념어

> 강화도 조약의 주요 내용 중 불평등한 조항 두 가지를 말해 보세요.

개화파와 위정척사파

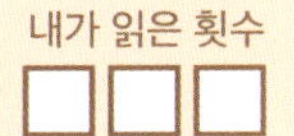

비교 단어 흥선 대원군, 갑신정변, 갑오개혁

개화파와 위정척사파는 조선 후기와 개항기외국에 항구를 연 시기에 서양 문물을 받아들이는 것을 둘러싸고 대립했던 두 정치 세력이에요.

위정척사파는 '바른 것을 지키고 사악한 것을 물리친다'라는 뜻으로, 유교적 가치와 전통을 수호하고 서양의 문물과 기독교를 거부하자는 주장을 펼쳤어요. 이들은 주로 보수적인 유생유학을 공부하는 선비들로 구성되었으며 최익현, 이항로, 기정진 등이 대표적 인물이었지요. 위정척사파는 서양과의 교류를 거부하고 통상 수교 거부 정책을 지지했으며, 흥선 대원군의 정책에 찬성하는 경향이 있었답니다.

반면 개화파는 서양의 앞선 문물과 제도를 받아들여 조선을 근대화하자는 주장을 펼쳤어요. 개화파는 다시 온건 개화파김홍집, 김윤식 등와 급진 개화파김옥균, 박영효 등로 나뉘었어요. 온건 개화파는 청나라를 통해 점진적으로 서양 문물을 받아들이자는 입장이었고, 급진 개화파는 일본을 모델로 삼아 급격한 개혁을 추진하자는 입장이었지요.

이 두 세력의 대립은 1870년대부터 심화되었고, 1880년대에 정치적 갈등으로 이어졌어요. 1884년 급진 개화파는 자신들의 개혁 정책을 펼치려 갑신정변을 일으켰지만 쿠데타는 실패했고, 이후 새로운 문화를 일으키자고 펼친 예술 번영 운동인 개화 운동도 위축되었어요. 하지만 1894년 갑오개혁고종 때 추진된 개혁 운동 때 개화파의 이념이 많이 반영되었고, 그것은 근대적 개혁의 토대가 되었답니다.

▲ 최익현

▲ 김옥균

✚ 최익현

최익현은 위정척사파의 대표적 인물로, 1876년 강화도 조약 체결에 반대하는 내용을 담은 글을 임금에게 올렸어요. 그는 "서양과 통상하면 천주교가 들어와 윤리가 무너지고, 재물이 유출되어 나라가 가난해질 것"이라고 경고했어요. 이 글로 인해 그는 유배를 가게 되었지만, 후에 을사늑약(일본이 한국 외교권을 강제로 빼앗은 조약)에 반대하며 백성들이 외적의 침입에 대항하기 위해 직접 만든 군대인 의병을 일으키기도 했지요.

✚ 김옥균

김옥균은 급진 개화파의 리더로 일본에서 유학하며 근대 문물을 접했어요. 1884년 갑신정변을 일으켰을 때 그는 겨우 33살의 젊은 나이였답니다. 김옥균은 정변이 실패한 후 일본으로 망명했는데, 10년 후인 1894년에 조선 정부가 보낸 자객에 의해 상하이에서 암살되었어요.

✚ 온건 개화파와 급진 개화파

온건 개화파와 급진 개화파는 모두 개화를 지향했지만 방법에서 차이가 있었어요. 온건 개화파는 유교적 가치를 지키면서 서양의 기술만 받아들이자는 입장이었고, 급진 개화파는 정치 제도까지 포함한 전면적인 개혁을 주장했지요.

헷갈리면 안 돼!

개화파가 서양 문물을 받아들이자는 입장이었다고 해서 모두 친일적이었던 것은 아니에요. 특히 독립 협회 활동과 같이 민족의식을 기반으로 한 자주적 개화를 추구한 인물들도 많았답니다.

스스로 정리하는 개념어

개화파의 온건파와 급진파의 차이점을 설명해 보세요.

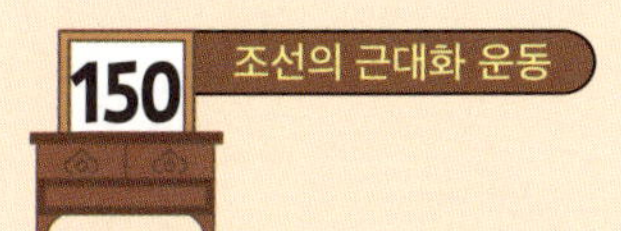

임오군란

비교 단어 흥선 대원군, 갑신정변

임오군란은 1882년고종 19년, 임오년, 구식 군대가 차별 대우와 관리들의 부정부패에 분노하여 일으킨 군사 반란이에요. 이 사건은 단순히 군대가 들고 일어난 일에서 시작했지만, 흥선 대원군의 재집권과 청나라의 군사 개입으로 이어져 조선의 국내 정치와 외교에 큰 영향을 미쳤답니다.

당시 조선 정부는 근대적 군대 양성을 위해 '별기군'이라는 신식 군대를 만들었어요. 이 별기군은 일본식 훈련을 받고 신식 무기로 무장했으며, 월급도 구식 군대보다 많이 받았지요. 반면 구식 군대는 13개월간 월급을 제대로 받지 못한 상황이었어요. 이런 상황에서 1882년 6월에 구식 군대에 지급된 쌀에 곡식의 껍질들과 모래가 너무 많이 섞여 있었어요. 도저히 먹을 수 없는 상태였지요. 이에 분노한 구식 군대 장병들이 들고 일어났어요. 그들은 개화파 인사와 개화 정책을 주도하던 민씨 세력을 공격하고 일본 군사 교관을 살해했으며, 공사관외교 사무실을 습격했지요. 명성 황후는 궁궐을 떠나 피신했어요. 고종은 흥선 대원군에게 사태 수습을 부탁했고, 대원군은 정권을 다시 잡게 되었어요.

하지만 청나라는 이 기회를 이용해 구식 군인들을 체포하고, 흥선 대원군을 납치해 중국으로 데려갔어요. 또한 일본은 피해를 본 공사관과 일본인의 보상을 요구했고, 제물포 조약을 체결하여 일본군이 조선에 머무는 것을 허용하게 했어요. 임오군란은 조선의 내부 정치에 청나라가 깊이 개입하는 계기가 되었고, 이는 후에 청일 전쟁의 원인 중 하나가 되었답니다.

🏵 함께 기억해요 🏵

➕ 제물포 조약 주요 내용

❶ 조선 정부의 공식 사과　　❷ 피해자 가족에게 위로금 지급　　❸ 공사관 경비를 위한 일본군 주둔 허용
❹ 범인 색출과 처벌　　❺ 통상 장애 제거와 무역 자유 보장

➕ 흥선 대원군과 명성 황후의 정치적 갈등

흥선 대원군과 달리 명성 황후는 점진적인 개화 정책을 펼치고자 했어요. 흥선 대원군은 1873년 아들인 고종이 직접 정치를 하겠다는 선포와 함께 실권을 잃었는데, 이는 왕비와 민씨 세력의 정치적 승리였어요. 두 세력의 갈등은 단순한 왕실 내 권력 다툼을 넘어, 조선의 미래 방향(쇄국 vs 개화)을 둘러싼 이념적 대립이었어요.

➕ 명성 황후의 국상(국가 장례) 사건

임오군란 당시 반란군은 개방 정책을 펼치던 민씨 세력을 제거하려 했어요. 명성 황후(민비)는 궁녀로 변장해 궁을 빠져나와 숨었는데 흥선 대원군은 명성 황후가 이미 죽었다고 주장하며 가짜 시신으로 국상을 치르게 했어요. 이는 명성 황후를 정치적으로 제거하고 대원군의 권력을 확고히 하기 위한 전략이었어요. 명성 황후는 청나라 군대가 개입한 후 궁으로 돌아왔고, 이후 더욱 강한 정치적 영향력을 행사했답니다.

스스로 정리하는 개념어

임오군란이 일어난 이유에 관해서 설명해 보세요.

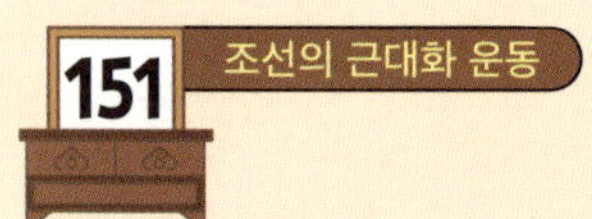

갑신정변

비교 단어 개화파, 임오군란

갑신정변은 1884년^{고종 21년, 갑신년} 12월 4일, 김옥균과 박영효 등 급진 개화파가 일으킨 급격한 정치 변화 시도예요. 이들은 일본의 지원을 받아 민씨 정권을 몰아내고 개화 정책을 추진하려 했지만, 청나라의 개입으로 3일 만에 실패했답니다.

당시 조선은 청나라의 영향력이 강하게 작용하고 있었고, 민씨 세력이 주도하는 온건 개화파가 정권을 잡고 있었어요. 이에 반해 김옥균, 박영효, 서광범, 홍영식, 서재필 등 급진 개화파는 일본의 메이지 유신^{19세기 후반 일본 메이지 천황 때, 중앙 집권 통일 국가를 이루어 자본주의 형성의 기점이 된 시기}을 본받아 빠른 개혁을 추진하려 했지요. 그들은 청나라의 간섭에서 벗어나 독자적인 근대화를 이루고자 했답니다.

1884년 10월 급진 개화파는 우정총국^{현재 우체국}의 시작을 기념하는 축하연을 이용해 갑신정변을 일으켰어요. 급진 개화파는 민씨 세력의 고위 관리들을 제거하고 고종을 경우궁^{순조의 생모인 수빈 박씨의 사당}으로 옮긴 뒤, 새 정부를 세웠어요. 그들은 신분제 철폐, 조세 제도 개혁, 인재 등용 등 근대적 개혁 내용을 담은 개혁안을 발표했지요. 하지만 청나라 군대가 개입하면서 정변은 3일 만에 실패로 끝났어요. 김옥균 등은 일본으로 망명했고, 일본 공사관과 공사관 경비병이 습격을 당하는 등 조선과 일본 관계도 악화되었지요. 이후 조선에서는 개화 정책이 크게 위축되었답니다.

❀ 함께 기억해요 ❀

✚ 급진 개화파와 온건 개화파의 대립

- ✔ **급진 개화파** 박영효, 김옥균, 서재필 등. 일본식 개혁을 통해 신속히 근대화를 추진하려 했어요.
- ✔ **온건 개화파** 김홍집, 어윤중 등. 청나라를 중심으로 점진적 개혁을 추구했어요.

✚ 급진 개화파 주요 인물

- ✔ **김옥균** 정변의 주모자. 후에 상하이에서 암살됨.
- ✔ **박영효** 한성부 판윤. 정변 후 일본으로 망명
- ✔ **서광범** 개화 사상가. 일본으로 망명
- ✔ **홍영식** 우정총국 최고 관리. 정변 직후 체포되어 처형됨.
- ✔ **서재필** 일본으로 망명했다가 미국으로 건너감. 의사이자 독립운동가로 이후 독립신문 창간

헷갈리면 안 돼!

갑신정변은 단순한 정치적 쿠데타가 아니라, 조선의 근대화 방향을 둘러싼 투쟁이었어요. 급진 개화파는 일본식 개혁을, 온건 개화파는 청나라를 통한 점진적 개혁을 주장했지요. 이러한 개화파 내부의 차이가 갑신정변의 배경이 되었답니다.

스스로 정리하는 개념어

> 갑신정변이 발생한 주요 원인을 설명해 보세요.

전봉준

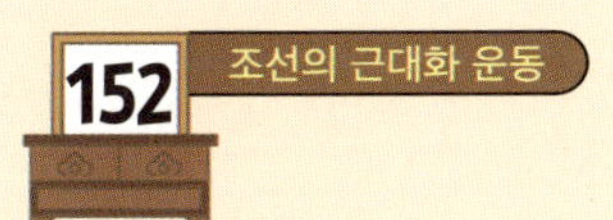

비교 단어 동학, 동학 농민 운동

전봉준은 고종 32년에 처형된 동학 농민 운동의 지도자로, '녹두 장군'이라는 별명으로 더 잘 알려져 있어요. 그는 조선 후기 사회 모순과 외세의 침략에 맞서 농민들을 이끌고 대규모 싸움을 벌인 백성들의 지도자였답니다. 전봉준은 전라북도 고부^{현재의 정읍시} 출신으로, 어려서부터 한학^{중국에 관한 학문}을 공부했으나 과거에는 응시하지 않았어요. 그는 고부 지역의 동학 지도자로 활동했지요. 당시 고부 군수였던 조병갑의 가혹한 수탈^{收거둘 수 奪빼앗을 탈. 강제로 빼앗음.}이 계속되자 1894년 1월에 고부 민란을 일으켰어요. 이후 그는 "잘살고자 함이 백성의 정情이요, 백성을 잘살게 함이 왕의 도道"라는 주장 아래 동학 농민 운동을 본격적으로 이끌었어요. 그는 전라도의 농민들을 모아 전주성을 점령하고, 농민들의 요구를 담은 내용을 관군에게 제시했지요. 조정은 이들을 진압하지 못하고 청나라에 군대를 요청했고, 청나라와 일본 군대가 들어오자 농민군은 정부와 잘 지내자고 약속하며 스스로 해산했어요. 하지만 청일 전쟁에서 일본군이 승리하면서 상황이 악화되었어요. 전봉준은 다시 농민군을 일으켜 공주 우금치 전투에서 관군 및 일본군과 싸웠지만 패배했고, 1895년 4월에 처형되었답니다. 그는 죽기 전까지 "우리의 주장은 사람이 곧 하늘이라는 동학의 가르침대로 모든 사람이 사람답게 사는 세상을 만드는 것"이라고 말했다고 해요.

❊ 함께 기억해요 ❊

✚ 고부 민란

고부 군수 조병갑은 자신의 아버지를 기리는 비석을 세우면서 고부 지역 주민들에게 강제로 비용을 부담시켰어요. 또 농사를 위해 물을 끌어다 쓰던 저수지에 물세를 부과하는 등 수탈을 일삼았어요. 가혹한 수탈이 이어지자, 농민들은 전봉준의 지휘 아래 봉기했어요. 전봉준은 관아를 습격해 억울하게 빼앗긴 재산을 농민들에게 돌려줬어요. 이는 동학 농민 운동으로 이어지는 발판이 되었지요.

전봉준 부하의 배신 이야기

전봉준 장군이 우금치 전투에서 패하고 충청남도 계룡산에 머물자 한 스님이 "장군이 재기에 성공하려면 계룡산을 피하고 경천을 피해야 합니다."라고 하였어요. 이에 전봉준은 백양사로 내려갔는데, 계속 추격을 당하자 옛 부하가 살고 있던 전라북도 순창 피노리로 숨게 되었지요. 하지만 현상금이 나붙자 돈에 눈이 먼 옛 부하가 전봉준을 신고했고, 전봉준은 체포되고 말아요. 바로 피노리 뒤에 있던 산 이름이 '계룡산'이었고, 부하의 이름이 '경천'이었던 것이에요.

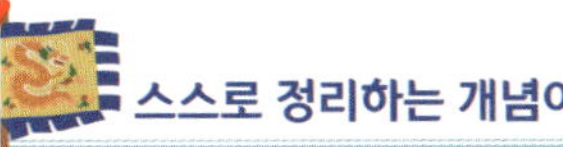

스스로 정리하는 개념어

'녹두 장군'이란 별명을 가지고 동학 농민 운동을 이끈 사람을 설명해 보세요.

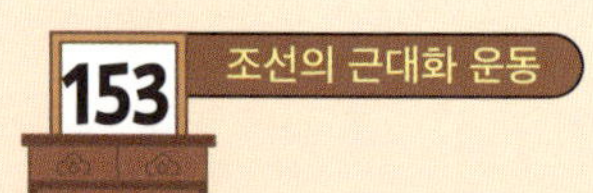</br>

동학 농민 운동

비교 단어 동학, 전봉준, 갑오개혁

동학 농민 운동은 19세기 말 조선에서 농민들이 부패한 지배층과 다른 나라의 침략에 저항하며 일으킨 대규모 민중 운동이에요.

동학 농민 운동은 크게 두 차례의 봉기로 나눌 수 있어요. 제1차 봉기는 1894년 1월 전라도 고부 지역에서 군수 조병갑의 과도한 수탈과 포악한 정치에 반발한 민란으로 시작되었어요. 전봉준, 김개남 등의 지도자들은 "보국안민나라를 돕고 백성을 편안하게 한다."을 구호로 내걸고 농민군을 모았어요.

황토현 전투와 황룡촌 전투에서 관군을 물리친 농민군은 전주성을 점령했고, 정부는 농민군과 협의해 정치를 고치자는 개혁안을 받아들이기로 했어요. 그 후 농민군은 자진해서 해산했지요.

하지만 조선 정부가 농민군 진압을 위해 도움을 요청했던 청나라 군대와 함께 들어왔던 일본군이 물러가지 않고 청일 전쟁을 일으켰고, 일본이 승리했어요. 이후 일본은 우리나라 정치에 간섭하기 시작했고, 이에 제2차 봉기가 일어났지요. 농민군은 "척왜양창의일본과 서양을 물리치고 의로움을 일으킨다."를 구호로 내걸고 일본군에 맞섰지만, 공주 우금치 전투에서 패배했어요. 전봉준 등 농민군 지도자들은 처형되었고, 동학 농민 운동은 진압되었답니다.

비록 실패로 끝났지만, 동학 농민 운동은 조선 후기 사회의 문제점들을 드러내고 평등한 사회를 향해간다는 점에서 큰 의미가 있어요. 또한 이 운동은 이후 전개된 갑오개혁과 독립운동에 큰 영향을 미쳤답니다.

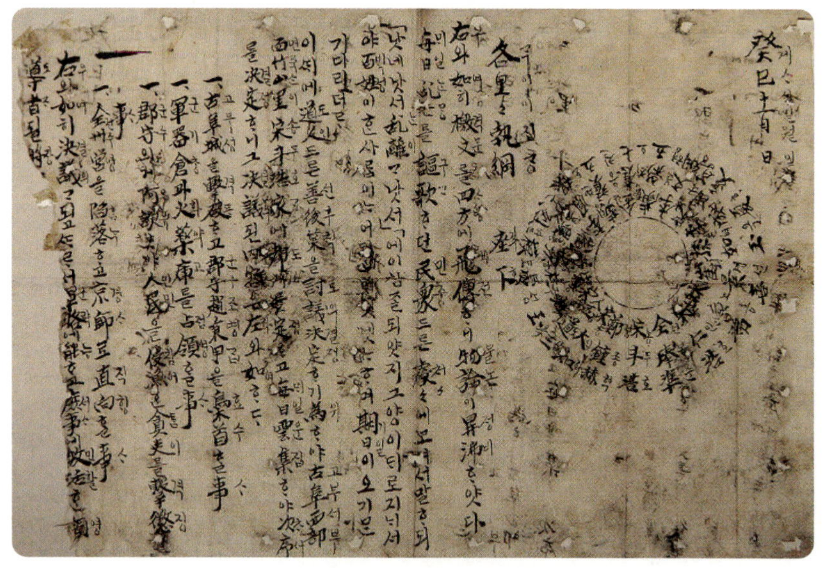

▲ 동학 농민 운동의 사발통문

➕ 집강소

전주 화약(동학 농민 운동에서 농민군이 전주를 차지한 뒤 정부와 잘 지내자고 맺은 약속) 이후 농민군이 직접 세운 곳으로 전라도 53개 마을인 군현에 설치되어 약 3개월간 운영되었어요. 탐관오리(백성의 재산을 빼앗고 행동이 바르지 못한 관리)의 잘못을 찾고, 부패 관리 처벌, 주요 세금 말고 다른 여러 가지 세금인 잡세 폐지 등의 개혁 활동을 수행했지요.

➕ 사발통문

어떤 사건의 주요 행동을 하는 사람인 주동자가 누구인지 알 수 없게 사발(국그릇) 모양으로 참여자들이 둥글게 이름을 적은 문서로, 모두가 똑같은 책임을 진다는 의미가 있어요.

동학 농민군의 표시

동학 농민군들은 흰 띠(백색 헝겊)를 머리에 두르고, 흰 천을 어깨에 메어 표시로 삼았어요. 이는 농민군끼리 서로를 알아보기 위한 것이었죠. 또한 자신들을 총알로부터 보호해 준다는 믿음으로 부적(나쁜 기운을 쫓고 복을 가져다준다는 글씨·그림·기호 등을 그린 종이)을 몸에 지니고 다녔답니다.

헷갈리면 안 돼!

고부 민란과 동학 농민 운동은 다른 사건이에요. 고부 민란은 동학 농민 운동이 벌어지게 된 작은 규모의 전투였답니다.

스스로 정리하는 개념어

동학 농민 운동 제1차와 제2차 봉기의 차이를 설명해 보세요.

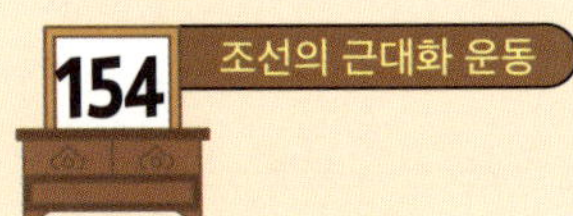

갑오개혁

비교 단어 갑신정변, 동학 농민 운동

갑오개혁은 1894년고종 31년, 갑오년에 조선 정부가 일본의 영향력 아래 실시한 근대적 개혁이에요. 동학 농민 운동과 청일 전쟁을 배경으로 진행된 이 개혁은 총 3차에 걸쳐 이루어졌는데, 제1차 개혁은 김홍집 내각이 주도했고, 제2차 개혁은 박영효가 주도했으며, 제3차 개혁은 을미개혁이지요. 갑오개혁의 주요 내용은 정치, 경제, 사회, 교육 등 여러 분야에 걸쳐 있어요.

정치	내각제(왕 대신 최고 관리들이 나랏일을 살피는 것) 실시, 왕권 제한
경제	조세(세금을 거두는 것) 제도 개혁, 길이나 부피, 무게 등을 재는 방법인 도량형 통일
사회	신분제 폐지, 조혼(어린 나이에 결혼하는 것) 금지
교육	과거제 폐지, 근대적 학교 제도 도입

하지만 갑오개혁은 자주적 근대화라기보다는 일본의 이익을 반영한 부분이 많았어요. 또한 급진적 개혁으로 인해 보수 세력의 반발을 사기도 했지요. 그럼에도 불구하고 갑오개혁은 조선 사회를 근본적으로 변화시키고, 조선이 근대 국가로 나아가는 출발점이 되었답니다.

❁ 함께 기억해요 ❁

➕ 홍범 14조(갑오개혁 당시 고종이 발표한 개혁안) 주요 내용

- 청에 의존하는 생각을 끊고 자주독립의 기초를 세운다.
- 왕은 각 대신과 의논해 정치를 하고 종실·외척(왕실 친척들)의 정치 관여는 용납하지 않는다.
- 왕실에서 해야 하는 일과 나라의 일을 혼동하지 않는다.
- 세금은 모두 법으로 정하고 함부로 세금을 거두지 못한다.
- 왕실의 경비(어떤 일을 하는 데 드는 비용)는 솔선하여 절약하고, 이로써 각 지방 관리들의 모범이 되게 한다.
- 지방 관리의 권한을 제한한다.
- 우수한 젊은이를 외국에 파견해 배워 오게 한다.
- 민법(개인 신분이나 재산 상속·처분에 관한 법), 형법(범죄와 형벌에 관한 법)을 만들어 인민의 생명과 재산을 보호한다.
- 문벌(집안의 사회적 신분이나 지위)을 가리지 않고 널리 인재를 등용한다.

헷갈리면 안 돼!

동학 농민 운동과 갑오개혁은 같은 시기에 이루어졌지만 동학 농민 운동은 민중의 요구였고, 갑오개혁은 정부 주도의 개혁이에요.

 **스스로 정리하는 개념어**

신분제 폐지가 조선 사회에 미치는 영향을 설명해 보세요.

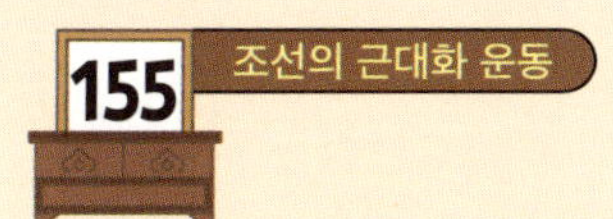

을미사변

비교 단어 아관 파천

을미사변은 1895년^{고종 32년, 을미년} 10월 8일, 일본인들이 경복궁을 침입하여 명성 황후를 죽인 사건이에요. 일본이 조선의 국내 정치권력을 빼앗는 과정에서 생긴 잔혹한 사건 중 하나로, 당시 국제 사회에도 큰 충격을 주었답니다.

당시 조선에서는 청일 전쟁에서 승리한 일본의 영향력이 커지고 있었어요. 하지만 명성 황후는 일본의 침략에 맞서 러시아와 가까워지며 균형 외교를 펼치고 있었지요. 이에 일본은 명성 황후를 자신들의 조선 지배에 방해가 되는 인물로 여겼어요.

미우라 고로 일본 공사^{국가 외교 대표}는 경복궁에 일본군과 일본인 불량배들을 침입시켜 명성 황후를 찾아내 잔인하게 살해했어요. 그들은 시신을 태웠고, "왕비는 폐위되었다."라는 거짓 명령을 발표했지요. 이 사건은 당시 조선 사회에 큰 충격을 주었고, 반일 감정이 크게 확산하는 계기가 되었어요. 을미사변^{명성 황후 시해 사건}으로 인해 명성 황후가 하려고 했던 러시아와 가까이 지내는 정책이 중단되었고, 일본의 지배력이 강화되었어요. 고종은 이듬해 러시아 공사관^{외교 대표가 일을 보는 곳}으로 위험을 피해 도망가는 '아관 파천'을 해서 일본의 영향력에서 벗어나려 했지만, 일본의 조선 침략은 계속되었답니다. 을미사변은 일본 제국주의의 폭력성을 보여준 대표적 사건으로 한국 근대사의 비극적 순간이었어요.

❀ 함께 기억해요 ❀

✚ 을미개혁

일본은 명성 황후를 없앤 뒤 고종과 내각을 압박하여 단발령 등의 개혁을 강요했어요. 을미개혁은 갑오개혁의 연장선에 있지만, 친일적 성격이 더욱 강했어요. 머리카락을 짧게 자르라는 명령인 '단발령'이 내려져 일반 백성의 큰 반발을 샀고, 이는 백성들의 자발적인 군대 조직인 의병 운동의 주요 원인이 되었지요.

무죄 판결

미우라 고로는 을미사변 후 일본으로 돌아가 재판을 받았지만, '증거 불충분'으로 무죄 판결을 받았어요. 이후 명성 황후 살해를 주도한 당시 주한 일본 공사관은 경복궁을 지키던 조선 병사(훈련대)들이 반란을 일으켜 명성 황후를 살해했다는 등 거짓 보고를 한 사실이 일본의 공식 문서를 통해 드러나게 되었지요.

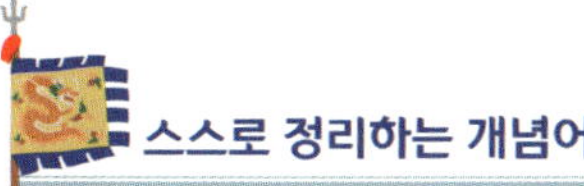

스스로 정리하는 개념어

을미사변이 일어나게 된 주요 배경을 설명해 보세요.

아관 파천

播 뿌릴 파 遷 옮길 천 임금이 궁궐을 떠나 다른 곳으로 옮기는 것

비교 단어 을미사변

아관 파천은 1896년^{고종 33년} 2월 11일, 고종이 러시아 공사관인 아관으로 몸을 피한 사건이에요. 을미사변 이후 일본과 친한 내각의 압력과 자신의 안전을 걱정한 고종이 몸을 피한 것이지요.

을미사변 이후 일본의 영향력 아래 들어간 조선 정부는 을미개혁을 추진하며 친일 정책에 더 힘을 썼어요. 명성 황후 시해^{부모나 임금을 죽임.} 이후 고종은 자신의 안전을 걱정하며 미국, 러시아 등 외국의 관리가 머무는 곳으로 피할 계획을 세웠지요. 결국 그는 러시아 공사관의 도움을 받아 왕세자^{훗날 순종}와 함께 한밤중에 가마를 타고 몸을 피했답니다. 고종은 러시아 공사관에서 약 1년간 머물렀어요. 이 기간 친일 내각을 없애고 친러^{러시아와 친하게 지냄.} 내각을 세웠으며, 을미개혁을 중단시켰지요. 또한 명성 황후 시해 사건을 도운 자들을 처벌하고, 단발령^{머리를 짧게 자르게 함.}을 없앴어요. 이는 일본의 영향력을 줄이고 러시아의 도움을 얻어 조선의 독립을 지키려는 노력이었답니다. 1897년 2월, 고종은 경운궁^{현 덕수궁}으로 돌아와 10월에 대한 제국 황제 자리에 올랐어요. 아관 파천은 일본의 영향력에서 벗어나 조선의 독립을 지키려 했던 시도였지만, 러시아와 일본 간의 대립을 심화시키는 원인이 되었어요. 러시아는 조선에서 일본의 영향력 확대를 막으려 했고, 일본은 이를 막기 위해 더욱 강력한 압박을 가했지요. 결국 1904년, 러일 전쟁이 발발했어요.

✦ 함께 기억해요 ✦

✚ 아관 파천 결과

- 일본의 영향력 약화와 러시아 세력 확대
- 강한 나라들끼리 이익을 얻으려는 열강 간의 이권 경쟁 심화
- 독립 협회 활동 활성화
- 근대 개혁의 일부 후퇴
- 1897년 대한 제국 수립의 계기

아관 파천, 그날의 이야기

고종이 러시아 공사관으로 떠나던 날 새벽 3시경, 고종과 왕세자는 궁녀들의 도움을 받아 여성 옷으로 변장했다고 해요. 그들은 가마를 타고 궁궐 담장 근처까지 이동한 후, 그곳에서 담을 넘어 러시아 공사관으로 향했답니다. 고종이 러시아 공사관에 도착했을 때, 러시아 공사 카를 베베르는 깜짝 놀랐다고 해요. 고종은 공사관에 도착하자마자 "내가 조선의 국왕이다. 일본인들이 나를 죽이려 하니 보호해 달라."라고 요청했다고 합니다. 러시아 공사관은 원래 외국인 거주 지역인 정동에 있는 작은 건물이었어요. 갑자기 국왕과 왕세자, 그리고 수행원들이 머물게 되자 매우 비좁았다고 해요. 그래서 공사관 건물을 넓히고 주변에 건물을 더 지어 국왕이 머무는 곳으로 사용했답니다. 현재 서울 정동에는 아관 파천 당시 고종이 머물렀던 러시아 공사관 터가 남아 있어요.

스스로 정리하는 개념어

아관 파천을 설명해 보세요.

대한 제국

大 클 대 **韓** 한국 한

비교 단어 조선 건국

1897년^{광무 1년} 10월 12일, 고종은 황제 자리에 오르며 나라 이름을 조선에서 '대한 제국'으로 바꾸었어요. 고종이 황제가 된 것은 단순한 이름 변경이 아니라, 독립 국가로서 자주성을 강화하려는 의미가 있었답니다. '대한'이라는 나라 이름은 단군 조선부터 삼한^{마한, 진한, 변한}에 이르기까지 우리나라의 옛 이름을 잇는다는 뜻을 담고 있어요. 또한 '황제'라는 이름은 중국 황제와 같은 위치라는 것을 의미하며, 청나라에 대한 사대 관계를 완전히 끝낸다는 뜻이지요. 고종은 광무 황제가 되

▲ 고종이 황제로 즉위할 때 하늘에 제사를 지냈던 환구단

었고, 순종은 황태자가 되었답니다. '광무'는 고종이 황제 자리에 오른 해에 붙인 이름으로 대한 제국 시기에 '광무 개혁'이라는 근대화 정책이 추진되었어요. 주요 내용으로는 토지 조사인 양전 사업과 군 제도를 근대적으로 고치는 것, 상공업의 진흥, 교육 제도를 고치는 일 등이 있었어요. 특히 토지를 가지고 있다는 권리를 명확히 나타내는 제도를 확립하려 했답니다. 하지만 대한 제국은 외국의 계속된 침입으로 국가가 가진 권력을 잃게 되었어요. 1904년 러일 전쟁에서 일본이 승리한 후 일본이 점점 더 조선의 정치와 군사 등에 끼어들면서 조선은 점차 국가 권력을 잃었지요. 1910년 8월 29일, 일제 강점기가 시작되면서 대한 제국은 멸망했지만, 그 정신은 광복 이후 대한민국으로 이어졌답니다.

⬣ 함께 기억해요 ⬣

✦ 광무 개혁 주요 내용

✔ **양전 사업** 전국 토지를 정확하게 재서 근대적 토지 소유권(물건을 가지는 권리) 확립

✔ **지계아문 설치** 토지 소유권을 증명하는 토지 증명서인 지계를 주는 기관 설치

✔ **군제 개편** 시위대, 진위대 등 신식 군대 창설　　✔ **상공업 육성** 회사 설립 장려, 상업회의소 설치

✔ **화폐 제도 개혁** 백동화, 은화 등 근대적 화폐 발행　　✔ **교육 제도 개선** 한성 사범 학교, 의학교 등 근대 학교 설립

✔ **철도 건설** 경인선(1899년), 경부선(1905년) 개통

스스로 정리하는 개념어

> 고종이 대한 제국을 선언한 이유를 설명해 보세요.

독립 협회

비교 단어 대한 제국, 독립신문

독립 협회는 1896년고종 33년에 서재필을 중심으로 설립된 한국 최초의 근대적 정치 단체예요. 아관 파천 이후 자주독립과 근대적인 국민 권리의 향상을 목표로 만들어진 이 단체는 한국 민주주의 발전의 출발점이 되었답니다.

독립 협회는 조선의 자주독립과 근대 국가 건설을 목표로 했어요. 이들은 외세 의존에서 벗어나 진정한 독립 국가가 되어야 한다고 주장했고, 서구의 민주주의와 자유주의 사상을 받아들여 국민의 권리를 늘리는 것을 중요시했어요. 특히 황제권 제한과 의회 설치, 법치주의 확립 등 입헌 군주제왕이 아니라 정해진 법에 따라 나라를 다스리는 방식를 목표로 했답니다.

독립 협회의 주요 활동으로는 독립문 건설, 독립신문 발행, 토론회와 연설회 개최 등이 있었어요. 1898년에는 만민 공동회라는 일반 시민들의 토론회를 열어 러시아가 우리나라 영토의 일부를 빌려 일정한 기간 동안 통치하겠다는 요구를 없던 일로 만들고, 친러 내각을 무너뜨리는 성과를 거두었지요. 이는 민중의 힘으로 정치를 바꾼 한국 최초의 사례였답니다.

하지만 빠른 변화를 추구하는 독립 협회의 성격은 보수 세력과 황실로부터 억압을 당했어요. 특히 1898년 11월 관민 공동회정부 관리와 시민들이 함께한 토론회에서 "황제와 대신이 중대한 일을 백성과 함께 의논하라."라는 요구를 하자, 고종은 이를 기존 질서를 뒤집고 새로운 것을 이루려는 행위로 여겨 독립 협회를 강제로 없앴어요. 독립 협회는 비록 2년 4개월이라는 짧은 기간 동안 활동했지만, 한국의 민주주의와 시민 사회 발전에 중요한 밑바탕을 마련했답니다.

▲ 서재필

--- 🏵 **함께 기억해요** 🏵 ---

✚ 서재필

1884년 갑신정변에 참여했다가 실패 후 미국으로 망명했어요. 미국에서 의학을 공부하여 한국인 최초로 미국 의사 자격을 얻었어요. 1896년 아관 파천 후 고종의 초청으로 돌아온 후 독립신문을 만들고 독립 협회를 세워 활동했지요. 서재필은 한국 최초의 한글 전용 신문을 만들고, 여성 교육과 남녀평등을 주장하는 등 매우 진보적인 사상가였어요.

✚ 독립문

1896년 독립 협회가 건립을 추진하여 1897년 11월 20일에 공사를 마친 기념물로 중국 사신을 맞이하던 영은문 자리에 세워졌어요. 이것은 중국에 대한 사대 관계를 정리하고 조선의 자주독립을 상징하는 의미로 세운 거예요. 프랑스 파리의 개선문을 모델로 설계된, 돌로 지은 석조 건축물이에요. 건설 비용은 민간 모금으로 마련되었으며 순종도 큰돈을 냈다고 알려져 있어요.

▲ 독립문
출처: <서울 독립문 정측면>,
한국민족문화대백과사전

헷갈리면 안 돼!

독립 협회의 '독립'은 일본으로부터의 독립이 아니라, 주로 러시아와 중국과 같은 외세로부터의 자주독립을 의미했어요. 당시에는 아직 일본의 침략이 본격화하기 전이었고, 오히려 러시아의 영향력이 더 큰 상황이었기 때문이지요.

스스로 정리하는 개념어

독립 협회가 추진한 주요 개혁을 설명해 보세요.

독립신문

비교 단어 독립 협회

독립신문은 서재필이 만든 한국 최초의 한글 전용 신문이에요. 일반 서민이 만든 신문인 것이죠. 대한 제국의 권리를 빼앗으려는 외세를 견제·비판하고, 우리나라 사정을 외국에 정확히 알리고자 하는 것이 목표였어요. 그래서 한자를 전혀 사용하지 않고 순한글판과 영문판 두 가지로만 냈답니다. 또 처음으로 한글 띄어쓰기를 해서 기사 내용을 정확히 전달하려고 했어요. 독립신문은 일주일에 3번(화, 목, 토) 냈는데, 주요 내용으로는 국내외 정치 소식, 사설, 독자 투고, 광고 등이 있었어요.

특히 '논설'이라는 독자 투고란을 통해 일반 시민들이 자신의 의견을 자유롭게 표현할 수 있게 했는데, 이는 당시로서는 매우 획기적인 일이었어요. 독립신문은 자주독립, 민권 신장, 남녀평등, 교육 계몽 등 진보적인 사상을 적극적으로 전파했어

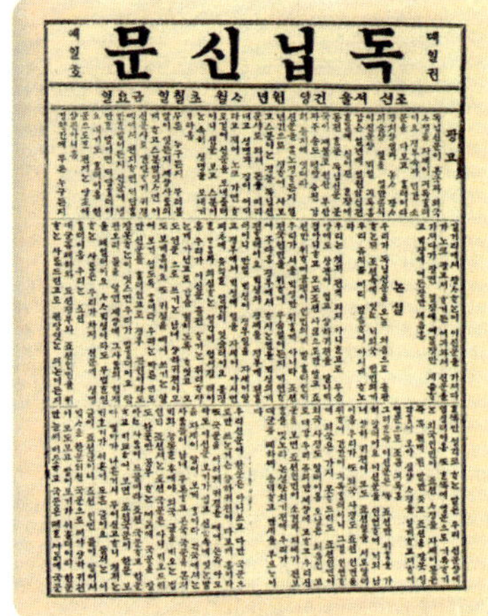

▲ 독립신문

요. "정부는 백성을 위해 존재한다.", "백성이 나라의 주인이다."와 같은 민주주의 사상을 쉬운 한글로 설명하여 일반 민중에게 널리 알렸지요. 하지만 이에 위기감을 느낀 보수 정권에 의해 서재필이 미국으로 추방되면서 독립신문도 1899년 12월 4일 제884호를 마지막으로 멈췄어요. 비록 3년 8개월이라는 짧은 기간이었지만, 독립신문은 한국의 언론 자유와 민주주의 발전에 큰 영향을 미쳤어요.

─────── ❀ **함께 기억해요** ❀ ───────

✚ 주시경

주시경은 한글 연구의 아버지로 불리는 국어학자예요. 배재학당에서 서재필을 만났고, 독립신문의 한글만 쓰는 정책에 깊이 공감하며 독립신문에서 일했어요. 나중에 『국어문법』, 『말의 소리』 등의 책을 통해 한글학을 체계화했고, 주시경의 제자들인 김두봉, 최현배 등은 조선어 학회를 만들어 한글 연구를 계속했어요.

✚ 호머 헐버트

호머 헐버트는 1886년 조선에 온 미국인 선교사(종교를 널리 알리는 사람)로, 최초의 현대식 학교인 육영 공원에서 영어를 가르쳤어요. 독립신문의 영문판 발행을 도왔고, 서재필과 함께 독립 협회 활동에 참여했답니다. 이후 헐버트는 고종의 밀사(몰래 나라를 대표에 외국에 보내지는 사람)로 헤이그 만국 평화 회의에 참석하기도 했고, 일제 강점기에도 한국의 독립을 위해 활동했답니다. 그는 "나는 한국 땅에 묻히고 싶다."라고 말할 정도로 한국을 사랑했어요.

스스로 정리하는 개념어

독립신문이 한글을 사용한 이유를 설명해 보세요.

160 을사늑약

勒 굴레 늑 約 맺을 약 억지로 맺은 나라 사이의 약속 문서

비교 단어 헤이그 특사, 항일 의병 운동

을사늑약은 1905년고종 42년, 을사년 11월 17일 일본이 대한 제국에 강제로 체결하게 한 조약으로 일본이 강압적으로 강요했기 때문에 '을사늑약'이라고 해요. 이 조약은 러일 전쟁1904~1905년에서 일본이 이긴 다음에 맺어졌어요. 조약의 핵심 내용은 대한 제국의 외교권외교를 할 수 있는 권리을 일본이 빼앗는 것이었어요. 을사늑약은 총 5개 조항으로 구성되어 있어요. 주요 내용은 일본이 대한 제국의 외교를 맡고, 서울에 통감부라는 관청을 만들며, 각 지방에도 기관을 두어 국내 정치에 간섭한다는 것이었

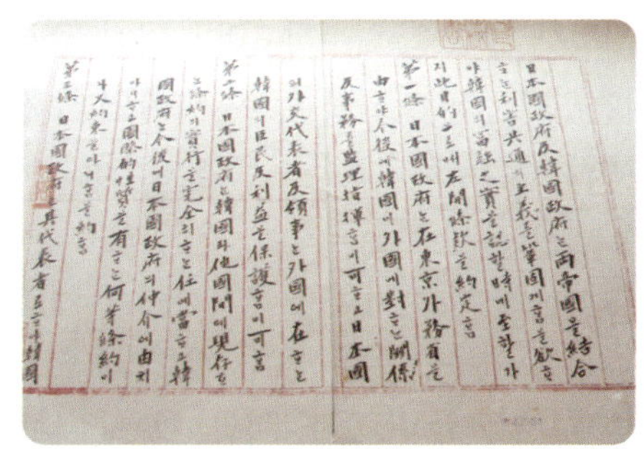

▲ 을사늑약

지요. 이로써 대한 제국은 사실상 일본의 보호국이 되었고, 국제적으로는 독립국의 지위를 잃게 되었답니다. 하지만 을사늑약은 여러 면에서 무효라고 볼 수 있어요. 고종 황제가 끝까지 문서에 도장 찍는 것을 거부했고, 대신들도 찬성파와 반대파로 나뉘어 치열하게 대립했지요. 을사늑약 체결 후 많은 관리가 자리에서 물러나거나 스스로 목숨을 끊었고, 전국적으로 의병 운동이 활발해졌어요.

🌐 함께 기억해요 🌐

➕ 을사오적

을사오적은 대한 제국의 외교권을 일본에 넘긴 을사늑약 체결에 찬성한 5명의 대신으로, 이완용(학부대신), 박제순(외부대신), 이지용(농상공부대신), 이근택(군부대신), 권중현(내부대신)이에요.

➕ 을사늑약에 대한 저항

- 고종의 헤이그 특사 파견(1907년): 헤이그에서 열린 만국 평화 회의에 특사를 보냄.
- 을사늑약 반대 상소 운동, 민영환·조병세·홍만식 등의 자결(분을 참지 못해 스스로 목숨을 끊음.)
- 전국적인 의병 운동 확산, 장지연의 '시일야방성대곡(을사늑약 체결을 슬퍼하며 울분을 적은 논설)' 발표

헷갈리면 안 돼!

대한 제국은 을사늑약으로 외교권을 빼앗겼지만 국내 정치에 대한 권리는 남아 있었어요. 그러나 이후 1907년에 정미 7조약으로 사실상 식민지 상태가 되었고, 1910년 한일 병합 조약으로 강제로 일본과 합쳐졌어요.

스스로 정리하는 개념어

을사늑약의 주요 내용을 설명해 보세요.

헤이그 특사

特 특별할 특 使 부릴 사 특별히 맡겨진 일을 하기 위해 외국에 보내진 사람

비교 단어 을사늑약

1907년 6월 15일부터 10월 18일까지 네덜란드 헤이그에서 제2차 만국 평화 회의가 열렸어요. 고종은 이 기회를 이용해 을사늑약이 강제로 맺어진 불법적인 조약임을 세계에 알리고, 한국의 독립을 국제적으로 인정받으려 했지요. 이를 위해 이준, 이상설, 이위종을 헤이그 특사로 비밀리에 파견했답니다.

특사들은 각각 다른 경로로 헤이그에 도착했어요. 하지만 일본 정부의 방해로 특사들의 정식 회의 참석은 거부당했지요. 그럼에도 불구하고 특사들은 포기하지 않았어요. 각국 대표들을 개별적으로 만나 한국의 상황을 알리고, 언론 인터뷰를 통해 을사늑약의 불법성을 널리 알렸지요. 특히 이준은 '한국의 호소 A Plea for Korea'라는 제목의 글을 발표하여 큰 주목을 받았답니다.

비록 회의 참석에는 실패했지만, 헤이그 특사 파견은 한국의 외교 의지를 세계에 보여 준 중요한 사건이었어요. 하지만 일본은 이 사건을 이유로 고종을 강제로 자리에서 끌어내리고 정미 7조약(한일 신협약)을 맺어 한국의 내정권 나라의 일을 스스로 결정할 권리까지 빼앗았지요. 특사 중 이준은 헤이그에서 순국했고, 이상설과 이위종은 러시아로 망명하여 독립운동을 계속했답니다.

▲ 헤이그 특사로 파견된 이준, 이상설, 이위종

스스로 정리하는 개념어

헤이그 특사가 파견된 이유를 설명해 보세요.

162 고종 강제 퇴위

비교 단어 헤이그 특사, 항일 의병 운동

고종 강제 퇴위는 1907년광무 11년 7월 20일, 일본이 고종 황제를 억지로 왕위에서 물러나게 한 사건이에요.

1907년 헤이그 특사 사건이 알려지자, 일본은 이를 기회로 삼아 고종 제거 계획을 본격화했어요. 이토 히로부미 통감일제가 서울에 설치한 관청인 통감의 장관은 "고종이 일본을 배신했다."라며 퇴위왕위에서 물러남.를 요구했고, 친일 내각을 통해 압력을 가했어요. 고종은 끝까지 퇴위를 거부했지만, 일본군이 궁궐을 포위하고 협박하는 상황에 결국 퇴위할 수밖에 없었어요.

고종의 강제 퇴위와 동시에 순종이 즉위했지만, 실제 권력은 완전히 일본이 차지했어요. 1907년 7월 24일에 정미 7조약한일신협약이 체결되어 국내 정치권력까지 일본이 빼앗았고, 이어서 일본은 우리나라 군대를 없앴어요. 고종은 퇴위 후에도 일본의 감시를 받으며 덕수궁에 머물렀고, 1919년 1월 21일 세상을 떠날 때까지 다시 왕위에 오르는 것을 꿈꾸었답니다. 그의 죽음은 3·1 운동의 직접적인 계기가 되었어요.

▲ 고종 황제

⊛ 함께 기억해요 ⊛

+ 고종 강제 퇴위 이후 변화

✔ **1907년 7월 24일** 정미 7조약(한일신협약) 체결, 한국의 내정권 완전 박탈, 일본인 차관 임명으로 각 부처 장악, 사법권과 경찰권까지 일본이 관할

✔ **1907년 8월 1일** 한국군 해산 → 의병 활동 확산의 계기

고종 양위 사건

1907년 7월 20일 창덕궁에서 열린 왕위를 물려주는 의식(양위식)에는 고종과 순종 모두 참석하지 않았답니다. 고종은 "내가 어떻게 그런 굴욕적인 의식에 참석할 수 있겠느냐!"라며 덕수궁에서 나오지 않았고, 순종도 아버지의 강제 퇴위를 차마 지켜볼 수 없어 참석을 거부했어요. 결국 당사자는 한 명도 없는 상태에서 친일 대신들과 일본 관리들만으로 양위식(임금의 자리를 물려주는 행사)을 했어요.

스스로 정리하는 개념어

고종 강제 퇴위의 이유를 설명해 보세요.

항일 의병 운동

義 옳을 의 兵 병사 병 의로운 군대

비교 단어 의병, 을미사변

항일 의병 운동은 일제 강점기 이전부터 광복까지 무력으로 일본의 침략에 맞서 싸운 민족 저항 운동이에요. '항일'은 '일본 제국주의에 맞서 싸운다'라는 뜻이고, '의병'은 '나라를 지키기 위해 자발적으로 일어난 백성들이 만든 군대'를 말해요.

항일 의병 운동은 크게 을미의병1895년, 을사의병1905년, 정미의병1907년 등 3단계로 나누어 볼 수 있답니다. 을미의병은 1895년 을미사변명성 황후 시해 사건과 단발령을 계기로 일어났어요. 을사의병은 1905년 을사늑약한국 외교권을 빼앗은 조약 체결에 반발하여 일어났고, 정미의병은 1907년 고종 강제 퇴위와 우리나라 군대 해산을 계기로 일어난 가장 큰 규모의 의병 운동이었어요.

의병 활동은 처음에는 유생들이 중심이었지만, 점차 농민·상인·해산 군인 등 다양한 계층이 참여하는 전 민족적 저항 운동으로 발전했어요. 특히 해산 군인들이 합류하면서 의병의 전투력이 크게 향상되었어요. 의병들은 일본군과 친일파를 공격했고, 일본의 기관들을 파괴했어요.

하지만 1910년 국권 피탈 이후 국내에서 의병 활동을 하기 어려워졌어요. 많은 의병이 만주와 연해주로 옮겨 독립군으로 전환했고, 무장 독립운동의 새로운 장을 열었답니다. 비록 의병 운동은 일제에 의해 진압되었지만, 우리 민족의 불굴의 저항 정신을 보여 준 소중한 역사이며 광복까지 이어진 무장 독립운동의 출발점이랍니다.

▲ 정미의병 당시 의병들의 모습

+ 주요 인물

✔ 최익현
1905년 의병 운동의 대표적인 지도자로, 일본의 침략에 맞서 싸운 의병장이에요.

✔ 김좌진
강원도와 경상도 지역에서 의병 활동을 이끈 인물로, 강원도 의병의 중심으로 독립군의 전투를 지휘했어요.

✔ 이동휘
의병과 독립군의 군사적 지도자로, 조선 독립을 위한 활동을 이어갔어요.

✔ 신돌석
평민 출신 의병장이에요. 뛰어난 전술로 일본군을 괴롭힌 전설적 인물로 알려져 있어요.

의병들의 이야기

신돌석은 정말 전설적인 의병장이었어요. 그는 평민 출신이었지만 뛰어난 지략과 용맹함으로 일본군을 공포에 떨게 했답니다. 특히 낮에는 농민으로 변장해 농사를 짓다가 밤이 되면 의병으로 변신해 일본군을 기습 공격했어요. 일본군이 그를 잡으려 대규모 군대를 보내도 신돌석은 마치 귀신같이 나타났다가 사라지기를 반복했지요. 일본군들은 그를 '조선의 호랑이'라고 부르며 두려워했답니다.

최익현 선생의 의병 봉기는 나이를 무색하게 할 정도로 용맹했어요. 74세의 고령에도 불구하고 전라북도 태인에서 의병을 일으켰는데, "나이가 많아 몸은 늙었지만 나라를 사랑하는 마음은 젊은이 못지않다."라고 말했다고 해요. 의병 활동 중 체포되어 대마도로 유배를 갔는데, 거기서 "왜적의 밥을 먹을 수 없다."라며 단식 투쟁을 벌이다 순국(나라를 위해 목숨을 바침)했답니다. 그의 마지막 말은 "우리나라 땅에서 죽고 싶다."였다고 해요.

스스로 정리하는 개념어

의병들이 일본의 침략에 어떻게 저항했는지 설명해 보세요.

안중근

비교 단어 을사늑약, 항일 의병 운동

안중근은 1909년 10월 26일 중국 하얼빈에서 이토 히로부미를 저격누군가를 노려서 총으로 쏨.한 의병장이자 독립운동가예요. 그는 민족 지도자였으며, '동양평화론'이라는 국제 평화 사상을 제시한 사상가이기도 했답니다.

안중근은 황해도 해주에서 부유한 양반 집안의 아들로 태어났어요. 천주교를 믿으며 '도마토마스. 예수의 열두 제자 중 한 명'라는 세례명을 받았어요. 그는 교육 사업과 계몽 운동지식수준이 낮거나 의식이 덜 깬 사람들을 깨우치게 하는 사회적 운동에 참여했고, 을사늑약 체결 이후에는 더욱 적극적인 항일 활동을 시작했어요. 1907년에는 동지들과 함께 단지손가락을 자름. 동맹을 결성하여 조국 광복을 다짐했답니다.

1909년, 안중근은 조도선, 우덕순, 유동하와 함께 이토 히로부미 처단 계획을 세웠어요. 이토가 러시아와의 회담을 위해 하얼빈을 방문한다는 정보를 입수한 안중근은 하얼빈역에서

▲ 안중근

그를 기다렸지요. 10월 26일, 이토가 하얼빈역에 도착하자 안중근은 "코레아 우라대한민국 만세!"를 외치며 권총으로 이토를 죽였어요.

체포된 안중근은 뤼순 감옥에서 재판을 받으면서도 당당했어요. 그는 이토를 총으로 쏜 것이 개인적 복수가 아니라 대한의군 참모중장이라는 군인 신분으로 적국의 장수를 처단한 것이라고 주장했고, 이토가 저지른 15개의 범죄 사실을 말했지요. 그 범죄 사실에는 명성 황후 시해, 을사늑약 강제 체결, 정미 7조약 체결, 고종 황제 강제 폐위, 한국 군대 해산 등이 포함되어 있어요. 또한 감옥에서『동양평화론』을 집필하여 한중일 3국의 평화로운 공존 방안을 제시했답니다. 1910년 3월 26일, 31세의 나이로 순국하기 전까지 그는 조국 광복에 대한 신념을 굽히지 않았어요.

+ 단지동맹

1907년에 결성된 비밀결사(여러 사람이 공동의 목적을 이루기 위하여 단체를 조직함.) 조직으로 안중근을 비롯해 12명이 참여했어요. 이들은 왼손 넷째 손가락 한 마디를 자르고 피로 '대한독립(大韓獨立)'이라고 쓰며 조국 광복까지 목숨을 바칠 것을 다짐했어요.

+ 안중근 의사가 감옥에서 남긴 글씨

안중근 의사는 뤼순 감옥에서 순국할 때까지 151일간 200여 점의 먹으로 쓴 글씨를 남겼어요. 대부분 당시 안중근 의사에게 좋은 영향을 받은 간수 등 일본인에게 써준 것들인데, 그중 31점이 현재 보물로 지정되어 있어요.

爲國獻身 軍人本分(위국헌신 군인본분) 나라를 위해 몸을 바치는 것이 군인의 본분이다.

一日不讀書 口中生荊棘(일일불독서 구중생형극) 하루라도 책을 읽지 않으면 입에 가시가 돋는다.

知恥近乎勇(지치근호용) 부끄러움을 아는 것이 용기에 가깝다.

이토 히로부미 얼굴을 몰랐던 안중근

안중근은 이토 히로부미의 얼굴을 몰랐다고 해요. 알고 있는 것은 대략적인 얼굴상과 특징뿐이었지요. 사진을 구하기 쉬운 때도 아니었어요. 하얼빈역에서 이토가 내릴 때도 워낙 많은 수행원이 함께 있어서 도저히 누가 이토 히로부미인지 알 수 없어서 체념하던 순간, 일본인 환영객 중 누군가가 이토 히로부미의 이름을 부르자 이토 히로부미가 뒤를 돌아서서 손을 흔들어준 덕분에 안중근이 이토를 알아보고 총을 쏘았다고 해요.

헷갈리면 안 돼!

안중근은 국권을 빼앗기기 전에 사형 집행이 되었기 때문에 김구 선생님과 항일 운동을 하던 시기가 달라요.

+ 스스로 정리하는 개념어

안중근이 이토 히로부미를 암살한 이유를 설명해 보세요.

안창호와 신민회

新 새로울 신 民 백성 민 會 모일 회 새로운 국민 모임

비교 단어 흥사단

안창호는 한국 근대사의 대표적인 민족 지도자이자 교육가로, '도산島섬 도 山메 산'이라는 호로 더 잘 알려져 있어요. 그는 무력 투쟁보다는 교육과 실력 양성을 통한 점진적 독립을 추구했으며, 1907년에 항일 비밀 단체인 신민회를 창립하여 체계적인 독립운동의 기틀을 마련했답니다. 안창호는 평안 남도 강서에서 가난한 농가의 아들로 태어났어요. 어려서부터 총명했던 그는 독립 협회 활동에 참여하며 근대적 사상을 접했고, 1902년에 미국으로 건너가 한인 사회의 계몽과 조직화에 힘썼지요. 1907년 귀국한 후 양기탁, 이승훈 등과 함께 신민회를 창립했는데, 이는 일제 강점기 이전 최대 규모의 비밀 독립운동 단체였답니다. 하지만 1911년, 데라우치 총독 암살 계획이라는 조작된 사건[105인 사건]으로 신민회는 강제 해산되었어요. 안창호를 비롯한 많은 회원이 체포되어 고문을 받았지만, 신민회의 정신은 이후 독립운동 단체들에 이어졌답니다. 안창호는 1938년에 경성대학 부속병원에서 광복을 보지 못한 채 세상을 떠났어요. 그의 '실력 양성론'과 '인격 수양'의 교육 철학은 오늘날까지 많은 영향을 미치고 있답니다.

🏵 함께 기억해요 🏵

✚ 105인 사건(1911년)

일제는 군자금(군사상 필요한 돈)을 모집하다 잡힌 안중근의 동생 안명근의 사건을 기회로 총독 암살 모의 사건을 꾸며 독립운동을 일으킬 가능성이 있는 애국지사들을 한 번에 잡으려고 했어요. 1910년 12월, 일제는 신민회가 데라우치 총독을 암살하려는 계획을 세웠다고 발표하며 1911년 1월부터 대대적인 검거 작전을 시작했어요. 전국에서 신민회 관련자 600여 명을 검거하고 이 중 122명을 기소, 1심에서 105인을 유죄로 감옥에 보냈지요. 하지만 고등 법원에서 일제가 거짓으로 꾸민 것이 드러나 6명을 제외하고 모두 무죄로 석방되었어요. 이 사건으로 많은 애국지사가 고통받고, 신민회 해체의 직접적 원인이 되었어요. 또 이후 독립운동이 해외로 이전하는 계기가 되었지요.

✚ 흥사단과 미주 한인 사회 활동

안창호가 1913년 미국 샌프란시스코에서 세운 민족 운동 단체인 흥사단은 비밀 결사 단체인 신민회에 뿌리를 두고 있어요. 이들은 한인들의 교육과 경제 발전을 도모했고, 3·1 운동 때 미주에서 독립운동을 지원했지요. 또 임시 정부와 연계하여 외교 활동을 전개했어요.

헷갈리면 안 돼!

신민회는 일제 강점기 이전에 안창호가 중심이 되어 만든 비밀 독립운동 조직이었고, 신간회는 1920년대 민족주의 세력과 사회주의 세력이 합쳐 만든 합법적 사회단체였어요.

스스로 정리하는 개념어

신민회의 주요 목표와 활동을 설명해 보세요.

애국 계몽 운동

啓 열 계 蒙 어두울 몽 지식수준이 낮거나 의식이 덜 깬 사람들을 깨우쳐 줌.

비교 단어 신민회, 항일 무장 투쟁

애국 계몽 운동은 일제 강점기에 민족 지식인들이 교육과 문화 활동을 통해 민족의식을 기르고 실력을 키워 국권을 회복하려 했던 문화적 저항 운동이에요. 애국 계몽 운동가들은 "민족의 실력이 부족해서 나라를 잃었으니, 교육을 통해 국민의 지식과 능력을 기른 후 독립을 달성해야 한다."라고 생각했어요. 이들은 학교 설립, 언론 활동, 산업 진흥, 국채 보상 운동나라의 빚을 갚기 위해 벌인 운동 등 다양한 방법으로 민족의식을 일깨우고 경제력을 기르려 했지요. 특히 교육을 통해 근대적 지식을 갖춘 인재를 키우는 것을 가장 중요하게 여겼답니다.

대표적인 교육 단체로는 안창호의 신민회, 이승훈의 오산학교, 조만식의 평양 고등 보통학교 등이 있었어요. 언론 활동으로는 양기탁의 대한매일신보, 박은식의 황성신문, 장지연의 대한신문 등이 민족의식을 불어넣었지요.

하지만 애국 계몽 운동은 일제의 강력한 탄압으로 큰 성과를 거두지 못했어요. 1911년에 105인 사건으로 신민회가 해체되고, 각종 학회와 언론 기관들이 강제 폐쇄되면서 크게 위축되었지요. 그럼에도 불구하고 민족 교육의 기틀을 마련하고 민족의식을 키웠다는 점에서 중요한 의미가 있어요. 특히 3·1 운동의 사상적 토대를 제공했고, 일제 강점기 내내 이어진 문화적 저항 운동의 출발점이 되었답니다.

❀ 함께 기억해요 ❀

➕ 주요 학교 설립

- 오산학교(1907년, 이승훈), 평안북도 정주
- 배재 학당, 이화 학당 같은 기독교 계열 근대 학교
- 연희 전문학교(현 연세대), 언더우드 설립
- 대성학교(1908년, 안창호), 평양
- 보성 전문학교(현 고려대), 이용익 설립

➕ 국채 보상 운동(1907년)

1,300만 원의 국가 빚을 국민이 모은 돈으로 갚자는 운동으로, 대구에서 시작되어 전국으로 확산했어요. 전 민족적 운동으로 부인들도 비녀나 가락지 등 장신구를 내면서 참여했어요. 하지만 일제의 방해로 목표 달성에 실패하고 말았답니다.

헷갈리면 안 돼!

애국 계몽 운동은 무력 투쟁보다는 민족 자각과 근대적 발전에 집중했어요. 애국 계몽 운동과 의병 운동은 대립한 것이 아니라 상호 보완적인 관계였어요. 의병 운동이 무력으로 일제에 저항했다면, 애국 계몽 운동은 교육과 문화로 저항한 것이지요.

스스로 정리하는 개념어

애국 계몽 운동에서 중요한 역할을 한 교육의 내용과 목적을 설명해 보세요.

4장

일제 강점기

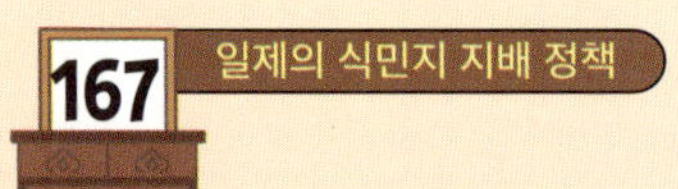

경술국치

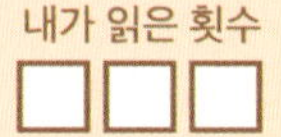

國 나라 국 **恥** 부끄러울 치 나라의 수치

비교 단어 일제 강점기

경술국치는 1910년경술년 8월 29일, 일본이 '한일 병합 조약대한 제국 융희 4년(1910년)에 우리나라가 일본과 맺은 조약'으로 대한 제국을 완전히 병합#아우를 병 合합할 합한 사건이에요. 우리나라가 일본의 식민지가 되어 국권을 완전히 상실한 역사상 가장 치욕적인 날을 의미해요.

일본은 1905년 을사늑약으로 외교권을, 1907년 정미 7조약으로 내정권을 차례로 빼앗았고, 마침내 1910년 한일 병합 조약으로 대한 제국을 완전히 합치려고 했어요. 이 조약은 이완용과 데라우치 총독 사이에 체결되었는데, 순종은 끝까지 거부했지만 일본의 강압에 굴복할 수밖에 없었답니다.

한일 병합 조약은 총 8개 조항으로 구성되어 있어요. 주요 내용은 대한 제국 황제가 모든 통치권을 일본 천황에게 넘겨주고, 대한 제국을 완전히 일본에 합친다는 것이었지요. 이로써 대한 제국은 공식적으로 없어졌고, 조선 총독부가 설치되며 일본의 식민지 통치가 본격화했답니다.

경술국치 이후 우리나라는 35년간의 일제 강점기를 겪게 되었어요. 일본은 조선 총독부를 통해 무단 통치를 했고, 우리 민족의 정치적·경제적·문화적 권리를 모두 빼앗았지요. 하지만 우리 민족은 굴복하지 않고 3·1 운동, 무장 독립운동, 문화 운동 등 다양한 형태로 저항했어요. 1945년 8월 15일에 광복을 맞을 때까지 꺾이지 않는 독립 의지를 보여 주었답니다.

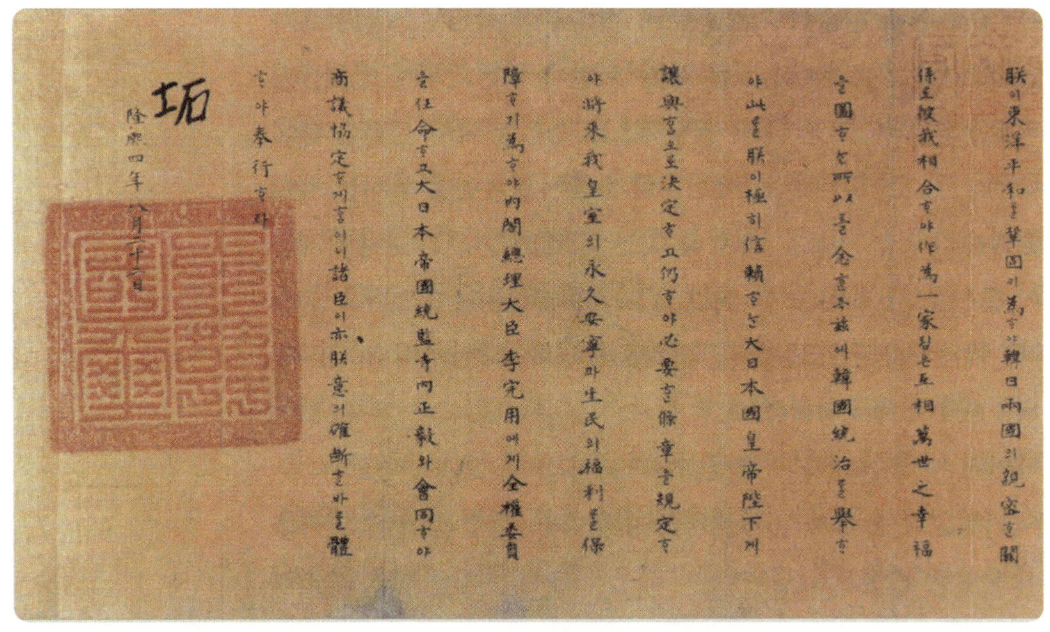

▲ 한일 병합 조약시 전권위임장(관례와는 다르게 순종의 이름(坧)이 서명에 들어갔으나 坧은 순종의 친필이 아님.)

＋ 한일 합방, 한일 병합, 경술국치, 국권 피탈

일제는 자신들의 행위가 옳은 일이라고 말하기 위해, '한일 합방', '한일 병합'이라는 용어를 사용했어요. 현재는 '국권을 빼앗겼다'라는 의미인 '경술국치'와 '국권 피탈' 사용을 권장하지요.

애국가

지금의 애국가는 대한 제국 때부터 전해지던 가사에 작곡가 안익태가 곡을 붙인 것이에요. 이전 애국가는 스코틀랜드 민요인 「올드 랭 사인」에 맞춰 불려지는 경우가 많았다고 해요. 일제 강점기 시절 독립운동가들이 주로 부르던 애국가도 '올드 랭 사인'판이었어요.

친일파 윤덕영과 순정효 황후

윤덕영의 국새(임금의 도장)를 빼앗은 사건은 경술국치의 가장 치욕적인 장면 중 하나였어요. 한일 병합 조약에 대한 제국의 공식 인장인 국새를 찍어야 조약이 완전히 성립되는데, 순정효 황후(순종의 황후)가 국새를 내주기를 완강히 거부했답니다. 황후는 "이 나라의 마지막 상징인 국새만은 절대 일본에 넘겨줄 수 없다."라며 국새를 치마 속에 감춰 숨겼어요. 일본 관리들과 조선의 친일파들이 국새를 내놓으라고 압박했지만, 아무도 감히 황후의 치마를 들쳐 볼 수는 없었지요. 이때 윤덕영이 나섰는데, 그는 순정효 황후의 큰아버지였어요. 그는 강제로 황후의 치마에서 국새를 빼앗아 일본에 넘기고 말았지요.

헷갈리면 안 돼!

한일 병합 조약은 '조약'이라는 이름이 붙어 있지만, 실제로는 일본이 무력으로 강요한 거예요. 순종 황제가 진심으로 동의한 것이 아니라 일본의 협박에 굴복한 것이기 때문에 국제법상으로도 무효인 조약이랍니다.

스스로 정리하는 개념어

경술국치의 의미와 그것이 끼친 영향을 설명해 보세요.

조선 총독부

비교 단어 경술국치, 일제 강점기

조선 총독부는 1910년 8월 29일 한일 병합 조약 체결경술국치 이후 일본이 조선을 통치하기 위해 설치한 식민지 통치 기구예요. 조선 총독은 일본 천황이 직접 임명하는 최고 권력자로, 조선에서 행정·입법·사법·군사권을 모두 손에 쥐었답니다.

조선 총독부는 경복궁 내에 거대한 건물을 세웠어요. 이 건물은 일본의 조선 지배를 상징하는 것으로, 일부러 경복궁 정문인 광화문 바로 뒤편에 세워서 조선 왕조의 권위를 짓밟고 일제의 권력을 자랑했죠. 조선 총독부 건물은 중앙에 거대한 돔뒤집어진 반원 모양의 지붕을 얹은 서양식 건물로, 당시에는 매우 웅장하고 현대적인 모습이었어요.

조선 총독부의 통치 방식은 시기별로 변화했답니다.

1910년대	1920년대	1930년대
무단 통치	문화 통치	전시 체제(내선일체 시기)
헌병 경찰제(경찰 역할을 하는 군인)를 통해 강압적으로 다스림.	3·1 운동 이후 일부 사이좋게 지내려는 유화책을 펼쳤지만, 본질적으로는 민족을 없애 버리는 말살 정책을 지속함.	중일 전쟁과 태평양 전쟁을 거치며 조선인을 전쟁에 동원하고, 민족 말살 정책을 더 강화함.

조선 총독부는 식민지를 잘살게 만든다는 식민지 근대화론을 내세우며 철도, 항만, 공장 등을 건설했지만 이는 사실 일본의 이익을 위한 것이었어요. 쌀과 각종 자원을 일본으로 빼앗아 가고, 조선인을 값싼 노동력으로 부렸지요. 또한 우리 민족을 일본 국민으로 만든다는 황국 신민화 정책을 통해 조선인의 정체성을 없애려고 했답니다.

✿ 함께 기억해요 ✿

✚ 조선 총독부 폭파

조선 총독부 건물은 해방 후에도 바로 없어지지 않았어요. 해방이 예상치 못하게 찾아왔기 때문에 우리나라는 급하게 이 건물을 중앙청으로 이름만 바꿔 정부 청사(관청 사무실로 쓰는 건물)로 활용했어요. 아이러니하게 이곳에서 대한민국 정부 수립 선포식을 열고 헌법을 발표했지요.

1986년부터는 국립중앙박물관 건물로도 이용했어요. 하지만 김영삼 대통령 시절인 1993년 8월 9일, 구 조선총독부 청사를 철거·해체하기로 결정했어요. 그리고 1995년 8월 15일, 광복 50주년을 맞아 청사를 철거했답니다.

🚩 스스로 정리하는 개념어

조선 총독부의 주요 기능을 설명해 보세요.

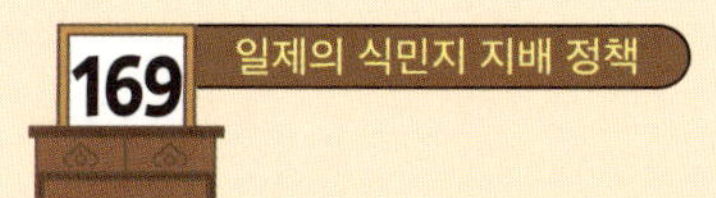

169

일제 강점기

비교 단어 경술국치, 조선 총독부

일제 강점기는 1910년 8월 29일 한일 병합 조약부터 1945년 8월 15일 광복까지 35년간 일본이 우리나라를 강제로 지배한 시기예요. 이 시기 동안 일본은 조선 총독부를 통해 우리나라를 식민지로 통치하며 정치적·경제적·문화적으로 억압했지만, 우리 민족은 끝까지 굴복하지 않고 다양한 형태로 저항했답니다.

일본은 경제적으로는 토지 조사 사업일본이 우리나라 땅을 빼앗기 위해 벌인 대규모 조사 사업, 산미 증식 계획일본으로 쌀을 빼앗아 가기 위한 농업 정책, 공업화 정책 등을 통해 체계적으로 우리 민족의 재산을 빼앗았어요. 특히 토지 조사 사업으로 많은 농민이 토지를 잃었고, 산미 증식 계획으로 생산된 쌀 대부분을 일본으로 가져갔지요. 문화적으로는 황국 신민화 정책을 통해 우리말과 우리글 사용을 금지하고 일본식 이름을 강요하는 창씨개명을 단행하며, 신사 참배일본의 조상신을 모신 사당에 가서 추모하도록 강요한 일를 강제하는 등 민족 정체성을 없애려고 했답니다.

하지만 우리 민족은 절대 굴복하지 않았어요. 1919년 3·1 운동을 비롯해 대한민국 임시 정부 수립, 무장 독립운동, 학생 운동, 노동자 운동, 문화 운동 등의 다양한 형태로 저항했지요. 마침내 1945년 8월 15일, 일본이 연합군에 항복하면서 우리는 광복을 맞았어요.

1910년대	1920년대	1930년대 이후
무단 통치	문화 통치	전시 체제(내선일체 시기)
- 헌병 경찰제: 군사 경찰이 경찰 업무까지 담당 - 조선태형령: 조선인에게만 태형(매질) 형벌 적용 - 언론, 집회, 결사의 자유 완전 금지 - 회사령: 회사 설립에 총독부의 허가 필요	- 3·1 운동 이후 통치 방식 변경 - 언론의 부분적 허용(동아일보, 조선일보 창간) - 조선인 관리 일부 등용 - 조선태형령 폐지, 헌병 경찰제를 보통 경찰제로 변경 - 실질적으로는 민족 분열 정책과 문화 말살 지속	- 황국 신민화 정책: 조선인을 일본인으로 만들려는 정책 - 창씨개명 강요(1940년) - 한국어 사용 금지, 일본어 강요 - 징병제 시행(1944년) - 정신대, 징용으로 강제 동원 - 신사참배 강요

스스로 정리하는 개념어

일제 강점기의 시기별 통치 정책 세 가지를 설명해 보세요.

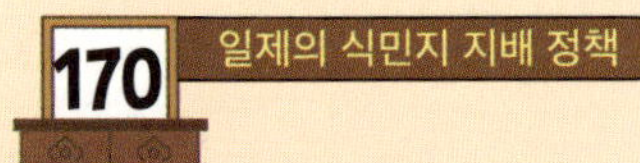

170

내가 읽은 횟수

무단 통치

武 호반 무 **斷** 끊을 단 무력이나 억압으로 강제로 행동함.

비교 단어 3·1 운동, 문화 통치, 민족 말살 정책

무단 통치는 1910년부터 1919년까지 일제가 조선 총독부를 통해 실시한 강압적 식민지 통치 방식이에요. '무단'은 '무력으로 강제로 결정한다'라는 뜻으로, 말 그대로 폭력과 억압으로 조선을 지배한 방식이에요.

무단 통치의 핵심은 헌병 경찰제였어요. 헌병은 원래 군대 내부의 질서를 유지하는 '군대의 경찰'인데, 일제는 이들에게 일반 경찰 업무는 물론 행정 업무까지 맡겼지요. 군인이면서 동시에 경찰 역할을 하는 헌병들은 일반 경찰보다 훨씬 무섭고 잔혹했어요. 이들은 조선인의 일상생활을 철저히 감시하고 통제했으며, 칼을 차고 다니며 조선인들을 위협했답니다.

무단 통치 시기에는 조선인의 기본적인 자유를 빼앗았어요. 언론, 집회모임, 결사단체 조직의 자유가 금지되었고, 조선인은 무기는 물론 칼이나 몽둥이도 가지고 있을 수 없었어요. 또한 조선인에게만 태형 형벌을 적용했고, 회사 설립까지 총독부의 허가를 받도록 했어요.

교육에서도 가혹한 차별이 있었어요. 조선어 교육 시간을 줄이고 일본어 교육을 강화했으며, 일본사 중심으로 역사를 가르쳐 조선사를 왜곡했지요. 실업 교육 위주로 교육 과정을 편성하여 조선인이 고등 교육을 받기 어렵게 만들었답니다. 이는 조선인을 영원히 일본의 하급 노동력으로 묶어 두려는 의도였어요.

하지만 무단 통치는 3·1 운동이라는 거대한 저항을 불러일으켰어요. 1919년 전국적으로 일어난 만세 시위는 무단 통치의 한계를 보여 주었고, 일제는 어쩔 수 없이 통치 방식을 이른바 '문화 통치'로 바꿨답니다.

❀ 함께 기억해요 ❀

✚ 태형

조선태형령의 '태(笞볼기 칠 태)'는 엉덩이를 때리는 형벌로 일본인에게는 적용하지 않고 조선인에게만 적용되는 민족 차별적 형벌이었어요.

스스로 정리하는 개념어

일제의 무단 통치 기간에 일본이 경찰 대신 앞세운 이를 말해 보세요.

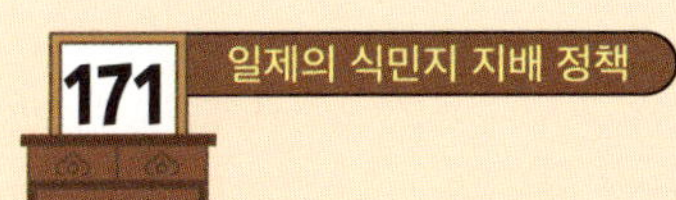

171 토지 조사 사업

내가 읽은 횟수 ☐ ☐ ☐

비교 단어 무단 통치

토지 조사 사업은 1910년부터 1918년까지 8년간 일제가 조선에서 실시한 대규모 토지 조사 및 정리 사업이에요. 조선인의 토지를 합법적으로 빼앗기 위한 식민지 경제 정책이었답니다.

당시 조선에는 땅을 누가 가졌는지를 보여 주는 토지 소유권에 대한 명확한 문서가 없는 경우가 많았어요. 조상 대대로 농사지어 온 땅이지만 정식 문서가 없거나, 있어도 복잡한 과정과 들어가는 돈 때문에 신고하지 못하는 농민들이 많았지요. 일제는 이런 점을 나쁘게 이용해서 토지 소유권을 증명하지 못하는 모든 토지를 나라의 땅으로 삼았어요.

토지 조사 사업의 과정은 매우 불공정했고, 그 결과 약 40%의 토지가 나라 땅이 되었지요. 그리고 이 땅들은 대부분 동양 척식 주식회사 같은 일본 회사에 싼값에 팔렸답니다.

토지 조사 사업으로 많은 조선 농민이 자신의 땅을 잃고 소작농돈을 내고 다른 사람의 땅을 빌려 농사를 짓는 사람이 되었어요. 특히 문서를 갖지 못한 가난한 농민들이 큰 피해를 보았고, 반면 일본인 땅 주인들은 저렴하게 토지를 얻을 수 있었지요. 이는 조선 농업의 식민지화를 촉진했고, 농민들의 생활을 더욱 어렵게 만들었답니다. 토지 조사 사업은 단순한 경제적 수탈을 넘어 조선 사회 구조를 근본적으로 변화시켰어요. 전통적인 농촌 공동체가 해체되고, 계급 갈등이 심화되었으며, 많은 농민이 일자리를 찾아 만주나 일본으로 이동하게 되었지요. 토지 조사 사업은 일제 강점기 경제 수탈의 출발점이자 조선 농민의 삶을 파괴한 대표적인 식민지 정책이었어요.

🏵 함께 기억해요 🏵

✚ 동양 척식 주식회사

- ✔ **설립** 1908년 일본 정부와 민간 자본으로 설립
- ✔ **목적** 조선과 만주에서 농업 개발과 이민 사업
- ✔ **토지 취득** 토지 조사 사업으로 얻은 국유지를 일본인에게 싼값에 팜.
- ✔ **경영 방식** 조선인 소작농을 이용한 대규모 농장 경영
- ✔ **최대 지주** 일제 강점기 최대 규모의 토지 소유 기업

헷갈리면 안 돼!

토지 조사 사업은 단순한 토지 정리 작업이 아니라 계획적인 경제 수탈 정책이었어요. 일제가 겉으로는 '근대화'를 내세웠지만, 실제로는 조선인의 토지를 빼앗아 일본인에게 넘겨주는 것이 목적이었지요.

스스로 정리하는 개념어

토지 조사 사업을 통해 일본이 얻고자 했던 주요 목적을 설명해 보세요.

신간회

新 새로울 신 幹 줄기 간 會 모일 회
비교 단어 문화 통치

신간회는 1927년에 창립된 한국 최대 규모의 민족 협동 운동 단체예요. '신간'은 '새로운 간부'라는 뜻으로, 우리 민족의 독립과 발전을 주장한 민족주의 세력과 사회주의 세력이 일제에 맞서 함께 투쟁하자는 취지로 만들어진 단체였답니다.

1920년대 중반 일제의 문화 통치 정책으로 조선 사회는 갈라졌어요. 민족주의 세력은 점진적 개혁을, 사회주의 세력은 계급 투쟁을 주장하며 서로 대립했지요. 그러나 "이념의 차이를 넘어 일제에 맞서 단결하자."라는 목소리가 높아졌고, 마침내 두 세력이 손을 잡고 신간회를 만들었답니다. 신간회 주요 활동으로는 일제의 탄압에 항의하는 시위, 민족 교육 진흥, 농민과 노동자의 권리와 이익 보호 등이 있었지요. 특히 1929년에 광주광역시에서 일어난 학생들의 항일 운동인 '광주 학생 항일 운동'을 적극 지원하며 전국적 항일 투쟁으로 확산시키는 데 큰 역할을 했답니다.

하지만 신간회는 내부 갈등과 일제의 탄압으로 어려움을 겪었어요. 민족주의 세력과 사회주의 세력 사이의 이념적 차이가 점차 드러났고, 일제는 항일 운동을 탄압하기 위해 만든 치안 유지법 등을 통해 신간회를 압박했지요. 결국 1931년 5월 15일 신간회는 활동 중지를 선언하며 4년 3개월간의 활동을 끝냈답니다.

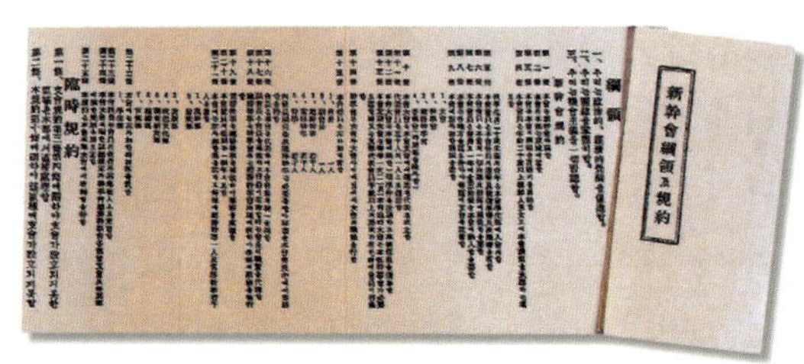

▲ 신간회 강령

◈ 함께 기억해요 ◈

✚ 광주 학생 항일 운동과 신간회

1929년 11월 광주에서 한일 학생 간 충돌이 발생하자 신간회는 즉시 조사단을 보내 사실을 조사했어요. 그리고 전국적 학생 시위로 퍼지도록 지원했지요. 이는 민족주의와 사회주의 세력이 함께 참여한 대표적 사례예요. 이후 광주 학생 항일 운동은 일제 강점기 최대 규모의 학생 운동으로 발전했답니다.

헷갈리면 안 돼!

신간회는 합법적으로 만들어진 단체였지만 실질적으로는 강한 항일 성격을 지니고 있었어요. 신간회가 추구한 3개 방향 중 '정치적·경제적 각성'은 민족의식을 북돋우는 것을, '단결 공고'는 함께 항일 운동을, '기회주의 배척'은 친일파를 없애는 것을 의미했지요. 일제도 이를 잘 알고 있어서 지속적으로 신간회를 탄압했답니다.

스스로 정리하는 개념어

신간회가 만들어진 목표와 그들이 한 운동의 성격을 설명해 보세요.

이회영

비교 단어 독립운동가

▲ 이회영

이회영은 일제 강점기 독립운동가예요. 이회영의 가문은 역대 선조들이 계속 높은 벼슬을 한 명문가인데, 일제 강점 후 전 재산을 팔아 만주로 건너가서 독립운동에 일생을 바쳤답니다.

이회영 가문은 6형제 모두가 독립운동에 참여한 것으로 유명한데, '이씨 6형제' 또는 '백사 6형제'라고 불리며 온 가족이 조국 광복을 위해 헌신한 대표적인 독립운동 가문이었지요. 이회영은 신민회 활동에 참여했고, 경술국치 후 만주로 옮겨가 독립운동 기지 건설에 앞장섰어요. 1911년에 이회영은 형제들과 함께 만주 서간도 삼원보_{현재 중국 길림성 류허현}로 이주해서, 전 재산 40만 원_{현재 가치로 600억 원}을 들여 한인 마을을 세우고, 1919년 신흥 무관 학교를 설립했어요. 신흥 무관 학교는 일제 강점기 최대 규모로 독립군을 길러 낸 기관으로 3,500여 명의 독립군을 길러 냈답니다. 나중에 극심한 가난에 시달리고, 형제들이 항일 운동 중 사망하는 어려움이 있었지만 이회영은 계속 독립운동을 했어요. 1932년에 일제에 체포되어 뤼순 감옥에 갇혔을 때, 65세의 고령이었지만 일제의 혹독한 고문에도 굴하지 않고 끝까지 저항하다가 그해 11월 17일 옥중에서 순국했답니다. 그는 죽는 순간까지도 "조선 독립 만세!"를 외쳤다고 해요.

🏵 함께 기억해요 🏵

✚ 이회영 6형제

이건영, 이석영, 이철영, 이회영, 이시영, 이호영. 모두 독립운동을 했으나 해방 후 돌아온 것은 다섯째 이시영뿐이었어요. 이시영은 임시 정부 초대 법무 총장, 해방 후 초대 부통령을 했답니다.

✚ 신흥 무관 학교

체계적으로 독립군을 키우는 것을 목표로 삼아 낮에는 농업이나 상업 분야에서 일하고, 밤에는 군사 훈련을 했어요. 학과 교육으로 한국사, 지리, 국어, 수학 등을 배우고 보병 전술, 포병 훈련, 기병 훈련, 사격술 등의 군사 훈련을 했지요. 3,500여 명의 독립군을 길러 냈는데 이범석, 지청천 등이 교관을 맡았고 청산리 전투도 신흥 무관 학교 출신이 대거 참여했어요.

헷갈리면 안 돼!

이회영은 대한민국 임시 정부 수립을 반대했는데, 그것은 권력을 차지하려는 욕심에서 벗어나서 서로 돕고 함께 하며 더 나은 사회를 만들고자 한 마음이었어요.

스스로 정리하는 개념어

이회영이 형제들과 재산을 처분하고 세운 학교를 말해 보세요.

3·1 운동

내가 읽은 횟수

비교 단어 무단 통치, 문화 통치

3·1 운동은 1919년 3월 1일 일제 강점기에 우리 민족이 일본의 식민 통치에 반대하며 독립 의지를 보여준 대규모 평화 시위예요. 서울 탑골 공원에서 독립선언서를 읽는 것을 시작으로 전국 곳곳에서 "대한 독립 만세!"를 외치며 시위가 벌어졌어요. 민족 대표 33인이 중심이 되어 시작했지만, 학생들과 일반 백성들까지 모두 참여한 전 민족적인 운동이었지요. 비폭력 평화 시위였지만 일본 경찰과 군인들이 무력으로 탄압하여 많은 희생자가 생겼어요. 우리나라뿐만 아니라 만주와 연해주 등 재외 동포들에게도 퍼져나갔지요. 이 운동은 세계에도 큰 영향을 주었어요. 우리 민족의 강한 독립 의지를 국내외에 알리고, 상하이에 대한민국 임시 정부가 세워지는 계기가 되었어요. 또 일제의 무단 통치가 문화 통치로 바뀌게 하는 등 일본의 식민지 정책에도 변화를 불러왔답니다.

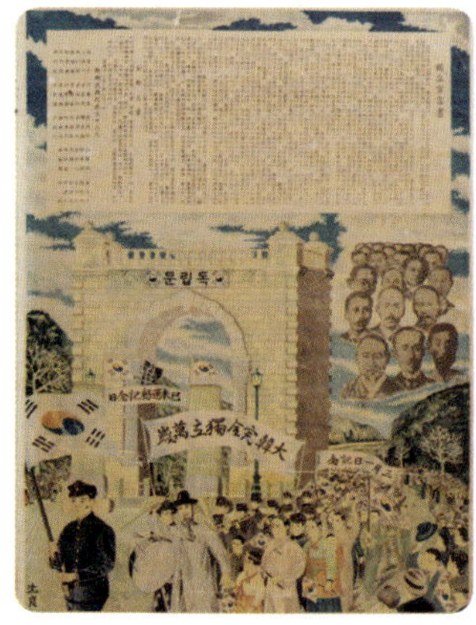

▲ 3·1 운동 기념 포스터
출처: <3·1 운동 기념 포스터>, 국립민속박물관

❀ 함께 기억해요 ❀

✚ 3·1 운동의 배경

❶ **제1차 세계 대전 후 민족 자결주의 확산** 미국의 윌슨 대통령은 "각 민족은 정치적 운명을 스스로 결정할 권리가 있으며, 다른 민족의 간섭을 받을 수 없다."라는 민족 자결주의를 발표했어요. 이것은 강대국들에 식민 지배를 당하던 많은 민족에게 커다란 희망과 용기를 주었고, 우리나라의 3·1 운동도 이에 힘입은 민족 운동 중 하나였어요.

❷ **고종 황제의 갑작스러운 죽음(독살설)** 고종 황제가 일본인 혹은 친일파에게 독살 당했다는 소문이 퍼졌어요. 장례식은 조선 총독부가 주도했고, 일본식으로 진행됐어요. 국민 10만 명이 황제의 마지막 가는 길을 배웅하기 위해 서울로 모여들었어요. 고종 장례식은 사람들이 모이는 것을 합법적으로 가능하게 했고, 잠재적으로 3·1 운동의 계기가 되었지요.

❸ **2·8 독립 선언** 일본에서 유학하던 한국인 학생들이 독립 선언식을 가진 사건이에요. 이때 작성한 독립 선언서를 당시 학생들이 국내로 몰래 들여와 배포하면서, 3·1 운동이 본격적으로 기획되는 계기가 되었어요.

✚ 민족 대표 33인

종교계 지도자들 중심으로 독립 선언서에 서명한 33명의 대표로, 천도교 15명, 기독교 16명, 불교 2명으로 구성되었어요.

헷갈리면 안 돼!

3·1 운동은 1919년 3월 1일에 시작되었지만, 실제로는 몇 달 동안 전국 각지에서 계속 이어진 운동이에요.

스스로 정리하는 개념어

3.1 운동의 목적을 설명해 보세요.

유관순

비교 단어 3·1 운동

유관순은 일제 강점기 대표적인 여성 독립운동가로, 1902년 충청남도 천안에서 태어났어요. 어릴 때부터 총명했던 유관순은 선교사들의 도움으로 이화 학당에 입학하여 서양에서 들어온 새 학문인 신학문을 배웠어요.

1919년에 3·1 운동이 일어나자 16살이었던 유관순은 서울에서 만세 운동에 참여했어요. 하지만 일제가 학교를 임시 휴교_{학교가 한동안 쉼.}를 하게 하자 고향인 천안으로 내려가 더 큰 만세 운동을 계획했지요.

1919년 4월 1일_{음력 3월 1일}, 유관순은 부모님과 함께 천안 병천면 아우내 장터에서 대규모 만세 운동을 이끌었어요. 장날을 이용해 3천여 명의 사람들이 참여한 가운데 태극기를 나누어 주고 "대한 독립 만세!"를 외치며 시위에 앞장섰어요. 하지만 일본 헌병들이 총을 쏘며 무력 진압하는 과정에서 유관순의 부모님을 비롯해 19명이 희생되고 유관순은 현장에서 체포되었지요.

▲ 유관순 영정
출처: <유관순 열사 영정, 천안시>,
국가유산청

그녀는 재판에서도 "나라를 되찾으려는 것이 무슨 죄냐!"라며 당당하게 맞섰고, 결국 징역 3년을 선고받았어요. 유관순은 서대문 감옥에서도 계속 만세를 부르며 옥중 투쟁을 이어갔고, 모진 고문과 영양실조로 1920년 9월 28일, 18세의 나이로 순국했어요.

❀ 함께 기억해요 ❀

✚ 이화 학당

1886년 미국 감리교 선교사 메리 스크랜튼이 세운 우리나라 최초의 여성 교육 기관이에요. 당시에는 여성 교육이 매우 드물었는데, 이화 학당은 여성들에게 한글과 영어, 수학, 음악 등을 가르쳤어요. 현재 이화여자대학교의 처음 모습이며, 유관순 외에도 많은 여성 독립운동가를 배출했어요.

스스로 정리하는 개념어

> 유관순이 만세 운동을 주도한 장소를 말해 보세요.

대한민국 임시 정부

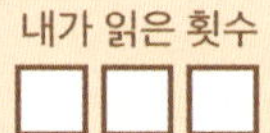

비교 단어 3·1 운동

대한민국 임시 정부는 1919년 4월 13일 중국 상하이에서 세운 우리나라 최초의 민주 공화정_{여러 사람의 합의에 따라 행사되는 정치} 정부예요.

3·1 운동이 일어난 후 독립운동가들이 힘을 합쳐 정식 정부를 만들기로 했어요. 처음에는 국내의 한성 정부, 중국 상하이의 임시 정부, 러시아 연해주의 대한 국민 의회 등 여러 임시 정부가 따로 만들어졌지만 힘을 하나로 모으기 위해 1919년 9월에 상하이 임시 정부로 합쳤어요. 이승만이 초대 대통령이 되었고, 국무총리는 이동휘가 맡았지요. 임시 정부는 '대한민국'이라는 나라 이름을 정하고, 민주 공화제_{대대로 물려받는 것이 아니라 여러 사람에 의해 결정되는 정치 형태}를 채택했어요. 김구, 안창호, 신익희 등 많은 독립운동가가 임시 정부에서 활동했어요.

하지만 임시 정부는 많은 어려움을 겪었지요. 국가를 운영할 돈이 부족했고, 독립운동가들 사이에도 자신들이 세운 목표를 위해 나가는 방향의 차이로 갈등이 생기기도 했어요. 또한 중국과 일본 사이의 관계가 나빠지면서 상하이에서 더 이상 활동하기 어려워졌어요. 그래서 임시 정부는 1932년부터 중국 각지를 옮겨 다니며 27년 동안 활동을 이어갔답니다. 1945년 광복이 되자 김구를 비롯한 임시 정부 사람들이 한국으로 돌아왔어요. 비록 광복 후 바로 정권을 이어받지는 못했지만 대한민국 임시 정부는 우리나라가 민주 공화국임을 세계에 알렸고, 현재 대한민국 정부의 뿌리가 되었어요. 현재 우리 헌법 전문에도 "대한민국 임시 정부의 법통을 계승한다."라고 나와 있어요.

▲ 1920년 1월 1일 대한민국 임시 정부 신년축하식

헷갈리면 안 돼!

대한민국 임시 정부는 상하이에서만 활동한 것이 아니에요. 27년 동안 중국의 여러 도시를 옮겨 다니며 활동했어요.

스스로 정리하는 개념어

대한민국 임시 정부는 언제, 어디에서 세워졌는지 설명해 보세요.

김구

비교 단어 대한민국 임시 정부, 한국광복군

▲ 김구

김구는 일제 강점기 대표적인 독립운동가로, 호는 '백범'이에요. 그는 1896년 명성 황후 시해 사건에 분노하여 일본인을 처단한 일로 감옥에 갇혔다가 독립운동의 길에 들어섰어요.

1919년 3·1 운동이 일어나자 중국 상하이로 건너간 김구는 대한민국 임시 정부에 참여했어요. 처음에는 경무국장^{현재의 경찰청장}, 내무 총장^{현재의 행정안전부 장관} 등을 맡으며 임시 정부 운영에 힘썼고, 1931년에는 한인 애국단을 만들어서 이봉창, 윤봉길 등의 활동을 지원했어요. 1940년부터 광복까지는 임시 정부 최고 위치의 지도자인 주석을 맡아 독립운동을 이끌었지요. 특히 1940년 중국 충칭에서 한국광복군을 조직하여 무력 항일 투쟁을 펼쳤고, 연합군과 함께 일본에 맞서 싸웠어요. 김구는 광복 후 1945년 11월 한국으로 돌아왔지만, 분단된 나라의 현실에 가슴 아파했어요. '통일된 조국'을 간절히 원했고, 단독 정부 수립을 반대하며 남북 협상에 참여했지요. 하지만 꿈을 이루지 못하고 1949년 6월 26일, 안두희의 흉탄에 맞아 74세의 나이에 서거했어요.

❀ 함께 기억해요 ❀

✚ 백범일지

김구가 자신의 일생을 담아 쓴 자서전으로, 일제 강점기 독립운동에 대한 생생한 기록이 남아 있어요. 또 함께 실린 「나의 소원」에는 김구 선생이 꿈꾸는 우리나라의 이상적인 모습도 담겨 있어요.

김구와 전화 이야기

김구는 일본군 장교를 처단한 일로 체포되어 사형 선고를 받았어요. 그런데 사형 집행이 있던 날 고종 황제가 당시 우리나라에 처음 들어온 전화기를 이용해 김구의 사형 집행 중지를 직접 전했다고 해요.

헷갈리면 안 돼!

김구와 안중근은 함께 독립운동을 하지는 않았어요. 그리고 김구는 해방 후에 대한민국 정부 수립에 직접 참여하지 않았어요. 대신 통일된 나라를 세우기 위해 노력했지만, 이념 대립 속에서 뜻을 이루지 못했답니다.

스스로 정리하는 개념어

김구가 만든 임시 정부의 군사 조직을 말해 보세요.

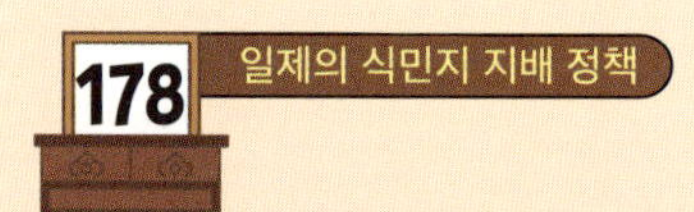

문화 통치

비교 단어 무단 통치, 3·1 운동, 민족 말살 정책

문화 통치는 1919년 3·1 운동 이후 바뀐 일제의 새로운 식민지 통치 방식이에요.

3·1 운동으로 우리 민족의 강한 저항 의지가 드러나자, 일본은 기존의 무단 통치로는 더 이상 조선을 다스리기 어렵다고 판단했어요. 또한 제1차 세계 대전 후 전 세계적으로 각 민족의 문제는 스스로 결정해야 한다는 민족 자결주의가 확산하면서 국제적인 눈치도 봐야 했지요.

문화 통치의 특징을 살펴보면, 먼저 군인인 헌병이 일반 경찰 일까지 하게 한 헌병 경찰제를 보통 경찰제로 바꾸어 겉으로는 무력 통치를 느슨하게 한 것처럼 보이게 했어요. 조선어 신문을 낼 수 있게 해서 동아일보, 조선일보 등이 만들어졌고, 공동의 목적을 위해 모여 항의하는 집회와 결사의 자유도 제한적으로 허용했어요. 또한 조선인도 관리로 뽑겠다고 하며 조선인을 달래는 회유책을 썼어요. 하지만 이는 겉모습만 바뀐 정책이었어요.

경찰 수는 오히려 더 늘렸고, 조선어 신문도 조사를 통해 철저히 통제했어요. 무엇보다 일제는 경제적인 수탈을 더 강화했어요. 조선을 일본의 식량 공급지로 만들기 위해 만든 산미 증식 계획으로 쌀 생산량을 늘려 일본으로 가져갔고, 조선에 회사를 세우려면 조선 총독부의 허가를 받아야 한다는 회사령을 없애 일본 자본의 조선 진출을 쉽게 만들었지요.

결국 문화 통치는 우리 민족을 속이면서 더 교묘하고 체계적으로 수탈하기 위한 통치 방식이었어요. 또 친일파가 가장 많이 늘어난 시기이기도 했지요.

동아일보와 조선일보의 탄생 이야기

문화 통치가 시작되면서 1920년 조선어 신문 발행이 허용되었어요. 이때 창간된 대표적인 신문이 동아일보와 조선일보예요. 두 신문 모두 우리말로 된 신문이라는 점에서 많은 조선인의 환영을 받았어요. 하지만 일제는 이 신문들을 철저히 검열(내용을 미리 검사해서 통제하는 것)했어요. 독립에 관한 기사나 일제에 비판적인 내용은 모두 삭제되었고, 심한 경우 신문 발행이 정지되기도 했어요. 그래서 당시 신문을 보면 검열로 인해 빈 공간이 많이 보이는데, 이를 '백지 신문'이라고 불렀어요.

헷갈리면 안 돼!

문화 통치는 정말로 문화를 발달시키기 위한 정책이 아니에요. 겉으로는 자유로워 보이지만 실제로는 더 교묘한 통제 정책이었어요.

스스로 정리하는 개념어

일제의 문화 통치가 시작된 계기를 설명해 보세요.

친일파

親 친할 친 日 날 일 派 갈래 파 일제를 옹호하는 무리

비교 단어 민족 말살 정책, 독립운동가

친일파는 일제 강점기에 일본에 협력하여 우리나라와 민족에게 해를 끼친 사람들을 말해요. 이들은 개인의 이익이나 출세를 위해 일본의 식민지 정책에 적극적으로 협력했어요.

친일파에는 여러 유형이 있었는데, 정치 분야에서는 일본 정부나 조선총독부의 정책을 지지하고 홍보한 정치인들이 있었고, 경제 분야에서는 일본의 돈과 한통속이 되어 우리 민족의 재산을 강제로 빼앗은 데 협력한 기업인들이 있었어요.

문화 분야에서는 일본의 황국 신민화우리 국민을 일본 천황에게 충성하게 만드는 것 정책을 널리 알리는 글을 쓰거나, 우리 청년들에게 일본군에 지원하라고 권유하는 활동을 한 문인들이 있었어요. 종교 분야에서도 일본 신을 모셔 놓은 곳인 신사에 참배하도록 강요하거나 일제의 정책을 지지한 종교인들이 있었지요.

▲ 대표적 친일파 이완용

특히 일제 강점기 말기에는 일본식 이름으로 바꾸게 하는 창씨개명을 적극적으로 홍보하고, 강제 징용사람을 강제로 데려가 부리는 일과 정신대식민지 여성들을 강제로 데려가 만든 무리에 우리 젊은이들을 보내는 데 앞장선 친일파들도 많았어요.

이들의 친일 행위는 단순히 일본에 익숙해지는 정도가 아니라 적극적으로 우리 민족의 정신과 문화를 없애는 데 협력하고, 같은 민족을 고통에 빠뜨리는 일에 앞장선 것이었어요. 광복 후에도 이들 중 상당수가 제대로 처벌받지 않고 오히려 사회 지도층으로 남아 있어서 우리 사회에 큰 상처를 남겼어요. 2005년 친일반민족행위진상규명위원회가 설치되어 친일파들의 행적을 조사했고, 현재도 이들의 잘못된 행위를 기억하고 반성하려는 노력이 계속되고 있답니다.

◈ 함께 기억해요 ◈

✚ 대표적 친일파

✔ **을사오적**(1905년 을사늑약 체결에 찬성한 5명)
이완용, 박제순, 이지용, 이근택, 권중현

✔ **정미칠적**(1907년 정미 7조약 체결에 찬성한 7명)
이완용, 송병준, 이지용, 이근택, 고영희, 조중응, 임선준

✔ **경술국적**(1910년 한일 병합 조약 체결에 찬성한 9명)
이완용, 송병준, 이지용, 이근택, 고영희, 조중응, 임선준, 윤덕영, 박제순

✔ **친일 문인들**
최남선, 이광수, 김동인, 정지용, 서정주, 모윤숙, 노천명, 김소월(일부 작품), 주요한(일부 작품)

윤동주와 정지용

같은 시대를 산 두 시인의 서로 다른 선택을 보면 친일파 문제를 더 잘 이해할 수 있어요. 윤동주는 일제 강점기 말기에도 우리말로 아름다운 시를 썼고, 조국에 대한 사랑과 일제에 대한 저항 정신을 시에 담았어요. 윤동주는 결국 독립 운동 혐의로 일본 경찰에 체포되어 후쿠오카 감옥에서 순국했지요.

반면 정지용은 초기에는 순수한 우리말 시를 썼지만, 일제 강점기 말기에는 일본의 침략 전쟁을 찬양하는 시를 쓰고 학생들에게 일본 군대에 지원하라고 권유하는 글을 발표했어요. 같은 어려운 시대를 살았지만 서로 다른 선택을 한 두 시인의 모습은 우리에게 많은 생각을 하게 해요.

헷갈리면 안 돼!

친일파와 단순히 일제 강점기를 살았던 사람들을 구분해야 해요. 생존을 위해 어쩔 수 없이 일본어를 배우거나 일본식 이름을 쓴 것과 적극적으로 친일 활동을 한 것은 다른 문제예요.

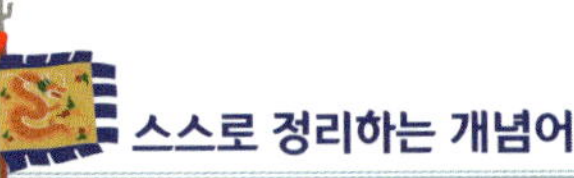

스스로 정리하는 개념어

친일파란 어떤 사람들인지 설명해 보세요.

한인 애국단

비교 단어 김구, 윤봉길

한인 애국단은 1931년 김구가 중국 상하이에서 조직한 비밀 독립운동 단체예요. 1930년대에 들어서면서 일제의 침략이 더 심해졌고, 특히 만주 사변^{1931년 일본군이 중국 만주 지역을 침략한 전쟁}이 일어나자 김구는 더욱 적극적인 무력 투쟁이 필요하다고 판단했어요.

한인 애국단의 목표는 일본의 주요 인물들을 처단하여 일제의 침략 정책에 경고를 보내고, 우리 민족의 독립 의지를 전 세계에 알리는 것이었어요. 한인 애국단은 우수한 능력의 소수 정예로 구성되었고, 철저히 비밀 조직으로 운영되었어요. 단원이 되려면 김구 앞에서 '한인 애국단 단칙^{규칙}'을 소리 내 읽고 서명해야 했어요.

❶ 일본 고위 관료를 죽이고 일본 기관을 파괴한다.

❷ 이 일에 성공하든 실패하든 결코 단체와 동지(뜻을 같이한 사람)를 말하지 않는다.

❸ 체포되면 독약을 먹고 스스로 목숨을 끊는다.

▲ 김구, 윤봉길

한인 애국단의 가장 유명한 활동은 이봉창과 윤봉길의 의거^{정의를 위한 의로운 일}예요. 1932년 1월 8일, 이봉창은 일본 도쿄에서 일본 왕을 향해 폭탄을 던졌지만 실패했어요. 하지만 같은 해 4월 29일, 윤봉길은 상하이 훙커우 공원에서 일본군 고위 관료들을 향해 폭탄을 던져 일본군 사령관을 죽이고 여러 고위 관료를 다치게 하는 데 성공했어요. 이들의 의거는 가라앉아 있던 독립운동에 새로운 힘을 불어넣었고, 중국을 비롯한 국제사회가 우리나라 독립운동을 주목하게 만드는 계기가 되었어요.

▲ 이봉창

헷갈리면 안 돼!

한인 애국단과 의열단을 혼동하지 말아요. 의열단은 1919년 김원봉이 만주에서 만든, 암살과 파괴 활동을 통한 일제 타격이 목표인 단체예요.

스스로 정리하는 개념어

한인 애국단을 조직한 사람을 말해 보세요.

윤봉길

비교 단어 김구, 한인 애국단

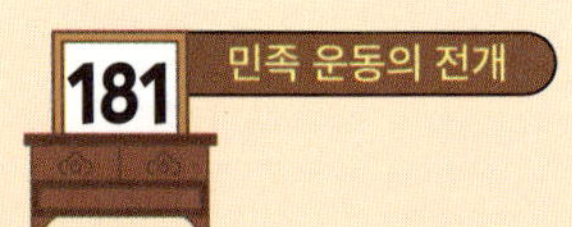

윤봉길은 일제 강점기 대표적인 의열(정의감으로 씩씩하고 열렬함.) 투쟁가예요.

어릴 때부터 농촌 계몽(지식수준이 낮은 사람들 가르쳐 깨우침.) 운동에 관심이 많았던 윤봉길은 밤에 공부하는 학교인 야학을 열어 농민들에게 한글을 가르치고, 독서회를 만들어 민족의식을 키우는 활동을 했어요. 또한 금주·금연 운동을 벌이며 농촌 발전을 위해 노력했지요.

1930년, 일제의 탄압이 심해지자 그는 중국으로 건너가 본격적인 독립운동에 뛰어들었어요. 상하이에서 김구를 만난 윤봉길은 1931년에 한인 애국단에 들어갔어요. 김구는 윤봉길의 순수한 애국심과 굳은 의지를 보고 큰 기대를 걸었지요.

1932년 4월 29일, 윤봉길은 상하이 홍커우 공원에서 열린 일왕 생일 기념식과 상하이 사변(상하이에서 생긴 중국과 일본 사이의 무력 충돌) 승리 축하식에서 역사적인 의거를 했어요. 윤봉길은 도시락통과 물통에 넣은 폭탄 두 개를 준비했어요. 물통 폭탄을 일본군 고위 관료들이 있는 단상에 던져 큰 피해를 줬고, 도시락통 폭탄으로는 스스로 목숨을 끊으려 했지만 터지지 않아 현장에서 체포되었어요. 이 일은 중국 정부가 우리 독립운동을 적극 지원하게 되는 계기가 되었답니다.

❀ 함께 기억해요 ❀

✚ 농촌 계몽 운동

윤봉길이 했던 농촌 계몽 운동은 일제 강점기 농민들의 의식을 깨우치고 생활을 더 좋게 하려는 활동으로, 야학을 통한 한글 교육, 독서회 조직, 금주·금연 운동 등이 있었어요.

윤봉길과 시계 교환 이야기

홍커우 공원 의거를 앞두고 윤봉길은 김구에게 "저는 내일 죽을 몸이고 선생님은 오래 살아서 광복을 보셔야 하니, 제 새 시계와 선생님의 낡은 시계를 바꿔 차시죠."라고 제안했어요. 자신의 죽음을 각오하고도 스승을 걱정하는 윤봉길의 마음에 감동한 김구는 시계를 바꿔 주었어요. 윤봉길은 김구의 낡은 시계를 차고 의거 현장으로 향했고, 의거 후 체포될 때도 이 시계를 차고 있었어요. 일본 경찰이 증거품으로 압수했던 이 시계는 광복 후 우여곡절 끝에 우리나라로 돌아와 현재 윤봉길 의사 기념관에 전시되어 있어요.

헷갈리면 안 돼!

윤봉길이 터트린 폭탄은 도시락 폭탄이 아니라 물통 폭탄이에요.

스스로 정리하는 개념어

윤봉길이 들어가 독립운동을 했던 단체를 말해 보세요.

봉오동 전투

비교 단어 청산리 대첩

▲ 홍범도

봉오동 전투는 1920년 6월 7일 만주 봉오동에서 벌어진 한국 독립군과 일본군 간의 대표적인 무력 투쟁이에요.

3·1 운동 이후 만주와 연해주로 옮겨가는 우리 동포들이 늘어나면서 이 지역에서 독립군 활동이 활발해졌어요. 일제는 이를 탄압하기 위해 만주까지 군대를 파견하여 독립군 토벌무력으로 없앰. 작전을 벌였어요.

홍범도가 이끄는 대한 독립군과 최진동이 이끄는 군무 도독부 등이 연합하여 일본군에 맞섰어요. 독립군은 봉오동 골짜기의 험한 지형을 이용해 일본군을 끌어들인 다음 둘러싸서 공격하는 전술전투 방법을 사용했어요. 홍범도는 뛰어난 전술가로서 게릴라전적은 수의 군인들이 적의 옆이나 뒤를 갑자기 공격하는 것을 잘했고, 지형을 잘 아는 장점을 최대한 활용했어요. 임시 정부 발표에 따르면, 이 전투에서 일본군 157명이 전사하고 200여 명이 중상을 입었으며, 독립군은 4명만 전사하는 대승을 거두었다고 해요. 이는 일제 강점 이후 독립군이 일본군을 상대로 거둔 첫 번째 승리였어요. 봉오동 전투의 승리는 우리 민족에게 큰 희망과 용기를 주었고, 같은 해 10월 청산리 대첩에서도 큰 승리를 거두는 바탕이 되었어요.

✤ 함께 기억해요 ✤

✚ 홍범도 장군

평안북도 출생의 독립군 지휘관으로 1907년 정미 의병 때부터 의병 활동을 시작했어요. 포수(총을 사용하는 사냥꾼) 출신으로 총을 쏘고 말을 타는 기술이 뛰어났고, 1919년에 대한 독립군 창설, 1921년 자유시 참변(러시아 자유시에서 한국 독립군 부대와 러시아의 적군인 혁명군이 부딪힘.) 이후 러시아로 이주했어요. 2021년 그의 유해(무덤에서 나온 뼈)가 카자흐스탄에서 한국으로 돌아왔지요.

헷갈리면 안 돼!

봉오동 전투와 청산리 대첩은 같은 해에 일어난 서로 다른 전투예요. 봉오동 전투는 1920년 6월, 청산리 전투는 1920년 10월에 일어났어요. 봉오동 전투는 일본군을 처음으로 크게 무찌른 전투로 독립군의 사기를 높이는 계기가 되었어요.

스스로 정리하는 개념어

봉오동 전투에서 독립군을 이끈 주요 장군을 말해 보세요.

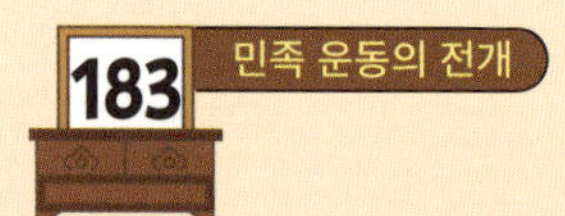

청산리 대첩

비교 단어 봉오동 전투

청산리 대첩은 1920년 10월 21일부터 26일까지 만주 청산리 일대에서 벌어진 한국 독립군과 일본군 간의 최대 규모 전투예요.

봉오동 전투에서 크게 패한 일본은 독립군을 완전히 없애겠다며 2만여 명의 대규모 군대를 만주에 보냈어요. 이에 맞서 만주에 만들어진 김좌진이 이끄는 북로 군정서와 홍범도가 이끄는 대한 독립군 등 여러 독립군 부대가 연합하여 대응했어요. 김좌진은 뛰어난 전략가로서 일본군을 청산리 골짜기로 끌어들인 뒤 둘러싸 공격해서 없애는 작전을 세웠어요. 독립군은 험한 산악 지형을 이용해 게릴라전을 펼쳤고, 일본군이 골짜기 깊숙이 들어오자 사방에서 일제히 공격했어요.

6일간의 전투 결과 독립군이 최대 승리를 거두었어요. 우리 민족의 무력 항일 투쟁 능력을 전 세계에 보여준 대단한 일이었지요.

하지만 일제는 이에 대한 보복으로 경신 참변간도 참변. 1920년 간도에서 일본군이 한국인들을 무차별하게 학살한 사건을 일으켜 만주와 연해주의 죄 없는 조선인들을 대량 학살했고, 이에 따라 많은 독립군이 러시아로 이동하게 되었어요. 청산리 대첩은 큰 승리였지만, 이후 독립군 활동이 더욱 어려워지는 계기가 되기도 했지요.

▲ 청산리 전투 직후 독립군

🏵 함께 기억해요 🏵

✚ 김좌진 장군

북간도에 무관 학교(육군 장교를 키우던 학교)를 세우기 위해 돈을 모으다가 일본 경찰에 잡혀 서대문 감옥에서 2년 6개월간 옥살이를 했고, 북로 군정서를 조직하여 독립군을 훈련시켰어요. 청산리 대첩을 승리로 이끈 장본인으로 뛰어난 전략가였지요. 1930년에 공산주의자들에 의해 암살당했어요.

헷갈리면 안 돼!

청산리 대첩은 봉오동 전투와 마찬가지로 독립군의 승리를 기록한 전투지만, 훨씬 큰 규모로 벌어진 전투예요. 봉오동 전투가 독립군의 첫 대규모 승리라면, 청산리 대첩은 독립군의 전성기를 보여주는 대표적인 전투랍니다.

스스로 정리하는 개념어

청산리 대첩을 이끈 주요 독립군 장군을 말해 보세요.

184

민족 말살 정책

상위어 일제 강점기

비교 단어 무단 통치, 문화 통치

민족 말살 정책은 1930년대 후반부터 광복까지 일제가 우리 민족의 정체성을 완전히 없애고 일본인으로 만들려고 한 최악의 식민지 정책이에요.

1937년, 중일 전쟁이 시작되면서 일제는 조선을 전쟁을 위한 군사 작전에 필요한 인원과 물건 등을 지원하는 지점인 병참 기지군사 작전에 사람과 물건 등을 공급하는 일을 하는 곳로 만들기 위해 더욱 강압적인 정책을 펼쳤어요.

사회	교육	종교	문화	경제
창씨개명	우리말과 글 금지	신사 참배	전통문화 말살	전쟁 지원
민족 말살 정책의 가장 대표적인 정책으로, 1940년부터 우리의 성과 이름을 일본식으로 바꾸도록 강요함.	우리말과 우리글 사용을 금지하고 일본어만 쓰도록 했으며, 학교에서는 조선어 과목을 완전히 폐지함. 우리 역사 교육도 중단시키고 일본 역사만 가르침.	신사 참배를 강요하여 우리의 전통 신앙과 기독교, 불교 등을 탄압함.	우리의 전통문화를 없애고 일본 문화를 강요했으며, 우리 문화재를 파괴하거나 일본으로 가져감.	전쟁 물자 확보를 위해 쌀과 금속을 강제로 빼앗고, 인적 자원 동원을 위해 강제 징용과 위안부로 끌고 감.

▲ 내선일체 포스터

태평양 전쟁이 시작된 1941년 이후에는 일본과 조선은 한 몸이라는 뜻의 '내선일체'와 조선인을 일본 천황의 백성으로 만든다는 의미의 '황국 신민화'라는 구호 아래 조선인을 완전히 일본인으로 만들려고 했어요. 이 시기에는 조선어를 사용하다 걸리면 심한 처벌을 받았고, 일본군에 지원하도록 강요받았어요.

✚ 인적·물적 수탈

- ✔ **강제 징용** 젊은 남성을 일본 공장, 광산, 군사시설 건설에 동원
- ✔ **징병** 조선인 학생을 일본군으로 강제 입대하게 함.
- ✔ **위안부** 일본군을 대상으로 성적인 행위를 강요받은 여성
- ✔ **공출** 쌀, 금속 등 전쟁 물자를 강제로 빼앗음.

창씨개명

창씨개명 시기에 이름을 억지로 일본식으로 바꾸어야 했던 사람들이 일본 관리들을 골탕 먹이기 위해 재미있는 방법을 썼다고 해요. 예를 들어, '김(金)' 씨를 가네무라(金 성씨 김 村 마을 촌, 일본식 성)로 바꾸거나, 일본인들이 헷갈리기 쉬운 발음의 이름을 만들어 일부러 읽기 어렵게 했답니다.

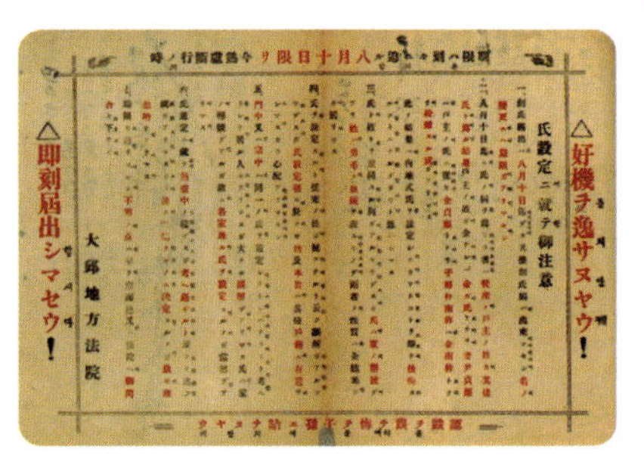

▲ 창씨개명 공고

헷갈리면 안 돼!

정신대는 일본과 국내의 군수 공장 등에서 강제로 노동하도록 만들어 조선 여성들의 노동력을 착취한 것이고, 위안부는 성 착취를 당한 조선의 여성들을 말해요.

 **스스로 정리하는 개념어**

> 민족 말살 정책의 하나로 한국인의 이름을 바꾸도록 강요한 정책을 말해 보세요.

한국광복군

비교 단어 대한민국 임시 정부, 김구

한국광복군은 1940년 9월 17일 중국 충칭에서 대한민국 임시 정부가 창설한 정규 독립군이에요.

중일 전쟁이 시작되자, 김구를 중심으로 한 임시정부는 중국 정부의 지원을 받아 체계적인 무력 항일 투쟁을 위해 한국광복군을 조직했어요.

한국광복군의 목표는 조국 광복을 위한 항일 무력 투쟁이었어요. 처음에는 300여 명으로 시작했지만, 점차 규모를 늘려 최대 5천여 명까지 확대되었지요. 한국광복군은 중국 각지에서 일본군과 싸웠을 뿐만 아니라, 태평양 전쟁이 시작되면서 미군과도 협력했어

▲ 한국광복군 총사령부 성립 전례식 후 한중 대표 기념 촬영

요. 특히 1945년에는 미군과 함께 한반도 상륙 작전을 준비하기도 했고 일본군 포로 심문, 선전 활동, 정보 수집 등 다양한 활동을 펼쳤지요. 한국광복군의 특징은 단순한 게릴라 부대가 아닌 임시 정부 산하의 정규군이었다는 점이에요. 또한 사회주의와 보수주의로 말할 수 있는 좌우 이념을 초월하여 조국 광복이라는 하나의 목표로 뭉친 민족 연합 부대였어요. 비록 광복 직전까지 대규모 전투를 벌이지는 못했지만, 임시 정부의 군사력으로서 우리나라가 연합국의 일원임을 세계에 알리는 중요한 역할을 하며 대한민국 국군의 정신적 뿌리가 되었어요.

함께 기억해요

+ 지청천

일제 강점기 대표적인 독립군 지휘관으로 청산리 대첩에서 김좌진과 함께 활약했어요. 한국광복군 초대 총사령관을 역임했고, 광복 후 대한민국 국군 창설에 기여했지요.

헷갈리면 안 돼!

한국광복군은 대한민국 임시 정부의 정규군으로, 다른 독립군 조직과 구별돼요. 한국광복군은 연합군과 협력하여 국제적으로 활동한 독립군이라는 점이 특징이에요.

스스로 정리하는 개념어

한국광복군이 만들어진 배경을 설명해 보세요.

독립운동가

비교 단어 열사, 의사

독립운동가는 일제 강점기에 우리나라의 독립을 위해 목숨을 걸고 싸운 사람들을 말해요.
독립운동가들의 활동 분야는 매우 다양했어요.

무력 투쟁 분야	정치 외교 분야	교육 계몽 분야
안중근, 윤봉길, 이봉창처럼 의열 투쟁을 벌인 사람들과 홍범도, 김좌진처럼 일본군과 싸운 지휘관들	김구, 이승만, 안창호처럼 임시 정부를 세우고 외교 독립운동을 펼친 사람들	이상재, 안창호처럼 민족 교육에 힘쓴 사람들
문화 분야	여성 독립운동가	기타
윤동주, 이육사 같은 저항 문학가들과 한용운 같은 종교인들	유관순, 김마리아, 차정희 등	나석주, 김상옥처럼 국내에서 일제 기관을 공격한 사람들과 박열처럼 일본 본토에서 활동한 사람들

▲ 안창호

▲ 윤동주

▲ 김마리아

▲ 김상옥

❁ 함께 기억해요 ❁

➕ 독립운동가 후손 지원

독립운동가들이 조국을 위해 희생하느라 후손들을 경제적으로 지원해 주지 못해 독립운동가 후손들은 어렵게 사는 경우가 많아요. 그래서 '독립유공자예우에 관한 법률'에 따라 독립운동가 후손들에게 생활지원금, 의료비, 교육비 등을 지원하고 독립운동가 후손 장학금 지원 사업, 한국해비타트와 협력한 집 짓기 봉사활동 등이 행해지고 있어요.

스스로 정리하는 개념어

독립운동가들의 활동 분야를 나누어 대표적인 인물들을 말해 보세요.

열사, 의사

상위어 독립운동가

비교 단어 안중근, 안창호, 유관순, 윤봉길

일제 강점기 때 우리나라의 많은 분이 나라를 되찾기 위해 노력하다가 돌아가셨어요. 안중근 의사, 유관순 열사, 윤봉길 의사 등이 생각나지요? 그런데 어떤 분에게 '의사'라는 칭호를 붙이고, 어떤 분에게 '열사'라는 칭호를 붙이는 걸까요?

열사 (烈 세찰 열 士 선비 사)	의사 (義 옳을 의 士 선비 사)
나라를 위해 아무것도 지니지 않고 저항하면서 자신의 원칙과 믿음을 끝까지 지켜 나간 사람에게 붙이는 이름이에요.	나라와 민족을 위해 자기 몸을 바쳐 일하려는 뜻을 가진 의로운 사람으로, 무력(힘과 무기)으로 항의하며 맞서다 의롭게 죽은 사람에게 붙이는 이름이에요.
유관순 열사, 이준 열사	안중근 의사, 윤봉길 의사
▲ 유관순 열사	▲ 윤봉길 의사

===== 함께 기억해요 =====

✔ **지사** 나라와 민족을 위해 제 몸을 바쳐 일하려는 뜻을 가진 사람. 의사, 열사 모두 지사에 속해요.

✔ **애국지사** 일제 강점기 때 국내외에서 독립운동을 위해 몸과 마음을 바쳐 저항한 사람(김구 선생님)

✔ **순국열사** 일제 강점기 때 국내외에서 독립운동을 하다 목숨을 바친 열사(안창호 선생님)

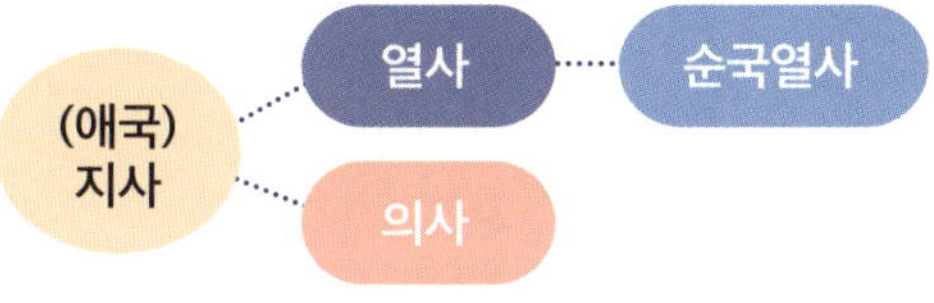

스스로 정리하는 개념어

'열사'와 '의사'의 뜻을 예를 들어 설명해 보세요.

5장

해방 이후

8·15 광복

光 빛 광 復 회복할 복 빼앗긴 주권을 다시 찾음

비교 단어 신탁 통치, 대한민국 정부 수립

8·15 광복은 1945년 8월 15일에 우리나라가 일제 강점 35년 만에 일본으로부터 해방^{억압에서 벗어}^남된 날을 말해요.

1945년 8월 6일에 히로시마, 8월 9일에 나가사키에 미군이 원자폭탄을 투하하고, 소련이 일본에 선전포고하면서 일본은 더 이상 전쟁을 계속할 수 없게 되었어요. 결국 일본 천황 히로히토는 8월 15일 정오에 라디오를 통해 항복을 선언했지요. 이 소식이 전해지자, 우리 민족은 거리로 나와 태극기를 흔들며 광복을 축하했어요. 35년간 일제의 억압 아래 살았던 사람들의 기쁨은 말로 표현할 수 없을 정도였어요. '광복'이란 '빛을 되찾는다'라는 뜻으로, 나라를 되찾은 기쁨을 표현한 말이에요.

하지만 광복의 기쁨도 잠시, 우리나라는 38도선을 경계로 북쪽은 소련군이, 남쪽은 미군이 점령하게 되었어요. 또한 해외에 있던 독립운동가들이 즉시 귀국하지 못하고, 미군정^{미군이 3년간 남한 지역에서 실}^{시한 군사 통치}이 시작되면서 새로운 혼란이 시작되었어요.

▲ 광복을 기뻐하는 사람들

❀ 함께 기억해요 ❀

광복절은 8월 15일인데 대한민국 정부 수립일도 1948년 8월 15일이에요. 8월 15일은 두 의미를 모두 기념하는 날이에요.

스스로 정리하는 개념어

광복의 의미를 설명해 보세요.

신탁 통치

信 믿을 신 託 부탁할 탁 일정한 목적에 따라 재산의 관리와 처분을 남에게 맡기는 일

비교 단어 8·15 광복

신탁 통치란 한 나라가 독립할 준비가 되어 있지 않다고 판단될 때, 국제기구나 강대국이 일정 기간 대신 통치하며 도와주는 제도를 말해요.

우리나라는 1945년 8월 15일에 광복을 맞았지만, 곧바로 독립 정부를 세우기 어려운 상황이었어요. 그래서 모스크바에서 열린 3국 외상 회의미국, 영국, 소련의 외교 대표자 회의에서 미국과 소련이 한반도를 일정 기간 신탁 통치하기로 했어요.

1945년 12월 28일, 신문을 통해 이 소식이 전해지자 온 국민이 크게 분노했어요. 35년 만에 자유를 되찾았는데 다시 외국의 간섭을 받게 된다는 소식이었기 때문이에요. 그래서 "또다시 남의 나라 신세를 져야 하느냐."라며 전국적으로 신탁 통치를 반대하는 시위가 일어나기도 했어요.

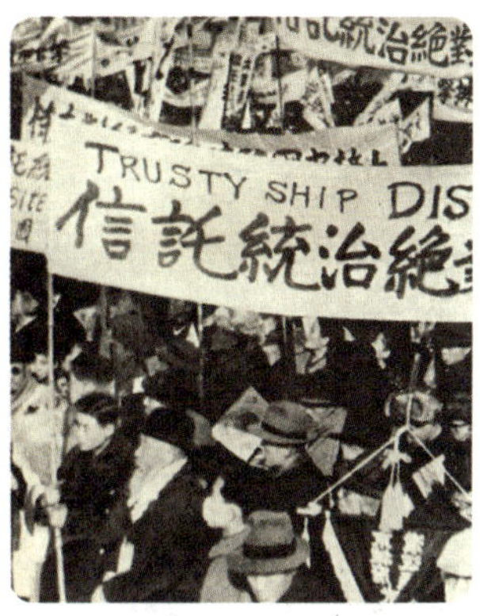

▲ 신탁 통치 반대 운동

김구를 중심으로 한 한국민주당과 임시 정부 세력은 처음부터 강력하게 반대했어요. 반면 김일성을 중심으로 한 조선공산당은 처음에는 반대했다가 소련의 지시를 받고 찬성으로 돌아섰어요. 이는 좌우사회주의와 공산주의를 말하는 '좌'와 자본주의와 민주주의를 말하는 '우' 대립을 더 심화시키는 계기가 되었지요. 신탁 통치 문제는 1946년 3월부터 미국과 소련이 참여한 미소공동위원회에서 논의되었지만, 미국과 소련의 의견 차이로 결론을 내리지 못했어요. 미국은 신탁 통치를 반대하는 단체도 참여시키자고 했고, 소련은 찬성하는 단체만 참여시키자고 주장해 회담이 깨졌지요. 결국 신탁 통치는 실행되지 못했고, 1948년 남북에 각각 단독 정부가 세워지면서 현재까지 분단이 이어지고 있어요.

함께 기억해요

✚ 냉전 시대

제2차 세계 대전 후 미국과 소련이 직접적인 무력 충돌 없이 이념과 체제를 두고 대립한 시대(1945~1991년)예요. 미국은 자본주의와 민주주의를, 소련은 공산주의와 사회주의를 내세우며 전 세계적으로 영향력을 확대하려 했어요. 한반도 분단과 신탁 통치 문제도 이러한 미국과 소련의 미소 냉전에서 나온 결과예요.

헷갈리면 안 돼!

신탁 통치는 한반도의 독립을 돕기 위한 방법으로 논의되었어요. 하지만 결과적으로 남북 분단의 계기가 되었지요.

스스로 정리하는 개념어

신탁 통치는 무엇인지 설명해 보세요.

제주 4·3 사건

비교 단어 신탁 통치, 5·10 총선거

제주 4·3 사건은 1948년 4월 3일부터 1954년 9월 21일까지 제주도에서 일어난 무력 충돌과 진압 과정에서 수많은 제주도민이 희생된 비극적인 사건이에요.

1947년 3월 1일, 제주에서 3·1절 기념행사 중 경찰이 총을 쏴서 일반 시민이 사망하게 돼요. 이 사건으로 시작된 갈등이 점점 커져 무력 충돌로 발전했어요. 당시 제주도는 일본인들이 떠나면서 생긴 경제적 어려움, 육지에서 온 관리들의 횡포, 좌우 이념 대립 등이 복합적으로 얽혀 혼란했어요. 특히 단독 정부 수립에 반대하는 세력과 이를 진압하려는 정부 간의 갈등이 심했지요. 1948년 4월 3일 새벽 2시, 전투 장비를 갖춘 집단인 무장대가 제주도 내 24개 경찰서 우익 단체 사무소를 동시에 습격하면서 본격적인 무력 충돌이 시작되었어요. 이에 정부는 계엄령^{국가 비상사태로 대통령이 전국 또는 일부 지역을 군사력으로 단속한다는 명령}을 선포하고 군대와 경찰을 동원해 강력한 진압 작전을 펼쳤어요. 진압 과정에서 한라산 중턱 이상을 출입 금지 구역으로 정하고, "중산간 지대에 있는 사람은 폭동을 일으킨 사람으로 본다."라며 무차별로 공격했어요. 수많은 죄 없는 시민들이 희생됐는데, 제주 인구의 10분의 1에 해당하는 약 3만 명이 목숨을 잃었다고 추정되며, 제주도 전체 마을 400여 개 중 270여 개 마을이 불타 없어지는 참혹한 피해를 보았어요. 이 사건은 오랫동안 언급되는 것이 금기시되었다가 2000년 '제주 4·3사건 진상 규명 및 희생자 명예 회복에 관한 특별법'이 만들어지면서 본격적으로 진실이 밝혀지기 시작했어요.

❀ 함께 기억해요 ❀

✚ 동백꽃

제주 4·3 사건의 상징이 된 꽃으로, 빨간 동백꽃이 희생자들의 피와 정신을 상징한다고 여겨져요. 동백꽃은 제주도의 대표적인 꽃이기도 하지만, 4·3 사건이 일어난 시기(3~4월)에 피는 꽃이어서 더욱 의미가 깊어요. 현재 제주 4·3 평화공원에는 동백나무가 많이 심겨 있고, 4·3을 소재로 한 문학 작품에도 동백꽃이 자주 등장해요.

제주도민과 꿩고기

제주도 사람들은 당시 산속에서 숨어 살며 '꿩엿'이라는 특별한 간식을 만들어 먹었다고 해요. 꿩고기를 꿀에 넣어 굳힌 음식으로, 쉽게 배고픔을 달랠 수 있어 숨어 지내던 주민들에게 큰 도움이 되었대요.

🐉 스스로 정리하는 개념어

제주도 주민들과 정부 사이에 갈등이 생긴 이유를 설명해 보세요.

5·10 총선거

비교 단어 신탁 통치, 제헌 국회

총선거는 국회 의원을 뽑는 선거를 말해요. 5·10 총선거는 1948년 5월 10일에 남한에서 실시된 최초의 민주 선거예요. 정식 명칭은 '제헌(헌법을 만들어 정함.) 국회 의원 선거'로, 대한민국 헌법을 정하고 정부를 구성할 국회 의원 200명을 뽑는 선거였어요. 이는 우리나라 역사상 처음으로 국민이 직접 대표를 선출한 의미 깊은 선거였지요.

선거의 실시 배경에 신탁 통치 문제가 있었어요. 미국과 소련이 우리나라를 어떻게 통치할지 논의했던 미소공동위원회가 의견 차이로 합의에 실패하면서 통일 정부를 만들기 어려워지자 미국은 이 문제를 유엔에 맡겼어요. 1947년에 유엔이 지켜보는 가운데 남한과 북한에서 함께 선거를 치르기로 했어요. 이때 유엔은 인구수에 따라 의원 수를 정하자고 제안했는데, 이는 인구가 더 많은 남한이 더 많은 국회

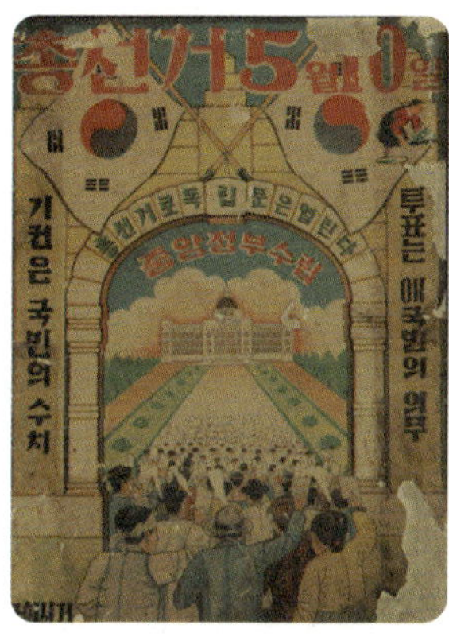

▲ 선거 홍보 포스터
출처: 국립민속박물관

의원을 뽑는 방식이었어요. 하지만 소련과 북한이 이를 받아들이지 않자 결국 남한에서만 선거를 치르게 되었지요. 그러나 김구, 김규식 등은 분단을 굳어지게 한다며 선거 참여를 거부했고, 일부 지역에서는 좌익 세력의 방해 공작도 있었어요. 특히 제주도에서는 4·3 사건이 진행 중이어서 선거를 실시하지 못했어요. 하지만 95.5%라는 높은 투표율을 기록하며 선거는 성공적으로 치러졌지요. 선거 결과 이승만을 지지하는 대한독립촉성국민회와 한국민주당이 많은 수의 의석(의회에서 의원이 앉는 자리)을 차지했어요. 이렇게 구성된 제헌(헌법을 만들어 정함.) 국회는 1948년 7월 17일에 대한민국 헌법을 만들었어요.

🏵 함께 기억해요 🏵

➕ 제헌절

7월 17일로, 1948년 제헌 국회에서 대한민국 헌법을 정한 날을 기념하는 국경일(나라에 좋은 일을 법으로 정해 기념하는 날)이에요. 5·10 총선거로 구성된 제헌 국회가 우리나라 최초의 헌법을 만든 매우 중요한 날이에요.

헷갈리면 안 돼!

5·10 총선거는 남한에서만 치른 선거예요. 원래는 남북한 통일 선거를 하려 했지만 북한이 거부했어요.

 **스스로 정리하는 개념어**

5·10 총선거를 통해 뽑힌 이들이 누구인지 말해 보세요.

대한민국 정부 수립

樹 나무 수 立 설 립 국가나 정부, 제도, 계획 따위를 이룩하여 세움.

비교 단어 8·15 광복, 5·10 총선거

대한민국 정부 수립은 1948년 8월 15일 광복 3주년을 맞아 대한민국 임시정부의 역사적 뿌리를 이어받은 대한민국 정부가 공식적으로 시작한 것이에요. 5·10 총선거로 제헌 국회를 만들고 정부를 구성한 결과였어요. 1948년 7월 17일에 제헌 국회에서 대한민국 헌법을 만든 후, 7월 20일 이승만을 첫 대통령으로 뽑았어요. 8월 15일 중앙 정부의 건물인 중앙청 앞에서 열린 정부 수립 기념식에서 이승만 대통령이 "오늘 우리는 자유민주주의 국가를 세웠다."라고 선언하며 대한민국 정부가 공식적으로 세워졌어요.

▲ 제헌 국회 총선 투표 장면

새로 수립된 대한민국은 자유민주주의와 시장경제를 기본으로 하는 국가였어요. 자유민주주의는 개인의 자유와 권리를 중시하는 자유주의와 정치적 평등을 목표로 하는 민주주의의 조화예요. 시장 경제는 경쟁 속에서 물건의 수요와 공급을 통해 가격이 정해지는 경제를 말해요.

대한민국의 헌법에는 나라의 최고 권력이 국민에게 있다는 '국민 주권', 인간이 태어날 때부터 가지고 있는 권리인 '기본권 보장', 국가 권력을 입법국회·사법법원·행정정부으로 나누는 '삼권 분립' 등 민주주의 원리를 분명히 했어요. 또한 대통령제를 채택하여 대통령이 국가 원수이자 행정부의 수반 역할을 하도록 했지요.

❀ 함께 기억해요 ❀

✚ 대한민국 헌법의 특징

❶ **국민주권주의** 모든 권력은 국민으로부터 나온다는 뜻
❷ **자유민주주의** 기본권 보장과 민주 정치
❸ **삼권 분립** 입법·행정·사법부의 권력 분립
❹ **대통령제** 대통령이 국가 원수이자 행정부 수반

스스로 정리하는 개념어

대한민국 정부가 수립된 날을 말해 보세요.

6·25 전쟁(한국 전쟁)

비교 단어 인천 상륙 작전

6·25 전쟁은 1950년 6월 25일 새벽 4시에 북한이 38도선을 넘어 남침_{북쪽에서 남쪽을 침범하는 것}하면서 시작된 전쟁이에요. 정식 명칭은 '한국 전쟁'이며, 1953년 7월 27일에 전쟁을 중지하기로 휴전 협정이 맺어질 때까지 3년 1개월간 계속된 참혹한 전쟁이었어요.

북한은 탱크 240여 대와 10만여 명의 군인을 이끌고 갑자기 남쪽을 공격했어요. 준비가 부족했던 국군은 서울을 3일 만에 내주고 낙동강까지 밀려났지요. 이승만 대통령과 정부는 대전과 대구를 거쳐 부산으로 피했고, 수많은 사람도 전쟁을 피해 남쪽으로 내려왔어요.

하지만 유엔에서 연합군_{제2차 세계 대전 때 독일, 이탈리아, 일본과 맞서 싸운 여러 나라 군대}을 보냈고, 1950년 9월 15일에 인천 상륙 작전이 성공하면서 국군과 유엔군은 서울을 되찾고 북쪽으로 올라가기 시작했어요. 그러나 10월에 중국군이 전쟁에 참여하면서 다시 전쟁 상황이 북쪽에 유리하게 되었지요. 결국 1951년 1월 4일에 서울을 또다시 잃었어요_{1·4 후퇴}. 이후 서울을 다시 찾았지만, 38도선 부근에서 치열한 싸움이 계속되었어요.

전쟁 중에는 비극적인 사건들이 많이 일어났어요. 수많은 피난민_{재난을 피해 다른 곳으로 간 백성}이 추위와 굶주림 속에서 목숨을 잃었고, 민간인 학살도 발생했어요.

1951년부터는 38도선 부근에서 고지전_{높은 곳에서 벌어지는 전투}이 계속되면서 수많은 군인이 희생되었지요. 결국 1953년 7월 27일에 판문점에서 휴전 협정이 체결되었지만, 평화 협정이 아닌 휴전이기에 분단은 더욱 굳어졌어요.

▲ 인천에 상륙한 유엔군

✚ 인해전술

인해전술은 '사람이 바다를 이룰 만큼' 많은 군대의 인원을 이용한 전술을 말해요. 한국 전쟁에서 중국군이 사용한 전술로, 많은 인원을 동원해 물밀듯이 밀려오는 공격 방법이에요.

강뉴부대 이야기

'격파하다'라는 뜻을 지닌 강뉴부대는 남한을 돕기 위한 연합군 중 아프리카에서 유일하게 지상군을 파견했던 에티오피아의 황실 근위대(왕을 지키는 부대)를 중심으로 만들어진 부대를 말해요. 이들은 철원, 화천 등 6·25 전쟁의 주요 격전지(격렬한 싸움이 벌어진 곳)에서 253번의 크고 작은 전투를 치르면서 단 한 차례도 패배하지 않았던 부대로 적에게는 공포의 대상이었어요. 1974년부터 1991년까지 에티오피아에 사회주의 군사 정권이 들어서며 강뉴부대원들은 대한민국의 자유를 위해 싸웠던 일이 오히려 해가 되어 에티오피아 정부에 재산을 모두 빼앗기고 괴롭힘을 당하는 등 많은 아픔을 겪었어요.

맥아더와 17세 소년병 이야기

6·25 전쟁 초기 유엔군 사령관을 맡을지 고민하던 맥아더 장군이 한국을 돌아보던 중 17세 소년병(어린 병사)을 만났어요. 맥아더가 "왜 여기 있느냐?"라고 묻자, 소년병은 "후퇴하라는 상부의 명령이 없어서 여기 있습니다."라고 대답했어요. 그러고는 맥아더에게 "총과 탄환을 주십시오."라고 요청했지요. 이 소년병이 조국을 지키겠다는 의지로 최전선을 지키고 있는 모습을 본 맥아더는 깊은 감동을 받았어요. 맥아더는 나중에 "그 소년병의 조국을 향한 의지를 보고 참전해야 한다고 확신했다."라며 이 만남이 참전 결정에 큰 영향을 주었다고 회고했어요.

헷갈리면 안 돼!

6·25 전쟁은 1953년에 끝났지만, 휴전 협정이어서 법적으로는 아직 전쟁이 계속되고 있는 상태예요. 3.8선과 휴전선은 달라요. 3.8선은 광복 후 위도 38도에 그어진 남북을 나누는 선이고, 휴전선은 6·25 전쟁 후 현재의 군사 분계선(군사 활동 한계선)이에요. 휴전선은 38도선과는 다른 위치에 있어요.

스스로 정리하는 개념어

6·25 전쟁이 시작된 때를 말해 보세요.

인천 상륙 작전

비교 단어 6·25 전쟁(한국 전쟁)

인천 상륙 작전은 1950년 9월 15일, 6·25 전쟁 중 유엔군이 인천에서 실시한 기습 상륙 작전바다로부터 적의 땅에 올라가 벌이는 공격 작전이에요. 맥아더 유엔군 사령관이 직접 지휘한 이 작전의 성공으로 6·25 전쟁의 흐름이 완전히 바뀌었어요.

유엔군이 전쟁에 참여했을 때 국군은 밀리고 있었고 낙동강 방어선적의 공격을 막기 위하여 설치해 놓은 경계선까지 밀려났어요. 절망적인 상황에서 맥아더는 북한군의 뒤를 치는 대담한 작전을 계획했어요. 바로 서울과 가까운 인천에 기습 상륙하여 북한군의 무기나 식량 등을 나르는 길인 보급로를 막고 서울을 되찾겠다는 것이었지요.

하지만 인천은 상륙 작전을 하기에는 매우 어려운 곳이었어요. 밀물과 썰물 때의 물의 높이 차이가 9미터나 되

▲ 인천 상륙 작전

어 하루에 단 몇 시간만 상륙할 수 있었고, 갯벌이 많아 접근이 어려웠지요. 많은 참모가 "불가능한 작전"이라며 반대했지만, 맥아더는 "바로 그 때문에 적도 예상하지 못할 것"이라며 작전을 계속했어요. 9월 15일 새벽 6시 30분, 월미도 공격을 시작으로 인천 상륙 작전이 시작되었어요. 미 해병대를 중심으로 한 유엔군 7만여 명이 인천 해안에 상륙했어요. 이 작전은 성공했고, 전쟁의 분위기는 바뀌었어요. 낙동강 방어선에서 버티던 국군과 유엔군이 반격을 시작했고, 북한군은 38도선 너머로 후퇴했지요. 하지만 이후 유엔군이 38도선을 넘어 북쪽으로 가면서 중국군이 참여하게 되었고, 이는 전쟁이 더욱 복잡해지는 계기가 되기도 했어요. 그럼에도 인천 상륙 작전은 절망적인 상황을 극적으로 뒤바꾼 20세기 최고의 상륙 작전 중 하나로 평가받고 있어요.

🌼 함께 기억해요 🌼

✚ 유엔군 참전의 날

7월 27일로, 1950년 6·25 전쟁 당시 자유민주주의를 지키기 위해 전쟁에 참여한 유엔군의 희생과 힘을 써 도움을 준 것을 기억하는 날이에요. 미국을 비롯해 16개국이 전투 부대를, 5개국이 의료 지원단을 파견했어요. 2013년부터 국가 기념일로 지정되어 매년 기념행사를 열고 있어요.

 **스스로 정리하는 개념어**

인천 상륙 작전의 지휘관을 말해 보세요.

3·15 부정 선거

不 아닐 부 正 바를 정 바르지 않거나 옳지 못함.
비교 단어 4·19 혁명

3·15 부정 선거는 1960년 3월 15일에 실시된 제4대 정·부통령 선거에서 이승만 정부가 저지른 대규모 선거 부정 사건이에요.

이는 이승만이 4번 연속으로 대통령을 하고 이기붕이 부통령에 뽑히기 위해 온갖 불법과 부정을 저지른 선거였어요. 1960년 당시 이승만은 계속 권력을 잡고 있으려고 했어요. 하지만 국민들은 12년간 한 사람이 계속 권력을 차지하고 있는 것에 지쳐 있었고, 야당인 민주당의 조병옥이 강력한 경쟁자로 떠올랐어요. 그런데 선거를 앞두고 조병옥이 갑자기 미국에서 병으로 사망하면서 이승만이 다시 대통령으로 뽑히는 것이 확실해

▲ 선거 벽보

졌지요. 문제는 부통령 선거였는데, 민주당의 장면과 자유당의 이기붕 사이에 치열한 경쟁이 예상되었어요.

이승만 정부는 이기붕을 부통령으로 만들기 위해 조직적인 선거 부정을 저질렀어요. 투표함을 바꿔치기하는 '40대 10' 사건, 사전에 표를 찍어 놓는 '3인조 투표', 야당 참관인선거 때 투표와 개표 상황을 직접 보는 사람을 쫓아내는 등 상상할 수 없는 부정행위가 벌어졌어요. 선거 결과 이승만은 큰 표 차이로 대통령에 뽑혔고, 이기붕도 장면을 큰 차이로 누르고 부통령이 되었어요. 하지만 3·15 부정 선거는 국민들의 분노를 폭발시켰고, 많은 시민이 거리로 나와 '선거 무효'를 외쳤지요. 이 사건은 우리나라 최초의 시민 혁명인 4·19 혁명으로 이어졌답니다.

❀ 함께 기억해요 ❀

✚ 야당, 여당

여당(與더불 여 黨무리 당)은 현재 정권을 잡은 정당(정치 단체)을 말하는데, 대통령제 국가인 우리나라에서는 현재 대통령이 소속되어 있는 정당을 말해요. 그리고 야당(野들 야 黨무리 당)은 여당을 뺀 나머지 모든 정당을 가리키지요. 야당은 여당과 정부가 힘을 막 쓰지 못하게 감시하는 역할을 해요.

스스로 정리하는 개념어

3·15 부정 선거 이후 일어난 사건을 설명해 보세요.

4·19 혁명

비교 단어 3·15 부정 선거

4·19 혁명은 1960년 4월 19일을 중심으로 일어난 우리나라 최초의 시민 혁명이에요. 이승만 정부의 장기 독재^{개인이나 집단이 오랫동안 모든 권력을 차지하고 지배하는 일}와 3·15 부정 선거에 분노한 학생과 시민들이 일으킨 민주화 운동으로, 이승만을 하야^{자리에서 물러나게 함.}시키고 민주주의를 되찾은 역사적인 사건이지요.

혁명의 직접적 계기는 1960년 4월 11일에 마산 앞바다에서 발견된 김주열 학생의 시신이었어요. 3·15 의거^{3·15 부정 선거에 항의하여 마산에서 일어난 대규모 시위}에 참여했던 김주열은 실종되었다가 최루탄이 눈에 박힌 채 주검^{죽은 사람의 몸}으로 발견되었어요. 이 충격적인 소식이 전해지자, 전국의 학생들이 분노했고, 4월 18일에 고려대학교 학생들이 시위를 벌였어요. 그런데 이날 밤 정치 깡패^{정치적 목적을 이루기 위해 모은 깡패}들이 시위에서 돌아오는 고려대생들을 공격하는 사건이 일어났어요.

4월 19일, 이 소식을 들은 서울의 대학생과 고등학생들이 일제히 거리로 나왔어요. "이승만 물러가라.", "민주주의 살리자."를 외치며 경무대^{현재의 청와대}로 향했어요. 경찰이 시위대에 총을 쏘면서 많은 학생이 희생되었지만, 시위는 더욱 격렬해졌어요. 오후에는 시민들도 합류하면서 전국적인 시위로 확산했지요. 4월 20일에도 시위는 계속되었고, 4월 21일에는 대학교수들까지 "우리도 학생들과 함께한다."라며 시위에 동참했어요.

결국 4월 26일 이승만 대통령이 "국민이 원한다면 언제든지 물러나겠다."라며 하야하겠다는 선언을 해요. 이로써 12년간의 이승만 독재 정권이 무너지고 민주주의가 승리했지요.

▲ 4·19 혁명

✚ '피의 화요일' 4월 19일

학생들은 "부정 선거 다시 하라! 독재 정권은 물러가라."라고 외치며 서울 시내 곳곳을 누볐고, 10만 명이 넘는 시위대가 대통령 관저인 경무대로 향하기 시작했어요. 정부의 강한 대응에도 시위가 전국으로 커지자, 이승만 정권은 전국에 비상계엄령을 내렸어요.

이날 전국적으로 시위대와 경찰 등 115명이 사망하고, 727명이 부상을 당했어요. 그 결과 행정 각부의 장들인 국무위원과 부통령이 사표를 냈고, 이기붕 부통령 당선자는 그만두는 것을 생각하겠다고 했지요. 하지만 이승만 대통령은 자유당 총재(대표)직만을 그만두겠다고 발표했어요. 자유당 정권의 통치 체제는 그대로 유지하겠다는 것이었어요.

✚ 초등학생도 참여

당시 13살이었던 전한승 군은 세종로에서 벌어지던 학생 시위를 응원하다가 경찰이 쏜 총에 머리를 맞았어요. 현장에 있던 학생들이 수도의대병원으로 옮겼으나 5시간 만에 숨지고 말았지요. 친구를 떠나보낸 수송초등학교 학생들은 4월 26일 '부모 형제에게 총부리를 대지 말라.'라고 쓰인 플래카드를 앞세우고 시위에 나섰어요.

스스로 정리하는 개념어

> 4·19 혁명이 일어난 이유를 설명해 보세요.

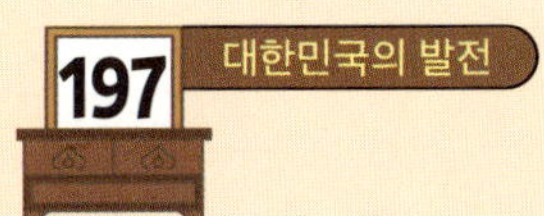

5·16 군사 정변

政 정사 정 變 변할 변 혁명, 쿠데타 등 비합법적인 방법으로 생긴 정치의 큰 변화

비교 단어 12·12 군사 반란

5·16 군사 정변은 1961년 5월 16일 새벽 박정희를 중심으로 한 군인들이 무력으로 정부를 무너뜨린 사건이에요. 4·19 혁명 이후 민주주의를 되찾았지만, 정치적 혼란과 경제적 어려움은 계속되고 있었어요. 이런 상황에서 박정희를 비롯한 일부 군인들은 "이대로는 나라가 망한다."라며 군사 정변을 계획했어요.

1961년 5월 16일 새벽 3시, 박정희가 이끄는 육군사관학교 8기 동기생같은 시기에 학교를 다닌 사람들과 일부 부대가 한강을 건너 서울로 들어왔어요. 이들은 중앙청, 방송국, 통신 시설 등 주요 기관을 차지했어요. 오전 6시, 라디오를 통해 '혁명 공약약속'이 발표되었어요. 주요 내용은 공산주의를 반대하는 태도를 강조하는 반공 태세 강화, 국제 연합의 기본 규정을 귀하게 대하는 국제 연합 헌장 존중, 경제 개발 등이었고, 민간인에게 정치권력을 넘겨주겠다는 민정 이양을 약속했어요. 하지만 이는 말뿐이었고, 군인들이 18년간 장기 집권하게 되었지요.

군사 정변 세력은 국가 재건 최고회의라는 기관을 만들고 계엄령을 선포했어요. 정치 활동을 금지하고 언론을 통제했으며, 정치인들을 정치 관련 분야에서 내쫓았어요. 5·16 군사 정변으로 4·19 혁명의 민주주의 성과는 사라지고, 우리나라는 다시 군사 독재 체제로 돌아가게 되었어요.

새벽 3시의 한강 도하(강을 건넘.) 작전

5·16 군사 정변의 핵심은 한강을 건너 서울에 들어오는 것이었어요. 박정희는 새벽 3시라는 시간을 택해서 사람들의 저항을 최소화하려고 했지요. 정부는 전혀 대비가 되어 있지 않았고, 군인들은 별다른 저항 없이 서울에 들어올 수 있었어요. 새벽 6시 라디오에서 "혁명군이 서울을 장악했다."라는 방송이 나오자, 많은 시민이 "또 무슨 일이 일어났나?" 하며 놀랐다고 해요.

헷갈리면 안 돼!

5·16 군사 정변과 4·19 혁명을 혼동하지 말아요. 4·19는 민주화 운동이고, 5·16은 군사 쿠데타(무력으로 정권을 빼앗는 일)예요. 5·16을 '혁명'이라고 부르기도 하지만, 이는 군사 정변 세력이 정당성을 위해 사용한 용어예요.

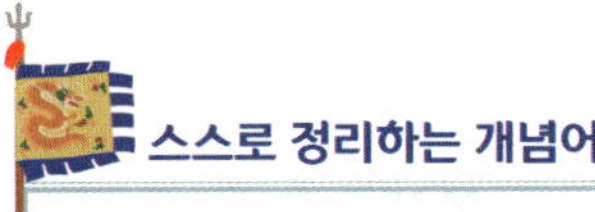

스스로 정리하는 개념어

5·16 군사 정변은 왜 일어났는지 설명해 보세요.

전태일

비교 단어 노동 운동가

전태일은 1970년 11월 13일, 헌법에 근로자의 기본 생활을 위한 근로 조건을 정해 놓은 근로기준법을 지킬 것을 요구하며 분신자살^{자기 몸에 불을 질러 스스로 죽음.}한 노동 운동가예요.

1948년에 대구에서 태어난 전태일은 가난한 가정 형편으로 중학교를 중퇴하고 어린 나이에 일터로 나가야 했어요. 17세였던 1965년부터 서울 청계천 평화시장에서 일하기 시작하면서 그는 매우 나쁜 노동 현실을 직접 체험했어요.

당시 평화시장의 노동 환경은 매우 안 좋았어요. 하루 14~16시간씩 일해야 했고, 임금은 턱없이 낮았지요. 작업장은 '다락방 공장'이라고 불릴 만큼 비좁고 어두웠으며, 환기도 제대로 되지 않아 많은 노동자가 폐병^{폐결핵}에 걸렸어요. 특히 어린 여성 노동자들은 '시다'라고 불리며 더욱 나쁜 대우를 받았어요.

▲ 전태일 흉상

전태일은 이런 현실을 바꾸고 싶어 했어요. 1969년에는 친목 단체를 만들어 노동자들의 권리와 이익을 보호하려고 노력했고, 근로기준법을 공부하며 법이 정한 노동자의 권리를 알아갔어요. 하지만 현실은 법과 너무나 달랐어요. 근로기준법에서는 하루 8시간 노동, 주 48시간 근무, 최저 임금 보장 등을 규정했지만 전혀 지켜지지 않았던 거예요.

전태일은 여러 차례 노동청과 신문사, 국회 의원들에게 노동 조건을 좋게 해 달라고 요구했지만 아무도 들어주지 않았어요. 절망한 전태일은 마지막 방법으로 자신의 몸을 불태우기로 결심했어요.

1970년 11월 13일 오후 1시 30분, 전태일은 22세의 젊은 나이에 평화시장 앞에서 "근로기준법을 준수하라!", "우리는 기계가 아니다."라고 외치며 분신했어요.

그의 죽음은 우리나라 노동 운동의 출발점이 되었고, 이후 많은 노동자가 전태일의 정신을 이어받아 노동자의 권리와 이익 보호를 위해 싸웠어요.

스스로 정리하는 개념어

전태일의 죽음이 한국 사회에서 어떤 영향을 미쳤는지 설명해 보세요.

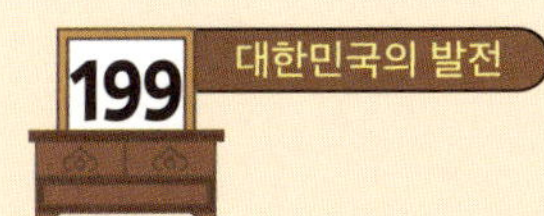

유신 체제

維 벼리 유 新 새 신 낡은 제도를 고쳐 새롭게 함.

비교 단어 5·16 군사 정변, 10·26 사건

유신 체제는 1972년 박정희가 10월 17일 비상계엄령을 선포하고 유신 헌법을 제정하여 만든 독재 체제예요. '유신'은 '새롭게 한다'라는 뜻이지만, 실제로는 박정희의 영구 집권을 위한 독재 시스템이었어요.

1972년 당시 1971년에 대통령에 당선된 박정희는 헌법상 다음부터는 더 이상 대통령을 할 수 없었어요. 또한 선거에서 간발의 차이로 이겼기 때문에 정치적 위기감을 느꼈어요. 그래서 1972년 10월 17일, 박정희는 갑자기 비상계엄령을 선포하고 국회를 해산했어요. 그리

▲ 유신 발표 당시 김성진 청와대 대변인

고 헌법을 바꿔 새로운 정치 체제를 만들었는데, 이것이 '유신 헌법'이에요. 유신 헌법의 핵심은 대통령을 국민이 직접 뽑는 방식이 아닌 통일 주체 국민 회의에서 간접 선거로 뽑게 하고, 대통령의 횟수 제한을 없앤 것이에요. 통일 주체 국민 회의는 대통령이 조종하는 기구여서 사실상 박정희가 계속 대통령이 될 수 있었지요. 또한 국회 의원의 1/3은 대통령이 임명할 수 있었고, 대통령에게 긴급조치권이라는 막강한 권력을 주었어요. 긴급조치권은 대통령이 국가 안전 보장을 위해 필요하다고 판단하면 법률과 같은 효력을 가진 명령을 내릴 수 있는 권한이에요. 박정희는 이를 남용하여 언론을 통제하고 유신 헌법 비판을 금지했어요. 유신 체제하에서 국민의 기본권은 크게 제한되었어요. 정치 활동의 자유, 언론의 자유, 집회·결사의 자유가 모두 억압되었어요. 학생들의 정치 활동도 금지되었고, 야당의 활동도 크게 제약을 받았지요. 유신 체제는 1979년 10·26 사건으로 박정희가 죽을 때까지 7년간 지속되었어요. 이 시기는 우리나라 역사상 가장 극심한 독재 시대였지만, 동시에 중화학공업 발전 등 경제 성장도 이루어진 복잡한 시대였어요.

🏵 함께 기억해요 🏵

✚ 부마민주항쟁

부산과 마산에서 일어난 유신 반대 민주화 운동으로, 10·26 사건의 직접적 배경이 되었어요. 1979년 10월 16일에 부산대학교 학생들이 "유신 철폐", "독재 타도"를 외치며 시위를 시작했고, 시민들도 합류하면서 대규모 반정부 시위로 확산했어요. 10월 18일에는 마산으로 번져 마산대학교와 경남대학교 학생들도 참여했지요. 박정희 정부는 부산에 계엄령을 선포하며 시위를 강력히 진압했지만, 시위가 전국 확산 조짐을 보여 정권에 큰 충격을 주었어요.

스스로 정리하는 개념어

유신 체제가 무엇인지 설명해 보세요.

10·26 사건

비교 단어 5·16 군사 정변, 유신 체제

10·26 사건은 1979년 10월 26일에 중앙정보부장 김재규가 박정희 대통령을 살해한 사건이에요. 18년간 장기 집권하던 박정희의 죽음으로 유신 체제가 막을 내리게 된 역사적인 사건이었어요.

1979년 당시는 유신 체제에 대한 국민들의 저항이 거세지고 있었어요. 특히 10월에 부산과 마산에서 일어난 부마민주항쟁은 유신 체제를 크게 흔들었어요.

이런 상황에서 시위 진압 방법을 두고 박정희와 측근곁에서 가까이 모시는 사람들 사이에 갈등이 생겼어요. 중앙정보부장 김재규는 대화와 타협을 통해 시민들의 마음을 달래야 한다고 주장했지만, 차지철 경호실장은 더욱 강력한 탄압이 필요하다고 맞섰어요. 10월 26일 저녁 서울 종로구 궁정동 안가특수 정보기관 등이 비밀 유지를 위하여 이용하는 집에서 있던 저녁 식사 자리에서 이 문제를 두고 격한 논쟁이 벌어졌어요.

식사 중 부마민주항쟁 대응 방안을 놓고 김재규와 차지철이 심하게 다투었고, 박정희가 김재규를 꾸짖자 김재규는 몹시 화를 냈다고 해요. 오후 7시 40분경 김재규는 권총을 꺼내 차지철을 먼저 쏜 후 박정희도 쏴서 죽였어요.

10·26 사건으로 박정희 시대는 끝났지만, 곧바로 민주화가 이루어진 것은 아니었어요. 오히려 전두환이 12·12 군사 반란을 일으키며 새로운 군사 정권이 등장하게 되었지요. 그럼에도 10·26 사건은 유신 체제의 끝을 알리는 중요한 전환점이 되었어요.

◈ 함께 기억해요 ◈

✚ 비상계엄

계엄이란 전쟁처럼 국가가 비상사태일 때 대통령이 행사할 수 있는 권한이에요. 계엄령이 선포되면 국가 질서를 유지하기 위해서 개인의 기본권이 제한되고, 행정권과 사법권이 군으로 넘어가게 돼요. 그러면 대통령이 군대를 동원해서 치안과 사법권을 유지하는 것이지요.

 **스스로 정리하는 개념어**

10·26 사건이 일어난 이유를 설명해 보세요.

12·12 군사 반란

비교 단어 5·16 군사 정변, 10·26 사건

12·12 군사 반란은 전두환과 노태우 등을 중심으로 한 군대 세력이 일으킨 군사 쿠데타예요.

10·26 사건으로 박정희가 죽은 후 민주화에 대한 기대가 높아졌지만, 군 내부에서는 새로운 권력 다툼이 벌어지고 있었어요. 전두환은 보안 사령관으로서 10·26 사건 수사를 맡고 있었는데, 이를 빌미로 군 내부 정보를 수집하며 자신의 세력을 확장하고 있었어요.

전두환은 '하나회'라는 비밀 모임을 만들어 군대 내 영향력을 키웠어요. 하나회에는 노태우, 정호용, 황영시 등이 참여했지요. 이들은 군의 핵심 자리를 차지하며 조직적으로 움직였어요. 반면 정승화 육군 참모 총장은 전두환의 이런 움직임을 견제하려고 했어요.

1979년 12월 12일 밤, 전두환은 "정승화 육군 참모 총장이 10·26 사건에 연루되었다."라는 거짓 혐의를 씌워 체포했어요. 이에 맞서 육군 제1군 사령관 정병주가 저항했지만, 전두환 측은 특전사와 9사단 등을 동원해 이를 진압했어요. 이 과정에서 서울 시내 곳곳에서 총격전이 벌어지기도 했답니다.

12·12 군사 반란으로 전두환은 군의 실제 권력을 차지했고 서서히 정치권력까지 손에 넣었어요. 그는 1980년 5월 17일 비상계엄령을 전국으로 확대하고 정치인들을 구속했으며, 5·18 민주화 운동을 무력으로 진압했어요. 결국 1980년 8월, 전두환이 대통령으로 취임했지요.

헷갈리면 안 돼!

12·12 군사 반란 이후 전두환이 바로 대통령이 된 것은 아니에요. 1980년 8월까지는 최규하가 대통령이었고, 전두환은 뒤에서 실권을 장악했어요.

스스로 정리하는 개념어

12·12 군사 반란은 어떤 사건인지 설명해 보세요.

5·18 민주화 운동

비교 단어 12·12 군사 반란

5·18 민주화 운동은 1980년 5월 18일부터 27일까지 광주에서 일어난 민주화 운동이에요. 12·12 군사 반란으로 권력을 잡은 전두환 신군부새로 군대 권력을 잡은 세력가 비상계엄령을 전국으로 확대하고 김대중, 김영삼 등 정치인들을 구속했어요. 또한 대학을 폐쇄하고 정치 활동을 완전히 못하게 했지요. 이는 10·26 사건 이후 높아진 민주화에 대한 기대를 완전히 짓밟는 일이었어요. 5월 18일 광주의 전남대학교 학생들이 계엄령 철폐와 민주화를 요구하며 시위를 시작했어요. 하지만 계엄군계엄의 임무를 맡은 군대은 시위대를 무자비하게 진압했고, 학생들뿐만 아니라 구경하던 시민들까지 때리고 총칼로 위협했어요. 특히 낙하산이나 헬리콥터 등을 타고 적이 있는 지역에서 작전하는 부대인 공수 부대의 잔혹한 진압에 분노한 광주 시민들이 학생들과 함께 거리로 나왔어요. 5월 20일에는 시민들이 계엄군에 맞서 격렬하게 저항했지요.

계엄군이 시민들에게 총을 쏘면서 수많은 사상자가 생겼고, 이에 분노한 시민들은 무기 창고를 공격하고 무기를 구해 시민군을 조직했어요.

5월 21일 오후 1시, 계엄군은 전남도청 앞 집회에 참석한 시민들에게 집단으로 총을 쏘기로 했어요. 5월 21일 저녁에 계엄군이 광주 외곽으로 철수하자, 시민들은 시민 수습 대책 위원회를 구성해 거리를 청소하고 서로 돕고 나누며 아름다운 공동체 정신을 보여 주었어요. 하지만 5월 27일 새벽, 계엄군은 전남도청에 총공격을 가했고 최후까지 저항하던 시민군과 학생들을 진압했어요.

10일간의 항쟁은 끝났지만, 광주 시민들의 민주주의에 대한 바람과 희생정신은 우리나라 민주화 운동의 큰 밑거름이 되었어요. 5·18 민주화 운동은 1987년 6월 항쟁으로 이어져 결국 민주화를 이루는 힘이 되었답니다.

▲ 5·18 민주 항쟁 추모탑

➕ 광주 이외 지역에서 5·18을 몰랐던 이유

- ✔ **언론 통제** 신군부가 모든 언론을 손에 쥐고 5·18 관련 보도를 완전히 차단했어요.
- ✔ **허위 선전** "광주에 북한 간첩이 침투해 폭동을 일으켰다."라는 거짓 정보를 퍼뜨렸어요.
- ✔ **교통·통신 차단** 광주를 완전히 고립시켜 외부와의 연락을 끊었어요.
- ✔ **계엄령** 집회·시위가 금지되어 연대 시위를 불가능하게 했어요.

➕ 위르겐 힌츠페터

독일 공영 방송 기자로, 5·18 당시 목숨을 걸고 광주에 몰래 들어가 계엄군의 시민 학살 장면을 촬영했어요. 그의 영상은 전 세계에 5·18의 진실을 알리는 데 결정적 역할을 했어요. 당시 택시 기사 김사복 씨의 도움으로 광주에 들어갈 수 있었고, '광주의 눈물'이라는 제목으로 보도했어요. 2016년 영화 <택시운전사>의 모델이 되기도 했지요.

➕ 5·18 기록물, 유네스코 세계 기록 유산 등재

2011년에 5·18 관련 기록물은 유네스코 세계 기록 유산으로 등재되었어요. 5·18 당시 시민들이 직접 쓴 일기, 사진, 영상, 성명서, 피해자 증언 등이 포함되어 있어요. 특히 시민들이 쓴 일기는 역사적 가치가 매우 높아요. 이 기록들은 5·18의 진실을 전 세계에 알리고 인류의 민주주의 발전에 기여한 소중한 자료로 인정받았어요.

 **스스로 정리하는 개념어**

5·18 민주화 운동의 결과를 설명해 보세요.

6월 민주 항쟁

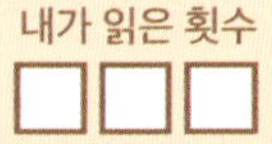

비교 단어 5·18 민주화 운동

6월 민주 항쟁은 1987년 6월 전국에서 일어난 민주화 운동이에요. 전두환 군사 정권의 독재에 맞서 국민이 직접 선거로 대표를 뽑는 제도인 직접 선거제 개헌(헌법을 고침)과 민주화를 요구하며 일어선, 모든 국민이 참가한 저항 운동으로, 결국 민주화를 이루어 낸 역사적인 사건이었어요.

1987년 당시 전두환 정권은 다음 대통령도 국민이 직접 뽑는 선거가 아니라 국민을 대신할 대표자를 뽑아 그들이 대신 투표를 하는 간접 선거로 뽑겠다는 '4·13 호헌(헌법을 보호함) 조치'를 발표했어요. 이는 국민의 직접 선거권을 계속 빼앗겠다는 뜻이었기 때문에 국민들의 분노를 샀지요. 설상가상으로 1월에는 서울대 학생 박종철이 경찰의 고문으로 죽는 사건이 일어났고, 정부가 이를 은폐하려고 했던 사실이 드러났어요.

6월 항쟁의 직접적 계기는 6월 9일 연세대 학생 이한열이 시위 중 최루탄에 맞아 쓰러진 사건이었어요. 이한열의 모습이 언론을 통해 알려지자, 전국의 학생과 시민들이 분노했지요. 6월 10일부터 본격적인 시위가 시작되었고, 6월 중순부터는 넥타이 부대라고 불리는 회사원들까지 거리로 나왔어요. 6월 26일과 29일에는 '국민 대회'라는 이름으로 전국 37개 도시에서 동시에 대규모 시위가 벌어졌어요. 서울에서만 100만 명이 참여했고, 전국적으로는 수백만 명이 거리로 나왔어요. 이때 시민들은 "호헌 철폐", "독재 타도", "직선제 개헌"을 외치며 민주화를 요구했지요. 시위가 전국으로 확산하고 규모가 커지자 전두환 정권은 큰 위기에 빠졌어요. 전두환은 무력 진압을 고려했지만, 1988년 서울 올림픽을 앞두고 있어서 국제적 고립을 우려했어요. 결국 전두환은 자신의 후계자로 지명한 노태우에게 상황 수습을 맡겼어요. 6월 29일 노태우가 대통령 직선제를 받아들이는 것을 핵심으로 하는 '6·29 민주화 선언'을 발표했지요. 이 선언으로 대통령 직선제가 다시 살아났어요.

6월 민주 항쟁은 학생들만의 운동이 아니라 시민, 직장인, 종교인 등 모든 계층이 참여한 진정한 국민운동이었어요. 이 항쟁으로 우리나라는 군사 독재를 끝내고 민주주의 시대를 열게 되었

▲ 6월 민주 항쟁 보행로 독재 규탄 문구
출처: 『세계는 서울로, 서울은 세계로: 1984-1988』, 서울역사아카이브

어요. 6월 민주 항쟁은 우리나라 민주화 운동의 완성이자 국민 주권을 되찾은 역사적 승리였어요.

◈ 함께 기억해요 ◈

✚ 4·13 호헌 조치

1987년 4월 13일에 전두환이 발표한 개헌 논의 중단 선언으로, 간접 선거제를 그대로 유지하겠다고 밝힌 거예요. 국민들이 요구하던 대통령 직선제 개헌을 거부한 행동으로, 민주화 요구를 정면으로 거부한 것과 같아서 국민의 분노를 크게 샀어요.

✚ 박종철 고문치사 사건

1987년 1월 14일에 서울대 학생 박종철이 학생 운동에 적극적으로 참여했다는 이유로 남영동 대공분실에서 경찰의 물고문을 받다가 숨진 사건이에요. 경찰은 처음에 "책상을 '탁' 치니 '억' 하고 죽었다."라고 거짓말했지만, 나중에 고문 사실이 밝혀졌어요. 이 사건은 전두환 정권의 잔인함을 드러내며 국민의 반정부 감정을 크게 키웠고, 6월 항쟁의 시작점이 되었어요.

✚ 이한열 최루탄 피격 사건

박종철 고문치사 사건의 진실이 알려지면서 전국적으로 시위가 확산하던 중 1987년 6월 9일 연세대 학생 이한열이 시위 도중 경찰이 발사한 최루탄에 머리를 맞아 쓰러진 사건이에요. 피를 흘리며 쓰러지는 이한열의 모습이 사진으로 공개되면서 전 국민이 충격을 받았어요. 이한열은 한 달간 의식 불명 상태로 있다가 7월 5일 세상을 떠났고, 이는 6월 민주 항쟁의 직접적 계기가 되었어요.

헷갈리면 안 돼!

6월 민주 항쟁은 1987년 6월 한 달 동안 계속된 운동이에요. 6월 10일부터 시작되어 6월 29일 민주화 선언으로 마무리되었어요.

스스로 정리하는 개념어

6월 민주 항쟁의 주요 요구 사항을 설명해 보세요.

I 사진 출처 I

책에 수록된 사진은 셔터스톡, 위키피디아 퍼블릭 도메인, 공공누리 제1유형 위주로 게재하였습니다.

이외 자료 출처는 다음과 같습니다.

25쪽 derivative work: Grampus (talk)This image is a derivative work of the following images:Image:History of Korea-001.png: Historiographer at English Wikipedia, CC BY-SA 3.0 <http://creativecommons.org/licenses/by-sa/3.0/>, via Wikimedia Commons (https://commons.wikimedia.org/wiki/File:History_of_Korea-001_ko.png)

30쪽 Maximilian Dorrbecker (Chumwa), CC BY-SA 2.5 <https://creativecommons.org/licenses/by-sa/2.5>, via Wikimedia Commons (https://commons.wikimedia.org/wiki/File:Map_of_Gaya_confederacy_in_Korea_.png)

55쪽 mentaldesperado (a flickr user), CC BY-SA 2.0 <https://creativecommons.org/licenses/by-sa/2.0>, via Wikimedia Commons (https://commons.wikimedia.org/wiki/File:King_Muryeong%27s_tomb_2.jpg)

56쪽 ChongDae, CC BY 4.0 <https://creativecommons.org/licenses/by/4.0>, via Wikimedia Commons (https://commons.wikimedia.org/wiki/File:%EB%AC%B4%EB%A0%B9%EC%99%95%EB%A6%89_%EB%AA%A9%EA%B4%80_2024.jpg)

60쪽 Jung Mookyung, CC BY-SA 4.0 <https://creativecommons.org/licenses/by-sa/4.0>, via Wikimedia Commons (https://commons.wikimedia.org/wiki/File:%EA%B3%B5%EC%82%B0%EC%84%B1_%EA%B8%88%EC%84%9C%EB%A3%A8.jpg)

62쪽 Zsinj, CC BY-SA 4.0 <https://creativecommons.org/licenses/by-sa/4.0>, via Wikimedia Commons (https://commons.wikimedia.org/wiki/File:Cheomseongdae-1.jpg)

69쪽 bifyu (a flickr user), CC BY-SA 2.0 <https://creativecommons.org/licenses/by-sa/2.0>, via Wikimedia Commons (https://commons.wikimedia.org/wiki/File:Korea-Gyeongju-Bunhwangsa_seoktap-04.jpg)

76쪽 Samhanin, CC BY-SA 3.0 <https://creativecommons.org/licenses/by-sa/3.0>, via Wikimedia Commons (https://commons.wikimedia.org/wiki/File:%EB%82%98%EB%8B%B9%EC%A0%84%EC%9F%81%EA%B3%BC_%EB%B3%B4%EB%8D%95%EA%B5%AD.png)

88쪽 KJS615, CC BY-SA 3.0 <https://creativecommons.org/licenses/by-sa/3.0>, via Wikimedia Commons (https://commons.wikimedia.org/wiki/File:History_of_Korea-Inter-country_Age-830_CE.gif)

89쪽 Own work, CC BY-SA 4.0 <https://creativecommons.org/licenses/by-sa/4.0>, via Wikimedia Commons (https://commons.wikimedia.org/wiki/File:Troitskoe_group_of_Mohe_culture.jpg)

95쪽 (Wikibotbot) 위키봇봇, CC BY-SA 4.0 <https://creativecommons.org/licenses/by-sa/4.0>, via Wikimedia Commons (https://commons.wikimedia.org/wiki/File:%EA%B6%81%EC%98%88.jpg)

98쪽 대한민국 문화재청, KOGL Type 1 <http://www.kogl.or.kr/open/info/license_info/by.do>, via Wikimedia Commons (https://commons.wikimedia.org/wiki/File:%EC%B0%A8%EC%A0%84%EB%86%80%EC%9D%B4_%EB%8F%99%EC%B1%84%EC%8B%B8%EC%9B%80_Chajeon_Nori_Juggernaut_Battle.jpg)

124쪽 Steve46814, CC BY-SA 3.0 <https://creativecommons.org/licenses/by-sa/3.0>, via Wikimedia Commons (https://commons.wikimedia.org/wiki/File:Korea-Danyang-Dodamsambong_Sam_Bong_statue_3076-07.JPG)

136쪽 de Calais, CC BY 2.0 <https://creativecommons.org/licenses/by/2.0>, via Wikimedia Commons (https://commons.wikimedia.org/wiki/File:Korea-Goryeo_celadon-02.jpg)

141쪽 draq, CC BY 2.0 <https://creativecommons.org/licenses/by/2.0>, via Wikimedia Commons (https://commons.wikimedia.org/wiki/File:Hwacha2.jpg)

151쪽 Jocelyndurrey, CC BY-SA 4.0 <https://creativecommons.org/licenses/by-sa/4.0>, via Wikimedia Commons (https://commons.wikimedia.org/wiki/File:%ED%9B%88%EB%AF%BC%EC%A0%95%EC%9D%8C_%ED%95%B4%EB%A1%80%EB%B3%B8_(1).jpg)

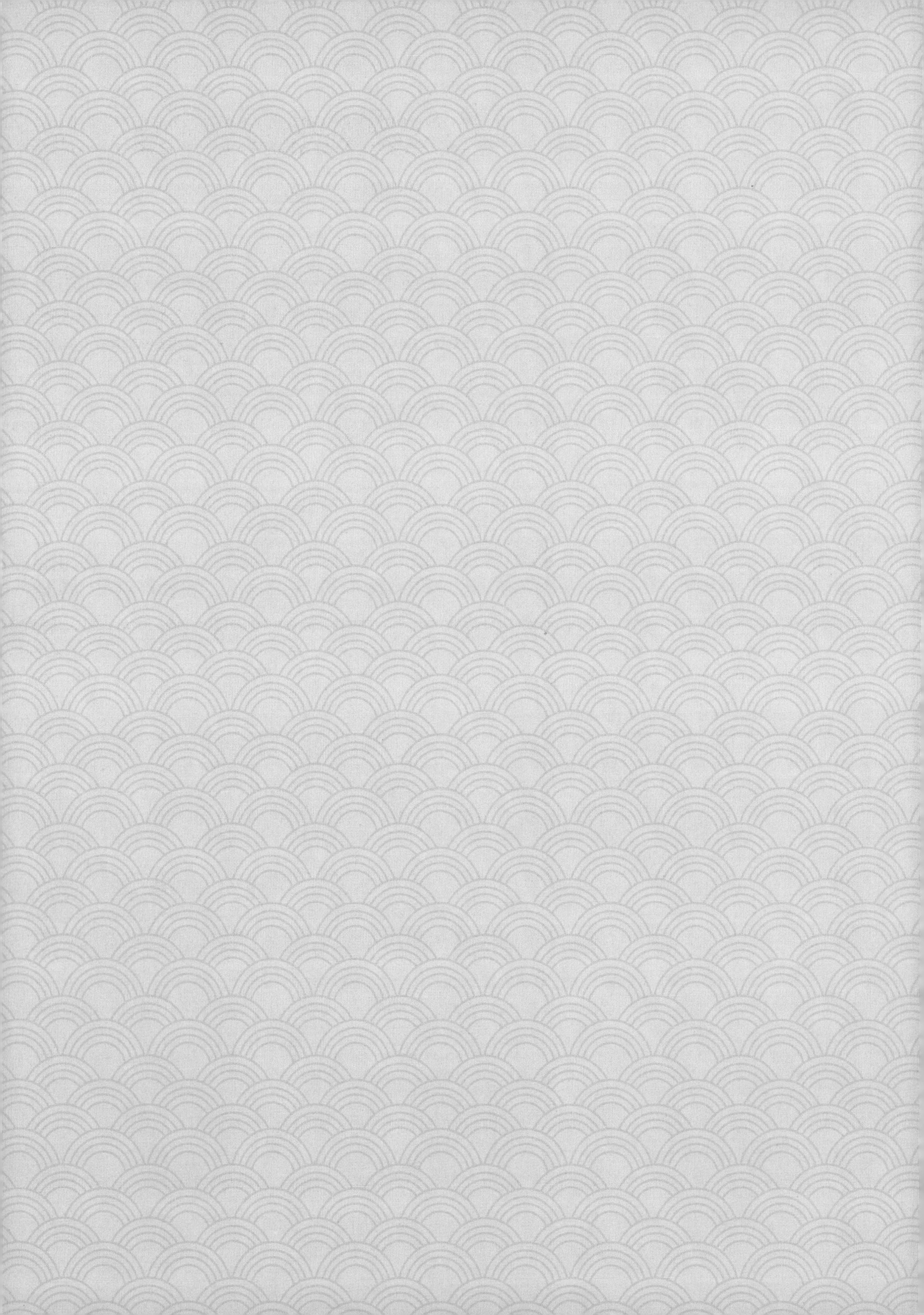